康熙皇帝一家

杨珍 著

第五版

学苑出版社

图书在版编目（CIP）数据

康熙皇帝一家 / 杨珍著. -- 5版. -- 北京 : 学苑出版社，2020.10
 ISBN 978-7-5077-5993-8

Ⅰ. ①康… Ⅱ. ①杨… Ⅲ. ①康熙帝（1654-1722）—家族—研究 Ⅳ. ①K820.9

中国版本图书馆CIP数据核字（2020）第165321号

责任编辑：刘　涟　张佳乐
封面设计：徐道会
排版设计：罗家洋
出版发行：学苑出版社
社　　址：北京市丰台区南方庄2号院1号楼
邮政编码：100079
网　　址：www.book001.com
电子邮箱：xueyuanpress@163.com
联系电话：010-67601101（营销部）、010-67603091（总编室）
印 刷 厂：河北赛文印刷有限公司
开本尺寸：787×1092　1/16
印　　张：25
字　　数：360千字
版　　次：2021年3月第5版
印　　次：2021年3月第8次印刷
定　　价：180.00元

再版前言

检视26年前出版的拙著,既感到欣慰,又感到有所缺憾。令我欣慰的是,本书在发掘利用满文原始档案方面,做出了贡献。书中所用满文档案,当时大都尚未翻译出版。同时,我还利用了大量汉文文献,其中有不少史料曾为人们所忽视。满文档案与汉文文献的互补互证,形成史论的有力支撑。今观此书,在相关满、汉文档案和史料的运用方面,尚未发现大的纰漏。

清初,统治政策和治国方针以及统治集团内部矛盾都在不断发展变化,满汉文化从冲突逐步走向融合。将康熙帝的家庭置于这样多重的历史背景下来考察,是本书的着眼点。在总体把握清朝历史脉络的同时,通过一桩桩鲜为人知的史事,展示了康熙朝宫廷生活与宫廷政治的风貌。《结束语》部分,对康熙帝的历史地位及其治国与治家的特点,做出总结概括。

本书以丰富的第一手史料为基础,首次对康熙帝与其众多家庭成员之间的关系进行了细致探讨,开辟了古代帝王家庭研究的新领域。这很可能是我国史学界第一部古代帝王家庭成员关系史。

本书具有史料新、内容新、角度新、写法新的特点。二十几年来多次再版,其学术价值经历了时间的考验。本书力求熔文史于一炉,在有一分材料说一分话的同时,注重其可读性。这或许是广大读者喜爱拙著的原因之一。

本书也有缺点。例如,对有的人和事析述不够全面、客观。对有些历史事件,还缺乏从理论高度予以概括分析。有些部分的文字不够简洁,行文还需更加规范,等等。审视这些不足,常使我感到汗颜。

另外,我对书中一些问题的认识已有变化,但对此未加修改,以保持本书原貌。此次再版时,仅依据新发现的满文档案,对苏麻喇姑逝后"葬以嫔礼",以及"苏麻喇妈妈园寝"与"老贵人园寝"的关系等,予以增补;对书中错讹和不当处加以订正。修订中,得到学友张晓辉的热情帮助,谨此致谢。

感谢喜爱这本书的读者,感谢所有关心、帮助我的人们。

杨 珍
2020年2月

作者简介

杨珍，中国社会科学院古代史研究所（原历史研究所）研究员，曾任历史研究所副所长，博士生导师，国家清史编纂委员会委员，享受国务院政府特殊津贴专家。研究清史凡四十年，致力于发掘、利用满、汉文档案与史料，对清朝宫廷政治中一些重要问题和史实加以补正，并提出新诠释。主要著作有《清朝皇位继承制度》《清朝皇权与君臣》《清前期宫廷政治释疑》等。

目录

第一章　皇父顺治帝与生母孝康章皇后 ... 001
  一、宫中风云 ... 003
  二、父母膝下，未得一日承欢 ... 005
  三、继承人选 ... 005
  四、为父"翻案" ... 007
  五、生母辞世 ... 009

第二章　祖母孝庄文皇后 ... 011
  一、培育幼孙 ... 013
  二、保护者与指路人 ... 017
  三、祖孙深情 ... 024
  四、痛失祖母 ... 035
  五、留给后人的思索 ... 043

第三章　嫡母孝惠章皇后 ... 047
  一、太皇太后在世时的母子关系 ... 049
  二、太皇太后去世后的母子关系 ... 051
  三、一废太子后的母子关系 ... 065

第四章　后妃	**075**
一、后妃概况	077
二、皇后	086
三、主要妃嫔	106
四、帝妃关系	120
五、玄烨的生育情况	135

第五章　皇子	**143**
一、教育培养	149
二、训练从政	176
三、舐犊情深	205

第六章　公主	**233**
一、成年诸公主	235
二、早卒公主	259
三、公主的寿命与下嫁蒙古	262
四、公主的地位	265

第七章　兄弟子侄　　　　　　　　　　**269**

一、手足懿亲　　　　　　　　　　271
二、携手问慈宁　　　　　　　　　273
三、皇兄福全　　　　　　　　　　275
四、皇弟常宁与隆禧　　　　　　　287
五、侄儿侄孙　　　　　　　　　　291

第八章　外戚　　　　　　　　　　　**301**

一、佟国纲　　　　　　　　　　　304
二、佟国维　　　　　　　　　　　310
三、鄂伦岱　　　　　　　　　　　318
四、法海　　　　　　　　　　　　323
五、隆科多　　　　　　　　　　　330

第九章　苏麻喇姑　　　　　　　　　**339**

一、身世与早年经历　　　　　　　341
二、启蒙老师　　　　　　　　　　344
三、额涅格格与额涅妈妈　　　　　347

四、抚养皇子	351
五、备受敬重	354
六、葬以嫔礼	359
第十章　结束语	**365**
附录	**371**
附表一：康熙帝后妃	371
附表二：康熙帝子女出生概况	377
附表三：康熙帝诸子	380
附表四：康熙帝诸女	385

自 序

中国封建社会中,帝王之家是最大的家长制家庭。它由皇帝及其众多妻妾(后妃)、子女(皇子、公主)和祖母(太皇太后)、嫡母或生母(皇太后)、前朝妃嫔等组成。此外,还有数以千计、万计的太监、宫女及其他服侍人员。皇帝拥有至高无上的权力,在家中,兼有帝王、家长、夫君(皇父)三种身份。宗法等级意识和封建伦理道德观念,在帝王之家有着全面、典型的体现。

帝王之家安定与否,关系到王朝的治乱兴衰。由于皇帝的家庭处于统治权力的焦点和政治中心,因而存在着激烈的权力之争,有时甚至达到父子、兄弟等相残的地步。它与庙堂之上的斗争相呼应,是封建统治集团内部矛盾的集中反映。皇帝对于家庭的治理,实际上是他行使政治权力治理国家的缩影。"国之本在家","家齐而后国治",即指此而言。

当然,帝王之家人与人的关系,还存在世俗化的一面,家庭成员之间,有着深浅各异的亲属情义。它是封建皇帝之家得以维系的因素之一,但不是最主要的因素。家庭中的天伦之乐,往往被统治需要和政治权术所打破,温情脉脉的血缘亲情面纱,并不能遮掩帝王家中人际关系的冷酷实质,这无疑是帝王之家的最大悲哀。

在日常生活里,皇帝更易流露其真实情感,展示隐秘的内心世界,他的性格、气质、素养、能力与作风,往往也会十分自然、无拘无束地表现出来。通过对帝王家庭的研究,可以深入探寻封建皇帝的喜怒哀乐、兴趣好恶,以及他的道德品质、精神境界、文化层次、处事方针、统治策略和驾驭术等,为研究皇帝本人及其治国理政,提供更加生动、充实的依据。

帝王家庭史和宫廷史密不可分,与政治史关系密切。封建帝王之家各方面的情况,折射出那一时代的特质和部分风貌,有助于社会史、文化史等学科的研究。

我国历代统一中央王朝的100多个皇帝家庭中,康熙皇帝一家十分引人注目。

康熙帝玄烨之父顺治帝福临,是清朝入关后的第一位皇帝,这位开国之君与宠妃董鄂氏的爱情悲剧,至今仍在民间流传。玄烨的祖母孝庄文皇后,是明清之际的著名人物。玄烨第四子雍正帝胤禛及皇孙乾隆帝弘历,也都是历史名君。父子祖孙均为杰出帝王,统治广土众民的中国将近140年,中外古代史上罕有其匹。玄烨的其他皇子以及女婿、戚属中,也不乏文韬武略之士。富有传奇色彩的苏麻喇姑,是玄烨的启蒙老师,被玄烨尊称为额娘,两人情同母子。这样一批著名人物出现在同一帝王之家,在中国古代帝王家庭中实不多见。

政治色彩浓厚,政治因素超越亲情之上,是中国封建帝王家庭的一个显著特点。政治、文化观念之异同,一定程度上影响到玄烨与祖母、父亲之间的感情亲疏。对于清朝初年这三位最高统治者(孝庄、顺治、康熙)之间错综复杂、颇富戏剧性的关系,究竟应当如何看,目前还没有定论。笔者提出了一些自己的看法,并据此写成这本书的前两章。

康熙帝玄烨深受儒家思想影响,在修身、齐家、治国方面,身体力行,力求使国家长治久安,永远维护清朝的统治。当中国封建社会已步入晚期,处于内外危机四伏的历史阶段,这种愿望自然无法实现。不过,玄烨的治国与治家终究都做得较为出色,超出中国古代绝大多数帝王。

帝王的家庭生活在中国古代属于宫闱秘事,严禁外传,因而这方面的史料记载很少,给研究者造成一定困难。清朝退出历史舞台还不到一个世纪,大量史料得以保存下来,尽管其中直接反映皇帝家庭成员关系的史料仍然很少,而且相当零散、很不均衡,但终究要多于其他朝代,为我们研究清帝家庭提供了条件。

从1983年起,笔者开始留意有关康熙帝家庭的材料,迄今为止,陆续收集到部分史料,特别是从满文档案中,看到一些涉及康熙帝的生活,以及他和主要家庭成员相互关系的记载,大都鲜为人知。除去官修史书、清人文集、笔记及野史外,在西方传教士的著作、书信、日记和回忆录中,笔者也得到部分材料。《康熙皇帝一家》即是在此基础上写成。

本书主要研究康熙帝与其家庭成员的关系,也涉及他的婚姻、生育、对子女的教育和他的某些活动(巡幸、谒陵、秋狝等),以及部分重大历史事件。有关康熙帝两废太子和诸皇子的储位之争问题,笔者将在另一书中论述,本书就不涉及了。

全书共九章,可分做三组。第一、二、三章为康熙帝的尊长,第四、五、六章为他的妻妾儿女,第七、八、九章为其兄弟、外戚和苏麻喇姑。因史料多寡不一,各章详略不尽相同。

马熙运先生为本书题写了汉、满文书名,徐建军先生和甄国宪先生大力协助本书的出版,谨在此向他们致以衷心感谢。

本书是对古代帝王家庭进行个案研究的尝试之作,又限于作者的水平,缺点不可避免,恳请读者批评、指正。

1994年10月初版原序
2019年10月修订

第一章

皇父顺治帝与生母孝康章皇后

康熙帝玄烨出生在紫禁城景仁宫,是清朝入关后第一位皇帝顺治帝福临与庶妃佟佳氏唯一的孩子。

第一章　皇父顺治帝与生母孝康章皇后

顺治十一年三月十八日（1654年5月4日），康熙帝玄烨出生在紫禁城内景仁宫，父亲是清朝入关后第一位皇帝——顺治帝爱新觉罗·福临，生母为当时还是妃子的佟佳氏，镶黄旗汉军都统佟图赖之女。这时，福临17岁，[1]佟佳氏15岁。玄烨是福临第三子，也是他和佟妃唯一的孩子。为更好地了解玄烨与其皇父、生母的关系，需要将时间的指针拨回他降生前的岁月。

一、宫中风云

玄烨的曾祖努尔哈赤，曾是明代东北地区建州女真部首领。建州女真是女真族的一个支系。明朝末年，努尔哈赤东征西讨，励精图治，统一女真各部，建立后金政权。1636年，玄烨的祖父皇太极在沈阳称帝，定国号为大清，改元崇德，改族称为满洲。在他统治后期，雄踞关外的满洲与明朝的政治、军事较量已见分晓，明亡在即，清军入关指日可待。

崇德八年（1643）八月，皇太极突然病逝。他生前未立储嗣，玄烨的叔祖睿亲王多尔衮与伯父肃亲王豪格争位激烈，相持不下，清朝夺取全国政权前夕，内部出现继统危机。在此关键时刻，玄烨的祖母、皇太极的妃子博尔济吉特氏布木布泰（即孝庄文皇后，"孝庄"为其谥号，后人习惯称其为"孝庄"，本书从此称呼）联合图赖、索尼、鳌拜等两黄旗重臣，并取得礼亲王代善、郑亲王济尔哈朗等人支持，使其6岁的儿子福临（即顺治帝）继承帝位，危机得以平复。数月后（1644年5月），清军入关，建立对全国的统治。已成为皇太后的孝庄为保护幼子福临，在与觊觎皇位

---

[1] 本书所述人的年龄，除注明周岁外，均为虚岁。

的摄政王多尔衮的长期斗争中获取胜利，继而又指导福临，逐步掌握了清朝的军政大权。她为巩固清朝的皇权统治，做出了重要贡献。

孝庄母子相依为命，历尽险阻，本应两心相通，感情弥深，然而福临长大后，因持有不同的政治见解，他们的关系逐渐蒙上阴影。

清朝入关初期，满洲贵族在满汉关系问题上，始终存在分歧。福临是在汉族文化熏陶下成长起来的新一代代表。他于顺治八年（1651）亲政后，基本上遵循了多尔衮摄政时期的大政方针，不断改善满汉关系，在"首崇满洲"的前提下，给予汉臣一些权力，以期进一步缓和满汉民族矛盾，扩大统治基础，达到完成统一大业、巩固清朝统治的最终目的。可是，他在采取一系列有关举措的过程中，也出现不少偏差，如过分推崇汉族文化，忽视满洲文化习俗，不能很好地团结满蒙贵族等。

作为满洲贵族年长的一代，孝庄与她长期倚靠的两黄旗大臣索尼、鳌拜、遏必隆等人，都曾备尝创业的艰辛，对福临的做法不以为然，认为这将动摇清朝的统治。另一方面，他们阅历丰富，更为理智，清楚地看出福临的缺点、弱点，特别是某些偏激处，希望予以匡正。由于双方不能相互理解，加之福临随着年纪的增长，我行我素的趋向日渐明显，母子间隔阂逐步加深。这突出体现在福临的婚姻问题上。

孝庄为维护满蒙贵族联盟，坚持皇太极推行的满蒙贵族联姻政策，先后为儿子挑选了五位博尔济吉特氏蒙古后妃；而福临却与这些来自额娘家乡的少女格格不入，形同路人，废掉第一位皇后（孝庄的侄女），又疏远第二位皇后（孝庄的侄孙女，即孝惠章皇后），三位蒙古妃子也受到冷落。顺治十三年（1656）后，福临独宠皇贵妃董鄂氏，对于包括玄烨生母、庶妃佟佳氏在内的其他妃嫔，更为不屑一顾。这种爱情至上，不考虑政治效果，有损满蒙联盟的行为，使孝庄与满洲重臣深感失望和不满，母子对立严重，彼此为之痛苦不堪。

在清朝最高统治集团内部，即孝庄和福临之间，出现矛盾并日益尖锐的氛围中，玄烨于顺治十一年（1654）三月降生人世，并不可避免地受到这一客观形势的影响。

二、父母膝下，未得一日承欢

玄烨似乎有些生不逢时，他人生的最初阶段，竟与皇父和董鄂妃的生死之恋相始终：顺治十二年，玄烨2岁，福临与董鄂氏相爱。十三年，玄烨3岁，董鄂氏入宫，被封为皇贵妃。十四年，玄烨4岁，十月董鄂妃生子（皇四子），福临欣喜万分，称为"朕第一子"[1]，举行隆重庆典，以示这位诞生未几的婴儿将是未来的皇位继承人。十五年，玄烨5岁，年初皇四子病逝，被追封为荣亲王，福临、董鄂妃痛失娇儿，心灵创伤久久难以平复。十七年，玄烨7岁，八月董鄂妃病逝，福临痛不欲生，五个月后（十八年正月）也撒手人寰，年仅24岁。在此期间，福临始终处于同董鄂妃的热恋中，对待小玄烨，自然不能予以足够的关注和爱抚。

清制，皇子、皇女出生后，由乳母、保姆等哺育、服侍，与亲生额娘分居两处，平日不常相见。对玄烨来说还不仅如此，他为避痘，两三岁时，就被迁往紫禁城外北长街路东的一座府邸（雍正帝即位后改称福佑寺）养育。因不住宫内，他与生母佟佳氏接触的机会也很少。玄烨出天花痊愈后，方重返皇宫，但与皇父、生母聚首之日，已剩无几。玄烨暮年曾忆及儿时情景："世祖章皇帝（顺治帝福临）因朕幼年时未经出痘，令保姆护视于紫禁城外，父母膝下，未得一日承欢，此朕六十年来抱歉之处。"[2] 玄烨8岁登极，富有四海，却不曾像一般人那样，充分感受生身父母之爱，这是他童年即有的渴望，至死未释于怀。

三、继承人选

顺治十八年（1661）正月初七日，福临因出天花卒于养心殿，遗诏命皇三子玄烨即位。福临真的属意于玄烨吗？

《清圣祖实录》记载，玄烨"六龄（顺治十六年）时，尝偕世祖皇二

---

[1] 《清初内国史院满文档案译编》下册，第365、377页，北京：光明日报出版社，1989年。
[2] 《清圣祖实录》第290卷，第12-13页，影印本，台北：台湾华文书局。

子福全、皇五子常宁,问安宫中,世祖各问其志"。常宁只有3岁,不能回答;福全说长大了"愿为贤王";玄烨则告诉皇父:我长大了愿"效法皇父",勤勉尽力,"世祖皇帝于是遂属意焉"[1]。

可是,《汤若望传》一书中说,福临去世前考虑皇位继承人选时,"想到了一位从兄弟,但是皇太后和亲王们底见解,都是愿意皇帝由皇子中选择一位继位者。皇帝使人问汤若望意见。汤若望完全立于皇太后的一方面,而认被皇太后选择的一位太子为最合适的继位者。这样皇帝最后受到汤若望底劝促,舍去一位年龄较长的皇子(福全),而封一位庶出的,还不到七岁的皇子(玄烨)为帝位之继承者"。所以做此选择,"是因为这位年龄较幼的太子,在髫龄时已经出过天花,不会再受到这种病症的伤害……"[2]。

福临属意的这位从兄弟,很可能是指安亲王岳乐,他是清太祖努尔哈赤之孙,饶馀郡王阿巴泰之子。清入关初年,岳乐率军南北征伐,曾击败张献忠农民起义军,参与议政,掌部院事务,具有军、政两方面的丰富经验。岳乐逝于康熙二十八年(1689),福临去世时,他37岁,正值盛年,是福临所有从兄弟中很突出的一位。

福临舍子传兄的想法,也同下述两种因素有关。

福临去世前,清廷内部开明派与保守派之间矛盾突出,在一系列大政方针问题上,福临同孝庄、索尼等人存在分歧,双方关系很紧张。如果8岁的玄烨即位,反对派的主张立即占据优势,福临的治国方针与举措将受到很大影响。他想传位于岳乐,说明后者是支持他的政治举措的。

福临亲政的第三年,即顺治十年(1653),急于前去盛京(沈阳)谒陵,经群臣劝阻,未能成行,延至翌年七月。起程前,满汉大臣又以战事尚未结束、国帑不足等为由,再行劝阻。"时乌金王(郑亲王济尔哈朗)亦言之。上曰,朕去后,尔即有天下可也。王曰,昔先皇顾命,以圣躬相托,非以天下与臣,今所言专欲保护圣躬耳,万一不测奈何?上曰,如欲

---

[1] 《清圣祖实录》第1卷,第3-4页。
[2] [德]魏特:《汤若望传》,杨丙辰译,第325-326页,北京:商务印书馆,1949年。

大位者，听为之耳，若再言，即革汝仪卫。是月晦，罢行。中外称庆。"[1] 济尔哈朗是福临的从叔父，曾与摄政王多尔衮共同辅政。福临让济尔哈朗称帝自为，显然是恼怒之下的意气用事之言，却反映出他头脑中，还有清朝入关前军事民主制（八王共主国政，皇位由推举产生等）习俗的残余，而子承父位的汉族王朝正统观念，尚未牢固确立。

玄烨自幼与皇父相处无多，很少得到父爱，在决定他一生命运的皇位继承人问题上，又多亏祖母孝庄的坚持。这种情形下，他对皇父又如何看待呢？

四、为父"翻案"

顺治十八年（1661）正月初九日，玄烨即位，索尼、苏克萨哈、遏必隆、鳌拜等四辅臣辅政，已成为太皇太后的孝庄，掌有清朝大政方针的决定权。

福临去世后，清廷公布遗诏，历数他当政期间的14条愆误，如"纪纲法度，用人行政，不能仰法太祖、太宗谟烈""渐习汉俗，于淳朴旧制日有更张，以致国治未臻，民生未遂""朕于诸王、贝勒等……情谊睽隔，友爱之道未周""满洲诸臣……朕不能信任，有才莫展，……而委任汉官……以致满臣无心任事"等。[2] 这些自责之辞，并非福临本意。何况出天花后，病势凶猛，神志恍惚，从发病到去世不足六天，其间不可能静思默想，总结失误。所以，遗诏只能是在孝庄及辅臣授意下，由某位大臣写成，表明了他们对福临的看法。这实际上全面否定了福临的政绩，认为他的所做所为，已在一定程度上危害到清朝统治。

福临去世前的担忧，很快成为现实，但他不曾料到的是，数年后，他的稚子玄烨又为其"翻案"，并重新遵循他生前的方针、国策。这在玄烨指示臣工为皇考撰写的碑文中，明显反映出来。

---

1 谈迁：《北游录》（不分卷），《纪闻下，止跸》，第373页，北京：中华书局，1960年。
2 《清世祖实录》第144卷，第2—6页，影印本，台北：台湾华文书局。

康熙六年（1667）七月，玄烨"躬亲大政"，翌年正月，建"孝陵神功圣德碑"。碑文强调福临"勤学好问，择满汉词臣，充经筵日讲官。于景运门内建值房，令翰林官直宿备顾问。经书史册，手不释卷，遂知性知天，洞悉至道"。"旁及诸子百家，莫不博涉，得其要领。""亲视太学，释奠先师，发帑金，崇其庙貌。虽太平，不弛武备。立贤无方，丁亥、己亥，再举会试，间广额数，以罗人才。""视满汉如一体，遇文武无重轻。"[1]

与福临遗诏对照，碑文对福临的评价，已发生根本性变化，它在褒扬福临的同时，间接批评辅臣独崇满洲、贬抑汉臣等做法，为其后清除鳌拜集团，做了政治舆论准备。

碑文体现了玄烨对皇考的景仰。他亲政后，对清廷内部满汉关系之争，祖母、皇考选择后妃之争，皇考与董鄂妃的悲剧，皇考宾天后保守派政治主张给王朝带来的危害等问题，进行总结；并通过自己数年的理政实践，对皇考生前国策、方针的正确方面，不断加深认识。他从中认真汲取经验教训，对其为政之道和生活作风，都产生了十分有益的影响。

实际上，碑文还意味着孝庄对儿子的认识，已与七年前顺治帝去世之际有很大不同。现实使她觉察到自己的失误，转而支持孙儿的看法。孝庄能够撇开个人的荣辱得失，以王朝的最高利益为准绳，及时校正错误，表现出政治家的博大胸怀。这种举措也为少年玄烨树立了榜样，使孙儿对她更为钦佩，祖孙关系更加融洽。

事实证明，玄烨并未因自己幼年的遭遇，对皇考产生不满或抱怨，相反，他对于皇考一生的曲折经历，十分同情、理解。思想上的共识，必然加深人们已有的亲情。在玄烨秉承父志，推行崇儒重道、改善满汉关系等大政方针的过程中，内心深处感受到与皇考的相知与相通。他对皇考的感情，也就可想而知了。

---

[1] 《清圣祖实录》第25卷，第6页。

五、生母辞世

同所有孩子一样，玄烨和自己的生母很亲，感情上也更为依恋。

佟佳氏幼年入宫，成为福临的妃子，生下玄烨后，由于福临与董鄂氏热恋，她被冷落一旁，当时还不足17岁，直到福临病逝，其处境始终没有改变。事实上，这是福临后宫中大多数妃嫔不幸遭际的缩影，从佟佳氏身上，折射出福临对她们的冷漠无情。

玄烨自幼敏感，善解人意。尽管他不谙世事，然而在与额娘不多的接触中，额娘黯然的眼神和隐隐流露的愁苦，或许会使他有所感悟，引起他幼小心灵的共鸣。在皇父与生母的矛盾纠葛中，他本能地同情额娘，置于他内心最隐秘处的天平，会始终倾斜于佟佳氏一边。

玄烨即位后，佟佳氏与福临皇后博尔济吉特氏（孝惠章皇后）并称两宫皇太后。但她命途多舛，竟于康熙二年（1663）二月病故，年仅24岁，距康熙元年（1662）十月被正式尊称为"慈和皇太后"，只有四个月。相对而言，玄烨即位至佟佳氏病故的两年，是玄烨一生中同亲生额娘接触最多的时期，佟佳氏去世时，他们的母子之情正处于上升阶段。对玄烨来讲，这短暂的两年弥足珍贵，为他留下终生的回忆。

佟佳氏患病期间，玄烨"朝夕虔侍，亲尝汤药，目不交睫，衣不解带""寝膳俱忘"。大臣们见他一天天消瘦，请求他"节劳少休"，但他根本听不进去。佟佳氏去世后，他"擗踊哀号，水浆不御，哭无停声"，近侍无不感泣。他执意要将额娘的梓宫亲自送出紫禁城，安奉坝上享殿，经孝庄再三劝止，"勉遵慈谕，仍哭踊不辍"[1]。这些见于清朝官修史书的记载，难免有不实处，然而一个不足10岁幼童对生母的感情，毕竟是发自内心、无从矫饰的。

康熙二年（1663）六月，佟佳氏被祔葬孝陵，谥号为孝康章皇后。

玄烨从小与生身父母相聚无多，他尚未成年，双亲又先后离世。但骨肉之情，与生俱来。在玄烨心灵深处，在他丰富的感情世界中，皇父、生

---

[1]《清圣祖实录》第8卷，第9—13页。

母始终和他同在，一生无法分割。

失去双亲的孩子是十分不幸的，而玄烨的情况却有所不同，因为他还有一位早已在精心培育他，处处关怀、爱护他的祖母——孝庄文皇后。

第二章

祖母孝庄文皇后

与康熙帝感情最深,让他至死都难以忘怀的,是其祖母孝庄文皇后。

在康熙帝玄烨的皇室大家庭里，与玄烨感情最深，对他一生影响最大，他至死都难以忘怀的，不是他的生身父母顺治帝与孝康章皇后，也不是哪位后宫佳丽，或儿女皇孙，而是他的祖母孝庄文皇后。玄烨与祖母之间的深情，在中国历代封建帝王之家的祖孙关系中，绝无仅有。

顺治十八年（1661）正月玄烨登基时，中国大陆已接近统一，但社会经济亟待恢复，国库空虚，民不聊生，清朝面临的局势仍十分严峻。刚刚建立的王朝大厦初具规模，而统治基础尚不稳固，各种制度还不完备，需要后继者去添砖加瓦，培土扩建，继承发展。将这副担子放在年仅8岁的少年皇帝肩上，确实是太重了。为使玄烨完成这一艰巨使命，已是太皇太后的孝庄，责无旁贷地担负起抚育、保护与培养孙儿的重任。

一、培育幼孙

如果以一位教育家的标准衡量，孝庄对于孙儿玄烨的教育，显然要比她对儿子福临的培养更为成功。虽然儿孙都是亲骨肉，但孙子玄烨对她的依恋，她对孙子的爱，要超过她与福临之间的母子情。清代史书对此讳莫如深，但这却是事实。

玄烨成年后多次讲道："忆自弱龄，早失怙恃，趋承祖母膝下三十余年，鞠养教诲，以至有成，设无祖母太皇太后，断不能致有今日成立。罔极之恩，毕生难报。"[1] "朕自幼蒙太皇太后教育之恩，至为深厚……仰报难尽。"[2] 这些都是肺腑之言。

---

1 《清圣祖实录》第132卷，第1–2页。
2 《清圣祖实录》第132卷，第20–21页。

玄烨幼时曾长期避痘紫禁城外,"父母膝下,未得一日承欢"。来自祖母的爱,很大程度上填补了他幼小心灵的感情空白,使他从懂事时起,就将祖母视为最亲之人,这种情感无法以尺度来计量。但玄烨愈为年长,体会愈加深刻,对之愈加珍视。

孝庄对孙儿的爱有着丰富的内涵。她不仅给了玄烨本应从其父母那里得到的关怀和爱护,更重要的,是通过严格的教育、训练,培养他的良好品质、习惯与作风。

需要指出,玄烨继承皇位前,孝庄就已对他进行教育、培养了。玄烨曾对皇子们回忆说:"朕自幼龄学步能言时,即奉圣祖母慈训,凡饮食、动履、言语皆有矩度,虽平居独处,亦教以罔敢越轶,少不然即加督过,赖是以克有成。"[1]祖母的督教对他的成长乃至一生,起有至关重要作用。

在"独嗜图史"[2]的孝庄影响下,玄烨从小对读书学习产生了浓厚兴趣,这一嗜好伴其终身。他矢志读书,"早夜诵读,无间寒暑,至忘寝食"[3],无论任何时候,只要一捧起书本,就几乎忘掉一切。保姆朴氏担心他年龄太小,读书过多而伤身体,不止一次将书藏起,希望能使他休息一下。但他一发现,立刻索回,继续津津有味地读起来。对于孙儿的勤奋苦学,孝庄既感欣慰,又很心疼,她曾忧喜参半、不无责备地对孙儿说:哪有像你这样的人,"贵为天子",却像书生赶考一样苦读呢![4]

由于祖母的教导,玄烨自幼养成一丝不苟的学习态度,读书时"间有一字未明,必加寻绎,务至明惬于心而后已"。孔子所说"知之为知之,不知为不知",是他学习的座右铭。他从小认识到"人心虚则所学进,盈则所学退"的道理,虚心好问。除去读书外,"每见高年人,必问其已往经历之事而切记于心,决不自以为知而不访于人也"。即使"极粗鄙之夫",如果"亦有中理之言","决不遗弃,必搜其源而切记之,并不以为自知自能而弃人之善也"。[5]

---

1 《圣祖御制文二集》第40卷,第2页,刻本,光绪朝武英殿。
2 《内政辑要》,卷首,福临序文。
3 中国第一历史档案馆编:《康熙起居注》第2册,1253页,北京:中华书局,1984年。
4 《康熙起居注》第2册,第1254页。
5 《圣祖仁皇帝庭训格言》(以下简称《庭训格言》),第7-8页,刊本,泾阳:柏氏经正堂。

孝庄培养玄烨时不仅从大处着眼，幼孙身上一些尚在萌芽的习性，或生活中某些细微处，都引起她的重视，并因以施教。如玄烨儿时受保姆的影响，学会吸烟。吸烟不仅有害于身体，还极易引发火灾，可谓有百弊而无一利。经祖母教诲，玄烨坚决戒了烟，并在即位后"时时禁止"吸烟，反复劝诫有此嗜好的臣工们。[1]

在祖母的言传身教下，玄烨"自幼不喜饮酒"，认为"嗜酒则心志为其所乱而昏昧，或致病疾，实非有益于人之物"。他即位后，始终要求自己"能饮而不饮，平日膳后或遇年节筵宴之日，止小杯一杯"。[2]

孝庄对幼孙的培养是全面的，就连玄烨的言行举止，也有严格要求。后来，玄烨常常以自己的切身体会训导儿孙："朕自幼年登极以至于今日，与诸臣议论政事，或与文臣讲论书史，即与尔等家庭闲暇谈笑，率皆俨然端坐。此乃朕自幼习成，素日涵养之所致。"[3]幼时养成的这些良好习惯，一直保持到他的晚年。

供职于清廷，与玄烨有过较多接触的法国籍传教士白晋，在康熙三十六年（1697）写给法王路易十四的秘密报告中，对玄烨的仪表、风度、气质和修养大为赞赏，说他"生来就带有世界上最好的天性""所有他的爱好都是高尚的，也是一个皇帝应该具备的"。[4]其描述固然有溢美之词，但也从侧面表明，玄烨的作风与言行，确实不失一位泱泱大国君主应有的气度和风采，而这一切，无不来自孝庄的精心教诲。

少年玄烨在学业、品行、志趣、作风诸方面打下坚实基础的同时，还逐步树立起继承父业、以天下为己任的抱负。前述顺治十六年（1659）玄烨向皇父请安时所言：我长大了愿"效法皇父"，勤勉尽力，其志向之高，当在福临意料之外。这样的话语竟出自一个六龄孩童之口，是否可信另当别论，但毕竟说明，孝庄早已在对玄烨进行特殊培养了。

玄烨即位后，孝庄继续抓紧对他的教育，并根据需要增添了新的

---

1 《庭训格言》，第12页。
2 《庭训格言》，第20页。
3 《庭训格言》，第15页。
4 ［法］白晋：《康熙帝传》，马绪祥译，载《清史资料》第1辑，第196-197页，北京：中华书局，1980年。

内容。

当时，代表朝中保守势力的辅臣为防止玄烨过多接触汉族文臣，也像福临那样"好汉语，慕华制"[1]，因此对汉官们在玄烨登极不久提出的建议，如为皇帝"及时举行经筵"[2]，慎选品学皆优的满汉官员侍奉皇帝，分班进讲经史[3]等，一概置若罔闻。值得注意的是，有的史料记载孝庄也抵触汉族文化，"甚厌汉语，或有儿孙习汉俗者，则以为汉俗盛而胡运衰，辄加禁抑云矣"[4]。这一评价，至少与玄烨即位后的有关情况不相符合。

玄烨曾回忆说："朕八岁登极，即知黾勉学问。彼时教我句读者，有张、林二内侍，俱系明时多读书人，其教书惟以经书为要，至于诗文，则在所后。"[5]"朕七八岁所读之经书，至今五六十年，犹不遗忘。"[6]由此可见，玄烨即位前后，已开始学习儒家典籍，而这只能是孝庄的决定。

上述事实还表明，孝庄虽然反对福临过分推崇汉文化，"于淳朴旧制日有更张"，但也清醒地认识到，学习儒家学说，对于一位满洲皇帝统治以汉人占大多数的国家所具有的特殊意义。为使爱孙胜任天子之职，她有意识地让玄烨尽早学习儒家经典，以便熟谙治国安民之道，更有效地进行统治。

玄烨习读经史时，依然保持了在祖母教育下养成的习惯，认认真真，善思好问，"辄以学庸训诂询之左右，求得大意而后愉快。日所读者必使字字成诵，从来不肯自欺"。"四子之书既以通贯，乃读尚书，于典谟训诰之中，体会古帝王孜孜求治之意，期见之实行。"除对儒家著作"反复探索，必心与理会"外，他还广泛阅读其他典籍，《史记》、《汉书》以及诸子百家、内典、道书，"莫不涉猎"。由于方法得当，对所学能够融会贯通，乃至十余年后，"触事犹能记忆"[7]。

1　吴晗辑：《朝鲜李朝实录中的中国史料》第9册，第3938页，北京：中华书局，1980年。
2　《清圣祖实录》第9卷，第2页。
3　《清圣祖实录》第14卷，第30—31页。
4　吴晗辑：《朝鲜李朝实录中的中国史料》第9册，第3938页。
5　《庭训格言》，第2页。
6　《庭训格言》，第84页。
7　《康熙起居注》第2册，第1249页。

玄烨自少儿开始学习儒家经典，其后一直坚持不辍。他得以系统地了解、掌握儒家思想，对其出色完成长达62年的统治，大有裨益。

玄烨即位初期，有一天，孝庄当着众人之面，问孙儿身为天下之主，有何打算。玄烨答道："臣无他欲，惟愿天下乂安，生民乐业，共享太平之福而已。"[1] 少年皇帝决意做贤明之君、富国裕民的强烈愿望，显示出孝庄多年培育的初步成效。

二、保护者与指路人

（一）清除鳌拜集团

玄烨即位后，四辅臣"担当国事，裁决庶务；入白太后，则别无可否，惟唯诺而已"[2]。可见孝庄放手使用，四辅臣权力很大。加之缺乏监督、约束的机制，辅臣中个别人逐步走上结党营私、擅权乱政之路。

由于历史的原因及某些政见不同，辅臣中两黄旗的索尼（正黄旗），遏必隆、鳌拜（镶黄旗），与苏克萨哈（正白旗）的关系日渐紧张。另一方面，随着时间的推移，鳌拜居功自傲，权力欲逐步滋长。他联合遏必隆，扩展镶黄旗实力，擅杀朝中与自己存有积怨的满臣，专横跋扈的作风愈来愈显著。

四辅臣于辅政期间做了不少有益的事，然而对处理满汉关系，却采取保守、倒退方针，在恢复祖制、"首崇满洲"的旗号下，歧视汉官，使后者的积极性受到严重挫伤。当时，反清复明的战火尚未完全平息，经济凋敝，百废待兴。因满臣还缺乏治理经验，又不能与汉官密切合作，以致大大妨碍了国家机器的正常运转，而一些投机分子逐步取得辅臣信任，为非作歹，更加重了问题的严重性。玄烨亲政前夕，已是"学校废弛而文教日衰""风俗僭越而礼制日废"，地方、朝中弊端丛生。[3]

---

1 《清圣祖实录》第87卷，第6页。
2 吴晗辑：《朝鲜李朝实录中的中国史料》第9册，第3884页。
3 《清圣祖实录》第22卷，第13–15页；《康熙起居注》第2册，第1131页。

玄烨年龄还小，对此自然难以应付，但政治经验丰富的孝庄，却不露声色地密切关注事态发展，在继续任用辅臣的同时，采取了一些防患于未然的措施。

康熙四年（1665）九月初八日，禀照祖母慈谕，12岁的玄烨举行大婚典礼。索尼的儿子内大臣噶布喇之女赫舍里氏正位中宫，遏必隆之女落选，成为皇妃。

在为孙儿择立皇后时，孝庄舍去遏必隆之女，选中赫舍里氏，旨在防范鳌拜借镶黄旗之女成为皇后之机，进一步扩大实力，同时也是针对主幼臣骄的情况，对清朝元老索尼及其家族予以荣宠的笼络措施。

孝庄此举还改变了皇太极和福临时期，所立皇后均出自漠南蒙古科尔沁部博尔济吉特氏家族的惯例。这并不意味着忽视满蒙贵族联姻政策，而是从巩固皇权、安定政局的现实需要出发，反映出这位杰出女性的战略眼光与灵活策略。

玄烨大婚标志少年皇帝正在步入青年，其亲理政事已为期不远。换言之，孝庄是以此为孙儿早日亲政制造舆论，打下基础。

当鳌拜得知玄烨选后的结果时，因希冀落空，"心怀妒忌"，气恼万分，竟与遏必隆一起入宫"奏阻"[1]。这恰恰证明孝庄此步棋的巧妙：既分化了四辅臣，使索尼同鳌拜之间出现芥蒂，又促使索尼更为效忠皇室，增加了皇室的力量。不过，从其后情况看，孝庄这时对鳌拜还未完全失去信任，仍希望他在辅臣任内能够善始善终。

康熙五年（1666），发生圈换土地事件。鳌拜在索尼、遏必隆支持下，将清朝入关初期圈占土地时分配给镶黄旗与正白旗的土地，强行互换，并再次圈占大量土地，致使广大农民流离失所，加剧了满汉民族矛盾。三辅臣还不顾玄烨的反对，矫诏将反对此举的大学士兼管户部事务的苏纳海（正白旗）等三名大臣处死，造成一大冤案。这一事件说明，鳌拜并未领会孝庄的包容苦心，在擅权乱政路上愈走愈远。因此，孝庄也相应采取了进一步措施。

---

[1] 《清圣祖实录》第29卷，第10页。

康熙六年（1667）七月初七日，玄烨"躬亲大政"，辅臣"仍行佐理"[1]。孝庄特为孙儿收权安排一过渡阶段，以使他在实践中逐步提高；同时也让辅臣有个适应过程，将他们因交权而产生的失落感，减少到最低程度，从而保证此次权力交接稳妥进行。

可是，树欲静而风不止。康熙六年（1677）六月索尼去世后，鳌拜地位日隆，遏必隆对他亦步亦趋，苏克萨哈更加孤立。玄烨亲政伊始，苏克萨哈请求"往守先帝陵寝"，以期迫使鳌拜、遏必隆也辞去辅政。鳌拜为清除异己，独掌辅政大权，竟罗织苏克萨哈的"罪状"，企图将他置于死地。尽管玄烨坚决反对，但鳌拜等不肯罢休，一连七日强奏，竟将苏克萨哈及其子孙全部处死，并籍没家产。[2]

苏克萨哈被清除后，鳌拜的权势进一步扩大。他飞扬跋扈，"欺君擅权"，"文武各官尽出门下"，甚至在"御前呵叱部院大臣，拦截章奏"。玄烨去海子（南苑）狩猎时，让随行的鳌拜奏闻祖母，鳌拜"乃不遵旨，反云皇上自奏"[3]，全然不把玄烨放在眼中。他的种种行径，已构成对皇权的严重威胁。至此，孝庄终于做出决断，支持并指点孙儿拟定清除鳌拜集团的全盘部署。

此前，玄烨已开始广泛求言，制造舆论，通过各种举措，纠正辅臣的种种失误与施政弊端，这使朝中人心振奋，玄烨威望日增，鳌拜逐渐孤立。与之同时，玄烨在身边聚集起一批年轻的满洲贵族成员，索额图即是其中的突出代表。索额图为索尼之子，孝庄选中他的侄女赫舍里氏做皇后，加深了索尼家族与清皇室的关系，也加强了正黄旗对皇室的向心力，并影响到镶黄旗。索额图对玄烨十分忠诚，在清除鳌拜集团的过程中，成为玄烨得力的助手。

鳌拜集团附者甚众，盘根错节，已控制中央机构各要害部门。为最大限度地减少动荡，孝庄帮助玄烨制定了"擒贼先擒王"，迅速打击主要党

---

1 《清圣祖实录》第23卷，第3页。
2 满文折件，康熙四十五年二月初一日。按，本书引用的满、汉文档案，除注明者外，俱为中国第一历史档案馆藏；所引满文档案，均系作者译校。
3 《清圣祖实录》第29卷，第10页。

羽，震慑其他成员，稳妥解决问题的基本策略。据此，玄烨命索额图秘密组织起一支善于扑击的少年卫队，又于行动前，有意将鳌拜的部分党羽遣往外地，以分散其力量。可以肯定，玄烨还采取了其他一些周密部署。

康熙八年（1669）五月十六日，鳌拜奉召进宫，旋即被卫队擒拿，其主要党羽也先后被逮捕归案。考虑到鳌拜以往的功绩，玄烨对他予以宽大处理，免死，籍没家产，终身监禁；对其众多追随者，也只处死最主要的几人，其余一律宽免；就连遏必隆也被免罪，仅革去太师，后又给还公爵，值宿内廷，恢复对他的信任，从而团结了镶黄旗。

清除鳌拜集团，排除了皇权的潜在威胁，使玄烨真正掌握了清朝大权。他在"首崇满洲"的原则下，着力改善满汉关系，崇儒重道，发挥汉族官员积极性，发展生产，恢复经济。短短几年内，政局进一步稳定，得到汉族地主阶级更广泛的拥护，经济也有起色，为其后平定三藩之乱，打下重要基础。

铲除鳌拜集团这场惊心动魄的政治较量，是玄烨君临天下后，祖母对他的一次关键指导与帮助。当时，玄烨年仅16岁，还缺乏足够的智谋与经验。若无祖母的指教，他很难在亲政后第三年，便一举铲除这一把持朝政多年、势力颇大的宗派集团，稳妥、彻底，不留后患。显然，鳌拜集团存在时间越长，对清朝的危害越大，势必积重难返；如果玄烨的治国方针受到阻挠，三藩之乱将更加旷日持久，康乾盛世的出现也会大大推迟了。

在对鳌拜集团的斗争过程中，孝庄、玄烨祖孙相互加深了解，感情更为深厚。其间，玄烨表现出那一年龄少有的胆略和杰出的组织才能，使孝庄满意而欣慰；另一方面，玄烨也从祖母身上学到很多东西，除去缜密的思维方法，坚决、果敢的作风外，令他印象最深的，是祖母为人处世宽厚豁达的态度。正是在祖母的影响下，他处置鳌拜及其党羽时，运用宽严相济，打击面小，安抚、团结绝大多数朝臣的策略，收到人心安定、朝政稳固的效果。孝庄的言传身教，使玄烨逐步具备了一代名君所应有的宽阔心胸与气度，这不仅在此次斗争中显示出来，在其后漫长的统治岁月里，无论是平息党派之争、处理二废太子事件，还是采取其他重要举措，这种方针、策略依然被保留下来。足见孝庄的智慧、品德与作风，已经体现在孙儿身上，由他继承并发扬光大了。

还需指出，孝庄指导玄烨宽大处理鳌拜集团，也是对当年两黄旗大臣同心合力拥立幼主（福临）的回报，表明她为保护幼孙，并从清朝的长远统治考虑，不得不清除对她效忠多年的老臣时，仍旧手下留情。作为清朝最高统治集团的核心人物之一，这种做法难能可贵。

（二）奉祖母初谒孝陵

清除鳌拜集团后，清廷进入一个短暂的相对平静阶段，这对于已"费尽移山心力"的孝庄祖孙来讲，无疑是一个难得的休息调整时期，同时也为他们总结、回顾以往，提供了充分时间，于是有了遵化之行。

康熙九年（1670）八月，玄烨奉祖母太皇太后、嫡母皇太后前往遵化昌瑞山，祭谒顺治帝陵寝，皇后赫舍里氏随行。是月二十七日，祖、媳、孙三代四人行抵孝陵。皇帝与太皇太后、皇太后、皇后一起谒陵，清朝仅此一次。

玄烨恭谒祖陵之念由来已久，由于种种原因，一直未能如愿。这次，他原想独自前往，"先诣太祖、太宗山陵，再诣世祖山陵"，但孝庄"以世祖升遐十年，未得一诣陵寝"[1]，说服孙子先去孝陵展谒，并执意带上皇太后博尔济吉特氏和皇后赫舍里氏。孝庄此举，意味深长。尽管史书未曾记载，但可以想象，当她坐在儿子的祭台旁，看着正在拜祭的儿媳、孙子和孙媳，必定思绪万千，百感交集。

她对儿子是内疚的。在儿子离开后的十年中，她愈来愈认识到，儿子在满汉关系等重大事情上的看法，比她更有远见，更为明智，更有利于清朝政权的巩固。在孙儿亲政前后，她已开始鼓励、支持孙儿采取一些与辅臣保守行径相对立的举措，而彻底清除鳌拜集团，进一步表明她对保守方针的否定。此次谒陵，标志着孝庄与儿子的彻底和解，尽管儿子已长眠十年。

孝庄之所以选择此时来为儿子祭灵，是因为她已可告慰儿子：四辅臣

---

[1]《清圣祖实录》第34卷，第2页。

的问题业已解决，保守路线已被纠正；一如儿子生前所期望，满汉关系得到改善，皇朝统治日益坚固；更重要的是，孙儿玄烨在她亲手抚育下成长起来，而且颇有作为。她还要告诉儿子，她的嫡重孙承祜已出生，列祖列宗之业，有了未来的继承者……

站在皇考的祭台前，玄烨的心情自然也不平静。基于祖母的教诲，他一向对晚辈如何尽孝有着很实际的认识。后来，他曾以自己的体会告诫儿孙们："凡人尽孝道，欲得父母之欢心者，不在衣食之奉养也，惟持善心，行合道路，以慰父母，而得其欢心，斯可谓真孝者矣。"[1]玄烨虽然与皇考接触不多，无从在皇考生前尽一份孝心，但他相信十年来自己所做的一切，并未辜负皇考的期望，皇考有知，将会感到欣慰。他从皇考又想到祖母，忆及十年间在祖母提携、指教下经历的风风雨雨。冥冥之中，皇考与祖母似乎渐渐地变为一个人，向他投以信任、期待的目光。他暗下决心，要更加勤于国政，励精图治，以使长辈们放心；同时，他还要像过去一样，将自己未能对生身父母所尽的孝心，全部回报给可亲可敬的祖母。

（三）八年艰难岁月

康熙十二年（1673）底，爆发了以明朝降将吴三桂等人为首的三藩之乱。是年十一月，吴三桂在云南"以所部兵反"；十二月二十一日，冒充"朱三太子"的杨起隆在京举事；翌年三月，耿精忠踞福建反；十五年，尚之信踞广东反。与此同时，一些地方原已降清的明朝官员纷纷响应。叛军气势凶猛，很快控制了南方广大地区，并延伸至陕西、甘肃等地。

此前，吴三桂等反叛之心已露端倪，政治嗅觉敏锐的孝庄有所预感。康熙十一年（1672）十二月十六日，她提醒孙儿在天下太平之际，应不忘武备，居安思危；[2]随后，又通过其他措施，如令儒臣翻译《大学衍义》、颁赐诸臣等，帮助孙儿加强统治，进一步协调君臣关系。因此，当三藩之乱突然发生，清朝统治面临巨大威胁的时刻，祖孙二人都表现得异常镇静。

---

1 《庭训格言》，第9页。
2 《清圣祖实录》第40卷，第19—20页。

第二章　祖母孝庄文皇后

吴三桂叛音甫至，康熙十三年（1674）元旦来临。清廷仍同以往，举行盛大朝贺与筵宴，以此向臣民显示最高决策层无所畏惧的气概和与叛军决战决胜的坚定信念，起到安定朝野、鼓舞士气的作用。

在祖母的鼓励下，玄烨"料理军务日昃不遑，持心坚定"[1]。康熙十三年（1674）九月，他恢复了一度因"几务殷繁"而中断的"每日进讲"[2]，坚持学习儒家经典。为了对外"示以暇豫"，他甚至每日出游景山骑射，对于"投贴于景山路旁"的谣言诽谤，一概"置若罔闻"。多年后，玄烨回忆道："当时朕若稍有疑惧之意，则人心摇动，或致意外，未可知也。"[3]

康熙十四年（1675）三月，漠南蒙古察哈尔部布尔尼乘清廷集中力量对付三藩、无暇他顾之机，发动叛乱。因京城八旗精锐部分出征，部分肩负拱卫之责，前往平叛已无兵可调。正当玄烨为筹集兵源、选派领兵之人而反复斟酌时，孝庄向他建议："（大学士）图海才略出众，可当其责。"玄烨"立召公，授以将印"。图海果然不负重托，率领数万名八旗家奴，迅即平定了布尔尼叛乱。[4]这一事例表明，孝庄平时对文武重臣了如指掌，因而能在紧要关头，及时指点玄烨，助他渡过难关。

平叛期间，每逢玄烨遇到棘手之事，孝庄便为之出谋划策，并凭借自己在朝中的崇高地位和威信，给予孙儿有力支持。举朝官员对此无不知之，一致认为："吴三桂叛乱以来，太皇太后心甚忧劳。"[5]玄烨为表示对祖母的感激与爱戴，康熙十六年（1677）四月，"亲撰太皇太后大德景福颂，书锦屏恭进"[6]；同年十二月，恭进太皇太后锦衣，亲撰表文中将祖母比为"宫中尧舜"[7]；十八年（1679）二月，孝庄67岁生日，玄烨再次亲撰表文诗篇，书"万寿无疆"匾额恭进。诗中写道："喜得万方同孝养，千秋福德

1　《庭训格言》，第13页。
2　《清圣祖实录》第49卷，第13页。
3　《庭训格言》，第13页。
4　昭梿：《啸亭杂录》（含《啸亭续录》）第2卷，第48-49页，《图文襄公用兵》，北京：中华书局，1980年。
5　《康熙起居注》第1册，第786页。
6　《清圣祖实录》第66卷，第24页。
7　《清圣祖实录》第70卷，第19页。

并苍穹……宫中尧舜兼文母，恭捧南山万寿觞。"[1]

因玄烨指挥得当，加之采取剿抚并用、重用汉官、孤立分化对方等一系列策略，平叛战争以清廷获取全胜而宣告结束。康熙二十年（1681）十一月十四日，玄烨亲至太皇太后、皇太后宫报捷。整整八年，孝庄与孙儿一起，分担了无尽的焦虑与辛劳，当终于大功告成、普天同庆之时，他俩的内心感受，只有彼此最能理解，别人是难以真正体会到的。

孝庄在平定三藩之乱过程中起到的作用，旁者无以替代，举朝尽知。可是，当玄烨和大臣们请求按照朝中惯例，为她加上尊号时，她却再三予以拒绝，并对前来奏请的大学士们说："八年以来，皇帝焦心劳思，运奇制胜，故得寇盗削平，海宇宁谧。皇帝应受尊号，以答臣民之望。予处深宫之中，不与外事，受此尊号，于心未惬。"[2] 孝庄全力扶持孙儿，想让孙儿的威望通过平定三藩更加扩大，为此，她尽量掩去自己的作用，将功劳一并归于爱孙。

继平定三藩后，康熙二十二年（1683），清廷统一台湾。清朝从此进入一个新的发展阶段，即康乾盛世的前期。

随着玄烨不断成熟和孝庄的日渐衰迈，康熙二十年前后，他们的关系逐步过渡到一个新的时期。自此直至康熙二十六年（1687）孝庄去世，尽管玄烨早已对各项政务应付自如，不再需要祖母的点拨，但还是将祖母视为顾问，"朝廷有黜陟，上多告而后行"[3]，而孝庄虽然精力不济，但也仍同以往，时刻关怀孙儿，处处予以支持。

三、祖孙深情

（一）祖母对孙儿的慈爱

孝庄是位感情细致、慈祥可亲的祖母，她对玄烨的关心爱护，体现在

---

1 《清圣祖实录》第79卷，第18-19页。
2 《清圣祖实录》第99卷，第13页。
3 《清史稿》第214卷，第8902页，北京：中华书局，1976年。

各个方面。

玄烨大婚是由祖母一手操办，孝庄不仅亲自为孙儿选定皇后，而且就孙儿孙媳举行合卺礼的房间做出详尽指示。

康熙四年（1665）金秋，玄烨大婚在即。据礼部奏报："中宫（指坤宁宫）七间，北坐向南，本年均吉。既隔首间、次间，于五间之中间合卺吉。"孝庄阅后下达懿旨："中间合卺，因与神幔甚近，首间、次间虽然间隔，尚是中宫之正间，内北炕吉。两旁间既非正间，均不可用。"[1] 显然，孝庄为孙儿考虑得更为周详。是年九月初八日，玄烨同赫舍里氏在坤宁宫祖母选定的房间内，举行了合卺礼。

孙儿平时的衣食住行，孝庄都记挂于心。玄烨即位后，先是住在保和殿。康熙八年（1669）初春，孝庄因孙儿"以殿为宫"而居，"于心不安"，特交付工部修葺乾清宫、交泰殿，使"皇帝移居彼处"。玄烨立即遵旨，命工部"选择吉日，修理朴质坚固，以仰副太皇太后慈爱朕躬至意"[2]。是年十一月，玄烨移居修造一新的乾清宫。这里成为他在紫禁城内的居所，直至其去世未曾变更，时间长达半个世纪。

孝庄对孙儿了解甚深，孙儿的喜怒哀乐或任何情绪波动，都逃不过她的眼睛；孙儿有了病痛，她更是焦虑万分。

康熙十八年（1679），平叛战争尚未结束，玄烨又开始筹划攻取厦门、金门二岛，收复台湾的作战方略。"午夜迢迢刻漏长，每思战士几回肠。海东波浪何年靖，日望军书奏凯章。"[3] 这首名为《夜至三鼓坐待议政大臣奏事有感而作》的诗，真实地反映出他运筹帷幄、夜不能寐的心情。三藩之乱爆发后，他已度过六年的紧张岁月，其间，他的个人生活也连遭不幸。十三年五月，皇后赫舍里氏因难产去世；十七年二月，第二位皇后钮祜禄氏病亡。两位爱妻相继早逝，给玄烨以较大刺激。十八年七月，其同父异母弟和硕纯亲王隆禧病故；同月二十八日，京城发生地震，房屋大批

---

[1] 章乃炜、王蔼人编纂：《清宫述闻》（初、续编合编本，下同），第665页，北京：紫禁城出版社，1990年。

[2] 《清圣祖实录》第28卷，第4页。

[3] 《圣祖御制文一集》第32卷，第6页。

倒塌，人畜伤亡惨重。玄烨禀照六年前（康熙十二年九月）京师地震时，祖母关于遇有灾异，人君"固当益加修省"的告诫[1]，立即引咎自责。他"早作夜思，中心惶惧，寝食靡宁"[2]，健康受到一定影响。十一月下旬，因身体不适，不得不暂停御门听政。然而祸不单行，玄烨的身体尚未恢复，十二月初三日深夜，太和殿突然失火被毁。这场严重的火灾，依然被认为是"上天示警"的象征，玄烨又一次受到打击，心情沮丧可想而知。

眼看孙儿逐渐消瘦，孝庄极为不安，反复加以劝慰。十二月初三日夜太和殿大火初起时，玄烨牵挂年迈的祖母，当即前往祖母宫中问安，孝庄一再劝孙儿不要过分忧虑，务必休息数日，等身体康复后再上朝理政。但玄烨放不下国事，十二月初五日一早，又开始御门听政了。

孝庄担心孙子的身体难以承受，于是转换方式进行劝阻。十二月初五日当天，她派贴身太监刘忠向领侍卫内大臣阿鲁哈，大学士索额图、明珠等人传谕："皇帝自入秋以来，未甚爽健。且此数年间，种种忧劳，心怀不畅。顷者抱恙，今虽痊愈，但尚未甘饮食。念南苑洁静，宜暂往彼颐养。又昨火灾，闻太子（胤礽）亦尔惊恐，可令同往。传语皇帝，勿违吾命。"阿鲁哈等遂奏闻玄烨。玄烨知道这是祖母的一番苦心，不便相违，对大臣们说："太皇太后念朕躬偶恙，屡蒙降旨。朕钦遵慈命，即幸南苑，明日当徐徐起行。"[3]他带着6岁的皇太子胤礽在南苑行围十天，回宫后即以太和殿灾颁诏天下，求言修省。[4]此次南苑之行对玄烨身心两益，十分必要，反映出孝庄对孙儿无微不至的关怀。

康熙二十三年（1684）九月，玄烨第一次南巡，历时两月余，这是他和祖母分别时间最长的一次。在此期间，尽管玄烨与祖母保持密切联系，并将从黄河打捞的鲜鱼及地方果蔬驰送京城，但孝庄依然思孙心切，不能自已。玄烨回銮途中，十一月十五日行至直隶省河间府秦家庄，收到祖母差人专程送来的乳品。对一位尝遍天下美味的皇帝来说，食物本身并不重

---

1 《清圣祖实录》第43卷，第12页。
2 《清圣祖实录》第87卷，第5页。
3 《康熙起居注》第1册，第472页。
4 《清圣祖实录》第87卷，第12页。

要，玄烨却从中深深感受到祖母的厚爱，这是任何权力、金钱所无法换取的。他当即赋诗曰："彩旒晚驻瀛洲道，忽报铜龙骑使来。心识慈怀同日照，口传温语逐阳回。松脂似截盘中玉，绮食初和鼎内梅。两月几虚甘旨奉，归程欲听晓钟催。"[1]

玄烨第一次南巡时，孝庄尚健在，他没有奉祖母同行，说明孝庄的健康状况已不允许。这当是玄烨终生抱憾之事。

（二）孙儿对祖母的孝养

人的感情是双向的。孝庄为孙儿呕心沥血，玄烨对祖母的回报，则充分体现在他三十多年"期尽孝养，朝夕事奉"的行动中。亲眼目睹这一切的朝臣们，曾经做过如下评述："我皇上至德纯孝，奉事太皇太后三十余年，极四海九洲之养，尽一日三朝之礼，无一时不尽敬，无一事不竭诚。居则视膳于寝门，出则亲扶于雕辇。万机稍暇，则修温清之仪；千里时巡，恒驰络绎之使。此皇上事太皇太后于平日，诚自古帝王所未有也。"[2]这些话虽是颂扬之语，但却基本属实。

满洲人一向注重礼节，尊老爱幼。晚辈每日向长辈请安，是清代一般八旗官宦人家的寻常礼，清宫内极为重视。不过对于玄烨来讲，向祖母请安并非例行公事，而是发自内心的愿望。他曾无数次去祖母所居慈宁宫问安，每次都是急切前往，欢快而归。"晨昏敬睹慈颜豫，不尽欢欣踊跃回"[3]，恰是玄烨当时心情的写照。玄烨十分珍视每日与祖母的聚首，这是他日理万机的生活中尽享亲情的时刻，对他来说是不可或缺的精神调剂。

每当玄烨外出时，总是事事处处想着祖母。一次，他驻跸南苑，遣使为祖母恭送鲜果："日永离宫节候新，薰风早已献嘉珍。赤瑛盘内甘鲜果，奉进瑶池第一人。"[4]他在南巡途中捕得鲜鱼，立即"驰进两宫（太皇太后、皇太后），兼志思慕之诚"："千里难承玉陛欢，鲜鳞纲得劝加餐。遥知长

---

1 《圣祖御制文一集》第40卷，第13页。
2 《康熙起居注》第2册，第1692页。
3 《圣祖御制文一集》第31卷，第1–2页。
4 《圣祖御制文一集》第32卷，第1页。

信开函日，定荷慈颜一笑看。"[1] 他行围时猎获野禽，也恭进祖母："遣使呈鲜味，须令马迅飞。"[2]

离京期间，每隔数日，玄烨必定奏书向祖母请安，告知自己的情况，而归途中一想到即将见到久违的祖母，心情就格外愉悦。一次，为了使祖母高兴，他特意赶在端阳节前一日回宫，并为此赋诗一首："满路榴花映玉舆，铲烟香绕侍臣裾。经时远道彤闱隔，先向慈宁问起居。"[3]

（三）奉祖母六洗温泉，一出塞外

康熙十一年（1672）至二十年（1681），玄烨先后六次陪侍祖母去温泉疗养。其中，一次去宣化府赤城汤泉，两次去昌平县北汤山汤泉，三次去遵化州西北40里福泉山温泉。时间最长一次达73天（康熙十一年九月去遵化温泉），最短一次45天（康熙二十年三月去遵化温泉）。

从种种迹象看，孝庄在晚年患有皮肤病，而且一度较重。所以，十年间她连续十次往温泉洗浴，即使在平叛战争的异常时期，亦未间断，并几次变换地点，以求更好的疗效。

孝庄每次去温泉疗养，玄烨亲自陪同，照料得无微不至。这里仅以她第一次去赤城汤泉为例。[4]

康熙十一年（1672）正月二十四日清晨，已提前做好准备的玄烨来到祖母宫中，扶祖母登辇后，他随辇步行，到神武门才上马。途中进膳时，他亲视祖母降辇，陪祖母一起至进膳处，得知一切安排妥当，才返回自己的行宫吃饭。饭后，玄烨赴祖母行宫，"下马趋至近前侍立"，侍祖母登上乘舆，他又亲扶辕驾行走数十步，才上马跟随。傍晚行抵巩华城（今北京沙河附近）驻跸，他步送祖母乘舆至宫门，并亲视孝庄降乘舆入宫后，才放心地返回自己的行宫。

正月二十五日快到南口时，玄烨得知祖母将要下榻的行宫尚未布置完毕，立即驰往亲视，待一切准备妥帖，才回奏祖母，并亲自将祖母送至行

---

[1] 《圣祖御制文一集》第40卷，第1页。
[2] 《圣祖御制文一集》第32卷，第14页。
[3] 《圣祖御制文一集》第37卷，第4页。
[4] 《康熙起居注》第1册，第18—28页。

宫。之后，他又不顾一天的旅途劳顿，跃马出居庸关"亲阅道路"，以确保翌日祖母在路途的安全。

正月二十六日，玄烨一行经过绵延起伏的八达岭，玄烨至山麓下马，亲手为祖母"扶辇整辔"。孝庄心疼孙儿，几次对他说："汝步行劳苦，其乘马前行。"玄烨执意不肯："此处道险，必扶辇整辔，于心始安。"一直行至较平坦处，玄烨才重新上马。几天后过长安岭时，他同样"随驾步行"，进行护持。

正月二十七日，在怀来城东浮桥前，玄烨担心桥身不牢固，便让祖母的轿子暂且停下，自己亲驰视验，确保无虞后，才请祖母过桥。

经过九天翻山过岭，长途跋涉，二月初三日，孝庄等终于平安抵达赤城温泉。由于温泉附近地方狭隘，除孝庄的行宫外，不便再建行宫，玄烨住在七里开外的头堡。他每天前来请安，并留下陪伴祖母。

恰在此时，京城传来噩耗，皇后赫舍里氏所生嫡子承祜病故，年方4岁。承祜活泼聪颖，向为玄烨钟爱。玄烨"自闻皇子信，郁闷不已"，极其悲伤。他知道祖母平日视承祜为掌上明珠，为了不使祖母难过而影响治病疗效，决定暂时向她隐瞒此事。当日，玄烨去请安，他强忍悲痛，在祖母面前笑语如常，并特别叮嘱身边的大臣们："朕恐太皇太后闻之伤悼，故含痛问安。朕在此，恐诸王等闻信，前来慰朕，若至，俱令散去。"礼部官员为请示安葬承祜的事来至孝庄行宫，细心的玄烨担心祖母闻知，遂将他们召至僻静处，垂泪面谕安葬事宜。

从二月初六日玄烨得知嫡子死讯，直至孝庄回宫的50多天内，他始终将这一不幸消息瞒着祖母，独自背负了本可与亲人分担的痛苦。

三月二十一日，孝庄圆满结束疗程，起驾回京。过长安岭时，大雨滂沱，玄烨不顾祖母的劝阻，仍旧下马步行，在雨中护持祖母的辇辕。二十九日，祖孙顺利抵京。这次往返65天的行程中，玄烨表现出的对祖母的孝敬，确实是人们所难以想象的。随扈的起居注官说他"天性纯孝，古帝王未之有也"，并不为过。

洗温泉对孝庄的皮肤病具有显著疗效，从她先后六次前往的间隔时间看，一般每次洗浴后的效果，可持续一二年或两三年。祖母洗温泉后病情好转，玄烨的喜悦难以言表，他曾为之赋诗："温谷神丹力不穷，五云暖溜绕行宫。圣躬喜得今康豫，宇宙欢欣旧日同。"[1]康熙二十年（1681）春季，孝庄在孙儿陪同下最后一次去遵化温泉后，疗效得以巩固。她的皮肤病在五六年内基本未犯，直至康熙二十六年（1687）冬，因"疹患骤作"溘然长逝。

康熙二十二年（1683）的夏天分外炎热。六月二十日，玄烨奉祖母出古北口避暑，10岁的皇太子胤礽、12岁的皇长子胤禔、7岁的皇三子胤祉随驾。年幼的曾孙围绕膝前，给孝庄的旅途更增添了乐趣。此次行程往返72天，"凡所经过，皆大山茂林"[2]。据随扈起居注官记载："是行也，每日清晨，上亲诣太皇太后行幄，候升辇起行，随从里许，然后分道。至暮，复亲诣行幄，请安毕，始还御幄。沿途视膳问寝，承欢养志，无所不曲尽焉。"[3]当时，承德避暑山庄尚未修建，否则，玄烨必会侍奉祖母前去避暑，就像其后他曾数次奉皇太后去那里一样。

孝庄从塞外返京不久，又在孙儿陪伴下前往五台山。这一年她已71岁。数月内能够两次远行，表明她的身体状况确有起色，这从一个侧面，反映出洗温泉的良好作用。

（四）五台之行

位于山西省五台县东北部的五台山，是我国四大佛教名山之一。山上建有很多喇嘛寺庙，位于菩萨顶的寺庙，即为其中之首。有清一代，特别是清初，统治者对五台山喇嘛寺庙极为重视，多次出资兴修，并派人直接管理。

孝庄自幼笃信喇嘛教，去五台山菩萨顶礼佛，是她多年的夙愿。凡是祖母所想，玄烨无不千方百计予以满足。康熙二十二年（1683）二月，他率领皇太子胤礽前往五台山，抵达菩萨顶，住了四天。其间，玄烨除去拜诣神佛，为祖母"致祈景福"外，还颁发帑金，修缮五台山庙宇，"御书

---

[1]《圣祖御制文一集》第33卷，第1页。
[2]《清圣祖实录》第111卷，第4页。
[3]《康熙起居注》第2册，第1033页。

匾额，以次颁布"[1]，并为不少寺院亲笔撰写了碑文。他返京后，即令工部修整从京城去五台所经道路、桥梁。这显然是为孝庄的五台之行做各方面准备。

同年九月初，一应修治刚刚竣工，玄烨随即奉祖母前往五台山。此行他还特意叫上哥哥和硕裕亲王福全、弟弟和硕恭亲王常宁，以便途中能更好地照顾祖母。

九月十三日，途经涿州。玄烨因长城岭一路山径险峻，率侍卫及祖母身边的太监赵守宝先行前往，亲视所修道路，命福全、常宁随祖母后行。十九日，玄烨行抵菩萨顶，第二天即奏书祖母，详报路途情况。他写道："銮驾既已到此，臣岂不欲太皇太后圣祖母至菩萨顶瞻礼，但极危至险之处不行奏明，为孙者不能即安也。"并恳请祖母：是否前来，"仍询太监赵守宝定夺"[2]。表现出对祖母的体贴与敬重。

九月二十二日，玄烨"特赴长城岭，用輦亲试"。果然，由于山势过陡，抬轿之人站立不稳，难以攀登。玄烨返回后如实禀告祖母，但孝庄仍不愿放弃多年的愿望，就此止步。玄烨理解祖母的心情，不愿让祖母失望，尽管他明知难以攀登，还是谕令抬轿校尉及随侍内监等勤加演习，小心扈行。[3]

九月二十四日一早，玄烨至祖母行宫请安后，起驾出发。行至长城岭，因山路崎岖，乘车不稳，改为暖轿，他本人侍从左右，亲督校尉及随从人员等前后扶掖，以备不虞。孝庄见抬轿之人步履艰难，于心不忍，执意易车。玄烨不得已听从了祖母的要求，同时又暗自"命轿近随车行"。走了不远，一直跟在车旁的玄烨见车身不稳，请祖母仍改乘轿。孝庄早已后悔，无奈地说："予已易车矣，未知轿在何处，焉得即至？"不料话音未落，玄烨已让人将紧随车后的轿子抬到祖母身边。孝庄喜出望外，抚摸着孙儿的脊背，连声称赞说："车轿细事，且道途之间，汝诚意无不恳到，实为大孝。"许多年后，玄烨还将此事作为臣子"尽心体贴君亲"的例子，

---

1 《康熙起居注》第2册，第1073页。
2 《圣祖御制文一集》第15卷，第19页。
3 《康熙起居注》第2册，第1072页。

讲给皇子们听。他说:"凡为臣子者,诚敬存心,实心体贴,未有不得君亲之欢心者也。"[1] 玄烨的确以自己的行动做到了这一点。

"历岭路数盘"后,孝庄感到难以继续前行,终于对孙儿说:"岭路实险不可度,吾及此而止,积诚已尽。五台诸寺应行虔礼者,皇帝代吾行之,犹吾亲诣诸佛前也。"[2] 玄烨令福全等扈从祖母先行返京,他本人则于九月二十五日再次来到菩萨顶,遵慈旨"代礼诸寺"。十月初二日,玄烨追上祖母一行。七天后,祖孙平安抵京。

虽然孝庄亲至菩萨顶礼佛的夙愿最终未能实现,但她让玄烨为之代礼,一路上又备感孙儿的至诚体贴,这些都足以大大减轻其内心的遗憾。

孝庄去世后,玄烨还曾数次驾幸五台山。康熙三十七年(1698),他授予菩萨顶真容院喇嘛丹巴格隆"清修禅师"封号,让其"仍提督喇嘛僧众,朝夕赞宣",并亲撰《谕清修禅师都纲喇嘛丹巴格隆》一文。[3] 四十年五月,他又写下《清凉山新志序》,记述五台山的历史沿革。这些做法,都体现出他怀念祖母、不忘祖母遗愿的苦心深意。

(五)奉养姑母

玄烨对祖母的深情,还反映在他对姑母巴林淑慧公主的奉养上。

孝庄生有一子(顺治帝福临)三女,三个女儿里,她最喜爱二女儿,即皇五女淑慧固伦大长公主。加之另外两个女儿都先她而故去,这使她对仅存的二女儿更加珍爱。淑慧固伦大长公主名阿图,因前夫喀尔喀博尔济吉特氏索尔哈死后,又改嫁巴林博尔济吉特氏辅国公色布腾(即固伦额驸塞卜腾,顺治七年晋巴林郡王,康熙七年二月去世),故人称巴林淑慧公主。玄烨受祖母的影响,从小对这位姑姑另眼相看,十分敬爱。

康熙十二年(1673)夏,孝庄一度身体不适,玄烨亲侍汤药。当他得知祖母很想念远在巴林草原的姑姑时,立即命乾清门侍卫武格,携带他本人平日所乘轿舆,"驰驿往迎公主"。巴林淑慧公主很快来到额娘身边,孝

---

[1] 《庭训格言》,第10页。
[2] 《康熙起居注》第2册,第1072页。
[3] 《圣祖御制文二集》第17卷,第7页。

庄"甚喜,遂强健如常"。玄烨见祖母病愈,也喜不自禁,溢于言表。[1]

康熙二十六年(1687)七月底的一天,玄烨去向祖母请安时,发现孝庄正因女儿所居地方年景不佳,"马牛羊多染疫倒毙,田禾亦不收获"而担忧。于是,他仍派遣乾清门侍卫武格,将巴林淑慧公主接到京城;并令武格带去马驼粮米以做赈济。玄烨和祖母当时都不会想到,这一举措,使孝庄得以同女儿在一起,度过最后的四个月。

爱女与爱孙,同是孝庄亲骨肉,是她最为牵挂者。这姑侄二人各以不同方式,给孝庄的晚年带来莫大快慰。一次,他们三人坐在一起闲聊,孝庄当着女儿的面,托付孙儿在自己身后好好照顾姑姑,玄烨当即"面允公主",并对祖母做下许诺:"待姑年迈时,(朕将姑姑)迎至京师。凡一切应用之物,朕皆承理,以终天年。"[2]

玄烨没有食言。巴林淑慧公主晚年留住京城,与额娘生前最为疼爱,逝后"不忍远去"的侄儿相依相伴。可以肯定,孝庄生前也曾像托付孙儿一样,嘱咐过女儿,希望她在自己身后,更加关爱玄烨。孝庄对两位晚辈互做托付,让他们彼此照应,相互慰藉,这恰恰是她所虑深远、细致、周详的一贯作风。

孝庄去世后,巴林淑慧公主成为与玄烨血缘关系最近的长辈之一,从她身上,玄烨隐约可见祖母的音容笑貌。他对姑姑照顾备至,优礼有加。

康熙三十年(1691),玄烨将皇三女和硕荣宪公主嫁与姑姑的孙子,巴林郡王鄂齐尔之子乌尔衮,可谓亲上加亲。四十四年(1705)七月,玄烨派侍卫传谕乌尔衮:"今朕诸姑俱弃世,诸姑之子,……照科尔沁达尔汉王旗下公班地(班第)例,授本身为公,食俸。"[3]四十八年(1709)三月,玄烨又特授皇三女为固伦公主,乌尔衮为固伦额驸。巴林淑慧公主及亲属处处享受特殊待遇,表明玄烨始终未忘祖母之托,祖母生前所钟爱的人,在他心中也占有极重要的位置。

康熙三十九年(1700)正月,住于京邸的巴林淑慧公主病危,玄烨亲

---

1 《清圣祖实录》第42卷,第8页;《康熙起居注》第1册,第97页。
2 《清圣祖实录》第197卷,第4页。
3 《清圣祖实录》第221卷,第13-14页。

至府中探视。几天后，69岁的公主望着立于榻边的侄儿，面带感激的微笑，安详地闭上了双眼。玄烨后来曾与大臣们谈起："公主系朕之姑，太皇太后在时，公主特蒙眷爱，因以托朕。""及公主病笃，见朕亲临视疾，含笑而逝。病笃之人，朕见之亦多矣。如此含笑而逝者，从未一睹。公主生逢泰运，居蒙古地方，五十余载，毫不生事，躬享高年，子孙繁盛，含笑长逝，诸福备矣。朕叹悼之怀，因少解焉。"[1]他出色地履行了对祖母、姑姑所做的承诺，使姑姑心满意足地度过晚年，祖母在天之灵，终于得以告慰。

巴林淑慧公主的离世，为玄烨带来无尽的思念。翌年（1701）初夏，玄烨巡视塞外。七月，驻跸皇三女荣宪公主府邸。抵达当日，即遣随行诸皇子至巴林淑慧公主墓奠酒。九月返京途中，玄烨再次驻跸皇三女府邸，并亲诣亡姑墓前奠酒举哀。之后，他仍觉心意未尽，复遣皇长子直郡王胤禔前往致奠。这些行为折射出玄烨对已逝姑母怀有的挚情。[2]

还须一提的是，1977年6月，考古工作者在吉林省哲里木盟（今内蒙古自治区通辽市）扎鲁特旗发掘了一座古墓，墓主是玄烨的另一位姑姑，皇太极第四女固伦雍穆长公主。她名叫雅图，在孝庄所生子女内居长，生于天聪三年（1629）正月，逝于康熙十七年（1678）闰三月，享年50岁。崇德六年（1641）她13岁时，下嫁卓礼克图亲王吴克善之子、她的表兄弼尔塔哈尔。康熙五年（1666），其夫袭封亲王。雍穆长公主逝后被火化，康熙十八年十二月安葬在她已生活37载的科尔沁草原。

雍穆长公主墓内的出土文物中，有银制骨灰盒、青花瓶、缎锦、墓志等物品。玄烨亲自撰写的圹志文中说："固伦雍穆长公主，太宗文皇帝之女，世祖章皇帝之姊，朕之姑也。""呜呼！朕缵鸿绪，念系皇祖之女，皇考同气之亲，方期骈集繁祉，永享大年，何意遽尔薨逝，朕怀震悼，曷其有极，为卜兆域，并设垣宇，窀穸之文，式从古制，祭享之仪，悉循典章，勒之贞珉，用志生薨之年月，惟灵其永妥于是焉！"[3]玄烨将大姑的后

---

1 《清圣祖实录》第197卷，第4-5页。
2 《清圣祖实录》第205卷，第5-6页，第13页。
3 固龙（伦）雍穆长公主圹志。

事办得如此完备,除去姑侄情义使然外,也是为了安慰此前已失去一个女儿(玄烨的亲姑固伦端献长公主逝于顺治五年,年仅16岁),这时又为再失长女而痛心不已的祖母。

四、痛失祖母

古今中外,晚辈对于自己最依恋的年长之人的感情,很大一部分体现在对其健康状况的极大关注上,玄烨也是如此。随着孝庄年事不断增高,他无时无刻不在牵挂祖母的身体。祖母稍有违和,他会不由自主地陷入担忧与恐惧;祖母一旦痊愈,他便如释重负,欣喜若狂。为使祖母康健,去除病灾,玄烨还采取了一些具体措施,比如于南苑建造永慕寺,给祖母祈求福佑。康熙二十一年(1682)二月,他亲自居景山斋戒祭星,为祖母祝釐,并派遣近御侍卫关保,偕同慈宁宫首领太监牛之奇、乾清宫首领太监顾文兴,"祭星三年"[1]。然而,人的生老病死乃客观规律,玄烨的愿望与所做一切,并不能扭转孝庄身体日渐衰弱的趋势。

(一)祖母中风

康熙二十三年(1684),孝庄72岁后,身体状态开始明显走下坡路,已有的脑血管硬化、高血压等病症进一步严重起来。从保留至今的孝庄画像看,她晚年比较胖,当是诱发这些疾患的因素之一。

康熙二十四年(1685)六月,玄烨身体欠安,孝庄体恤爱孙,"命往口外避暑静摄"[2]。玄烨遂遵慈旨,携皇太子胤礽、皇长子胤禔巡幸塞外。

不料玄烨返京前,八月二十八日夜,孝庄突然中风,右肢麻木,舌硬梗阻,言语不清。孝庄的近侍太监崔邦琪立刻告知正在慈宁宫值夜的御医张世良,进行诊治。张世良当即让孝庄以竹沥、姜汁服下苏合丸。未几,另一位御医李玉白也被传至。经两人共同诊视、商议,又增加几味药,很

---

1 《清圣祖实录》第101卷,第8页。
2 《康熙起居注》第2册,第1358页。

快配制煎好，给孝庄服用。张、李二位御医禀告闻信赶来的裕亲王福全、内务府总管图巴等人：太皇太后"脉尚好，断无大妨"[1]。

服药后，孝庄的病情迅速缓解。八月二十九日黎明，她吩咐一直在身边守候的福全传旨："著（蒙古喇嘛）奈宁呼图克图看视。"奈宁呼图克图诊视后，认为"太皇太后中风乃因不洁食物入口而致"，并建议由包括他本人在内共48名喇嘛，当日起即在慈宁宫花园诵经。孝庄同意了这一做法。[2]

九月初一日，玄烨行至博洛和屯（位于今河北省北部），接到图巴等人关于孝庄突然发病的奏报，心急如焚，在折子上做了简短朱批："知道了。朕从速返回。"[3]他星夜兼程，初二日正午抵京后，直奔慈宁宫祖母榻前。当玄烨看到祖母"慈体已安，尚在服药"，才稍稍松了口气。他为祖母"亲侍进药，侍奉至夜半"[4]。此后数日内，玄烨每天两三次去祖母宫中问安探望。

由于医治及时，对症下药，孝庄的身体逐步恢复。为感谢神明的"助佑"，她下旨"修葺庙宇"，特命玄烨于康熙二十四年九月十八日"吉日"，前往白塔寺（位于今北京阜城门内）进香礼拜。十八日当天，玄烨正准备从宫中动身时，突然电闪雷鸣，下起瓢泼大雨。近侍担心雨大路滑，泥泞难行，请求玄烨稍停片刻，等雨停后再去。玄烨没有同意，他说："近因圣祖母偶尔违和，朕心深切忧虑。今已痊愈，甚为庆幸，何惮此一往，以慰慈颜乎！"[5]说完毅然冒雨前往。玄烨为了满足祖母的心愿，为使祖母能长保安康，可以不惜任何代价，冒雨而行对他来讲又算得了什么呢。

事实表明，在孝庄宫中专设御医、昼夜值守的措施，对于她此次中风后得到妥善救治，起到决定性作用。翌年五月，玄烨谕令吏部嘉奖两位有功的御医："昨年太皇太后圣体偶有违和，命太医院御医李玉白、张世良

---

1 满文朱批奏折，内务府总管图巴等奏，康熙二十四年八月二十九日。
2 满文朱批奏折，内务府总管图巴等奏，康熙二十四年八月二十九日。
3 满文朱批奏折，内务府总管图巴等奏，康熙二十四年八月二十九日。
4 《清圣祖实录》第122卷，第1页。
5 《康熙起居注》第2册，第1358页。

殚心诊视，恭酌方药，今已万安，朕心欢悦。伊等克尽厥职，尔等可量加议叙。"[1] 可见孝庄自二十四年秋发病，经医治缓解后，又过了半年多时间，才完全康复。

孝庄初愈不久，康熙二十五年（1686）二月，迎来她的74岁生日。玄烨特"上太皇太后万寿表"，上面写道："臣幼荷深恩，长资明训，孝养难酬，冈极尊崇，聊展承欢，伏愿景命弥新，纯禧益茂，叶八千岁以为春，东朝永莅，锡亿万年而成算，西母常来，臣踊跃欢忭之至。"[2] 在此前后，玄烨还专为祖母铸造了一尊高73厘米的黄铜镀金四臂观音像，其莲座下沿刻有满、蒙古、汉、藏四种文字写成的铭文："大清昭圣慈寿恭简安懿章庆敦惠温庄康和仁宣弘靖太皇太后，虔奉三宝，福庇万灵，自于康熙二十五年，岁次丙寅，恭奉圣谕，不日告成。永念圣祖母仁慈，垂佑众生，更赖菩萨感应，圣寿无疆云尔。"[3] 这尊佛像后来一直被供奉在慈宁宫大佛堂。

万寿表和四臂观音像，是玄烨献给祖母74岁生日的两件珍贵礼物，反映出他感戴祖母、企盼祖母健康长寿的真切心愿。

值得一提的是，作为一名虔诚的教徒，孝庄一向勤于佛事。当健康条件许可时，她常常亲自前往寺庙，从事礼佛活动。如康熙十七年（1678）十二月十八日，她曾去刚刚落成的南苑仁佑庙上香。[4] 有时，孝庄也让爱孙玄烨代往礼佛。除前述五台之行及进香白塔寺外，又如二十一年四月，玄烨在盛京（今沈阳市）拜谒祖陵后返京途中，遵照祖母旨意，特地绕道辽阳州千手佛寺降香。他将祖母发来香资银600两颁赐寺僧，又分别去附近的千山香岩等五寺，各赐寺僧银5两。

（二）祖母病逝

康熙二十六年（1687）冬天，是玄烨一生永难忘怀，感情历程中最痛苦的日子。正是在此时，他平日最为担心，不愿想也不敢想的事，终于发

---

1 《清圣祖实录》第126卷，第17页。
2 《圣祖御制文二集》第29卷，第1—3页。
3 王跃工：《一尊康熙朝四臂观音造像》，载《紫禁城》1993年第1期。
4 《康熙起居注》第1册，第392页。

生了。

是年十一月二十一日，75岁高龄的孝庄"旧症复发"，"疹患骤作"[1]，病势凶猛，不同以往。从这一天起，玄烨理毕政务，便立即趋至慈宁宫侍疾。他守候在祖母的床边，"衣不解带，寝食俱废"，为祖母"遍检方书，亲调药饵"。[2]孝庄入睡时，他"隔幔静候，席地危坐，一闻太皇太后声息，即趋至榻前，凡有所需，手奉以进"[3]。孝庄心疼孙儿，多次让他回宫休息一下，但玄烨执意不肯稍离。他"惟恐圣祖母有所欲用而不能备，故凡坐卧所须以及饮食肴馔，无不备具"，就连米粥也准备了30多种，以供祖母所求。孝庄因"病势渐增，实不思食，有时故意索未备之品，不意随所欲用，一呼即至"。见孙儿如此殷切周到，正受病痛煎熬的孝庄不禁老泪纵横。她抚摸着玄烨的肩背感叹道："因我老病，汝日夜焦劳，竭尽心思，诸凡服用以及饮食之类，无所不备。我实不思食，适所欲用，不过借此支吾，安慰汝心，谁知汝皆先令备在彼，如此竭诚体贴，肫肫恳至，孝之至也。惟愿天下后世，人人法皇帝如此大孝可也。"[4]

为挽救祖母的生命，玄烨"在宫中无日不竭诚默祷"。十一月二十七日，他下诏刑部，除十恶死罪等重犯外，其余一概减等发落，希望能以此好生之德感动上苍，保佑祖母转危为安。然而，孝庄的病情仍在加重，"一旬以内，渐觉沉笃，且夕可虑"[5]。万般无奈之下，玄烨不顾众臣反对，断然采取了一项举措。

十二月初一日凌晨，寒风刺骨。玄烨率王公大臣从乾清宫出发，步行前往天坛致祭。他在事前亲自撰就的祭文中说："伏恳苍天佑助，悯念笃诚，立垂昭鉴，俾沉疴迅起，遐算长延。若大数或穷，愿减臣龄，冀增太皇太后数年之寿。"读祝版时，玄烨跪在坛前，滴泪成冰，在场王公大臣无不感泣。[6]34岁的玄烨竟乞求上苍，以减少他本人的寿命为交换，尽可

---

1 《康熙起居注》第3册，第1715页；第2册，第1687页。
2 《康熙起居注》第2册，第1686页。
3 《康熙起居注》第2册，第1689页。
4 《庭训格言》，第62页。
5 《康熙起居注》第2册，第1687页。
6 《康熙起居注》第2册，第1687-1688页。

能地延长孝庄的生命，足见他对祖母感情之深，依恋之至。

可是，玄烨的赤诚并没有感动上苍，这次不同寻常的天坛之行，未能取得他所期待的效果。整整30年后，他向皇子、大臣们痛心地回忆说："昔年曾因干旱，朕于宫中设坛祈祷，长跪三昼夜……至第四日，步诣天坛虔祷，油云忽作，大雨如注……朕自谓精诚所感，可以上邀天鉴。后太皇太后不豫，朕以保育恩深，益复虔诚步祷，请减己算，为圣祖母延年，讵意竟不可回。朕以此抱痛于心，知天道幽远，难可期必。朕为圣祖母，不能祈求永年，而为民请命，即使天心有感，能不负惭于中乎？自此以后，每遇求雨，朕但于宫中斋戒，不复躬亲祈祷。此意从未告人，诸臣所未知者也。"说到这儿，已两鬓染霜的玄烨"流涕呜咽，不能自止"[1]。由于为祖母延长寿命的愿望未能实现，玄烨从此放弃亲诣天坛求雨的做法。这从一个方面反映出祖母离世对他所产生的巨大影响。

康熙二十六年（1687）十二月二十五日，孝庄与世长辞。弥留之际，她嘱咐玄烨："太宗文皇帝梓宫安奉已久，不可为我轻动，况我心恋汝皇父及汝，不忍远去。务于孝陵近地，择吉安厝，则我心无憾矣。"[2]她知道孙儿对她的感情，担心孙儿过度悲伤，特在遗诏中指出："惟是皇帝大孝性成，超越今古，恐过于悲痛，宜勉自节哀，以万机为重。""其丧制，悉遵典礼，成服后三日，皇帝即行听政。"又叮嘱身为皇太后的儿媳："我病若不起，皇帝断勿割辫。"[3]

尽管玄烨已有精神准备，但事情真的到来时，仍然难以承受。孝庄逝世后一连十余日，玄烨昼夜号痛不止，水浆不入口，以至吐血昏迷。他违反清朝后丧，皇帝例不割辫的祖制，不遵祖母遗旨，不听皇太后劝告，毅然割辫，又拒绝臣子关于"我朝向日所行，年内丧事不令逾年"的奏告，决定将孝庄梓宫安放在慈宁宫内，直到翌年正月十一日发引。[4]

康熙二十七年（1688）新春佳节，玄烨坚持于慈宁宫为祖母守丧。他

---

1 《清圣祖实录》第275卷，第13-14页。
2 《清圣祖实录》第132卷，第19页。
3 《清圣祖实录》第132卷，第9-13页。
4 《康熙起居注》第2册，第1696页。

"每念教育深恩,哀痛实难自禁",恸哭不止如前。[1]正月十一日,孝庄的梓宫被迁往朝阳门外殡宫,发引时,玄烨"割断轿绳",坚持步行;途中每次更换抬梓宫的扛夫时,"必跪于道左痛哭,以至奉安处,刻不停声"[2]。玄烨执意为祖母持服守丧27个月,后经百官士民再三劝奏,才勉强同意依照祖母的遗嘱,"以日易月,二十七日而除"[3]。

连续60天"不宽衣解带,犹未盥洗"的侍疾、守丧生活与巨大悲痛,几乎摧垮了玄烨的身体,他"五内怔忡恍惚","足疾虽痊,旧疴丛生"。直到正月下旬,"力疾御门理事"时,还需"令人扶掖强出"[4]。困扰玄烨晚年的高血压及心脏病等疾患,就是此时落下的病根。

康熙二十七年(1688)四月,玄烨亲自护送祖母的梓宫,前往遵化孝陵以南刚刚建成的暂安奉殿,恭视封掩。

孝庄去世后,玄烨谕令礼部并传谕诸王、大臣:"太皇太后祭物,俱照世祖皇帝往例。"[5]表明祭祀孝庄的规格,实与皇帝相埒。

(三)刻骨铭心的思念

有人说,时间是冲淡哀思、治愈心灵创伤的良药,然而对玄烨来讲,这一良药竟失去了作用。孝庄死后,直到康熙六十一年(1722)十一月十三日他自己也离开人世,整整35年,一万两千多个日夜,他时刻没有忘怀祖母,始终没有从追念的痛苦中真正解脱出来。

很长一段时间,玄烨不愿再经过孝庄生前居住的慈宁宫,甚至不愿再从与通往慈宁门的永康左门遥相对应的隆宗门出入。每当必须路过时,便绕道而行,以免触景生情,令人心碎。康熙二十七年三月底,他对大臣们说:"从前诣两宫请安,皆于起居注记档。今诣(皇太后)宁寿宫请安,朕因不忍过慈宁宫,故从启祥门行走。但此系宫禁之地,外官无由得知。此后每次请安,著令太监传谕敦住,仍令起居注官记载,其不忍由隆宗门行

---

[1] 《康熙起居注》第3册,第1706页。
[2] 《康熙起居注》第3册,第1711页。
[3] 《清圣祖实录》第32卷,第9页。
[4] 《康熙起居注》第3册,第1715、1720页。
[5] 《康熙起居注》第2册,第1699页。

走之故，亦令谕侍郎库勒纳知之。"[1]

玄烨对祖母的感情，给传教士白晋留下极深刻的印象。他写给法王路易十四的秘密报告中说："像（康熙）皇帝那样最出色、最典型的孝道，甚至在中国历史上也是空前的。正因为唯有太皇太后曾对他有养育之恩，所以皇帝对她在一切方面的体贴、顺从也达到了使人难以置信的程度。""在（太皇太后死后）整整三年中，皇帝不仅节制自己，而且还禁止王公贵族的各种娱乐。""同时，他还每年多次去远处的陵墓，悼念太皇太后，以他的种种孝敬使死者感到欣慰。三年丧服期满后，皇帝还是继续这样做，直至今天还听说当他路过太皇太后在世住过的宫室时，还会禁不住流下眼泪。"[2]

康熙二十七年（1688）至六十一年，玄烨前往遵化祭谒暂安奉殿、孝陵共26次，平均每年0.74次，而且大都集中在冬季。他有意将谒陵安排在地冻冰封、难于行进的日子，是为了要在临近当年祖母与他诀别的时刻，去拜谒、慰藉祖母。

一次，在暂安奉殿附近，他遇到曾侍奉孝庄多年的守陵太监崔邦琪。每逢看见祖母宫中旧人，总是引起他对往事的回忆，悲从中来。于是，玄烨赋诗一首，赐给崔邦琪："返照寒松影，心悬泣露霜。一生常感悼，数载几悲凉。恨接云峰近，思连沧海长。问安劳梦想，绝矣九回肠。"[3] 至高无上的皇帝为一个地位卑微的守陵太监写诗赐赠，在中国两千多年封建王朝历史上，是罕见的。玄烨一贯鄙视太监，认为"太监最为下贱，虫蚁一般之人"[4]，他对太监崔邦琪这种不同寻常的态度，显然是爱屋及乌所致。由于祖母已永远离开了他，祖母生前留下的一切痕迹，包括曾经服侍祖母之人，对他来讲都具有特殊意义而倍感亲切。

康熙三十五年（1696）二月，玄烨在第一次亲征噶尔丹前，率领六位皇子往谒暂安奉殿、孝陵。是月底，他亲统中路军出发，三月初九日途经赤城驻跸。这里，是24年前他第一次陪祖母前来洗温泉之地。白天，玄

---

1 《清圣祖实录》第134卷，第16页。
2 ［法］白晋：《康熙帝传》，马绪祥译，载《清史资料》第1辑，第239-240页。
3 《圣祖御制文二集》第44卷，第13页。
4 鄂尔泰、张廷玉等编纂：《国朝宫史》上册，第7页，北京：北京古籍出版社，1987年。

烨紧张调度，处理军机，无暇多思，但夜深人静后，追昔抚今，难以成眠。他曾赋诗抒怀："慈宁曾驻此温泉，展转依稀廿五年。今日征途冰未解，当时冻岭雪还全（原注：往年奉太皇太后临幸之际，即是此时）。渐近边关风土别，长驱旌旗岳山连。孤城寒重深宵静，敢卜龙沙奏凯旋。"[1]

孝庄在世时，玄烨每逢远行，途中必按时赶写奏书，请祖母安。孝庄去世后，每当他再次来到曾写请安奏书的地方，总是感慨不已。康熙三十七年（1698）秋，玄烨奉皇太后去盛京谒陵，驻跸（吉林）乌喇之船厂时写道："忆壬戌（康熙二十一年）春夏巡行此地，每五日一奏请圣祖母太皇太后安，今不可得矣，书志慨慕：曾问慈宁草奏笺，夜张银烛大江边。重来往事俄追忆，转眼光阴十七年。"[2] 也是此次途中，玄烨经过（吉林西部）克尔苏地方时，亲临孝庄之弟、科尔沁和硕达尔汉巴图尔亲王满珠习礼墓奠酒。[3]

康熙四十九年（1710）二月，玄烨又一次来到五台山。由于废立皇太子的风波，他的身体已每况愈下。行至27年前孝庄驻跸之地，他依然深切地缅怀祖母，只是心情越发显得沉重："又到清凉境，巉岩卷复垂。劳心愧自省，瘦骨夕鸣悲。膏雨随春令，寒霜惜大时。文殊色相在，惟愿鬼神知。"[4]

康熙五十五年（1716）冬，玄烨像往年一样，率诸皇子祭谒暂安奉殿、孝陵。已63岁高龄、体衰多病的玄烨，久久伫立在祖母灵前，泪流满面，不忍离去。他的一首名为《五十五年冬谒陵作》的七言诗，表露出当时的心境："拜奉山陵泪两垂，提携鞠育赖仁慈。松林转盛青如许，鬓发劳伤白所宜。屈指多年思慕永，深惭暮景远来迟。珠邱玉殿依然觐，悲想音容寸晷移。"[5]

梦是心头想。孝庄去世后，玄烨时常梦见祖母，特别是当他对某些重大问题做出决断时，更是如此。

---

[1]《圣祖御制文二集》第46卷，第2页。
[2]《圣祖御制文二集》第49卷，第17页。
[3]《清圣祖实录》第190卷，第1页。
[4]《圣祖御制文三集》第49卷，第22页。
[5]《圣祖御制文四集》第35卷，第6页。

一废太子期间，玄烨对孝庄的亲属、科尔沁达尔汉亲王额驸班第等人谈起："太皇太后在日，爱朕殊深，升暇以后，朕常形梦寐，奇异甚多。乌兰布通出兵之前，梦太皇太后止朕曰：'尔慎毋出兵，出恐无益。'后朕强行，果至半途抱疾而还。中路出兵（即玄烨第一次亲征噶尔丹）之时，亦梦太皇太后谓朕曰：'尔此番出兵，克奏大勋，但非尔亲获其俘耳。'朕彼时不能理解，后出兵，闻噶尔丹遁去，朕自拖诺山发兵往追，噶尔丹遂西奔，遇伯费扬古，大败之，多所俘获，始知梦兆合符如此。近日有皇太子事，梦见太皇太后，颜色殊不乐，但隔远默坐，与平时不同。"[1]

玄烨的这段话说明，他亲政后很长时期内，凡有重大政务，均向祖母请示或一起商讨，而祖母的意见大都具有远见卓识，只要经过祖母点拨，棘手问题便能顺利解决。玄烨对此印象深刻，永生难忘，以至于在祖母去世后，每当他遇到重大事宜而殚精竭虑地思考时，都不由自主地忆及往日祖母对自己的指点，终于形成梦境。

康熙五十六年（1717）冬的一天，玄烨和大臣们谈话时，言及太皇太后，与以往一样，他立刻"涕下如雨，哀不自胜"[2]。这时距孝庄去世已整整30年，玄烨却依然如此，这一刻骨铭心的思念，持续到他生命的终结。

五、留给后人的思索

孝庄与玄烨，是一对不平凡的祖孙，他们之间多方位、多层次的关系，给人启迪，令人深思。

对孝庄来讲，玄烨不仅仅是亲孙子，在他身上，还倾注了自己对儿子福临的眷恋与深深的负疚之情。事实上她给了玄烨双份的爱，将她作为一位母亲对亲生儿子的爱，与作为一位祖母对亲孙子的关怀，融为一体，全部给了玄烨。在与儿子的关系问题上，孝庄有过沉痛的教训，所以她要千方百计搞好祖孙关系，同时也倍加珍惜与玄烨的祖孙亲情。

---

1 《清圣祖实录》第235卷，第21页。
2 《清圣祖实录》第276卷，第2页。

在玄烨心目中，孝庄不仅是自己的亲祖母，正像他本人讲的那样："朕自八龄，皇考世祖章皇帝宾天，十一岁，又遘皇妣章皇后崩逝。早失怙恃，未得久依膝下，于考妣音容，仅能仿佛，全赖圣祖母太皇太后抚育教训。"他对祖母"晨昏依恋三十余年"，感到"依圣祖母膝下，如亲皇考妣音容"[1]。玄烨将孝庄视为自己的亲生父母，同时也将孙儿的亲情和孝敬，与作为儿子未能给与父母的回报，合在一起，一并给了祖母。

从某种角度看，孝庄与玄烨又是老师与学生的关系。培育孙儿的过程中，她始终站得高，看得远，目标明确，寓爱于教。她对玄烨既疼爱备至，又要求严格；既充满祖母深情，又不失一位老师的威严。她认真总结、吸取教育儿子福临时的经验教训，不断改进方法，终于按照她心目中的模式，将玄烨培养成一位出色的皇帝，这对清朝政权的巩固与康乾盛世的出现，产生了不可估量的作用。孝庄在儿子福临身上没有能实现的目标与愿望，在孙子玄烨身上终于达到；从儿子那里未能获得的爱与慰藉，终于从孙儿这里得到了补偿。

玄烨不仅天资聪慧，其自幼所处环境与清朝面临的局势，还使他很早就具有忧患意识和紧迫感，所以能比较自觉、主动地按照祖母的指教，在各方面发奋苦学，不断提高治国能力；当他政治上完全成熟，可以独立处理国务后，祖母仍是他的导师和顾问。玄烨将自己的一切归功于祖母，他由衷地佩服祖母，敬重祖母，感激祖母的教育与培养。

孝庄能够培育出这样一个学生，原因是多方面的，就其个人而言，关键是具备完成这一艰巨育人任务的品格、素质、才能和修养。

首先，她自己热爱学习，"无它好，独嗜图史"，"性知书"[2]，对满、蒙古、汉三种文化都有一定了解，同时又有在皇太极、福临两朝赞襄政务的丰富经验。所以，无论是安排孙儿学习，还是指导孙儿处理政务，都得心应手，游刃有余。其次，她深沉、坚韧、敏锐、果断，心胸宽阔，待人比较宽厚，这些对于玄烨的性格与气质，都起到潜移默化的影响。再者，孝

---

1 《康熙起居注》第2册，第1693页；第3册，第1709、1714页。
2 《内政辑要》，卷首，福临序文；张采田编：《清列朝后妃传稿》，传上，第30页，绿樱花馆平氏墨版，1929年。

庄极为关注清皇室即清朝的前途和命运，关心朝政，"素以爱民为念"[1]。福临去世后，她虽然成为清廷的头号人物，却很少有权力欲望，甘心退居幕后，除去牢牢掌握清朝大政方针的最后决定权外，一意扶持、培养孙儿，并于孙儿成长的过程中，逐步将权力移交给他，从而完全排除了祖孙之间存在权力之争的可能。正是由于这种远见卓识，她才能够充分发挥出自己的智慧和才能，在培养玄烨方面收到圆满效果。

孝庄与玄烨的祖孙关系，还具有满汉两种道德、伦理观相互作用、兼容并蓄，两种文化相互融合的鲜明特点。玄烨的孝养思想，除去孙儿爱敬祖母等满洲固有的朴素成分外，更多还体现出汉族封建伦常准则。玄烨曾说："朕孝治天下，思以表率臣民，垂则后裔。"[2]他为祖母所做一切，既是出自真情，也是基于统治需要，旨在给自己的儿孙、臣民做出榜样，希望他们能像自己对待孝庄那样对待自己，忠于朝廷，从而达到巩固皇权统治、保证国泰民安的根本目的。康熙二十二年（1683）二月，玄烨命礼部议定："凡遇喜庆，皇上在太皇太后、皇太后前行礼时，和硕亲王以下，入八分公以上，内大臣、侍卫、大学士等，照常随行礼，八旗一品大臣并部院衙门满汉尚书，俱令在午门外众班内行礼。"[3]可见他不是将自己对长辈的孝敬，仅仅视为家庭内部祖孙、母子之间的事，而是有意识地纳入朝纲，要求全体朝臣遵循无误。这也是封建皇帝家天下的一个具体体现。

总之，孝庄身为祖母，在与孙儿玄烨的相处中，处于主动地位，起到关键性作用。可以说，是她精心培养起与孙儿的感情，精心设计了这种她所满意的祖孙关系，精心培育出一位中国封建社会为数不多的名君。这是代表新兴少数民族统治者的满洲贵族，入主中原后正处于蓬勃向上时期才能出现的现象，在古代中外历史上，也很罕见。

玄烨自幼失去双亲，可是却从祖母这里，得到比祖孙亲情更重，内涵更为丰富、深刻的爱。以此而言，他作为一个8岁登极的皇帝，是幸运的；作为一个需要长辈关怀和家庭亲情的普通人，是幸福的。

---

1 《康熙起居注》第3册，第1702页。
2 《清圣祖实录》第133卷，第7-8页。
3 《清圣祖实录》第107卷，第13页。

第三章

嫡母孝惠章皇后

嫡母孝惠章皇后仅比康熙帝年长12岁,母子相伴64年。

第三章 嫡母孝惠章皇后

康熙帝玄烨生于顺治十一年（1654）三月十八日，三个月后，他有了一位嫡母，即顺治帝福临的第二位皇后博尔济吉特氏，史称孝惠章皇后（"孝惠"是在她死后所上谥号，我们仍按后人的习惯，称其为"孝惠"）。她是孝庄的侄孙女，当时的实际年龄还不足13周岁，仅比玄烨年长12岁又五个月。

玄烨因幼时避痘紫禁城外，即位前和嫡母的接触不是很多。顺治十八年（1661）正月福临的去世，为小皇子与年轻皇后的地位及相互关系带来根本性改变。康熙二年（1663）二月，佟佳氏病故，玄烨失去亲生额娘，嫡母在其内心的位置随之加重。这对母子长达半个多世纪的交往，应当说在此前后，才真正拉开帷幕。

一、太皇太后在世时的母子关系

玄烨与皇太后的关系，可按不同时期及其特点，分为三个阶段，康熙二十六年（1687）之前是第一阶段。在此期间，太皇太后孝庄对于这对母子的关系起到重要作用。

孝庄从加强清朝最高统治集团核心的团结，巩固统治的目的出发，十分注意培养玄烨孝敬长辈的品质与作风，要求他尊重、爱戴皇额娘，并从各个方面积极促进他与孝惠的感情，努力使他们的关系朝着母慈子孝的方向发展。孝庄以太皇太后的长辈身份和充满温情的方式，将孝惠、玄烨母子二人紧紧连接在一起。

但另一方面，由于孝庄的存在，更由于她与玄烨之间的祖孙深情，客观上阻碍了玄烨与嫡母的感情沟通。特别是当佟佳氏去世后，玄烨对于长辈的依恋，完全系于祖母一身，对于嫡母，则不自觉地、下意识地较为疏远。况且，从名分上看，太皇太后比皇太后更为尊贵，这使玄烨在感情天平上的倾斜似合情理，无论当事人或局外者，对此都不会产生异议。

这一时期，除去例行礼节及有关事务外，玄烨与皇太后之间见之记载的接触仍然不多。

康熙十二年（1673）十一月，懿靖大贵妃病重，玄烨步随皇太后辇，诣大贵妃宫问疾。懿靖大贵妃原是雄长漠南蒙古的察哈尔部林丹汗之妻，清太宗皇太极打败林丹汗后，为怀柔漠南蒙古各部，尤其是尚有一定实力的察哈尔部，将她与另一位林丹汗遗孀一起纳为福晋，她被封为麟趾宫大福晋贵妃，顺治九年（1652）晋封懿靖大贵妃。孝惠也来自蒙古草原，她以儿媳辈的身份率皇儿前往探视，除去家人常礼之外，旨在团结、笼络蒙古贵族。这肯定也是孝庄的主意。几天后，懿靖大贵妃病故，玄烨仍旧步随皇太后辇，进太妃宫举哀。[1]

康熙十九年（1680）十月初三日，是孝惠40岁诞辰。这一天，勤政不辍的玄烨例外地"不理政事"。估计当日上午，皇室内部即已举行活动，太皇太后、皇太后、玄烨、皇太子胤礽等祖孙四代，欢聚一堂，庆贺孝惠40岁整寿。是日下午未时，玄烨先至祖母宫中问安，随后率7岁的皇太子胤礽赴皇额娘宫问安。[2] 当时平叛战争尚未结束，为了给皇太后过生日，玄烨竟一整天撂下亟待处理的军务，这种做法具有深意。值得注意的是，每逢太皇太后的生日，玄烨一般都照常理政，康熙九年十月初三日皇太后30岁生日时，玄烨也并没有这样做。孝庄授意孙儿采取破例之举，是为了进一步促进玄烨与嫡母的关系，加深彼此的感情，也使举朝文武对此留下深刻的印象。此外，通过玄烨的这一行动，为年幼的皇室第四代树立笃行孝义的榜样。

不过，人的真实感情，往往在不经意间流露出来。尽管玄烨对祖母关于孝敬皇额娘的教诲十分重视，并处处刻意去做，但有时仍出现明显的疏忽。

---

[1] 《清圣祖实录》第50卷，第14、17页。
[2] 《康熙起居注》第1册，第621页。

康熙二十二年（1683）六月十二日，玄烨奉祖母出古北口避暑，中经闰六月，至七月二十五日才返回京城。此次孝惠没有随行。长达两个多月的旅途中，玄烨一如既往，对祖母关怀、体贴备至，而孝惠独居深宫，自然渴望得到皇儿的音信和问候。可是，玄烨只曾进奉中途猎获的野味，却一直没有给她写信，直到陪祖母返京途中，很可能是在孝庄的提醒下，才于七月十日给皇太后去信问安。这与他外出巡视而祖母留在宫中时，必定"每五日一奏，请圣祖母太皇太后安"[1]的做法，毕竟有很大差距。

二、太皇太后去世后的母子关系

康熙二十六年（1687）十二月二十五日，太皇太后去世，这对于玄烨与皇太后的关系，产生了深远的影响。

孝惠与婆婆的感情很好。她是孝庄的侄孙女，其父为孝庄之兄吴克善仲弟察罕之子，这使她与婆婆之间更多一份亲情。孝惠成为福临的第二位皇后，是孝庄一手选定。大婚后，孝惠一直被福临所嫌弃，位极至尊，处境凄凉。顺治十五年（1658）正月，"皇太后（孝庄）不豫，上责后礼节疏阙，命停应进中宫笺表"[2]。正当孝惠将重蹈覆辙而遭废黜的关键时刻，孝庄及时干预，以各种理由为她开脱，使福临未能如愿，她才得以保住皇后之位。因此，孝惠对婆婆一直怀有感激之情，即使她已做了皇太后，无论在任何场合，都对婆婆极尽恭顺。雍正帝即位后，曾举出她的例子，要求诸母妃像她平日对待孝庄那样，对待自己的生母孝恭皇太后。[3]

太皇太后的辞世，使孝惠悲痛万分，她昼夜守候在婆婆的梓宫前，不愿离去，流露出对于自己的保护者的深厚情感。

孝庄去世后第三天，玄烨对大臣们讲了如下一番话：

> 皇太后圣躬素弱，近者太皇太后病笃，朝夕奉侍，慈颜瘦减。又

---

1 《圣祖御制文二集》第49卷，第17页。
2 《清史稿》第214卷，第8906页。
3 鄂尔泰、张廷玉等编纂：《国朝宫史》上册，第17页。

因太皇太后上宾，（皇太后）悲哀过甚，昼夜不离梓宫，饮食不御，愈加羸弱。当今最尊者惟皇太后一人，朕见皇太后慈颜羸弱，力为劝慰，皇太后不允。尔诸王、大臣俱系骨肉至戚，应公同奏劝。又诸王妃、郡主等与哀时，皇太后恸哭几至仆地，谅众所共睹，而无有进前劝慰者，今已三日矣。若此时漠不关切，将来宁不腼颜耶？[1]

当一个人处于极度哀痛之中，往往对周围事物缺乏关心，一概漠然视之，可是玄烨并非如此。在那种特殊场合下，尽管他的精神、身体都因悲伤过度而几至崩溃，却依然保持着极为敏锐的观察力，能够注意到其他人忽略之事，显示出超乎常人的理智与细腻感情。玄烨对祖母去世后人们的表现如此关注，说明实际上他是以之作为衡量尺度，重新校正了自己对这些人的看法，甚至重新排列了这些人在他内心的位置。

在玄烨众多家庭成员中，因太皇太后之死所承受的哀痛，莫过于他与孝惠俩人。感情上的共鸣，胜过20多年内容平淡的交往，这对母子的心，在短短几天内，更加贴近了。

孝庄去世后，玄烨一连数日滴水不进，大臣们反复奏请，乞求他"暂离丧次""少为休息"，但都无济于事。同在守灵的孝惠，也很为皇儿的健康担忧。她知道此刻无法让皇儿离开这里，于是，再三劝玄烨吃点东西，少进糜粥。玄烨理解皇太后的心意，"勉啜少许，究不能下咽"[2]。

太皇太后月祭前夕，玄烨勉强支撑病体，在近侍的搀扶下，到皇太后宫请安。翌日一早，他对大学士明珠、内务府总管班第、总管顾太监等人说："自太皇太后违豫，皇太后尽孝侍奉，甚为劳瘁。不幸太皇太后宾天，复哀痛太过，慈颜清减。昨者，朕诣皇太后宫问安，见癯瘦更甚，积劳成疾，服药调理。皇太后关系甚大，朕心深为忧虑。明日太皇太后一月之祭，尔等可奏请不必前去。"总管顾太监遵旨奏毕，孝惠回答道："太皇太后之丧，予身有何劳苦？但皇帝前者侍奉太皇太后，已极诚敬，后又悲哀过当，劳苦致病，心甚忧虑。予之服药，专为明日月祭前往之意。今日稍

---

1 《康熙起居注》第2册，第1698页。
2 《康熙起居注》第2册，第1699页。

安，明日决意必去。"无论顾太监等如何劝请，孝惠坚决不从，并让将她的话"奏闻皇帝"[1]。可见玄烨与嫡母的心是相通的，正因为能设身处地体察对方的痛苦，彼此才如此牵挂。

孝庄之死，对于当时的清廷后宫来说，意味着一个时代的结束。后宫第一把交椅自此易主，康熙帝与嫡母的关系，也随之开始了一个新的时期。

为深入探究孝惠与皇儿的关系，以及她在这一皇室大家庭中的地位与作用，有必要更多地了解孝惠其人。有关她的官方记述，大都十分简略，只有通过一些其他史料，从不同侧面进行分析。

孝惠77岁的漫长一生中，有64年是在皇宫内度过的。其间，她先是正宫皇后，后又当了50余年皇太后。这样长时间始终跻身于后宫最高层之列，不仅为清朝后妃之最，在中国历代后妃中，也几乎无人与之相埒。然而，这一看似辉煌，足以使其他后妃倾慕不已的生涯，却还有另一面。她自入宫时起，便遭福临嫌弃，未曾生育子女，其后又寡居达半个世纪以上，默默地忍受了常人难以想象的寂寞与孤独，感情上留下永远的空白。从这一角度看，她又是一个很值得同情的不幸女子。

孝惠的性格较为平和。顺治帝福临曾说她"秉心淳朴，顾又乏长才"[2]，表明她比较本分，温厚。孝惠自幼生长在科尔沁草原，父亲绰尔济（孝庄之侄）原为镇国公，顺治十八年（1661）晋封贝勒。虽然生于贵族之家，但草原一隅的生活局限了她的眼界，也使她较少受到汉文化的熏陶与影响，所以她文化素养较低。

孝惠在宫内生活的64年（1554—1617），正值满汉两种文化并存，并在相互冲突、影响、渗透下趋向融合的时期。代表两种不同文化的观念与意识，不可避免地在她头脑里有过激烈、反复的斗争，而她也曾本能地抵制汉文化的影响，力所能及地按照其固有的标准行事。从孝惠抚养的玄烨第五子胤祺身上，即可看出她的某些好恶与思想倾向。

为排解寂寞，孝惠先后将五阿哥胤祺和五公主（和硕温宪公主）从小

---

[1] 《康熙起居注》第3册，第1721页。
[2] 徐珂：《清稗类钞》第1册，第362页，北京：中华书局，1984年。

养在自己宫中。[1] 胤祺生于康熙十八年（1679）三月二十四日，生母为得封主位不及两年的宜嫔郭络罗氏。

康熙二十六年（1687）六月，玄烨召诸皇子在大臣面前讲诵经书，9岁的胤祺也在其中。当皇子们依次朗读汉文经书，并逐字讲解时，唯有他默默地站在旁边，不出一言。玄烨对大臣们解释道："皇五子向在皇太后宫中育养，皇太后爱之，不令其读汉书，止令其习清书。今汉书虽未曾读，已能通晓清书矣。"[2] 于是他令胤祺读清书（满文）一篇，作为检验诸皇子学习时一种破例的做法。可见孝惠对汉文化怀有抵触情绪，在她对孙辈的溺爱中，也不自觉地显露出来。

胤祺自幼没能像其他皇子那样，受到全面、系统的教育，而是被惯养在皇太后身边，接触外部事物相对较少，从而大大限制了眼界和学识，这是他比起与之年龄相仿的皇子，才力不及，较为平庸的一个重要原因。这也体现了孝惠的素质与水平，表明她对皇孙的培养，存在较大的片面性。不过，胤祺由于深受祖母平和、淡泊的性格影响，从小"心性甚善"[3]，长大后与人无争，奉公守法。他是玄烨年长诸子中最终得以保全的少数几人之一。

玄烨对于皇子教育的重视、严格与全面，要超过历代帝王。当他眼看着五阿哥胤祺同其他儿子的差距日益拉大时，其内心的痛惜可想而知。然而，他却始终让胤祺留在嫡母宫中，以陪伴嫡母，对嫡母的教育方法，未曾提出异议。这实质上是以牺牲一个儿子的成长和前程为代价，来满足嫡母的意愿，使她在晚年得享愉悦。

随着岁月的流逝，在客观环境潜移默化的影响下，孝惠对汉文化的抵触心理可能会有所改变，但还缺少史料予以证实。

孝惠居住深宫，不闻政事，但由于她的至高地位以及并不明敏的禀性，也曾间接地做出令玄烨感到为难的事。《啸亭杂录》一书中有如下记载：

---

1 按，根据有关史料反映的情况看，十阿哥胤䄉很可能自幼也由孝惠抚养。待考。
2 《康熙起居注》第2册，第1645页。
3 《清圣祖实录》第235卷，第25页。

康熙中，余邸包衣人有大侠张凤阳者，交结戚里言路，专擅六部权势，有郭解、鲁亥、朱家之风。时谚曰："任之暂与长，问张凤阳。"盖谓伊与明、索二相（即大学士索额图与明珠）也。张尝憩于郊，有某中丞驺卒至，呵张起立，张睨视曰："是何龌龊官，乃敢威焰若是？"未逾月，某中丞即遭白简，一时势焰，人莫之及。纳兰太傅（明珠）、高江村（高士奇）等款待宾客，凤阳裼裘露顶，悉踞上位，其结交也如此。先良王（杰书）夙知其行，会先外祖董鄂公见罪于凤阳，凤阳即率其徒入外祖宅，拆毁堂庑，外祖公奔告王。王燕见仁皇帝时，遂免冠奏，上曰："汝家人可自治之。"王归，呼凤阳至，立毙杖下。未逾时而孝惠章皇后之懿旨至，命免凤阳罪，已无及矣。都人大悦，咸感王惠焉。[1]

此书作者昭梿，是清太祖努尔哈赤之子代善后裔，康良亲王杰书的五世孙。他记述祖辈相传之事，当有可信处。

《康熙起居注》中，有玄烨御门听政时处理张凤扬一案的若干记载。[2]

康熙二十三年（1684），张凤扬家人嬴朝臣等因伊主充发一事，告称冤抑叩阍，刑部议将嬴朝臣等各枷号三个月、鞭一百。十二月初九日，玄烨谕大学士等："张凤扬乃极恶光棍，流徙时千余人饯送招摇。此事交与刑部，将张凤扬一并议罪。并谕都察院，问其为何不行题参张凤扬招摇之处？"当月十八日，就刑部议将张凤扬照光棍例立斩一案，玄烨对大学士说："张凤扬乃京城内大光棍，充发时饯送之人甚多，送者即光棍之党。"明珠奏称："张凤扬系皇上甚恶充发之人，与彼依附有何好处？"玄烨下令："此事不搜根彻底，大加惩治，他人又何知戒惧？此案内情由着三法司会同严审详拟具奏。"二十四年（1685）二月初十日，就三法司会同满大学士议将张凤扬立斩，其子秋后处绞一案，玄烨又问大学士勒德洪、明珠："尔等之意云何？"勒德洪等奏称："张凤扬显系凶恶光棍，断不可留。"玄烨说："张凤扬系大光棍，着议政王、贝勒、大臣、九卿、詹事、科、道

---

1 昭梿：《啸亭杂录》第9卷，第287、288页，《张凤阳》。
2 《康熙起居注》第2册，第1262、1271、1287、1553—1554页。

会议具奏。"

议政王等会议情况，不得而知。二十五年（1686）十月二十八日，大学士等以御史处决重囚疏请旨。玄烨细阅招册再三，经他逐一亲加裁定的三十八人罪案内，即有"张世奇父张凤阳已经正法"一款。

张凤阳及其子张世奇获罪的具体原因，以及张世奇是否终被处绞，均未见记载，但综合有关情况看，被玄烨称之为京城"极恶光棍"的张凤扬，与昭梿在《啸亭杂录》中所述"大侠张凤阳"，大约是同一人。三法司议定将张凤扬（阳）立斩，其子秋后处绞后，玄烨又征询大学士的意见，并令议政王大臣会议具奏。对一个他视之为恶棍无赖之人，处置竟如此慎重，让人感到其中似另有隐情。张凤阳（扬）的主人康亲王杰书是议政王之一，经议政王大臣会议后，方将张凤阳正法。因此，昭梿所言"王归，呼凤阳至，立毙杖下"，虽与事实有出入，但也并非无稽之谈。

张凤阳只是一名王府包衣，却极有能量，其后台会是孝惠吗？从其包衣身份看，他同宫内太监有密切往来的可能性较大。当然，孝惠本人未必熟知张凤阳，后者是通过结交孝惠的近侍太监，或许曾为孝惠办过事出过力，遂狐假虎威，招摇过市。当他的厄运终于来临时，其家人设法告知孝惠的近侍，近侍又在孝惠耳边吹风，促使孝惠下达豁免懿旨，不过终究晚了一步，没有发挥效用。

此事说明孝惠有时比较糊涂，缺乏主见，而其亲信近侍及其他有条件的人，便利用她的这一弱点，打着她的旗号，去干自己想干而又不能干的事。

玄烨对于张凤阳其人其事的来龙去脉一清二楚。他最终通过议政王大臣会议做出决定，将此人正法，既未损害孝惠的颜面，实际上也是对孝惠的近侍及所有倚势妄行者示警，其策略是颇为高明的。这一果断举措，也间接透露出玄烨对皇太后的某些看法。

康熙四十六年（1707），玄烨第七子，28岁的胤祐因患神经系统疾病，住在南苑调养，其他皇子必须经过奏请，得到允准，才能轮换前往探视。一次，玄烨特在皇子们奏报七阿哥病情的手折上朱批："七阿哥的事，断勿奏闻皇太后，只是说已经稍愈，就可以了。如若（太后的）太监前去问询，阿哥只跪言安好，问安后，足足供给太监吃食为妥。"[1]这一事例同样说明，近侍太监的话，对孝惠很起作用，凡是太监的奏报，她都深信不疑。因此，要使皇太后不为七阿哥担忧，首先要给其指派前来的太监以实惠，使之心满意足，才能保证他们返回后，不在主人面前胡言乱语，引起不必要的麻烦。玄烨预先提醒皇子们采取这一针对性措施，说明他对自己的嫡母非常了解。

一废太子期间，玄烨指责皇长子胤禔说："大阿哥（胤禔）行止，甚属暴戾无耻，并不念及父母兄弟，杀人害人，毫无顾忌，任意妄为。朕在宫中，伊何能为。倘朕躬在外，伊或挟一不堪太监，指称皇太后懿旨，或朕密旨，肆行杀人，猖狂妄动，诸阿哥皆兄弟也，称有旨意，谁敢拦阻，关系甚大。"[2]表明太皇太后去世后，皇太后在宫中备受尊崇，她的懿旨可与皇帝的谕旨相提并论，具有任何人不可抗拒的威慑力。尽管她本人并不多事，但因有时不明是非，易信谗言，其权威也会被别有用心者所利用。玄烨担心大阿哥胤禔指称皇太后懿旨杀人，并非危言耸听。

然而，孝惠毕竟是玄烨的嫡母，为"当今最尊者"。在孝庄病危及去世之际，共同的忧心如焚与悲痛欲绝，使玄烨和嫡母之间的感情大大加深，这充分体现在其他他对嫡母的孝养方面。

康熙二十八年（1689）十一月初，玄烨谕告大学士、内务府总管等："朕因皇太后所居宁寿旧宫，历年已久，特建新宫，比旧（宫）更加弘敞辉煌，今已告成，应即恭奉皇太后移居。可传谕钦天监，敬谨选择吉辰，礼部详考典礼以闻。"[3]十二月初三日，"以次日皇太后移居宁寿新宫，遣都统化善告祭太庙"。初四日下午未时，孝惠正式移居，"仪仗全设"，玄烨"率王以下，内大臣、侍卫等行礼"[4]。时间所以选在下午，是因当日一早，玄烨仍旧御门听政的缘故。皇太后搬迁时，皇帝亲自接驾，礼仪如此隆重，恐怕孝惠本人事前也未料及。此时，距太皇太后去世不到两年，而

---

1 满文朱批奏折，胤祉等奏，康熙四十六年六月十九日。
2 《清圣祖实录》第237卷，第14页。
3 《清圣祖实录》第143卷，第1—2页。
4 《清圣祖实录》第143卷，第9页。

两年前，这一切都是难以想象的。所以，孝惠的心绪会很复杂，但首先是对皇儿的感激。

每逢玄烨外出时，像当年对待祖母那样，他总要千方百计地为留在家中的嫡母送去关怀，表达思念之情。

一次，他出巡塞外途中，降谕总管太监："朕到薄罗和屯，不指望鲫鱼还多。二十二日打鱼所得甚多，所以照先香油煤五十尾，恭进皇太后，将此话亦奏知。"[1] 又一次，他为嫡母送来松江鲜鲫鱼，并赋诗曰："古有盛鱼奉老亲，锦鳞初得尚方珍。虽然星夜传驰驿，岂似鲜新出水滨。"[2] 有时他送上西北特产，还细心加以说明："倒吊果出在兰州地方，其味甚美，地方官带去进的。因边远之物，进呈宁寿宫。"[3]

在旅途中，玄烨常常以诗言怀，抒发自己对皇太后的眷恋："长乐慈颜两月违，白云迢递恋春晖。轻舟不系兼程进，应话民风坐漏稀。"[4] "帐殿风高日影移，庭闱常忆问安时。寸心每自依清禁，慈念遥应系北陲。"[5] "猎猎寒风劲，骎骎班马闲。勤劳因国事，计日对慈颜。"[6]

康熙四十一年（1702）十月，玄烨第四次巡阅河工。"行至德州，闻太后违和，即时返棹，一日一夜行三百余里，过天津，得宁复之奏，上方稍憩，喜慰之诚，溢于翰藻。"玄烨将皇太后的健康置于一切事情首位，为此，断然中止南巡，火速返归。扈从人员目睹，"无不恭颂圣孝"[7]。

玄烨对嫡母的孝敬与关怀，还体现在一些容易被人忽视的小事上，反映出他观察入微的一贯作风。如康熙三十三年（1694）十月十四日，他告诫总管太监："皇太后乘舆，关系甚重，尔等总管自当细心查点。朕见请轿太监高矮不齐，大小不等；又使年老首领督领摆拨，此辈自顾走路不暇，岂能出力帮扶？即扶掖轿杆，转致累坠。掌仪司、銮仪卫太监颇多，尔等

---

1 章乃炜、王蔼人编纂：《清宫述闻》，第841-842页。
2 《圣祖御制文三集》第49卷，第14页。
3 章乃炜、王蔼人编纂：《清宫述闻》，第842页。
4 《圣祖御制文二集》第44卷，第10页。
5 《圣祖御制文二集》第46卷，第8-9页。
6 《圣祖御制文二集》第47卷，第13页。
7 李清植纂辑：《文贞公年谱》，卷下，第17页，道光刊本。

细心查点,将身量高者配为一班,稍矮者配为一班,每拨用强壮首领一名督领,不时演习,必须请轿平稳,不许声高说话。尔等或一二月查点一次。自此派定拨数,不许顶名更替。或有告病等事,必量其身材顶补。"[1]

满蒙贵族联盟是清朝统治者奉行的基本国策,玄烨曾将团结、笼络蒙古外藩的做法,喻为筑于人心之上的万里长城。[2]孝惠是蒙古族人,又为大清国皇太后,这种合而为一的身份,使她在康熙朝满蒙关系不断巩固与发展的进程中,扮演了重要角色。她作为满蒙贵族联盟的具体体现,有如一条纽带,将满族和蒙古族两个民族的最高层人物更加紧密地联结在一起。

孝惠在朝中的地位,以及她与皇帝的关系,历来是其娘家人密切关注,极为敏感之事。从现存康熙四十年(1701)至五十五年的满文档案看,蒙古王公们历年派出使者,向康熙帝、皇太后及皇太子胤礽问安、进贡,每次还带来他们的母福晋和福晋们对皇太后的问候与贡品。他们贡献礼品的顺序,依次为皇帝、皇太后、皇太子(有时皇太子排在皇太后前),反映出玄烨、孝惠、胤礽三人在蒙古王公心目中的位置。

玄烨是一位有远见的政治家,他极力搞好与皇太后的关系,对其十分孝敬,一定程度上是出于更好地团结蒙古王公,进一步巩固满蒙贵族联盟的需要。他很注重扩大皇太后在蒙古王公中的影响,并通过一些具体举措,发挥皇太后对于联络、促进满蒙上层人物之间的关系所能起到的特殊作用。另一方面,玄烨也很理解幼年离家的皇太后对家乡的思念与关心。所以,他经常将所见所闻的有关蒙古的情况详尽转告,并尽量安排皇太后与来京的蒙古王公福晋们会面。

康熙三十五年(1696)五月,清军于昭莫多全歼噶尔丹军主力,玄烨自漠北胜利凯旋。六月,他特意向嫡母奏报在其家乡漠南蒙古的见闻:"于沿途见蒙古生计,阿霸垓、苏尼特等旗骆驼皆健,马匹较少,牛羊饶裕。察哈尔八旗御牧地方,较前颇觉殷富。我上都马群,因途次经过,臣咸视之,甚觉充盛孳息。今年塞草蕃庑,四种牲畜咸皆肥硕,家家皆有湩酒乳

---

1 鄂尔泰、张廷玉等编纂:《国朝宫史》,上册,第10页。
2 《清圣祖实录》第151卷,第21页。

酪，充牣其中。"[1]

十月，玄烨从塞外谕议政大臣等："车卜登贝勒之母，来诣朕前。此人皇太后亦知之，亦令其赴京进见。"[2] 玄烨对嫡母各方面的情况了如指掌，甚至知道她熟悉哪些人，高兴见到哪些人。

阿霸垓蒙古王公乌尔占噶拉布之母进京前，玄烨写信叮嘱皇太子，要"尽心照料，改用大桌延宴，如愿玩耍，随其尽情游玩。""可让延禧宫、翊坤宫、永和宫妃及咸福宫格格往会之。"他还特别嘱咐胤礽："具奏（皇太后）请旨后，将伊领至瀛台（或）景山，于皇太后前引见。此际在京蒙古若有陪同者，俱使齐集。"[3]

不久，孝惠在宁寿宫亲切接见家乡来的客人，赏给她暖帽、靴子等物品。皇太子也延请饮茶，赏给她诸色绸䌷十匹，银百两。这位蒙古王公的母福晋怀着依依惜别的心情返回前，十分感动地说："我一抵达，皇太后便赐宴与我，又让观赏各种奇玩，使我大饱眼福。今起程之日，（皇太后）又赐给衣物。皇太子也对我仁意款待，厚加赏赐，我欣喜不已，何能承受。此乃圣主仁爱我等所致，今日岂忍别离。若圣上处来人，必代恭请圣安。"当时，恰值玄烨的一位近侍太监自御营返京，她的这一愿望得到了满足。[4]

玄烨不失时机地安排皇太后与远道而来的蒙古王公福晋相接触，为嫡母过分单调的生活增添了乐趣。通过闲谈话旧，孝惠同这些贵妇人之间增进了情感，同时也加强了蒙古王公对于清朝的向心力。这一做法所收到的真正效益，恐怕是孝惠本人难以深刻体会到的。

康熙四十五年（1706）十二月二十三日，玄烨照常御乾清门听政时，大学士、九卿等再三奏请玄烨南巡，指示河工。玄烨"勉从所奏"，但又对他们说："朕凡有行，皆奏闻皇太后。著九卿明日来，朕另有旨。"[5]

---

[1] 《圣祖御制文二集》第29卷，第11—12页。
[2] 《清圣祖实录》第177卷，第4页。
[3] 台北故宫博物院：《宫中档康熙朝奏折》第8辑（满文谕折第1辑），第308页，台北故宫博物院1997年印行。
[4] 台北故宫博物院：《宫中档康熙朝奏折》第8辑（满文谕折第1辑），第345—347页。
[5] 《康熙起居注》第3册，第2060—2061页。

二十七日，玄烨传谕大学士、九卿等："朕凡有行，必奏闻皇太后。此数日来，未得奏闻皇太后，是以未有旨传谕尔等。今日始得奏皇太后，奉懿旨云：'尔来余体颇安，开河之事关系万民生命，皇帝当亲往指示为是。'皇太后懿旨既如是，而朕躬亦安，但以行动为烦，须至工成后，或明冬或后春往阅可也。"[1]凡玄烨欲行之事，孝惠一向持赞同态度，从不阻拦。但此次南巡前，玄烨刻意征求她的意见，请求她的批允，这除了显示玄烨对嫡母的诚孝外，也是为了在全体朝臣前，更加突出皇太后作为"当今最尊者"的地位。

玄烨一生为修治黄河、看阅河工，先后六次南巡，其中只有康熙三十八年（1699）第三次南巡，是奉皇太后而行。此次他挑选皇长子多罗直郡王胤禔、皇五子多罗贝勒胤祺等七个皇子随驾，其中最小的十四阿哥胤禛（即允禵）只有12岁。

是年二月，正是春暖花开时节。初三日，玄烨侍奉年近花甲的嫡母乘御舟沿运河而下，行抵扬州、苏州、杭州、江宁（南京）等地，五月初返抵京师，日程共计三月余。在此期间，玄烨除去少数几日与皇太后分行，以便减少扈从，昼夜行进，往阅河工外，其余时候，始终陪伴在嫡母身边。每至一地，当地官员纷纷迎驾。浙江定海总兵官蓝理，曾在清朝统一台湾的一次战役中腹部受重伤，肠流出外，血战破敌。玄烨特意将他带到太后面前，告称："此破肚总兵也。"[2]除蓝理外，玄烨还为太后引见了其他地方官员。

由于玄烨三次亲征噶尔丹获得全胜，准噶尔问题在当时看来已基本解决，加之朝纲稳固，政通人和，经济迅速恢复，治河初见成效，清朝正处于二废太子前一个相对稳定时期，各方面呈现出较好的发展势头。这种形势下，玄烨乘巡视河工的机会，上奉嫡母，下率诸子，问民访古，游历江南，心情舒畅，兴致很高。"南朔东西无一事，春风浩荡奉慈颜"，[3]即是他

---

1 《康熙起居注》第3册，第2061页。
2 蓝鼎元：《福建提督蓝公理家传》，载《清代碑传全集》上册，第95页，上海：上海古籍出版社，1987年。
3 《圣祖御制文二集》第50卷，第2页。

当时写下的诗句。一路上，他对皇太后照顾备至，视膳问安从未疏忽，各种礼节齐备，而且言传身教，率领诸皇子一同这样做。

孝惠在南巡中的心情，也是可以想象到的。这是她第一次，也是唯一一次游历江南，众人捧戴，侍从成群，皇儿恭顺，皇孙绕膝，这一切，都使她感到由衷的惬意。

玄烨并不讳言奉嫡母南巡的政治用意。他在记述此次南巡的文章中谈道："朕观从古阴教如省缫、观获，载在礼经，即前代宣宗亦尝亲奉母帏，巡览畿甸，赋诗纪事，侈为美谈。朕兹幸际升平，太和豫顺，合亿兆之欢心，以隆尊养，亦庶几以孝治光海宇之意……"[1]玄烨效法前代贤君奉母出游，使京廷内外、大江南北无不目睹其诚孝；并通过大力推崇、躬亲实践儒家所一贯提倡的仁孝之道，给江南民众留下深刻印象，这对进一步改善满汉关系，加强与汉族士绅的团结，笼络民心，具有重要作用。

同玄烨与祖母的关系比较，他和嫡母的关系中，还加入了一个新的因素，即他的下一代，孝惠的孙子、孙女们。孝庄在世时，玄烨的大部分儿女都很小，而孝惠是看着他们长大的，与他们多有交往，彼此有一定感情。孝惠本人终生未育，深宫内冷清、刻板的生活，使她渴望能有孙辈陪伴身边，以寄托情感。从上述她心疼五阿哥，阻挠其学习汉语；惦念七阿哥的病，派太监前往探视等事例看，她对孙辈们是很疼爱的。这是其天性使然，与民间老妪娇宠幼孙的做法并无两样。玄烨始终鼓励儿女们与祖母交往和接触，极力促进祖孙关系的发展。这是表现玄烨孝心的一个重要方面，也反映出他对嫡母的理解和关怀，希望能以这一方式，尽量缓解老人的孤寂。

玄烨离京外出时，都是通过留守皇子与皇太后联系。这时的皇子们不折不扣地成为孝惠和玄烨之间的联系人。

玄烨三次亲征噶尔丹期间，经常亲笔写信，向皇太后奏报有关情况，但更多时候还是降旨皇太子胤礽，让他奏闻皇太后，或让胤礽将谕旨抄录一份，恭呈皇太后阅览，并代他向皇太后请安。[2]令人感兴趣的是，胤礽每

---

1 《圣祖御制文二集》第33卷，第1-5页。
2 台北故宫博物院：《宫中档康熙朝奏折》第8辑（满文谕折第1辑），第104、341页。

次回奏时，必须明确写出皇太后的反映，如果只是泛泛而言"已奏闻皇太后祖母并请圣安矣"，玄烨则会追问："皇太后说了些什么？"[1]要求胤礽详细奏告。

康熙三十五年（1696）十月，皇太子胤礽奏告皇父："已将（十月）初八日所奉谕旨，恭录奏闻皇太后，并将海鱼一并恭送。奉太后旨：'皇上甚为孝顺，将各种物品尽心送来，并将经过地方种种见闻，缮写寄告，阅后仿佛我亲眼所见，一目了然，内心不胜愉悦。再，得知皇上心绪甚佳，沿路物产丰裕，每日与扈从人等欢快而行，我更为喜慰。'"[2]

不久，胤礽遵旨奏闻祖母有关噶尔丹欲降的情况后，在给皇父的奏报中写道："奉祖母太后旨：'皇上自出征以来，万事如意，欣喜而行，且佳音不断，我心中高兴万分。'"[3]玄烨第三次亲征中，一次，胤礽写信告诉皇父，已将谕旨"奏闻皇太后祖母"，祖母对他说："我身体甚好。阅得皇上信中所言请皇太后安，朕安，众阿哥都好，大臣兵丁都好，大军所需牧草、水源、柴木诸物充足无虞等话，我心中甚喜。问皇上好，也问阿哥们好。"[4]又一次，胤礽把皇父送回的一些土产恭送祖母，孝惠对胤礽说："皇上春季出征，蒙古草滩寒冷，难觅水草，我心中很是惦念。今阅皇上来信，得知皇上身体好，阿哥们也好，水草丰裕，柴薪充足，我甚快慰。已阅皇上所送当地物产。此等物品乃口外所产，托皇上洪福，我等得见从未见过之罕物，内心欢喜不尽。"[5]孝惠的这些话看似平谈乏味，甚至有些近似套语，千篇一律，但对于征途中的玄烨来讲，却弥足珍贵。他能从中汲取来自长辈的关怀与信任，受到鼓舞，得到安慰，因而予以高度重视。如果数日未得皇太后音讯，未接皇太子奏章，他便"不胜惓切"，"益增悬念"，总是等不及奏报的到来，就再次写信问询，直到胤礽的奏折送抵御营，"闻知皇太后安好"，才如释重负。[6]

1　台北故宫博物院：《宫中档康熙朝奏折》第8辑（满文谕折第1辑），第461、495页。
2　台北故宫博物院：《宫中档康熙朝奏折》第8辑（满文谕折第1辑），第330页。
3　台北故宫博物院：《宫中档康熙朝奏折》第8辑（满文谕折第1辑），第493页。
4　台北故宫博物院：《宫中档康熙朝奏折》第8辑（满文谕折第1辑），第81-82页。
5　台北故宫博物院：《宫中档康熙朝奏折》第8辑（满文谕折第1辑），第119-120页。
6　《圣祖御制文二集》第19卷，第16-18页；台北故宫博物院：《宫中档康熙朝奏折》第8辑（满文谕折第1辑），第185-186页。

康熙三十六年（1697）春天，玄烨尚未班师，他听说胤礽曾在万寿节（玄烨的生日为阴历三月十八日）期间，前去光明殿、广济寺等庙宇叩拜。因担心皇太子受到僧徒们的不良影响，特降旨胤礽，表示担忧，同时，还让胤礽将这一手谕送皇太后阅览。胤礽"携朱谕具奏太后祖母，奉太后祖母旨：'你皇父此旨很有道理，甚是。你皇父虽然统兵在外，每日仍挂念你，谆谆教诲，你要好生记着'。"[1]从能力、水平、威信等各个角度看，孝惠对胤礽并不能起到指导、规劝作用，玄烨明知这一点，却将自己对皇太子的担忧，通过胤礽本人转告给她，因为在他看来，皇太后既然是这个皇室大家庭中最长者，就应当了解晚辈的过失，而且负有管教之责。

康熙四十五年（1706）二月，玄烨率领皇太子胤礽等巡视畿甸，暂离京城。当月二十二日，留在家中的三阿哥胤祉、八阿哥胤禩向皇父奏报："太后祖母宣谕于二十三日去畅春园。臣等将带领小阿哥们，随同太后祖母一起前去。"[2]可见玄烨不在时，孝惠便成为皇室大家庭的中心，皇子们的活动，无不围绕着她而进行。这当然是玄烨事前所交代和安排的。

是年九月，玄烨的皇兄福全之子保寿，在随扈玄烨出巡塞外途中病逝（详见第七章《兄弟子侄》）。保寿的遗体被运返京师前，留京皇子为齐集迎接灵柩时，是否摘取帽缨一事，向尚未返京的皇父请旨。玄烨的朱批是："是否摘取帽缨，尔等向皇太后请旨。"[3]皇子们立即向祖母请示，孝惠告诉他们："尔等皇父不在家，不可摘取帽缨子。将我此旨一并转告王（指保寿之兄裕亲王保泰）的母福晋和王。"[4]同皇子们一样，保寿也是孝惠的嫡孙。玄烨特让皇子们为摘缨事向她请示，以突出她在皇室大家庭中的崇高地位，表现出对她的尊敬。

孝惠自幼离别父母，进入深宫，除去婆婆外，几乎没有人能真正给她亲情与温暖。如今皇儿所做的一切，使她倍受感动。她也尽己所能，关怀爱护皇儿，下述即是一例。

---

1 台北故宫博物院：《宫中档康熙朝奏折》第8辑（满文谕折第1辑），第830–831页。
2 满文朱批奏折，胤祉等奏，康熙四十五年二月二十二日。
3 满文朱批奏折，胤祉等奏，康熙四十五年九月十二日。
4 满文朱批奏折，胤祉等奏，康熙四十五年九月十五日。

康熙三十五年（1696）十月底，玄烨正在第二次亲征噶尔丹途中。孝惠考虑到塞外冬季寒冷，特地让人赶制了裘皮外衣，乘严冬到来前，送到玄烨手中。玄烨收到后，写信告诉她："此间河尚未冻，帐房中不须置火。""兹时此衣且不服，俟再加严寒，即欢忻而服之。"[1]一件皮衣，捎去孝惠作为额娘的爱心，对于征途上的玄烨是一很大慰藉。

总之，孝庄去世后的20年里，玄烨与嫡母和谐相处，关系融洽。在双方的努力下，他们的母子感情不断加深。

三、一废太子后的母子关系

废黜皇太子是发生在康熙朝中晚期的重大政治事件，对于玄烨与皇太后的关系，有着人们所意想不到的影响。

玄烨唯一的嫡子胤礽不满2岁时被册立为皇太子，受到精心培育。随着胤礽长大成人及太子党的形成，皇帝与太子之间的矛盾日渐尖锐。康熙四十七年（1708）九月，玄烨第一次废黜皇太子，未几又于翌年三月复立。玄烨居九五之尊，大权独揽，亲自决定对皇太子的废黜与复立，但在这件事上，皇太后也并非没有发挥作用。

康熙四十七年九月玄烨决定废黜胤礽时，正在由热河返京途中，估计事前未及与住在京城的孝惠商议。但一废太子后不久，玄烨便产生悔意，又因身体违和，"每念及皇太子被废之事，甚为痛惜"。于是，他将自己的这种心情告知孝惠，孝惠对他说："余意亦惜之。"玄烨听罢，"心始稍慰"。[2]孝惠当时已看出玄烨的心思，同情、理解他的苦衷，因而有意顺着他的想法而言，这使当时百愁难解的玄烨获得感情上的共鸣，得到安慰，也为他内心已经萌发的复立胤礽之念，找到依据，打了圆场。后来，玄烨向全体皇子、大臣们解释复立胤礽的想法时，曾谈到上述他与皇太后的共同感受。所以，孝惠的表态，实际上是帮助玄烨恢复心理平衡，促使他最

---

1 《清圣祖实录》第177卷，第18页。
2 《清圣祖实录》第235卷，第24页。

终做出并实施复立胤礽的决定。

废立太子事件给玄烨的身心以极大打击,他一度陷入痛苦、迷惘之中,不能自拔。在无数次扪心自省与苦苦思索中,他很自然地由自己同皇太子胤礽的父子关系,联想到自己与皇太后的母子关系,对照比较,感慨万端。

首先,玄烨通过亲身经历,更真切地体会到做长辈的不易。长辈一般都对下一代寄予莫大希望,为下一代的成长操尽了心。可是,年轻一代却往往不能理解、体会到这一点,更难以像长辈对待自己那样关爱长辈,并做出令长辈欣慰的业绩。所以,在两代人的亲情天平上,倾斜的一方总是在长辈这边。玄烨还联想到皇太后年轻时的不幸遭遇,对于她暮年的心境,有了更深切的理解和同情。

废黜太子事件,也使玄烨更为珍视他与嫡母之间50余年和睦相处,一步步发展、加深的母子情义。他深深感到,父母与子女能够建立信任并且长期巩固下去,不是一朝一夕所能办到,必须双方都有真诚的愿望,经过双方的共同努力,才可能实现。他感叹真情难得的同时,决意切实保护、促进自己与嫡母之间现有的良好关系,使之尽可能长久地存在下去。

玄烨还想到,要更加有意识地通过自己笃行孝义的行动,为皇太子胤礽、全体皇子和臣民进一步做出榜样,从而用封建道德规范统一思想,巩固皇权统治。

这些新的认识与感受,很快体现在玄烨与嫡母的日常相处中。以此为起点,他们的关系进入一个新的阶段,但也是最后一个阶段。这时,孝惠已近七旬,玄烨也年过半百。老年母子来日苦短,这一时期,他们之间的感情最为真挚,玄烨为孝敬嫡母,不惜竭尽全力。

皇太子胤礽复立后第二年(康熙四十九年),恰逢孝惠七旬大寿。玄烨一反往年于十月初三皇太后圣诞之日祝寿的作法,提前降谕礼部:"蟒式舞者,乃满洲筵宴大礼,至隆重欢庆之盛典,向来皆诸王大臣行之。今岁皇太后七旬大庆,朕亦五十有七,欲亲舞称觞。"[1]康熙四十九年(1710)

---

1 《清圣祖实录》第241卷,第3页。

正月十六日，宁寿宫内张灯结彩，举办盛大宴会，皇子、诸王、贝勒、贝子、公、内大臣、大学士、侍卫，以及公主、福晋、夫人、命妇等，全部齐集。皇太后在近侍搀扶下，缓步登上宝座，即时响起欢快、悦耳的乐曲，玄烨和着音乐的节拍，在皇太后宝座前跳起满洲特有的蟒式舞，并频频向她劝酒祝寿。¹

玄烨以老年皇帝之身，在嫡母生日时起舞称贺，这既是躬亲履行儒家所倡孝道，是汉族士大夫所称道的"老莱子戏彩娱亲"的另一种表现方式，同时还带有满洲特色。这一举措在中国几千年帝王史上实不多见，并于清朝开了先河，使其后清帝仿而效之。

包括皇太子在内所有在场人员，面对这一前所未有的场面，惊讶、感叹之下，几乎不能相信自己的眼睛。这的确是一次寓义深刻的庆寿活动，表明玄烨对嫡母的感情，已达到一个更深的层次，也反映出他想方设法通过自己的表率行为，教育皇太子与诸皇子的苦心。

当年三月初十日，玄烨恭请皇太后在畅春园雅玩斋进膳，并共赏梅花。母子相伴，情意融融，品茗闲谈，悠然惬意。一个多月前为皇太后祝寿的情景，又浮现在玄烨的眼前，他不禁诗兴大发，吟得五言诗一首："当年梅雪伴，今岁暮春迟。银杏舒新叶，木兰盖绿枝。花当亭畔发，香逐雨中移。别殿陈鲜蜜，尚方献瑞芝。老莱舞膝下，珠草到仙墀。敬上乔松祝，欣瞻王母仪。捧觞称寿句，进酒问安词。地润铺红萼，波澄敛玉池。高峰多爽气，绮树得丰姿。漏转催辰半，表行近画奇。承欢同永日，孝思莫违时。会庆思经义，千秋古训垂。"²

康熙四十七年一废太子前，每逢夏季来临，玄烨都要带上皇太子及部分皇子前往热河（今承德市）避暑，留在家中的皇子则陪同皇太后去畅春园居住。康熙四十一年（1702）夏，玄烨曾奉皇太后避暑塞外，这是一次例外。一废太子事件发生后，玄烨改变了他与皇太后分别在两处避暑的做法。

看来康熙四十八年，即一废太子事件发生后的翌年初夏，玄烨就有接

---

1 《清圣祖实录》第241卷，第3页。
2 《圣祖御制文四集》第32卷，第9页。

皇太后去热河的打算，因彼处山洪突发，未能实现。

康熙四十九年（1710）五月初一日，玄烨再次巡幸塞外，皇太子胤礽及四阿哥胤禛等七名皇子随驾。当月中旬，尚未抵达热河行宫，玄烨便为延请皇太后一事亲写奏书，发送孝惠的近侍太监转呈。随后，他在留京皇子的请安折上朱批道："若有造化，得到皇太后前来之信儿，尔等勿需等候折子返回，即从速缮文报来！车辆、马匹等一切物品，均由我们这里备办，以使往迎事宜不致稍有延误。朕急切盼闻佳音。皇太后若来，请带上五阿哥（胤祺）、十阿哥（胤䄉）。将此奏闻皇太后。钦此。"[1]

五月二十一日，胤祉、胤祺、胤䄉等接奉朱批，立即"奏览太后祖母"。孝惠刚刚收到近侍太监呈上的皇儿亲笔信，此刻又听了三个孙子的讲述，不由更感欣慰，喜形于色。她对孙子们说："尔等皇父孝顺，专门写信来，请我前去观览佳景，我甚心慰，愿意前去。"胤祉等遂于当日戌时"火速缮文"，向皇父奏告这一好消息。

玄烨接到皇子们五月二十一日的奏报，写了如下朱批："朕闻此信，高兴之至。此处所有人员，无论老幼尊卑，闻之无不欢忭。（五月）二十八日乃大吉之日，皇太后若来方好。如果往后拖延，恐怕赶上雨水。"接着，他向皇子们详细交代了有关迎送事项："朕已交付委署内务府总管大臣关保、总管太监刘进忠，携带朕处喂养之骠马四百匹，车子二十辆，于二十三日起程往迎。由家中派出领侍卫内大臣一名，侍卫三十名，包衣护军二十名，八旗护军每旗七名，护送至遥亭。我们这里也照此派出官兵，至两间房往迎护卫。护送而来之大臣、侍卫至两间房返回，章京、护军一到遥亭即返回。人员过多也无用，勿得另派官员，这些侍卫就够用了。如果尚有遗漏处，尔等火速具奏请旨。"[2]

玄烨还考虑到皇太后年迈体弱，担心她因不习惯塞外水土引起不适，因而特地叮嘱皇子们："皇太后来时，大夫刘胜方也随同前来！此外，再派出外科大夫一人，内科大夫一人，一并前来！"[3]

---

1 满文朱批奏折，胤祉等奏，康熙四十九年五月十九日。
2 满文朱批奏折，胤祉等奏，康熙四十九年五月二十一日。
3 满文朱谕，康熙四十九年五月。

第三章　嫡母孝惠章皇后

遵照皇父的指示，皇子们将一切准备就绪后，五月底，69岁的孝惠终于在侍卫、护军的簇拥下，离开京师，向热河进发。玄烨已为皇太后的到来做好一切准备。六月初一日，他命皇太子、诸皇子前往王家营，恭迎皇太后。初三日，他本人自热河起行，至花峪沟，恭迎皇太后。玄烨亲自为嫡母乘坐的辇车步行导引，送至花峪沟行宫。这一夜，为更好地照顾嫡母，他也留住花峪沟。初四日，玄烨奉皇太后驾至喀喇和屯行宫，俟一切安顿妥帖，他不顾疲惫，又于当夜先行返回热河。翌日，皇太后驾至热河，早已恭候的玄烨在路旁跪迎，并亲自扶着皇太后的辇车，一直送到她下榻的行宫。[1] 此情此景，很容易使人想起太皇太后在世时，每逢外出，玄烨亲自照料，竭尽孝敬的一幕幕。但那时玄烨正值年少，精力充沛，身体强健，为祖母扶辇步行，跑前跑后，都算不了什么，而此时他已57岁，特别是两年前由于一废太子事件的打击，大病一场，身体尚未复原，他的上述做法，显然要付出比以往多出数倍的精力和心血。

玄烨此举再次证明，他对嫡母的感情，已经上升到一个新的高度，嫡母在他心中，占据了比过去更为重要的位置。当他在皇太子、诸皇子及全体随扈大臣面前跪迎皇太后时，除去筋骨之痛，肌肤之劳，还会联想到皇太子胤礽的种种不忠不孝之处，两相对照，差距悬殊，令他辛酸不已。但玄烨还是希望通过自己的这一行动，给人们留下难以忘怀的印象，对教育、感化皇太子和诸皇子起到作用。

为了使没能目睹这一切的留京皇子也尽早得知，几天后，玄烨在皇三子胤祉发自京师的请安折上写道："朕安。朕已于（六月）初三日于花峪沟恭迎皇太后，初四日于喀喇和屯恭迎，初五日于热河恭迎矣。皇太后大喜，颜面甚好，身体安康。为让尔等知道，特寄告之。"聪明的皇子们已经摸透皇父的心思，知道皇父想听到什么。他们接到朱批，立即写了回奏："臣等恭闻圣谕，不胜欢喜。伏思，皇父乃至圣至孝之人，对太后祖母竭尽恭孝，实亘古所未有。皇父选择风景佳地，建造避暑宫苑，特请太后祖母前去游玩观赏。太后祖母乘兴而往，沿途每宿一地，皇父无不亲自往

---

[1] 满文朱批奏折，胤祉等奏，康熙四十九年六月初四日；《清圣祖实录》第242卷，第13-14页。

迎，备极周全。如此则太后祖母大喜，更合皇父之孝心。臣等闻之，欢欣雀跃。又恭闻太后祖母圣颜丰腴，皇父万安之旨，臣等不胜喜悦，念佛祈祷，企盼陆续听闻皇父如何孝顺太后祖母，且圣躬安乐，欢快怡养之喜信儿。"[1]

从这一年起，直到康熙五十六年（1717）底孝惠病逝，八年期间，每逢入夏，玄烨都要奉皇太后去热河避暑。每一次，玄烨与嫡母一同离京，走到一半路程时，他都率领部分皇子、大臣先行，提前数日抵达热河，为嫡母的到来做好一切准备。俟孝惠抵达之日，他率诸皇子、大臣、官员出避暑山庄正门跪接，请皇太后安。八年如此，无一例外。孝庄在世时，因避暑山庄尚未修建，玄烨不曾奉祖母来此佳地避暑，为他留下终生的遗憾。玄烨没有来得及为祖母做的事，终于在嫡母晚年得到实现，对他也是一种安慰和补偿。

据康熙五十三年至五十六年的《康熙起居注》记载，玄烨驻跸热河时，每日请皇太后安；举行秋狝离开避暑山庄时，数日一次，"随报请皇太后安"。四年避暑期间，玄烨在热河共向皇太后请安393次，每年避暑期间平均98次，超出康熙四十九年以前他每年在宫中请安的次数。

由于胤礽复立为皇太子后并无悔改，依旧恣意妄为，收聚党羽，重新构成对皇权的威胁，玄烨被迫于康熙五十一年（1712）九月，第二次将他废黜。这一次，他事先告知了孝惠。九月三十日，玄烨降谕诸皇子："皇太子允礽自复位以来，狂疾未除，大失人心，祖宗宏业，断不可托付此人，朕已奏闻皇太后，著将允礽拘执看守。朕明日再颁谕旨，示诸王大臣。"[2] 玄烨有意表现出对皇太后的敬重，并让皇子、大臣们得以了解。这与他奉行孝道的一贯宗旨，特别是一废太子后他与嫡母关系进一步发展的总趋势，是完全吻合的。

随着年事的增高，孝惠对皇儿的依恋愈来愈深，她愿意经常见到皇儿，通过与皇儿闲拉家常，得到精神上的满足。在她眼中，皇儿最可信

---

[1] 满文朱批奏折，胤祉等奏，康熙四十九年六月。
[2] 《清圣祖实录》第251卷，第7页。按，雍正帝胤禛即位后，为避讳同字，以己为尊，将兄弟们名字中的"胤"字改为"允"字。

赖，无所不知，能够解决一切问题。所以，凡是有难办的事，她都告诉皇儿，甚至当她遇到病痛时，也立即向皇儿求助。

一次，玄烨去向皇太后请安时，孝惠向他抱怨牙疼的烦恼，说自己"牙齿动摇，其已脱落者，则痛止，其未脱落者，痛难忍"。她向皇儿打听，有没有治牙痛的偏方。玄烨很清楚，这是由于嫡母年迈所引起，并无医治良药。但为了不使嫡母失望，玄烨便从另一角度开导说："太后圣寿已踰七旬，孙及曾孙殆及百余，且太后之孙，皆已须发将白而牙齿将落矣，何况祖母享如此高年。我朝先辈，常言老人牙齿脱落，于子孙有益，此正太后慈闱福泽绵长之嘉兆也。"孝惠听了觉得很在理，原有的忧烦、不安顿然释去，"欢喜倍常"。她连连称赞皇儿讲得对，并对玄烨说："皇帝此语，凡如我老媪辈，皆当闻之而生欢喜也。"[1]玄烨的话对于孝惠这样起作用，也从一个侧面表明孝惠对皇儿的感情。

康熙五十六年（1717）三月，孝惠和玄烨都感到身体不适，但他们仍旧和往年一样，于四月去热河避暑。经过一段调养，两人的健康状况都有所好转。

十月初九日，母子一同自热河回銮。途中，他们的病情分别出现反复，玄烨尤甚。行抵京城后，玄烨不顾自己的疾患，令大臣们为太后于"都城名刹遍行祈祷，访求良医"，他本人则抱病"躬视汤药"。[2]可是，孝惠的病时好时坏，渐趋沉笃，玄烨的病也在加重。

十二月初四日，孝惠病危。当时，玄烨双足浮肿、麻木，几乎不能行动。他用手帕缠裹双脚，乘软舆来到宁寿宫，跪在嫡母榻前，双手捧住嫡母干枯的手，哽咽着说道："母亲，我在此。"这时，孝惠已虚弱至极，她勉强睁开双眼，因怕光，一只手本能地抬起，遮住刺眼的光亮，另一只手握住皇儿的手，久久地望着玄烨，"已不能语"[3]。从嫡母的眼神中，玄烨看得出嫡母在人生的最后时刻，对于他的无限眷恋、感激与深情。他万分珍惜这宝贵的聚首，本想多陪嫡母一会儿，无奈因体能不支而作罢。

---

1 《庭训格言》，第33-34页。
2 《康熙起居注》第3册，第2477页。
3 《康熙起居注》第3册，第2468页；《清史稿》第214卷，第8907页。

玄烨回宫后，着手为皇太后准备后事。当晚，因嫡母病剧，自己仍居原寝宫于心不安，便迁至邻近宁寿宫的苍震门内相近之处，搭设帐篷暂住。这时，他的健康状况进一步恶化，再也无力前往探视嫡母了。

十二月初六日晚酉时，孝惠走完77年的人生之路，在宁寿宫去世。玄烨"拊膺哀号，即行割辫，孝服用布，哭泣不止"。他不顾大臣的劝阻，坚持"视梓宫安设"，又亲自祭奠后，才回住苍震门。因玄烨孝服用布，改变了清朝以往遇有大丧，自宗室公以上俱服素帛的旧制。此后，无论大小臣工，孝服俱改用布。[1]

尽管当时玄烨正面临择立储君等一系列重大问题，其身体状况也很可虑，然而在为嫡母办理丧事的过程中，他自始至终勉力而为，态度极为认真。

从十二月初四日孝惠去世前两天，直至康熙五十七年（1718）正月初三日，玄烨都住在苍震门内，未回寝宫。十二月十五日，他亲赴宁寿宫奠酒致祭。往事历历，物在人亡，玄烨悲不自禁，还未开始读祭文，已痛哭失声，祭文读毕，仍抽泣不止。在皇子们及近侍人员一再劝请下，他才勉强收泪。十七日，孝惠的梓宫发引，送至朝阳门外殡宫。梓宫发引前，玄烨再次亲至宁寿宫奠酒，"呼母号泣"。周围的人见到这一情景，"不忍仰视，亦皆恸哭"。梓宫发引时，玄烨在皇子们扶持下，立于西阶目送。他泪如雨下，"梓宫过后，犹恸不止"。[2] 二十七日是孝惠大祭之日，也是按照惯例服丧之人除去孝服的日子。玄烨于前一日就已抵达殡宫所在地，在嫡母梓宫前亲奠上食，举哀哭泣。二十七日一早，他行过大礼，释服前，又亲率诸皇子在梓宫前行三跪九叩头礼，跪哭。

孝惠的辞世，使玄烨失去皇室中最后一位长辈。他对大臣们说："思当此之时，止有孝敬朕之人，并无爱恤朕之人。尊长辈皆已凋谢，此等处，每以无可与言为伤。"[3] 所言真实地反映出他的哀痛心情。

孝惠去世不久，大学士们遵旨为她所拟尊谥中，竟遗漏"章皇后"字

---

1 《康熙起居注》第3册，第2469–2470页。
2 《康熙起居注》第3册，第2472页。
3 《清圣祖实录》第278卷，第9页。

样。玄烨及时发现，指示添写，才避免了这一重大失误。[1]

康熙五十七年（1718）十一月，当大臣们议将孝惠神牌升祔太庙、奉先殿，置于玄烨的生母慈和皇太后之后时，遭到玄烨反对。早在五十六年底为皇太后举丧期间，玄烨即降旨诸皇子："皇太后系朕嫡母，日后神牌升祔太庙、奉先殿，应安放于慈和皇太后神牌之上。"[2]经皇子们与大臣等共同会议，最终仍遵照玄烨之意，将孝惠的神牌置于其生母的前面。这一事例，突出表明玄烨严格按照礼法办事，维护伦理纲常的态度。

康熙五十七年（1718）十二月，玄烨以孝惠章皇后神牌升祔太庙礼成，颁诏天下，并派出宗人府府丞等十余名官员，往祭各大名山、历代帝王陵寝及孔子阙里，以示隆重。

同月，玄烨率领五位皇子去遵化谒陵。他一反先去暂安奉殿的惯例，而是先至嫡母的陵寝，"哀恸良久，奠酒，读文致祭毕"，然后才去拜谒暂安奉殿和孝陵。[3]这在玄烨数十年的谒陵活动里，是从无先例的。

孝惠是玄烨诸长辈中最长寿者，也是与他相处时间最长久者。玄烨出生三个月后，便有了这位嫡母，直到他去世前五年，才与嫡母诀别，母子相伴达64年。玄烨62年的皇帝生涯（顺治十八年正月即帝位，康熙六十一年十一月病逝）中，共有57年嫡母健在，这也是中外罕见的。

玄烨与孝惠是生活于中国封建社会最后一个盛世的皇帝和皇太后。在皇权高度集中的形势下，玄烨乾纲独断，孝惠从不干预政事。作为一位深受汉族文化浸染的满洲皇帝，玄烨有意识地将自己同嫡母的关系，纳入封建正统轨道，使之既保留尊老爱幼的满洲淳朴遗风，又兼有汉族士大夫所崇尚的母慈子孝等特点。此外，由于二人的特定身份，在他们的关系当中还具有较强的政治色彩，尽管他们之间互为母子，但彼此的交往与言行，无不与巩固清朝统治这一根本目标紧密相联。

孝惠、玄烨母子能够和睦相处60余年，而且感情愈来愈深，同两人的气质、性格和为人，也有一定关系。孝惠虽然平庸，易信人言，但总的

---

1 《清圣祖实录》第277卷，第16–17页。
2 《清圣祖实录》第282卷，第4–5页。
3 《清圣祖实录》第282卷，第14页。

来讲是个比较善良的人，较有自知之明，基本无权力欲，而玄烨在中国古代帝王中以仁义诚孝著称，无论对待家人或臣下，都比较宽厚，加之他很重感情，对于长辈的关心、照顾既无微不至，又恰到好处，所以很善于博得长辈的欢心。这样一对母子相处，虽然彼此没有血缘关系，但母子之间能相互体贴、谅解，其感情不断增进，也是很自然的。

与玄烨和祖母的关系所不同的是，在与嫡母的相处中，他本人更为主动，起了更重要的作用。孝惠则知足感恩，配合默契。她去世后，玄烨由衷地发出"当此之时，止有孝敬朕之人，并无爱恤朕之人"的哀叹，表明玄烨虽然已近古稀，儿孙满堂，但仍然渴望被人真诚地关心、爱护，而孝惠作为嫡母对皇儿的关怀，是玄烨周围包括妃嫔在内的其他人，都无法给予的。所以，她的离世，为玄烨生命旅途的最后五年，留下一个不能弥补的缺憾。

在清朝历史上，孝惠默默无闻，只是一位普通的皇太后，然而，她又是康熙帝玄烨的大家庭中，始终高高在上、几乎与玄烨相伴一生的重要成员。玄烨在自己与嫡母的关系上，做出一篇颇为感人，可供后辈借鉴的好文章；他们之间蕴意丰富而深刻的母子关系，堪称千古佳话！

第四章 后妃

康熙帝后妃人数之多,居清朝诸帝之首。

一、后妃概况

康熙帝玄烨后妃之多，居清朝诸帝之首。随玄烨入葬景陵的后妃，共55人，其中皇后4人，皇贵妃3人，贵妃1人，妃11人，嫔8人，贵人10人，常在9人，答应9人。需要说明的是，玄烨本人所册封的后妃，有皇后3人，贵妃2人，妃11人，嫔5人，贵人11人，常在14人，答应9人。他去世后，雍正帝胤禛的生母德妃乌雅氏成为皇太后，即孝恭仁皇后。雍正、乾隆二帝又陆续将玄烨的1位贵妃和2位妃子封为皇贵妃，3位嫔封为妃，1位贵人和5位常在封为嫔。

乾隆五十四年（1789）正月，总管内务府奏称："遵旨查得，康熙四十六年，乾清宫主位十六位，大答应十人。景阳宫大答应四十七人，小答应八十二人。毓庆宫主位三位，大答应七人，小答应二十二人。所内答应四十一人。学生三十八人。女子共一百三十二人。一年宫分分例等项，约计共需银三万七百九十八两一钱五分八厘。"[1]

根据有关史料统计，至康熙四十六年（1707）为止，为玄烨生育过子女的女子在世者，共19人，其中8人已得到正式名号（贵妃1人，妃5人，嫔2人），剩余11人因生育了皇子或公主，已升入主位，尚未正式册封。此外，还有未曾生育，已得封位号者2人（安嫔与敬嫔）。所以，这时玄烨后宫的主位，当共有21人。可是，"乾清宫主位"和"毓庆宫主位"的总数却是19人。为何存在数额之差，尚需进一步研究。

上述史料还表明，康熙四十六年（1707），宫内共有大答应64人，小答应104人，答应41人，共计209人，而入葬景陵的答应只有9人，原因何在？

是否有这种可能性，即答应是宫女的代称？因为玄烨曾说过："太监等在内廷当差，女子等在宫内答应，各有内外，嗣后务当断绝交结。"[2]这里所言"答应"，是指随时听候召唤（使唤），而不是妃嫔最后一级的"答应"

---

1 章乃炜、王蔼人编纂：《清宫述闻》，第628—629页。
2 鄂尔泰、张廷玉等编纂：《国朝宫史》上册，第12页。

称号。况且宫中等级森严，名分攸关，绝不容许宫女与答应相混淆。所以，答应为宫女代称的可能性，并不存在。

看来，清朝后宫中的答应不仅是后妃等级中的最末等，也是构成人员最为复杂的等级。它可能分为两类，一类是作为皇帝之妾的答应，属于主位；另一类则"供皇帝召对钦赐各项奔走之役"[1]，虽然也属于"宫眷"之列，但不是主位，她们又有大答应、小答应、答应之别，康熙四十六年后宫的209位答应，当指此而言。

作为历史名君的玄烨，竟拥有如此众多的妻妾，原因是多方面的。

玄烨终究是一位封建帝王，除去本人的特性外，还具有封建社会皇帝所具有的共性。他也有浓厚的享乐思想，更无法脱离腐朽的生活方式，只是其外在表现较为收敛，尚未逾越礼法所允许的范围罢了。

中国封建社会男尊女卑的历史源远流长。多妻妾乃是合法、合理，司空见惯的，与强制妇女"从一而终"、旌表节烈形成鲜明对照。一般来说，男子的妻妾数目，与其政治、经济地位高低成正比。皇帝拥有众多妻妾，名正言顺。

此外，宗法制度、伦常观念中繁衍子嗣，以敬先、奉孝的观念，也对多妻妾现象的存在与发展，起着推波助澜作用。皇帝延续世系是至关重要之事，三宫六院不可或缺，后妃自然多多益善。

玄烨的多妻妾，还与他在位长达62年，婚姻生活延续54年以上（康熙四年大婚，五十七年最后一次生育）有关，同时也和他本人的生理、心理状况密不可分。

需要指出的是，宫女人数众多，一向是与帝王多妻妾相并存的现象。可是，玄烨后宫的宫女相对较少，最少时只有数百名。这是玄烨与大多数皇帝不同处，是他总结历史经验，在后宫厉行节俭方针的结果。

现将玄烨后妃（仅限于史料记载的40人，见附表一）的有关情况，做一综合分析。

由于史料不足，入葬景陵的55位后妃内，目前仅知道40人的民族属性，其中满洲28人（来自汉军旗者包括在内），占总人数的70%；汉族10人，占25%；蒙古族2人，占5%。这基本上反映出玄烨后妃的民族组成状况。

---

1 孙文良主编：《满族大辞典》，第749页，沈阳：辽宁大学出版社，1990年。

第四章 后妃

康熙只有两位蒙古族妃子，即慧妃与宣妃，而且都不曾生育子女。这同清太宗皇太极的五宫后妃全部为蒙古族女子，以及顺治帝的两位皇后、三位妃子均为蒙古族的先例，形成反差。

康熙年间，清朝对全国的统治已经建立，并日趋巩固，虽然满蒙贵族联盟仍为基本国策，但满蒙联姻政策的重要性和必要性，终究在逐渐减小。这是出现上述情况的最主要原因。从康熙朝起，清帝后妃中蒙古贵族女子的数目急剧下降，皇帝亲生女儿下嫁蒙古贵族的人数，自康熙朝后也逐渐减少。这标志着满蒙贵族联姻已转入一较低层次，即主要局限在清朝宗室、觉罗与蒙古贵族之间进行。

其次，来自广阔草原的蒙古贵族少女，其气质、性情、文化素养及生活习惯等各方面，与在关内长大，受到汉文化浸染的八旗少女相比，存在一定差距。顺治帝福临对五位蒙古族后妃之所以十分冷淡，除其他因素外，这一点需要考虑在内。

玄烨的后妃中，已知旗分者共17人，除1人（安嫔李氏）来自正蓝旗汉军外，其余16人，分别来自镶黄旗满洲旗和正黄旗满洲旗，占已知旗分后妃总数的94.1%。这里面包括玄烨册封的3位皇后，2位贵妃，9位妃嫔和1位贵人。[1] 显然，玄烨后妃的主体，是由两黄旗满洲女子构成，后宫

---

[1] 按，皇后佟佳氏姐妹（妹为贵妃）与德妃乌雅氏（雍正帝胤禛生母）的情况较为特殊。佟佳氏家族原属正蓝旗汉军旗，康熙八年抬入镶黄旗汉军旗，康熙二十七年后佟佳氏之父佟国维随其兄佟国纲改入满洲籍，仍隶汉军旗下（参见本书第八章《外戚》）。此外，据《清朝通志》卷三《氏族略》三记载，乌雅氏的曾祖额布根，"正黄旗人，世居哈达地方，国初来归。其长子额森，任内大臣，从征朝鲜有功，授男爵，谥恪慎。其长子威武，任护军参领，系孝恭仁皇后（乌雅氏）之父。雍正中，三代俱追封一等公"。又据《钦定八旗通志》载，"（正黄旗满洲）第三参领第十二佐领，'国初编立'，以二等侍卫阿萨纳管理。第三参领第十四佐领，系康熙六十一年十一月十九日，奉旨将镶蓝旗包衣佐领内太后之亲族及阿萨纳佐领内太后之亲族合编一佐领，以一等公、散秩大臣、舅舅伯起管理"。第三参领第十五佐领，"系国初编立"，以佛表、海望管理（参见该书卷4，《旗份志》4，第1册，第72—73页，长春：吉林文史出版社，2002年）。康熙六十一年十一月十三日玄烨去世，六天后雍正帝出此旨，所言"太后"即其生母乌雅氏，"舅舅伯起"即威武之子，乌雅氏之弟。佛表、海望均为乌雅氏的族人。上述史料表明，乌雅氏的部分亲族，分别隶属于正黄旗满洲第三参领下第十四、十五佐领，其中由伯起管理的第十四佐领，是由镶蓝旗包衣佐领内太后之亲族与正黄旗阿萨纳佐领内太后之亲族合编而成。乌雅氏母家是否原为镶蓝旗包衣，待考。本书将佟氏姐妹与乌雅氏分别计入镶黄旗满洲旗和正黄旗满洲旗。

最高及较高位号，也几乎由她们所包揽。和玄烨其他旗分、民族的妃嫔相比，她们人数最多，在后宫中处于绝对优势。玄烨后妃的旗分高度集中，与清朝其后历代后妃的情况有所不同。

两黄旗为皇帝自将之旗，实力雄厚，战斗力强，居各旗之首。两黄旗主要大臣曾支持顺治帝福临即位，并站在孝庄一边，与觊觎皇位的摄政王多尔衮进行长期较量，最终取得胜利。所以，康熙初年四个辅政大臣内，有三人来自两黄旗。这些情况无不表明，在孝庄抚育、培养、保护两位幼龄皇帝的艰难岁月中，两黄旗是她的依靠力量。玄烨的后妃内两黄旗女子占据绝对优势，正是清朝入关前后，最高统治集团内部历次激烈斗争的反映。玄烨之后，这种状况因客观局势的改变不复存在。

已知旗分的玄烨后妃中，竟无一人来自上三旗之一的正白旗，这也有其历史根源。

由多尔衮、多铎兄弟统辖的两白旗，与两黄旗长期对立，是多尔衮谋求皇位的支持力量。多尔衮去世后，清皇室将正白旗置于皇帝直接管辖之下，与两黄旗一起组成上三旗。这一举措拆散了两白旗，大大削弱其实力，而皇帝自将三旗，在八旗力量对比中，进一步处于优势地位。可是，几十年来两黄旗与正白旗形成的对立情绪，不可能很快消除，而顺治帝的兴趣却逐渐转向正白旗，其宠妃董鄂氏是正白旗人，他所倚信而不为孝庄所欣赏，后来成为四辅臣之一的苏克萨哈，也是正白旗人。顺治十四年（1657），顺治帝决定将董鄂妃之子作为皇位继承人，正白旗由此可能越居两黄旗之上，这使孝庄及两黄旗大臣一度深感不安。不料，董鄂妃之子出生三个月后夭折，这对于两黄旗而言，无疑消除了一大隐患。前事不忘，后事之师，玄烨的后妃中独无正白旗女子，显然是孝庄的有意安排。

自康熙帝开始，确立了清帝后妃内满洲女子占绝大多数的格局，这与汉族皇帝后宫中，汉女占有最大比例的情形相仿，无可厚非。同时，它又是清廷"首崇满洲"的原则，在皇帝婚姻问题上的具体体现。不过需要指出，玄烨早年和中年，都认真贯彻了这一原则，到其晚年，则出现某些变化，从后妃生育情况中即反映出来。

康熙三十九年（1700）以前，23位后妃共生育子女44人。其中满人

18人（78.3%），生育子女37人（84.1%）；汉人5人（21.7%），生育子女7人（15.9%）。

康熙四十年（1701）以后，九位妃嫔共生育子女11人。其中满人3人（33.4%），生育子女3人（27.3%）；汉人6人（66.6%），生育子女8人（72.7%）。

上述两阶段中，满汉后妃生育比例，已呈倒转趋势。如果将康熙五十年（1711）以后有关情形再作一统计，这一变化则更为突出。

康熙五十年后，5位妃嫔共生育子女5人。其中满人1人（20%），生育子女1人（20%）；汉人4人（80%），生育子女4人（80%）。

可见，这一阶段"奉御"玄烨的妃嫔中，汉人已经处于优势，而且是清一色的江南女子。

康熙四十七年（1708）的一废太子事件，对于已经55岁的玄烨来说，是一个沉重打击，其身体从此走了下坡路。由于心情抑郁、健康不佳，玄烨除去加意调养，并照旧外出巡幸，举行秋狝、水围外，在后宫生活中也需要新的刺激，而遴选江南妙龄女子入宫，也就势所必致。几个世纪前，江南佳丽的各方面条件要相对高于八旗少女，这是毋庸讳言的。玄烨晚年，汉族女子几至独宠后宫的现象，并非偶然。

为减少或避免来自满洲贵族和后妃们的不满，玄烨也采取了一些补救措施，如对于这一时期入宫的汉族女子，即使生育皇子者，也不正式册封，而是让她们长期处于贵人、常在的低位。康熙五十年（1711）生皇二十一子慎靖郡王胤禧的陈氏（陈玉卿之女）、五十二年（1713）生皇二十三子贝勒胤祁的石氏（石怀玉之女），以及五十五年（1716）生皇二十四子诚亲王胤祕的陈氏（陈歧山之女），都是直到雍正帝即位后，才被晋封为皇考贵人，而玄烨生前，她们三人只是常在的身份。虽然康熙五十年生皇二十二子贝勒胤祜的色赫图氏，也是雍正帝即位后，才成为"皇考贵人"，但她在此四人中只占25%，并不能掩饰玄烨有意压低汉女位号的明显倾向。

对于宫中汉女位号问题的这种处理方针，康熙四十七年之前已经存在。如在康熙三十二年（1693）、三十四年（1695）、四十年（1701）连生三位皇子，即愉郡王胤祸、庄亲王胤禄及玄烨十分喜爱的皇十八子胤祄的王氏，做了20多年贵人后，五十七年（1718）才被册封为密嫔，雍正二年（1724）晋升为皇考密妃。与此相对照，连生五位皇子（只有诚亲王胤祉成人）、一位公主的马佳氏，康熙十六年（1677）即受封为荣嫔，二十年成为荣妃。又如生过三位皇子、三位公主的胤禛生母乌雅氏，十八年（1679）册为德嫔，二十年（1681）晋升为德妃。王氏与她们相比，差别显著。玄烨生前所册封的嫔以上21位后妃中，密嫔王氏是唯一的汉女，所以，她应是幸运者。玄烨晚年，就是以此方式，在后妃中贯彻"首崇满洲"原则的。

清朝入关前，东北地区满、蒙古、汉三个民族在政治、经济、文化等方面，已有密切联系。玄烨的后妃由满、蒙古、汉三个民族组成，一定程度上反映了这一历史渊源，同时也是清廷实施满蒙贵族联盟及满汉地主阶级联盟大政方针的需要。

满、蒙古、汉三个民族的生活地区，括及我国国土的大部分，三个民族的人数总和，也占全国人口绝大多数。玄烨的后妃正是由这三个民族的成员共同组成，其代表性可谓广泛。

但另一方面，构成玄烨后妃主要部分的八旗女子，入宫前大都居住在直隶中、北部；玄烨仅有的两位蒙古族妃子，来自科尔沁草原；其汉族妃嫔，则部分来自江南水乡。因此，从具体地域看，又相对较为狭窄。应当说玄烨后妃出生地的地缘结构，在广泛的前提下，又有集中的一面。这与不少汉族帝王选择后妃时，涉及很多地区，甚至惊扰全国的情况相比，不论其动机如何，终究略胜一筹。

玄烨的后妃内，除去三位皇后、两位贵妃、两位蒙古妃子外，其他妃嫔无论满汉，母家地位都不高，即使是来自两黄旗的女子，也是如此。这表明在择选后妃时，除了对皇后、皇贵妃、贵妃等少数人选，必须考虑其母家的地位外，对于大多数一般妃嫔人选，则不计其父职高低，主要看本人的条件。这是玄烨婚姻的又一特点。

康熙帝后妃的年龄相差悬殊，为其他清帝所未有。

从孝庄太皇太后在康熙四年为玄烨选定皇后，举行大婚，至六十一年玄烨去世，在此58年期间，各种渠道、不同方式（主要是选秀女）的选妃之举，始终不曾停止。玄烨的后妃们是在50多年岁月中，先后被选入宫，她们的年龄必然相差很大。例如，在玄烨晚年很受宠的几位江南女子的年龄，比玄烨的第一位皇后赫舍里氏要小50多岁，仅从年龄上看，有如孙女与祖母。

不妨再从另一角度观察这一问题。以辈分而言，玄烨的妃嫔们属于同辈人。然而，当有的妃嫔已有曾孙，做了曾祖母时，有的妃嫔还在为玄烨生育皇子。例如，宜妃郭络罗氏之孙弘昇生于康熙三十五年（1696），弘昇的头生子永瑞生于康熙五十五年九月。五十五年五月，庶妃陈氏（陈歧山之女）生皇二十四子胤祕。五十七年二月，庶妃陈氏（陈秀之女）生皇子胤禐（出生即卒，未排行）。这种一夫多妻制下的必然现象，在得享高龄的皇帝之家尤为突出。

玄烨后妃的寿命，呈现截然不同的两种状况。

玄烨的第一位皇后赫舍里氏比他仅大三个月，康熙十三年（1674）去世时只有22岁。第二位皇后和第三位皇后的年龄均不见记载，但可作一估算。如果后两位皇后也与玄烨同龄，那么第二位皇后钮祜禄氏在十七年（1678）去世时当为25岁，第三位皇后佟佳氏在二十八年（1689）去世时应为36岁。玄烨的三位皇后连续早卒，在中国古代是很罕见的。

与此相反，玄烨的妃嫔中，却有不少长寿者。如定嫔万琉哈氏（雍正帝即位后尊为定太妃），卒于乾隆二十二年（1757），享年97岁，[1]在清朝后妃中最为长寿。已确知年龄的玄烨妃嫔内，贵妃佟佳氏享年76岁，和妃瓜尔佳氏享年86岁，均属高寿。

入宫较早，生前即由玄烨册封位号的妃（包括贵妃）嫔，共有18人，

---

[1] 据《星源集庆》载：万琉哈氏生于康熙十年（1671）正月，逝于乾隆二十二年（1757）四月，卒年97岁（参见该书第47页，奉天爱新觉罗修谱处，1938年）。若以她生于康熙十年计，其卒年当为87岁。又据《清高宗实录》载：乾隆十五年（1750）正月，"上奉皇太后至定太妃宫祝九旬寿"；乾隆二十二年四月万琉哈氏去世后，乾隆帝说："太后寿跻百龄，实为世所罕有。"（参见该书第356卷，第3-4页；第536卷，第20页，影印本，台北：台湾华文书局）。可见，万琉哈氏卒年确为97岁，其生年当为顺治十八年（1661），《星源集庆》所述有误。

玄烨去世时，健在者 15 人，已去世者 3 人，仅占 16.7%。更为突出的是，康熙十六年（1677）首次册封为嫔的七位女子，她们与玄烨年龄相仿，但其中仅有一人（僖嫔赫舍里氏）先于玄烨而去世，后来晋封为妃的惠妃、荣妃与宜妃，享年均在 70 岁以上。雍正帝生母德妃，去世时也已 64 岁。活到 70 余岁者，还有成妃戴佳氏、密嫔王氏和贵人易氏。康熙二十四年（1685）生育皇十女，卒于乾隆九年（1744）的贵人纳喇氏（雍正帝尊为通嫔），享年当在 80 岁以上了。玄烨本人享年 69 岁，已是高寿皇帝，而他的妃嫔中，还存在一个人数相当可观的高寿群体，不少妃嫔的寿命大大超出于他。特别是他生前册封的 18 位妃嫔，大都享年 70 岁、80 岁甚至 90 岁以上，这在三个多世纪前，中国人口平均寿命较低的总体格局下，确为稀有现象。

同年龄相差悬殊，不乏高寿者的特点相适应，玄烨妃嫔们的去世时间，也间隔久远。例如被追封为慧妃的博尔济吉特氏，逝于康熙九年（1670），和妃瓜尔佳氏逝于乾隆三十三年（1768），前后相距 98 年。自康熙二十年（1681）景陵首次葬入两位皇后及慧妃（玄烨的后妃分别葬于地宫、妃园寝及双妃园寝三处）起，至乾隆三十三年（1768）葬入和妃瓜尔佳氏止，历时 88 年。玄烨去世将近半个世纪后，他的妻妾们才全部作古。[1]

由于玄烨的妃嫔在他之前去世者只是少数（粗略估计最多为十五六人），所以，他的遗孀至少有近 40 人。玄烨辞世前不久曾决定，在他死后，年老妃嫔可移居亲生皇子府邸，终老天年，表明他对这批妻妾的未来，早已有所考虑。

雍正、乾隆二帝对皇父、皇祖的未亡人，无不尊崇礼待，太妃、太嫔多长寿的事实，可在一定程度上证实这一点。乾隆帝对于曾受皇祖之托，照料过自己的贵妃佟佳氏与和妃瓜尔佳氏，更是备加荣宠，尊封她俩为皇贵太妃，并在景陵专门为之修建园寝，即双妃园寝。雍正帝则因宠信怡亲王胤祥，特将他的生母敏妃章佳氏（康熙三十八年去世）追封为敬敏皇贵

---

[1] 参见杨珍：《乾隆诗文中的康熙妃嫔》，载《清史论丛》第 1 辑，北京：社会文献出版社，2017 年。

妃，并于雍正元年（1723）九月，将她的棺椁从妃园寝迁入景陵地宫祔葬。此举开创了帝陵祔葬皇贵妃的先例，从而也为景陵妃园寝内原安葬章佳氏的宝顶下，永远留下一个空券。[1]

玄烨遗孀内未曾生育，或所生子女早卒的贵人、常在、答应的情况，史料无征。她们大都逝于乾隆三十三年之前。

玄烨的后妃里，先后有过四对亲姐妹，其中三对来自镶黄旗满洲旗，一对来自正黄旗满洲旗，有三人分别是三位皇后之妹，一人是宜妃之妹。姐妹同嫁一夫，不仅是满洲（女真）氏族社会的婚嫁习俗，春秋战国以前的中原地区，也存在这种风尚，即媵娣婚。

天聪三年（1629），清太宗皇太极开始改革满洲婚姻习俗，严禁转房婚（即子妻继母、弟妻兄嫂等），但对于异辈相婚及姐妹同嫁一夫的婚俗却不曾触动。这是因为在皇太极本人及其子女、宗室、王公大臣的婚姻中，这两种婚俗都不同程度地存在着。清入关后，受汉文化及其伦理观念影响，异辈相婚习俗只是在顺治帝的婚姻中出现（孝惠章皇后是顺治帝表兄绰尔济的女儿，为顺治帝的侄辈），其后清帝的婚姻中已被禁绝。姐妹同嫁一夫的情况有所不同。玄烨的后妃里，亲姐妹竟有四对之多，居清朝历代后妃之首，这同玄烨对于三位亡后的感情有关，也是笼络两黄旗的目的使然。

玄烨的三对姐妹后妃中，皇后钮祜禄氏与佟佳氏之妹，都被封为贵妃。皇后赫舍里氏之妹，是在死后才被追封为平妃，这与她的早卒不无关系。

另一对亲姐妹，即宜妃郭络罗氏与妹妹，曾有两次同年生育。康熙十八年（1679）五月，妹妹先生下头生女四公主（和硕恪靖公主），同年十二月，姐姐也生下头生子恒亲王胤祺；二十二年（1683）七月，妹妹先生下头生子胤禌（幼殇），一个月后，姐姐又生下第二子贝子胤禟。后来，姐姐又生了一位皇子。姐妹二人共生育四子一女，是四对姐妹后妃中生育最多的一对。她们的生育情况表明，姐妹二人年龄相差无几，而且很可能

---

[1] 徐广源：《敬敏皇贵妃与空券》，载《紫禁城》1990年第1期。

是同时入宫的。

康熙帝玄烨之后,姐妹同嫁一夫的现象,在光绪帝载湉的婚姻中还曾出现,他的瑾妃与珍妃,就是一对亲姐妹。

清朝入关前乃至顺治时期,后宫中曾有为帝(努尔哈赤、皇太极、福临)、后(董鄂氏)殉葬者。康熙年间,明令禁止这一陋习,后宫女子无论妃嫔或宫女内,不曾再有殉葬事件发生。

二、皇后

(一)赫舍里氏

中国古代帝王的婚龄大都很早,康熙帝玄烨更属早中之早。

康熙四年(1665)七月,孝庄选定四辅臣之一索尼之子,领侍卫内大臣噶布喇之女赫舍里氏为皇后,行纳聘礼。同年九月初八日,玄烨遵照祖母慈命,与赫舍里氏举行了大婚典礼。新郎的实际年龄是11岁又六个月,新娘11岁又九个月,两人是清朝帝后大婚时年龄最轻者。除去册立皇后外,此次并未册封妃嫔,但从玄烨早期子女出生情况看,这一时期除去皇后赫舍里氏,他身边还另有一些女孩子相伴,只是暂未进封主位、享有名号罢了。

玄烨早婚的一个重要原因,是孝庄考虑到朝政的需要。当时,辅臣们辅政四载,政局大体安定,但弊端也逐渐暴露,鳌拜专权倾向明显,构成对皇权的潜在威胁。皇帝亲政,是遏制鳌拜势力进一步发展的良策,但因玄烨过于年幼而无法实现。于是,孝庄采取过渡性步骤,让爱孙尽早举行大婚,以此显示他已长大成人,不再是没有发言权的幼童。

玄烨在大婚当月,首次诣太皇太后、皇太后宫问安,同年十月初,又首次"幸南苑行围"。这两项几乎持续他一生的活动,在大婚前即已开始,但其身份及行为的意义,前后皆有不同。如果说玄烨以往是以幼孙、子辈之礼向祖母、嫡母请安,以儿童戏耍、习武的形式前去南苑,此时他则是一位已经完婚,不可再因年龄小而予轻视的青年皇帝了。所以,《清圣祖实录》中首次记录玄烨向两宫请安，以及去南苑围猎之事，都是在他大婚之后。

孝庄果断做出让孙儿大婚的决定，为鳌拜等人的揽权设下不可逾越的障碍，同时使玄烨得以较早处理政务，在治国实践中学习提高。如果玄烨的大婚向后推迟，没有其后整四年的精心准备与积蓄力量，康熙八年清除鳌拜集团就会十分困难。而鳌拜集团存在时间越长，对皇权的威胁越大，清除的难度也越大，必将后患无穷。

玄烨早婚的另一原因，是由于孝庄发现孙儿发育早熟，对异性已有渴求和需要。

康熙七年（1668）三月，出使清朝的朝鲜使臣返国，被国君问及玄烨的情况。使臣说，玄烨"年虽少而颇壮大。往年宫女有生男者，今年又有怀孕者，外人无不知之，而甚讳之。盖先出者当为长子，故嫌其妾出也。"[1]这时，玄烨尚不足14周岁，也就是说，他至迟在十一二岁，已对异性产生强烈兴趣并有了接触，其所处环境，又为充分满足他的这种需要，提供了便利条件。玄烨的第一个孩子皇长子承瑞生于康熙六年（1667）九月，距大婚整整两年后，他年仅13周岁半。孝庄急于让孙儿成婚，其中一重要目的，是防止孙儿大婚前便有子嗣而有伤君德，因此未雨绸缪。

这对少年帝后感情如何？尽管缺乏直接的史料记载，下述情况也有所反映。

康熙十三年（1674），赫舍里氏因难产去世，玄烨亲制册文痛悼，其中固然有溢美之辞，但仍可看出赫舍里氏具有以下特点。

她入宫后一直与太皇太后、皇太后相处融洽，博得两人的好感与欢心，即册文中说她"上事太皇太后、皇太后，克尽诚孝""勤两宫之孝养，娴以承颜""积深爱以事两宫，每迎色笑"[2]。一个年幼的女孩子，能够在这种相当复杂的环境中应付自如，处处得体，很不简单。

玄烨与祖母感情至深，祖母的好恶对他有着潜移默化的影响。孝庄始终对赫舍里氏印象良好，这对于玄烨与皇后之间建立并加深感情，是一必

---

1 吴晗辑：《朝鲜李朝实录中的中国史料》第9册，第3953页。
2 张采田编：《清列朝后妃传稿》，传上，第80–81页。

不可少的促进因素，而皇帝、皇后情投意合，也使孝庄深感欣慰，对孙媳更为满意，喜爱。看来赫舍里氏年纪虽小，却有心计，在人情世故上练达而聪慧。

顺治帝执意废黜第一位皇后博尔济吉特氏的主要理由之一，是认为她"处心弗端，且嫉刻甚，见貌少妍者，即憎恶欲置之死，虽朕一举动，靡不猜防，朕故别居，不与接见"[1]。赫舍里氏则与之相反，她"遇九御以宽和，恩能逮下""勤以率下，亲职事于内宫；慈以明恩，协欢心于诸御"。她比较大度，能够坦然地对待玄烨与其她女性的接触，未曾因此流露不快，而且和那些实际上是玄烨妃嫔的女孩子，都保持着良好的关系。

不论赫舍里氏内心的真实感受如何，她的上述表现，符合封建伦理准则，自然为孝庄和玄烨所首肯。这也从侧面表明，她虽然生在满洲贵族之家，但入宫前已在一定程度上，受到汉族文化及伦理道德观的影响，三从四德观念已深深印在她年幼的头脑中，不自觉地成为她的处世指南。

玄烨称赞赫舍里氏"佐朕治理，惟敬惟勤，节俭居身，宽仁逮下，仪型允备，淑德著闻。""樛葛之庇，弥见其幽闲，簪珥之言，尝发于恳挚，毗予不逮，得尔为多。"[2]表明赫舍里氏虽然是中宫皇后，但较有自知之明，不务矜夸，谦逊、节俭，而后一点，既为当时清朝不很充裕的经济状况所要求，也正是孝庄及玄烨本人大力提倡，躬亲实践的。赫舍里氏不仅很合太皇太后和皇帝的心意，是玄烨的贤内助，看来还颇有人缘，赢得举朝上下一致好评。

能有这样一位通情达理、温柔贤淑，具有大家闺秀风范的少女作自己的皇后，玄烨是很满意的。他深深地感激祖母为自己的选择，钦佩祖母的眼光。随着时间的推移与年龄的增长，他与皇后之间的感情，也在逐步加深。

康熙八年（1669）十二月底，赫舍里氏生下一个男孩，这是玄烨的嫡长子。玄烨为新生的婴儿取名承祜，顾名思义，是希望这个孩子能够承受上苍护佑，健康地长大成人。嫡长子的诞生，巩固了赫舍里氏的中宫地

---

[1] 张采田编：《清列朝后妃传稿》，传上，第53页。
[2] 张采田编：《清列朝后妃传稿》，传上，第81页。

位，她为大清王朝延续世系做出贡献，并由此进一步得到太皇太后、皇太后的欢心，与夫君的关系也更为亲密。

小承祜聪颖乖巧，活泼可爱，被玄烨视做掌上明珠。可是，这位娇儿却未能像其皇父所企盼的那样，得到神明的眷佑，仅两岁半就病亡了。康熙十一年（1672）二月初六日，正在赤城汤泉陪伴祖母的玄烨惊闻这一噩耗，多日郁闷难解，随扈大臣见他情绪低沉，反复劝请节哀。玄烨是一比较理智，自控力较强的人。在承祜之前，已有几个皇子、公主先后患病幼殇，但他都不曾受到这样大的震动。这除去因承祜是他唯一嫡子外，其中还有赫舍里氏的因素。玄烨与皇后感情笃深，对这一稚子的离去也就倍感痛惜。

承祜之死对赫舍里氏的打击更为沉重，因为这是她唯一的亲生骨肉。很可能从这时起，她的身体每况愈下，渐渐变得孱弱、多病。

康熙十一年秋末冬初，正是季节转换、旧症易发之际。玄烨陪同祖母自遵化汤泉返京途中，突然接到中宫有恙的奏报。十月初二日，听过从京城赶来的太医院官武超众讲述皇后病情，他立即详细询问治疗方案；同时又叮嘱武超众，因太皇太后刚刚痊愈，"尔等勿得妄行奏闻，恐致太皇太后忧虑。"然而，武超众看到皇上极为不安的神情，又虑及太皇太后一向疼爱皇后，深怕万一皇后出事，事前未得奏报，罪不敢当，所以没有从命，随后就奏告了太皇太后。玄烨得知，并没有责怪武超众，反以"不解朕意"为之开脱，表现出他既不愿让祖母担忧，又觉得皇后之病事大，祖母理应得闻的矛盾心态。这一点在下述事实中显得更为突出。

果然，孝庄听说皇后生病，立即催促玄烨说："我已痊愈，中宫有恙，可速往视之。"玄烨没有遵命，对祖母解释道："中宫虽病，自有定数，臣去亦无益。况臣特奉太皇太后来此，必须同往。"两天后，京城传来皇后病剧的消息，孝庄以命令的口吻告诉爱孙："尔欲奉我同行固是，但中宫病剧，可速往省视，若病势痊可，不妨再来相迎。"她很理解玄烨不愿因此偏离孝道的苦衷，又和缓地补充道："况尔奉我同行，固为孝思，遵命前往，亦孝道也。"玄烨这才以"不敢违太皇太后慈旨"为由，决定遵旨前去，并对随扈学士傅达礼交代道："朕……即刻起行，一省皇后，仍即来迎。"[1]

十月初四下午申时，天色已经转暗，玄烨起驾速行，归心似箭，初五日凌晨寅时，终于迈进皇后的寝宫。玄烨的突然到来，带给赫舍里氏莫大喜悦，这是世间医治疾病最宝贵的灵丹妙药。

与夫君分别月余后重逢的欢欣，驱除了赫舍里氏缠身的病魔，同玄烨聚首之始，她的身体即开始好转。这表明她对玄烨十分眷恋，在精神、情感上都非常需要玄烨的慰藉；同时也说明玄烨很善于体贴皇后，只要在她身边，就尽可能地给予充分的爱抚。

玄烨陪伴赫舍里氏度过整整一天，当他见到皇后的身体、精神都已大有起色，便于初六日寅时起程往迎祖母。几个时辰后，祖孙在京畿东部三河县相遇，玄烨"启奏皇后病痊"，孝庄也为之感到欣慰。两天后，他们平安返抵京城。

上述事例，体现出孝庄、玄烨及赫舍里氏之间的相互体贴与照顾。太皇太后、皇太后、皇帝及皇后，是玄烨家中高居最上层的四位，他们之间关系如何，表面上看是皇家内部之事，实质上对于稳固朝纲，巩固中央集权统治，起有削弱或加强的作用。因为只有他们和谐相处，亲密无间，才能保证玄烨集中精力料理国政，无后顾之忧，这在阶级矛盾、民族矛盾尚很尖锐，三藩反叛之心已露端倪的客观形势下，显得尤为必要。换言之，他们能够互相谅解，配合默契，也是其所处特定时代与环境所要求的。当时距清朝入关不足30年，新兴的满洲统治者仍然锐意进取，颇有朝气，中国古代最后一个盛世——康乾盛世正酝酿在胚胎之中。玄烨家中主要成员之间的良好关系，是满洲统治者及清朝社会正处于上升阶段这一总的发展趋势的反映。

康熙十二年（1673）底，平西王吴三桂在云南反叛的消息传至。未几，"朱三太子"杨起隆于京城放火举事，一时人心惶惶，有些京城百姓欲往西山逃避。十三年三月，靖南王耿精忠踞福建反。四月，清廷处死在京的吴三桂之子吴应熊。就在此时，赫舍里氏再次临产。

---

[1]《康熙起居注》第1册，第58页。

心境平稳与否，对产妇来讲至关重要，在接生条件较为落后的情形下，更是这样。赫舍里氏尚不满21周岁，正值生育的最佳年龄，数年前又曾顺利地分娩过一次，此次竟出现意外，与她因当时局势而产生紧张担忧的情绪，不能没有关系。

五月初三日上午巳时，赫舍里氏如愿以偿，生下一个健康的男婴，但也为之耗尽全部力量，于下午申时逝于坤宁宫。她是清朝皇后中去世时年纪最轻的一位。

再得嫡子与痛失皇后接踵发生，仅仅相隔两个时辰，玄烨从大喜转入大悲，心灵受到极大震撼。他为此辍朝五日；给赫舍里氏上谥号"仁孝皇后"；不久又将岳父噶布喇封为一等公，世袭罔替。

玄烨对亡后的怀念，充分表现在下述一系列悼念活动中。

康熙十三年（1674）五月初五日，赫舍里氏去世后第三天，玄烨"迁送大行皇后梓宫于紫禁城西"。从这一日起直到二十七日，除个别时候外，他几乎每天都去梓宫前举哀。二十七日上午，他亲自将梓宫送往京师北郊沙河地区的巩华城。在梓宫安放处，玄烨默哀许久，直到晚上戌时才返宫。独自留在巩华城的赫舍里氏不应感到孤寂，因为她依然在牵着玄烨的心。果然，仅相隔一天，五月二十九日一早，玄烨又来到这里，举哀如旧。

据《康熙起居注》统计，康熙十三年六月至十二月，玄烨去巩华城34次，平均每月4.85次；康熙十四年去25次，平均每月2.08次；其中赫舍里氏去世周年的前一天——康熙十四年五月初二日一早，玄烨提前赶至巩华城，当晚留宿一夜，翌日亲行致祭后返回；十五年去15次，平均每月1.25次。

赫舍里氏死后，三年之内玄烨没有再立皇后，直至十六年八月，他才遵照祖母之命册立第二位皇后。然而十六年二月至七月，他仍旧去巩华城6次，平均每月1次。十三年至十六年，玄烨共去80次。这四年内，每逢除夕的前一日，玄烨都去巩华城陪伴亡灵，日暮方归。特别是十六年除夕前一日，这时他已有了第二位皇后，仍一如既往，冒严寒前去。更让人瞩目的是，十六年九月十日，距第二次立后刚过十几天，玄烨竟不顾大喜之期应有避讳,"驾往阅仁孝皇后山陵"[1],亲自检视将要葬入赫舍里氏的陵寝。

有关史料记载中,并无玄烨如何痛悼亡后的详尽描述,但上述事实足以表明,他念记旧情,不改初衷,对亡后的怀念至深至切。这一切发生在一位正当盛年,妃嫔众多的封建皇帝身上,几乎令人难以置信。这时恰值平叛战争的最初几年,三藩气焰嚣张,占据了广大地区,清军出师不利,王朝处于危急之中。如此窘迫的局势下,玄烨日理万机,紧张、忙碌的程度可想而知。他一向重视自己的令名,以求为民表率,流芳百世,而上述种种痛悼亡后的举措,却似乎有些感情压倒理智。玄烨不管臣工有否非议,尽情地表达对亡妻的怀思,表明他对于自己与赫舍里氏之间自小建立的和谐情感,怀有深深的留恋。

玄烨这些不同寻常的做法,出使清廷的朝鲜使者也有所闻,可见朝野上下颇有议论。康熙十五年(1676)十二月,自清廷返回的朝鲜使臣向国王报告说:"清皇不恤国事,淫嬉日甚,每往哭沙河宫殡后之所。"[2] "不恤国事,淫嬉日甚",皆言过其辞,但后一句所言,显然是真实的。

作为康熙帝第一位皇后,赫舍里氏与玄烨共同生活十载。她本人未曾在历史上留下多少痕迹,但事实上对玄烨产生了不小的影响,在其所有后妃中,是最重要的一位。玄烨大婚后最初十年,对于整个康熙朝的发展,乃至奠定康乾盛世的坚实基础,都具有关键性的意义。而这十年中玄烨的所作所为,应当说与赫舍里氏有密不可分的联系,她以自己"宫闱式化,淑德彰闻"的行动,给予玄烨有力的支持。由于皇后的得力辅佐与勤理内治,玄烨能够在祖母的指导下,顺利度过他即位后的早期阶段,为其后近半个世纪的出色统治,开了一个好头。这其中有赫舍里氏一份功劳,她对于康熙朝早期的历史进程,起到积极的促进作用。

康熙十六年(1677)五月初三日,是赫舍里氏去世三周年祭日。初二日上午,玄烨来到巩华城,当晚留宿彼处,翌日亲行三期致祭礼后返宫。从初二日巳时至初三日巳时,玄烨在巩华城停留了一整天。此次他的

---

[1] 《康熙起居注》第1册,第326页。
[2] 吴晗辑:《朝鲜李朝实录中的中国史料》第10册,第4036页。

心情不同以往，因为即将册立第二位皇后。玄烨将第二次册后，一直拖至赫舍里氏三年丧期已满之时，而且是在当年五月十一日，即三周年祭日过去整七天后，他才正式向礼部颁发谕旨，反映出他缅怀亡后，尽责尽礼的深意。

（二）钮祜禄氏

康熙十六年（1677）八月二十二日，玄烨奉祖母慈命，册立遏必隆之女钮祜禄氏为皇后，同时还册封佟国维之女佟佳氏为贵妃，李氏等七人为嫔。这是康熙帝第一次正式册封妃嫔。

钮祜禄氏只当了六个月皇后，康熙十七年（1678）二月二十六日去世。她在后位的时间十分短暂，却很有自己的特色。

康熙初年选立皇后时，钮祜禄氏也在应选之列，所以她的年龄当与赫舍里氏相仿。以出身来看，她作为辅政大臣之女，在当时所有应选的满洲女子中居于高位，比索尼的孙女赫舍里氏更具优势。其后事实表明，她的品貌与素质，均不亚于赫舍里氏。然而，在辅臣鳌拜、苏克萨哈、遏必隆等都极力主张立钮祜禄氏为后的情形下，孝庄为遏制代表镶黄旗的鳌拜集团势力进一步扩大，同时也为了团结正黄旗老臣索尼及其家族，分化两黄旗，以加强皇权，果断决定立赫舍里氏为后，同时将钮祜禄氏也纳入宫中。

《后妃传稿》中说钮祜禄氏"幼入宫为妃"，事实上，她入宫后，并未正式得到妃子的封号，当时玄烨的后妃中得到正式册封者，仅皇后赫舍里氏一人。这种情况一直持续到康熙十六年八月，第二次立后时才改变，或许与清朝入关初年后宫典制尚不完备有一定关系。

由于父辈卷入政治斗争旋涡，钮祜禄氏未能于入宫初期当上皇后，尽管她尚在幼年，但对此与自己终身命运息息相关之事，不会无动于衷。特别是当册立赫舍里氏为皇后的谕旨颁布后，遏必隆与鳌拜、苏克萨哈等心怀妒忌，同入奏阻。他们在私下大发牢骚："噶布喇之女既封皇后，必动干戈。属下满洲人之女，岂可封为皇后？""我们朋友之女，恨不能封为皇后。"[1] 表现出对领侍卫内大臣噶布喇及其女儿赫舍里氏的蔑视。这种不满情绪，难免会对钮祜禄氏产生影响。可以想见，她是怀着比较压抑、委屈的心情入宫的。这一点，决定了其后十余年她在宫内的处世风格。

康熙八年（1669）玄烨一举清除鳌拜集团，遏必隆坐护恶不阻之罪，被削去太师衔及公爵。这对于钮祜禄氏又是一沉重打击。但翌年正月，玄烨以遏必隆"为皇考顾命大臣，且勋臣子，其咎止于因循瞻顾，未尝躬负重愆，特为宽宥，仍以公爵宿卫内廷"[2]。十二年十二月遏必隆病笃，玄烨临视慰问。遏必隆病故后，玄烨赐祭葬，谥"恪僖"，并勒石墓道，御制碑文有"赋性敬慎，制行端方，悫诚报国，著有勤劳"[3] 等嘉许之辞。

遏必隆被贬黜后旋即又蒙优渥，得以善终，主要由于他是硕果仅存的清太宗时期的元老，是康熙初年四个辅政大臣中所剩最后一位。玄烨对遏必隆的宽容做法，与清除鳌拜集团的举措相呼应，通过笼络像遏必隆这样很有代表性的资深老臣，以进一步加强清朝最高统治集团内部的团结，稳固人心。另一方面，鳌拜、遏必隆都是镶黄旗人。清除鳌拜集团后，镶黄旗势力严重受挫，以索额图为首的正黄旗力量迅速增长。玄烨对遏必隆采取优渥政策，目的之一也是为了抑制正黄旗势力进一步扩大，尽可能地保持朝廷内部不同派别、集团之间势力的均衡，使之相互制约。由此可见，鳌拜集团被清除后玄烨对遏必隆的一系列做法，是从清朝统治全局出发，并非个人好恶。

还应看到，遏必隆暮年及身后所获优宠，与其女儿钮祜禄氏在宫中受到皇帝的青睐，也很有关系。

康熙十六年（1677）八月册封钮祜禄氏为皇后的册文中，说她"性秉温庄，度娴礼法，柔嘉表范，夙昭令誉于宫庭，雍肃持身，允协母仪于中外"[4]，看来她颇得太皇太后、皇太后与玄烨的好感，特别是当十三年五月皇后赫舍里氏去世后，其实际地位逐步上升，很可能已开始统摄后宫之

---

[1] 《明清史料》丁编，第 8 本；第 716 页。
[2] 《满洲名臣传》，第 166 页，哈尔滨：黑龙江人民出版社，1991 年。
[3] 《满洲名臣传》，第 166 页。
[4] 《清圣祖实录》第 68 卷，第 19 页。

事。只因玄烨为给亡后尽三年守丧之礼,对钮祜禄氏迟迟未予正式册封。钮祜禄氏入宫后的最初十年,对她来讲是很不顺心的时期。赫舍里氏去世前,她面对一辈子只能屈居其下,难登后位的命运安排,必须谨言慎行,不能流露出丝毫不满。可以想象,在心情一直比较忧郁的情况下,钮祜禄氏能够与太皇太后、皇太后、皇帝、皇后等四方成功相处,需要付出多少心血。

钮祜禄氏不仅具有与赫舍里氏相仿的长处,如"殚竭孝忱""慈以御下"外,还喜欢读书,颇有文采。这在其死后的追谥册文中有所反映:"皇后钮祜禄氏……衣疏服澣,首弘俭朴之风,夜寐夙兴,克佐宵旰之治。惇五常而仁能逮下,循四教而慎以禔躬。览史披图,既媲徽于彤管,含章蕴美,洵叶吉于黄裳。""动必瑱琚,言惟师保,允宜四教,爰帅六宫。"[1] 这些褒扬之语,反映出以下问题。

第一,同赫舍里氏一样,钮祜禄氏也受到封建礼教的浸染,所谓"惇五常""循四教""动必瑱琚,言惟师保",正是她头脑中"三纲五常"等正统思想的不自觉流露。看来她在入宫前的幼年时期,已接受满汉两种文化,尤其是汉文化的教育,具备一定文化根底,素质相对较高。清朝入关初期,无论满洲贵族主观上如何抵制,都不可避免地、或多或少受到汉族文化的冲击与影响,他们的下一代更是如此。尽管遏必隆在辅政期间坚决主张遵循旧制,首崇满洲,反对学习汉文化,但其女儿却"度娴礼法",一言一行无不符合伦理纲常的要求,因而"允协母仪于中外",这真是一个绝妙的讽刺。

第二,钮祜禄氏能够"览史披图",表明她入宫后仍然注重学习,养成读书的习惯,这与她的具体处境有关。当迫不得已屈居妃位后,她奋而读书,立志从其他方面超出自己的同伴,以待有朝一日,一比高低,出人头地。同时,发愤学习,热衷于笔墨,也是她寻求精神寄托,排解愁肠的一种方式。

第三,玄烨曾称赞钮祜禄氏是自己的"良配",是"内廷之良佐",雍

---

[1] 张采田编:《清列朝后妃传稿》,传上,第84页。

正元年加上谥号的册文中，也说她"椒涂正位，偕帝德以交辉"[1]，给予了对玄烨其他皇后所不曾有的评价。她如果没有长时期的学习积累，各方面素质都相应得到较大提高，势必难以做到"夜寐夙兴，克佐宵旰之治"，"劳心中壸，每分宵旰之勤"[2]，即使主观愿意，也会因水平所限而力不从心。事实证明，相对较高的文化修养，不仅使钮祜禄氏在玄烨的后宫中，能充分显示出自己的优势，为她继赫舍里氏之后荣登后位，创造了有利条件，也使她与玄烨之间，能够有更多的共同语言，增进彼此的感情。

钮祜禄氏一当上皇后，立即向玄烨提出为已故阿玛建立家庙的请求，得到玄烨同意。可是当敕建家庙告成时，钮祜禄氏已经去世。康熙十八年（1679）三月二十四日，玄烨亲自撰写的碑文，道出此事的原委：

> 赐一等公遏必隆家庙碑。孝昭皇后（钮祜禄氏）壸德攸宣，伦情胝笃，念父母鞠育之勤，思祠宇春秋之祀。朕嘉其意，遣官督理。后二月，皇后已崩。十七年十二月工作告成，因谕内阁，详考明代实录，允符典例，特赐碑文，勒诸贞石……[3]

由于阿玛的原因，钮祜禄氏入宫之始，未能当上皇后，继而又受阿玛之累，一个人默默承受了难以言表的压力与愁苦。然而她对阿玛毫无怨意，一当条件许可，便想方设法，通过建立家庙的方式，以报养育之恩。这种做法体现出儒家伦理纲常所提倡的"仁孝"，与玄烨"以孝治天下"的基本方针相一致，必然受到玄烨首肯，但也从另一方面，表明钮祜禄氏受礼教束缚之深。

甫登后位，即提出为已故阿玛建立家庙，并较快得以实现，这在清朝列后中，仅钮祜禄氏一人。当时，平叛战争正在紧张进行，清统治集团内部比任何时候都需要齐心合力，团结一致。为已故老臣遏必隆建立家庙，不仅仅是一人、一家之事。通过这一举措，显示玄烨不忘勋旧，并使其他老臣后代、镶黄旗将领及文武朝臣受到鼓舞，更加感恩戴德。所以，此事

1　张采田编：《清列朝后妃传稿》，传上，第85页。
2　张采田编：《清列朝后妃传稿》，传上，第84、85页。
3　张采田编：《清列朝后妃传稿》，传上，第84页。

具有广泛的政治影响与作用。显然,"克佐宵旰之治"的钮祜禄氏,对清朝局势及战事进展状况都比较了解,对玄烨可能采取的态度也有一定的把握,因而才能审时度势,不失时机地提出请求。

钮祜禄氏命途多舛。她入宫十余载,终于做上皇后,但又得年不永。康熙十七年(1678)二月二十六日巳时,钮祜禄氏在坤宁宫去世,年约25岁。[1]

从个人的综合素质看,钮祜禄氏是清朝皇后中比较突出的一位,比玄烨的其他两位皇后略高一筹。相对而言,她实际上是与玄烨最为匹配,统摄后宫、佐理内治最为胜任的一位皇后。不过,如果换一角度看,相比之下,由于年龄、经历等各方面的因素,在康熙帝三位皇后中,当属第一位皇后赫舍里氏对夫君的感情最为纯真。钮祜禄氏晋封为皇后时尽管年纪尚轻,但已饱经风霜,历练有余而真情较少了。

钮祜禄氏去世当日,"太皇太后驾至乾清门,欲入宫哭临,上固辞再三,太皇太后始回宫"[2]。二月二十九日,"皇太后临大行皇后梓宫前举哀毕,还宫"[3]。这是玄烨第一位皇后去世时所不曾有的,除了以示痛悼外,还因为死者是遏必隆之女,眷渥顾命老臣及其亲属的重要意义,已如前述。

二月二十八日,玄烨亲自将梓宫送至武英殿安置。从这一日起直至三月二十五日,玄烨每天必去梓宫前举哀,而且几乎每次都是辰时往,申时还,在梓宫旁待上七八个小时。三月二十五日,他亲自将梓宫送至巩华城,与仁孝皇后赫舍里氏同安于殿内。当晚,玄烨宿于巩华城,一直住到二十九日。这四五天内,他每日都长时间地在钮祜禄氏梓宫前举哀。不久,钮祜禄氏上尊谥"孝昭皇后"。

钮祜禄氏死后,玄烨承受着无形的精神折磨,一度竟影响到他的健康。下述两例,都间接地反映出这一点。

---

[1] 一说钮祜禄氏死于难产。参见[法]张诚:《张诚日记》(1689年6月13日—1690年5月7日),陈霞飞译,陈泽宪校,第52页,北京:商务印书馆,1973年。
[2] 《康熙起居注》第1册,第353页。
[3] 《康熙起居注》第1册,第354页。

宋德宜是康熙朝名臣,以"议国家大事,侃侃独摅所见"而著称。这样一位"严毅木讷"之人,当皇后钮祜禄氏去世后,"上疏请秉礼节哀"。奏疏中写道:"遐方未靖,宵旰忧勤,天颜视昔清减。神理之间,蕴结未舒,尤宜爱惜保护。"[1]说明大臣们很为玄烨的身心状况担忧。

同年闰三月上旬,玄烨往京畿南部做短暂出游,据《康熙起居注》记载:"上因大行皇后崩逝,伤悼不已,诸王大臣奏请游幸数日,少宽圣怀。上从之,故有是行。"[2]

自十七年三月钮祜禄氏停灵巩华城,直至二十年初两后灵柩奉安地宫,近三年内,玄烨去巩华城48次,加上此前致祭赫舍里氏80次,前后累计达128次。

康熙二十年(1681)二月,两位皇后的灵柩迁往景陵安葬。此后"上每谒孝陵,辄临仁孝、孝昭两后陵奠醊"[3]。赫舍里氏和钮祜禄氏,比玄烨早逝四十多年,但玄烨对她们的追思,一直持续到生命的尽头。

康熙二十六年(1687)底,太皇太后去世,大臣们劝请玄烨"行幸郊外",少舒郁闷,玄烨没有同意。他对大臣们说:"两皇后之丧,百日内尚未行幸郊外,不幸遭太皇太后之变,即行幸郊外,可乎?"当大臣们又劝请他恢复正常生活作息时,他仍以两后之例予以驳回:"朕因定例,不得已释服。今于宫中,朕自尽孝,此亦理所当然,并非好异沽名……且两皇后之丧,朕皆如此。尔等在外庭,未必悉知,内庭之人无不知者。皇后之丧尚且如此,太皇太后之丧,反有轻忽之理乎?"[4]

如前所述,钮祜禄氏去世一个半月后,玄烨因健康不佳,曾往京畿南部作短暂出游。玄烨所述情况虽然不完全属实,但表明他作为一位杰出的政治家,凡事首先虑及政治影响,即使为亲人服丧期间的一切言行,概莫能外。他在两皇后去世后的所作所为,除去真情所致,还有事事处处合乎礼法,表率臣民的用意。

---

1 《清史稿》第250卷,第9701页;《清史列传》第7卷,第481页,北京:中华书局,1987年。
2 《康熙起居注》第1册,第358页。
3 《清史稿》第214卷,第8911页。
4 《康熙起居注》第3册,第1720-1721页。

（三）佟佳氏

玄烨的第三位皇后佟佳氏（佟氏），先是被封为贵妃。康熙十六年（1677）五月二十八日，玄烨谕礼部："朕恭奉圣祖母太皇太后慈谕，稽古帝王宫闱之制，必备妃嫔，以襄内政。今册封佟氏为贵妃，李氏为安嫔，王佳氏为敬嫔……"[1]这是玄烨第一次正式册封妃嫔，此前包括（第二位皇后）钮祜禄氏在内的所有宫人，都未曾得到妃嫔封号。

佟佳氏何时进宫不详，她在玄烨首次册封妃嫔时即成为贵妃，主要是由于她"笃生名族"。其父佟国维是玄烨生母孝康皇后幼弟，康熙九年任内大臣，二十一年升领侍卫内大臣，不久又担任议政大臣。其生母是佟国维的嫡妻赫舍里氏。清初佟氏家族中，除去两位国舅外，还有不少人官至高位，在当时有"佟半朝"之称。佟佳氏来自这样一个有着特殊背景的家庭，而她本人既是玄烨的亲表妹，又为佟国维的嫡生女，自然要被另眼相看。

康熙二十年（1681）十二月，玄烨奉祖母之命，晋封贵妃佟佳氏为皇贵妃。玄烨册封的所有妃嫔中，她是唯一一位皇贵妃。清制，"后以下，皇贵妃最尊，可总摄六宫事，即副后也"[2]，佟佳氏名为皇贵妃，但在后位无人的情形下，负有皇后之责。

与玄烨的前两位皇后一样，佟佳氏也是一位温婉端庄，"言容有度"的女子。她居于当时后宫的首位，却对服侍之人比较宽厚，待妃嫔们也很友善。她去世时已过30岁，一个女子的最好年华已经逝去。玄烨钟情于比她更年轻、漂亮的妃嫔，她不仅从不嫉妒、干涉，而且还主动向玄烨举荐一些她认为合适的女子，其追谥册文中说她"志在进贤，荇参差而必采"[3]，即当指此而言。这也表明她受到礼教纲常的很大影响。

佟佳氏以贤淑明理而享有口碑。两个多世纪后，曾在清末为官的夏仁虎先生撰注《清宫词》时，对此仍有述及："宫中孝懿最贤明，外戚佟佳亦

---

1 《圣祖御制文初集》第6卷，第4页；《清圣祖实录》第68卷，第19页。按，《星源集庆》第47页将"王佳氏"记为"章佳氏"，有误。
2 章乃炜、王蔼人编纂：《清宫述闻》，第667页。
3 张采田编：《清列朝后妃传稿》，传上，第87页。

正臣。昨日玉音相问讯,但呼舅舅不呼名。"注云:"圣祖三后,孝诚赫舍里氏,噶布拉女;孝昭钮祜禄氏,遏必隆女;孝懿佟佳氏,佟国维女。孝懿外家最贤,礼数所独优。国维署衔,特命书国舅某,复有旨呼舅舅不名。"[1]

康熙二十二年(1683)六月,佟佳氏生下一个女儿。时玄烨奉祖母往塞外避暑,内务府总管图巴等用红纸缮折,奏闻喜信:"六月十九日巳时皇贵妃诞育公主。据顾太监、大夫们讲,皇贵妃身子安康,公主安好。"[2]但小公主还没有让皇父见上一面,即于一个月后死去。这对佟佳氏是一沉重打击。

与前两位皇后相比,佟佳氏面临着一个新情况,即与玄烨的儿女们相处问题。赫舍里氏、钮祜禄氏在世时,阿哥、公主们除去早卒者,仅存的几个或年龄很小,或尚在襁褓中。而佟佳氏去世前,皇长子胤禔已18岁,二公主(皇三女)已17岁,他俩下面又有十几位年龄不等的同父异母弟妹。佟佳氏将这些阿哥、公主视同己生,"鞠育众子,备极恩勤""慈著螽斯,鞠子洽均平之德"[3]。她对孩子们很疼爱,显现出善良、温和的禀性。

值得一提的是,佟佳氏曾亲自抚养皇四子胤禛,即后来的雍正帝。胤禛生于康熙十七年(1678)十月,生母为当时尚未进封主位的乌雅氏。雍正即位后为佟佳氏追加谥号的册文中,有"抚冲龄而顾复,备蒙鞠育之仁,溯十载之劬劳,莫报生成之德"[4]等词句;乾隆元年(1736)加上谥号的册文中,说她"抚皇考于冲龄,十载劬劳,备荷生成之德,终天哀痛,常怀高厚之恩"[5];嘉庆四年(1799),再次加上尊谥的册文中,也有"溯圣慈之顾复,在皇祖之幼冲,备极恩勤,久申赞颂……"[6]等语。表明自胤禛出生不久,便由佟佳氏领养,直到十年后她去世。将其他妃嫔或宫人所

---

1 枝巢子撰注:《清宫词》,卷上,手录稿本,1944年。按,夏仁虎(1874—1963),字蔚如,自号枝巢子。
2 满文朱批奏折,图巴等奏,无年月。
3 张采田编:《清列朝后妃传稿》,传上,第86—87页。
4 《清世宗实录》第11卷,第9页,影印本,台北:台湾华文书局。
5 张采田编:《清列朝后妃传稿》,传上,第88—89页。
6 张采田编:《清列朝后妃传稿》,传上,第89页。

生儿女从小抱来抚养,这在康熙朝并非少见,如皇五子胤祺与五公主(和硕温宪公主),都是自幼养在皇太后宫中;惠妃纳喇氏抚养皇八子胤禩;曾是太皇太后侍女的苏麻喇姑,抚养了皇十二子胤祹;等等。从雍(正帝)、乾(隆帝)、嘉(庆帝)祖孙三代为佟佳氏加上谥号之语看,佟佳氏对小胤禛十分慈爱,照顾得很周到。生母当时仅在妃位的胤禛,从小为皇贵妃所鞠育,自然是幸运之事,他本人及其子孙对此一再提及,除去不忘佟佳氏十年鞠育之恩,还有炫耀之意。

钮祜禄氏去世后,中宫久虚。按理说,早在康熙二十年(1681),贵妃佟佳氏即当顺理成章地升为皇后。但是,她只是被提升一个等级,成为皇贵妃,而且一当便是八九年。康熙二十八年七月初,她突然病笃,生命垂危。[1] 七月初八日玄烨才降谕礼部:"奉皇太后慈谕,'皇贵妃佟佳氏,孝敬性成,淑仪素著,鞠育众子,备极恩勤。今忽尔遘疾,势在濒危,予心深为轸惜,应即立为皇后,以示宠襃。钦此。'前者九卿诸臣,屡以册立中宫上请,朕心少有思维,迁延未许。今只遵慈命,立皇贵妃佟佳氏为皇后。应行典礼,尔部即议以闻。"[2] 七月初九日一早,玄烨册立佟佳氏为皇后,并颁诏天下,初十日申刻,佟佳氏去世。迟延了多年的册后之举,未能挽回她的生命,册立盛典被丧礼所取替。

康熙二十八年(1689)六月上旬,玄烨奉皇太后往畅春园小住。七月初七日深夜,他突然返宫,不同寻常,表明是在得知皇贵妃病笃的消息后,当即赶回。皇太后至迟在初八日也返回宫内。初八、初九、初十等三日,玄烨都令"部院各衙门奏章交送内阁"[3],以便能有更多的时间陪伴佟佳氏。

孝惠命立佟佳氏为皇后,说明她很喜欢这位儿媳,早有册立之意,而一向遵守孝道的玄烨却迟迟不使嫡母所愿成为现实,对大臣"屡以册立中宫上请"拖延不睬,原因何在?

---

1 一说佟佳氏因流产而逝。参见[法]张诚:《张诚日记》(1689年6月13日—1690年5月7日),陈霞飞译,陈泽宪校,第57页。
2 《清圣祖实录》第141卷,第14-15页。
3 《康熙起居注》第3册,第1883-1884页。

玄烨虽然是一位注重学习西方先进科学技术，比较开明的皇帝，但难以摆脱其所处时代的制约。他有较浓厚的迷信观念，并深受宿命论思想的影响。

一废太子期间，玄烨曾斥责皇太子胤礽"生而克母"[1]，实际上在他内心深处，也暗藏着自己克后的思想负担。第一位皇后和他作配十载去世时，年仅22岁。第二位皇后册封前十几年内，始终安然无恙，但一立为皇后，刚刚半载也撒手人寰。玄烨不愿看到第三位被册立的皇后再遭厄运。所以，尽管佟佳氏令他满意，但只是始终让她处于皇贵妃之位，并不册为皇后，以避免不测。这是他对皇太后及众臣之意"少有思维，迁延未许"的重要原因。直到佟佳氏突然病危，玄烨仍未主动提出册立一事，因担心此举会加速其病亡。及至皇太后终于发话，玄烨才遵旨册立，但为时已晚。

佟佳氏去世后第二天，王公大臣跪奏："皇上前年居太皇太后丧，过于悲哀，极其劳瘁。近又圣躬违和，臣等恭请皇上节哀。"[2]但玄烨全然听不进去。七月十三日，他亲自将皇后的梓宫送至朝阳门外殡宫，并在那里住了九天，每日上食举哀。十八日，当随扈大臣们听说他将于二十一日才返宫，担心他身体难以承受，劝道："皇上在此，则多郁闷悲伤，臣等伏祈皇上今日回銮，二十一日再至。"玄烨不允："持服居宫中，于心未惬。此处清凉，为日无几，二十一日（初祭日）祭毕始回。"大臣们再次劝道："圣体因前者太皇太后之丧，过劳成疾。今天时甚热，所御之屋甚小，且皇上悲哀甚久，臣等之意深为不安，祈皇上少节哀痛。"玄烨仍未同意。[3]九月，佟佳氏追谥"孝懿皇后"。十月十一日，玄烨亲自将佟佳氏梓宫送往景陵，安葬在头两位皇后旁边。在地宫前享殿，玄烨遣皇长子胤禔读文致祭，他本人亲临奠酒。

玄烨是位内心世界丰富，感情细腻又十分敏感之人，精神因素对他影响很大，这一点很像其父顺治帝，不过比顺治帝更加深沉，不轻易表露，

---

1 《清圣祖实录》第234卷，第4页。
2 《康熙起居注》第3册，第1884页。
3 《康熙起居注》第3册，第1885页。

这也是他的理智所在。细心研读有关史料便可发现,每当他失去亲人或遇到重大挫折(如两废太子),其身心遭受打击之大,痛苦之深,往往要超过一般人。

康熙二十八年(1689)十二月,太皇太后去世两周年。玄烨谕领侍卫内大臣等:"孝庄文皇后再期致祭,朕本欲亲诣行礼。因头痛灼艾,至今未愈,祭期已在目前,太医院官再三劝阻,谓候值寒威,不可出行。其令皇太子、诸皇子前往,恭代行礼。"[1]玄烨与祖母感情至深,若非万不得已,必定亲临暂安奉殿致祭。他此次不能前去,究其原因,与五个月前佟佳氏去世后"郁闷过甚"有很大关系。五个月后尚且如此,不难想见佟佳氏刚去世时,玄烨内心苦痛的程度。

《圣祖御制文二集》中,有《挽大行皇后诗四首并序》。序云:"大行皇后秀钟华阀,德备壸信……克孝克慈。顷者正位翟褕,甫承册命,遂婴笃疾,莫挽徽音。时属新秋,候当阑暑,惊璇霄之月坠,伤碧落之星沈。物在人亡,睹遗袿而雪涕,庭虚昼永,经垂幕以怆怀。悲从中来,不能自已,握管言情,聊抒痛悼。"前二首诗云:"月掩椒宫叹别离,伤怀始觉夜虫悲。泪添雨点千行下(原注:此日微雨),情割秋光百虑随。雁断衡阳声已绝,鱼沉沧海信难期。繁忧莫解衷肠梦,惆怅销魂忆昔时。""交颐泪灑夕阳红,徒把愁眉向镜中。露冷瑶阶增寂寞,烟寒碧树恨西东。旧诗咏尽难回首,新月升来枉照空。鸾影天涯无信息,断弦声在未央宫。"[2]

前两位皇后去世后,玄烨都未曾写诗追悼。之所以对佟佳氏如此,除去与她感情笃深的因素外,还别有缘故。

佟佳氏是玄烨的三位皇后中,唯一一位与他有血缘关系的皇后。她是玄烨的亲表妹,是其生母孝康章皇后的亲侄女。玄烨对自己过早失去生母,未能为生母尽孝,始终怀有深深的遗憾,因此,他对待生母娘家人,一向宠信殊常,与对待其嫡母孝惠娘家人的态度有较大不同。对于佟佳氏,玄烨既有夫妻之情,又有兄表之情,甚至还融入一部分他自觉对额娘

---

1 《清圣祖实录》第143卷,第13—14页。
2 《圣祖御制文二集》第44卷,第11—13页。按,清朝紫禁城西六宫之一启祥宫,明朝原名未央宫。疑孝懿后佟佳氏生前住此宫。清晚期,启祥宫改名太极殿。

所欠之情。

玄烨是清朝诸帝中生前册立皇后最多的一位，他的三位皇后无一死后追封，尽管第三位皇后佟佳氏在后位只有一天。

佟佳氏去世时，玄烨36岁，正值盛年，但他从此再未册后，连被称为"副后"的皇贵妃之位，也一直空缺无人。封建社会，皇帝与皇后是至高无上的君权象征，被视为天地作配，缺一不可，皇后是兆民百姓所景仰的国母，其品德懿行为天下妇人楷模。以当时的道德准则来看，国不可一日无君，而后位长久空缺，终归是不完善的。

清朝的邻国，也一直在密切关注此事。康熙五十八年（1719）朝鲜使臣自清廷返国后说："彼国……皇后及太子虚位已久，至今无建立之意。"[1]将后位与储位两事相提并论，可见高度重视。玄烨无视舆论影响，坚持不再立后，确有难言之隐，前已述及。如果仅以妃嫔中再无中意之人作为理由，显然是解释不通的。无论出于何种复杂动机，这一我行我素的做法，多少也反映出玄烨有主见和坚强、成熟的性格特征。

玄烨中年丧后不再册立，对其后的清帝也有不同程度影响。雍正帝的皇后乌喇那拉氏在雍正九年（1731）故去，当时雍正帝54岁，此后直到他58岁病逝，再未册立皇后。道光帝第三位皇后（第一位皇后钮祜禄氏为死后追封）于道光二十年（1840）去世，是年道光帝57岁。道光三十年道光帝去世，享年67岁，在皇位最后十年间，始终再未立后。最为巧合的是，玄烨第三位皇后去世后，后位虚悬三十三年之久，而乾隆三十一年（1766）皇后乌喇那拉氏去世，乾隆帝也从此不再立后，直到他于嘉庆四年离开人世为止，前后也是三十三年。刻意效法皇祖的皇孙，在中宫虚位的时间上竟也与皇祖相同，不过，玄烨这样做时年仅36岁，乾隆帝已是56岁了。

玄烨的三位皇后，第一位来自正黄旗，后两位来自镶黄旗，其中两位是辅臣的后代，另一位是国舅之女，玄烨与她们的结合，都带有很强的政治色彩。以此为出发点而缔结的婚姻，一般本无多少感情可言（顺治帝与

---

[1] 吴晗辑：《朝鲜李朝实录中的中国史料》第10册，第4348页。

废后博尔济吉特氏即是一例），但玄烨的情况却有些例外。三位皇后的早逝，无不为他带来巨大悲痛。他亲自去第一位皇后、第二位皇后停柩的巩华城哀悼，次数之多，持续时间之久，无不令世人瞩目。他怀念第三位皇后的赋诗，词句间流露出真切的哀思。玄烨对于三位亡后都十分尽礼，这固然是他有意识地按照儒家伦理道德规范行事，借以维护自己作为臣民表率的形象，进一步提高自己的威信，但也不可否认，玄烨内心对她们确有一定真实感情，而维系这种感情的基础，除政治因素外，还有玄烨对于心灵慰藉，情感沟通的渴望和需要。他所以能从三位皇后那里得到程度不同的满足，除去她们或为"绕床弄青梅""羞颜尚不开"的少年发妻（赫舍里氏），或文化素质、旨趣品位较高（钮祜禄氏、佟佳氏）外，更重要的原因，还在于他本人。少年、青年时期的玄烨，对于男女爱情的认识，尚存在一些较朴素的成分，其潜意识内，还有对于真、善、美的追求，而这些又是伴随其年龄的增长、人生阅历的丰富、治国经验的积累及心境的变化而逐渐减少。以此观之，玄烨在爱情方面所拥有的真情，在其中年、晚年阶段，远不如少年、青年时期突出，这并不能仅仅以他中年以后再未立后，因而感情的流露无从体现来做诠释。

三、主要妃嫔

（一）贵妃钮祜禄氏与佟佳氏

玄烨先后有过两位贵妃，她们分别是第二位皇后和第三位皇后的亲妹妹，即贵妃钮祜禄氏与贵妃佟佳氏。

贵妃钮祜禄氏于康熙二十年（1681）十二月被册为贵妃。她大约是在姐姐孝昭皇后去世后才入宫，年龄也比姐姐小不少，所以得封贵妃，自然是沾了生父与姐姐的光。她与姐姐一样有一定文采，"佩诗书之训声"[1]。看来遏必隆家教女有方，培育的一对姐妹后妃，都很不俗。二十二年

---

[1] 张采田编：《清列朝后妃传稿》，传上，第92页。

（1683）十月，她生下皇十子胤䄍，二十四年九月生下皇十一女，是玄烨的三后两贵妃中生育子女较多的一位。孝懿皇后病故后，贵妃钮祜禄氏居后宫首位五年，于三十三年（1694）十一月初三日去世。玄烨特命辍朝五日，令12岁的胤䄍截发辫，摘冠缨，穿孝服；另命皇子三人穿孝服，其余皇子摘冠缨；贵妃宫内太监、宫女等，一律截发辫、剪发，穿孝服。钮祜禄氏后被追谥为"温僖贵妃"。

钮祜禄氏仅是贵妃，与后位还差两级，竟也得年不永，早于众多妃嫔而逝。这一残酷事实，会加重玄烨的伤感，更坚定他不再立后的信念。

钮祜禄氏死后，玄烨后宫妃以上的主位空缺，达六年之久，直到康熙三十九年（1700）十二月，孝懿皇后的妹妹佟佳氏被册为贵妃。

贵妃佟佳氏生于康熙七年（1668）八月，受封贵妃时33岁，应已入宫多年。册文中说她"诞育名门，夙标令问，柔嘉中节，敬慎含章。娴诗礼之风，克播清芬于彤管，协珩璜之度，宜加宠锡于褕衣……"[1]，表明她有一定文化水准。与身为姐姐的孝懿皇后相比，年龄较小、进宫较晚的妹妹，在家中受到更系统的文化教育，被灌输以较多儒家思想。这种现象，与清朝入关后愈来愈多的满洲贵族上层人物热衷学习汉族文化，满汉民族迅速融合的大趋势是相一致的。姐妹后妃之父佟国维"虽屡膺重任，不以揽权为要，暇时惟延学士讲文艺以为乐"[2]。他崇尚儒雅的作风与喜好，对其小女儿有直接影响。

贵妃佟佳氏一生未育。康熙末年，她50多岁时，遵照玄烨吩咐，与和妃瓜尔佳氏一起，负责照顾住在宫中的玄烨之孙、皇四子胤禛之子弘历（乾隆帝）。时间虽然很短（仅数月），但弘历即位后，提及两位太妃对自己"提携看视，备极周至"的往事，仍"感念不忘。"[3]康熙朝后半期整整22年（康熙三十九至六十一年）期间，贵妃佟佳氏一直居后宫之首。她在雍乾两朝也很受敬重，乾隆八年（1743）去世时已76岁，在康熙朝贵妃以上的后妃中最为高寿。

---

1 《清圣祖实录》第202卷，第18页。
2 昭梿：《啸亭杂录》第7卷，第223页，《佟国舅讲左传》。
3 《清高宗实录》第2卷，第36页，影印本，台北：台湾华文书局。

（二）玄烨早年的主要妃嫔

康熙十六年（1677）八月，玄烨派遣尚书吴正治、侍郎额星格等人，持节授册，封李氏为安嫔、王佳氏为敬嫔、董氏为端嫔、马佳氏为荣嫔、纳喇氏为惠嫔、郭络罗氏为宜嫔、赫舍里氏为僖嫔。这七位女子是康熙朝皇后、贵妃以下最早受封的后宫主位。

七嫔内，母家地位最高的是安嫔李氏，她本是汉族，祖父李永芳为第一个投降后金的明将，在清太祖、太宗时期屡建战功。努尔哈赤为表彰其忠诚，将贝勒阿巴泰之女嫁与为妻，所以李永芳也被称为"抚西额驸"。李氏之父刚阿岱为李永芳第三子，顺治五年（1648）担任宣府总兵官（正二品），属正蓝旗汉军旗。李氏所以排在受封七嫔之首，与她"令族钟祥"的家庭背景很有关系。她也是玄烨众多妃嫔中，来自汉军旗的第一人。其余六嫔，除敬嫔王佳氏（父为护军参领华善，正三品）外，全都来自品秩较低的满洲家庭，阿玛多为四五品官。七人中，当时只有端嫔董氏、荣嫔马佳氏、惠嫔纳喇氏三人已经生育。

除此七嫔外，纳喇氏（父为骁骑校，正六品。康熙十四年十月生皇子万黼，5岁殇）、张氏（七年十一月生皇长女，4岁殇；十三年二月生皇四女，5岁殇）和兆佳氏（父为参领，正三品。十三年五月生皇五女和硕端静公主）等三位女子，虽然都已生育了儿女，但均未受封。

从有关情况看，康熙十四年（1675）以前，已有一大批经过严格挑选的八旗少女被纳入宫中，供玄烨任意择取。她们都无封号，有些还是宫女身份。十六年首次册封妃嫔的标准，既看她们的母家地位（如安嫔、敬嫔），也看其是否已生育皇子，而更重要的，还是玄烨的宠爱程度。这些年轻女孩子千差万别的性情与姿色，对决定玄烨与她们的亲疏关系，起有重要作用。安嫔李氏等七人能够在众多母家地位相似，同样受到玄烨召幸的宫女子中首先得获主位（皇后、贵妃除外），应当说是相当幸运的。

四年后（康熙二十年），同居嫔位的七人，地位再次发生变化，惠嫔、宜嫔、荣嫔都晋封为妃，其他四人依然是嫔。此后终其一生，她们都处在两个不同等级上，这是由于前三位相继生了皇子，后四位或者未育，或只生了公主的缘故。

康熙二十年（1681）十月册封的四位妃子，情况如下。

惠嫔纳喇氏晋封为惠妃。有的史料中说她为大学士明珠之妹，与事实有出入，实际上，她是郎中索尔和的女儿。叶赫东城贝勒金台石有德尔格尔、尼雅哈二子。索尔和是德尔格尔之子，明珠则是尼雅哈之子，所以惠妃当是明珠的（堂）侄女，其所生皇子为明珠的（堂）外孙。传说明珠之子、著名词人纳兰性德曾钟情于其表妹，因这位表妹被选入宫，而不能与之成婚，纳兰性德后来扮做僧人潜入宫中，以求一见。他的意中人是否即为纳喇氏？纳喇氏是纳兰性德的堂妹，而非表妹。纳兰性德生于顺治十二年（1655），比玄烨仅小1岁，与纳喇氏的年龄差距也不会很大。所以，纳喇氏入宫前就与堂兄相识并暗暗相爱的可能性，还是存在的。能够被风流才子纳兰性德所看中，纳喇氏当是一位才貌双全的姑娘。不过，历史上是否确有其事，换言之，玄烨是否真的夺人所爱，尚无史料予以证实。纳喇氏生了两位阿哥，康熙九年（1670）闰二月生皇子承庆，2岁早卒；十一年二月生胤禔。由于前几位皇子均幼殇，胤禔实际上是玄烨的长子。良妃卫（魏）氏所生八阿哥胤禩年幼时，也由惠妃抚养，所以胤禔、胤禩长大后格外要好。

康熙四十七年一废太子期间，玄烨指责胤禔谋害皇太子时说："其母惠妃，亦奏称其不孝，请置之于法。"[1] 胤禔虽然是她唯一的亲生骨肉，但在皇室这一特殊大家庭中，她作为一个妃子，对亲子的评价与感情远近，必须以夫君的标准为准绳，母子亲情，必须让位于政治需要。胤禔在一废太子后一直被拘禁，但其母惠妃的地位、待遇均未受到影响。雍正帝胤禛即位后，令将惠妃迎养于胤禩府邸，当向惠妃征询意见时，她"欣然允从"，[2] 说明惠妃与养子胤禩的感情一直很好。

宜嫔郭络罗氏晋封为宜妃。她的阿玛三官保是佐领，曾掌管盛京内务府关防印。康熙二十一年（1682）、三十七年（1698）玄烨第二次、第三次东巡时，都住在三官保家，这是宜妃及其母家的莫大荣耀。据现有材料

---

1 《清圣祖实录》第235卷，第15页。
2 《清世宗实录》第40卷，第17页。

看，玄烨的其他岳丈家，不曾有过圣驾光临之幸。宜妃于十八年（1679）底生皇五子胤祺，二十二年八月生皇九子胤禟，二十四年五月生皇十一子胤禌（12岁卒）。《永宪录》中说，玄烨对宜妃"眷顾最深"。[1]玄烨去世后，宜妃因正患病，让太监用软榻抬至灵柩前举哀，竟走到已成为皇太后的雍正帝生母乌雅氏前面，使胤禛大为恼火。这一事例间接反映出宜妃的性格与作风，比较爽直、果断，而且因一直比较受宠，做事无所顾忌。

宜妃之妹也稍晚其姐入选宫中，但入宫后的境遇却赶不上姐姐。康熙十八年五月她生下皇六女固伦恪靖公主，二十二年七月生皇十二子胤祹（2岁卒）。因无成活的皇子，其位号只是贵人。

荣嫔马佳氏晋封为荣妃。她是员外郎盖山之女。康熙六年（1667）九月至十六年二月不到十年中，她先后生了六个孩子，其中有五位阿哥，一位公主。荣妃是玄烨的头生子承瑞生母，在玄烨所有后妃中，她是生育子女最多者之一，也是为玄烨生皇子最多的妃嫔。但可惜的是，除去皇三女固伦荣宪公主和最小的儿子皇三子胤祉外，其余四个儿子全部幼殇。

四位妃子中，后来居上者，是德妃乌雅氏。她生于顺治十七年（1660），阿玛为护军参领威武。雍正元年（1723）她64岁时曾说："予自幼入宫，蒙大行皇帝深恩，备位妃列几五十年。虽夙夜小心，勤修内职，未能图报万一……"[2]康熙十六年（1677）第一次册嫔时，18岁的乌雅氏当已进宫，然而七位首膺主位的幸运者中，却没有她。不过，其后乌雅氏很快引起玄烨的注意，翌年（康熙十七年）十月她生下皇四子胤禛（雍正帝），十八年十月封为德嫔，二十年晋封德妃。乌雅氏得以与另外三位早她三年而享嫔位的女子并列妃位，表明四人母家地位相仿，年龄相差无几，入宫时间也大致相同，只是乌雅氏受玄烨青睐稍晚。

自头生子胤禛出生后九年多内，乌雅氏又先后生了两男三女，其中一位阿哥和两位公主早卒，只有皇九女固伦温宪公主与皇十四子胤禵长成。她与荣妃马佳氏一样，是为玄烨诞育子女最多的妃嫔。乌雅氏生性本分、温厚，胤禛即位后，她被尊封为皇太后。

1　萧奭：《永宪录》，第87页，北京：中华书局，1959年。
2　中国第一历史档案馆：《雍正朝起居注册》第1册，第29页，北京：中华书局，1993年。

玄烨早年的主要妃嫔，还有以下几位。

戴佳氏，司库卓奇之女。康熙十九年（1680）七月，戴佳氏生下皇七子胤祐，这是她唯一的亲生孩子。胤祐生而有残疾，长大后身体也比不上其他皇子。戴佳氏直到五十七年十二月才受封为妃，是同时受封者中年龄最大、资格最老的一位，也是玄烨年长皇子的生母中，受封最晚之人。她的儿子胤祐在三十七年被封为多罗贝勒，四十八年又晋升为郡王。这时，胤祐已届30岁，她本人则50岁上下，而受封事又被拖延十年之久，表明玄烨对她不是很感兴趣。

卫氏，正黄旗满洲包衣人内管领阿布鼐之女。康熙二十年（1681）二月，卫氏生下曾是玄烨爱子的皇八子胤禩。四十七年一废太子事件中，胤禩因被众臣保举为皇太子，父子关系出现裂痕，终康熙之世，未能恢复如初。是年十一月，玄烨以"其母家亦甚微贱"，作为不能将胤禩立为皇太子的理由之一，并传谕众臣。[1]五十三年冬，胤禩因祭奠去世三周年的生母，未能随从皇父巡视塞外，于是派太监往康熙帝前代为请安，并进献海东青二架。可是，不知何故，送至康熙帝面前的，竟是两架殆毙之鹰。康熙帝恼怒之至，心悸几危。他在诸皇子前痛数胤禩之非，说他"系辛者库贱妇所生"，并讲出"自此朕与胤禩，父子之恩绝矣"这一决绝之语。[2]"辛者库（sinjeku）"，是满语"辛者库哲特勒阿哈（sinjeku jetereaha）"的简称，意为"内务府管领下食口粮人"。清代八旗官员罹罪后，他们本人及其家属被编入辛者库，成为戴罪奴仆，以示惩处，如奉特旨宽免，可复归原旗。不过，关于胤禩母家情况，有两种可能性。其一，卫氏父祖辈确曾罹罪而被贬入辛者库。其二，玄烨厌恶胤禩，因其曾外祖都楞额、外祖阿布鼐等曾任内管领等职，即说其母卫氏是"辛者库贱妇"，以示贬损。如果虑及玄烨出此言的上述背景，后一可能性更大些。无论如何，因卫氏家族隶属于正黄旗包衣，她只能入选宫女，在宫内干些粗活，与皇帝接触的机会，相对较少。但她竟被玄烨看中，并生育皇子，表明她的自身条件较好。清朝野史中，称卫妃（良妃）"美艳冠一宫，宠幸无比"，而且"竟体

---

[1]《清圣祖实录》第235卷，第20页。
[2]《清圣祖实录》第261卷，第8-9页。

有皆香",洗而不去,"浴余之水,宫人争挹之,至不忍弃。涕唾亦含有芬芳气"[1]。这些传说无史可证,但起码反映出她是一位美丽出众的女子,不仅在康熙帝众多妃嫔中很突出,连民间也有所闻。

康熙三十九年(1700),后宫内仅有两人被册为嫔,一位是正在受宠的17岁少女瓜尔佳氏,另一位则是相对来讲已年老色衰的卫氏,而比她早生皇子的戴佳氏,却没有得到册封。这除去因胤禩很受皇父喜爱,是三十七年受封爵位的皇子中最年轻(仅17岁)的一位外,与卫氏本人也有关系。不久,她被晋升为良妃,成为玄烨当时仅有的五位妃子(贵妃除外)中,资历最浅,生皇子最晚之人。

博尔济吉特氏,科尔沁三等台吉阿郁锡之女,康熙九年(1670)四月卒,被追封为慧妃。她是玄烨所有后妃中,仅有的两位蒙古族女子之一,也是后妃中最早去世者,估计其年龄与荣妃等相仿。若非早逝,仅凭其出身,十六年第一次册嫔时,她很可能位备其中。

万琉哈氏,郎中拖尔弼之女。她生于顺治十八年(1661),二十四年底生下皇十二子胤祹,此后再未生育,五十七年(1718)十二月被册封为定嫔时,已年近花甲。

还有一位不知姓名的女子,其命运比起上述妃嫔更为不幸。康熙六十一年(1722)十二月,刚刚即位的雍正帝胤禛降旨晋封数位母妃,谕旨的最后说道,"(皇考妃嫔)内有一常在,年已七旬,亦应封为贵人"[2]。这一年长的常在,当是最早的一批被玄烨看中的女子之一。雍正帝即位后晋封的母妃中,由常在封为贵人者仅她一位。从年龄上看,这位被冷落了近半个世纪的女子,也是当时在世的玄烨妃嫔中资格最老者之一。

(三)玄烨中年的主要妃嫔

玄烨大婚前后入选的少女,在康熙三十年(1691)后都已步入中年,早已有一批更年轻的女子被纳入宫中。玄烨中年时期的妃嫔,主要有章佳氏、王氏和瓜尔佳氏。

---

1 燕北老人:《清代十三朝宫闱秘史》,第41页,北京:书目文献出版社,1989年。
2 《清世宗实录》第2卷,第12页。

章佳氏是镶黄旗满洲参领海宽的女儿。她于康熙二十五年（1686）十月生皇十三子胤祥[1]，二十六年（1687）十一月生皇十三女和硕温宪公主，三十年（1691）正月生皇十五女和硕敦恪公主。在四年零两个月内，她接连生下三个孩子（而且全部存活），这在玄烨中年以后的妃嫔中再无二例，说明她一度很得宠。三十八年（1699）七月章佳氏去世时，儿女们还很小，估计她本人也还年轻。玄烨降谕礼部："妃张雅氏（章佳氏）性行温良，克娴内则，久侍宫闱，敬慎素著。今以疾逝，深为轸悼，其谥为敏妃。"[2]可见她去世前并未得到正式封号。

　　王氏是汉人，父亲王国桢为知县。她生年不详，于康熙二十年（1681）后入侍宫中。若以她在乾隆九年（1744）去世时年70余推算，入宫时大约为十六七岁。[3]她于三十二年（1693）十一月生皇十五子胤禑，三十四年六月生皇十六子胤禄，四十年八月生皇十八子胤祄（8岁病卒）。五十七年（1718）十二月，王氏被册为密嫔。玄烨的妃嫔中，她是最早得到正式册封的汉族女子。

　　康熙四十八年（1709）七月十六日，苏州织造李煦上"王嫔之母黄氏病故折"："王嫔娘娘之母黄氏，七月初二日忽患痢疾，医治不痊，于七月十四日午时病故，年七十岁。理合奏闻。"玄烨的朱批是："知道了。家书留下了，随便再叫知道吧。"[4]这一史实可说明以下问题。

　　其一，王氏母家为苏州人。康熙二十三年（1684）、二十八年（1689）玄烨先后两次南巡，都曾驻跸苏州，王氏很可能是由玄烨从苏州带回，而且二十三年第一次南巡时带回的可能性更大些。苏杭向以出美女闻名天下，皇帝驾临，当地士绅用各种方式抒表忠诚，敬献美女更不在话下。被玄烨选中的肯定不止王氏一人，她只是其中最受宠爱而比较突出的一位。

1　《清圣祖实录》第127卷，第25页。按，《爱新觉罗宗谱》、《星源集庆》均记为康熙二十五年二月初一日。参见《爱新觉罗宗谱》甲册，第837页，奉天爱新觉罗修谱处，1938年；《星源集庆》，第51页。

2　《清圣祖实录》第194卷，第9页。

3　《顺懿密太妃太祭祭文》称："……顺懿密太妃（王氏）……侍皇祖者四十年，亦寿而康；享尊崇者七十载，金枝挺秀，玉牒流辉……"参见李兆洛：《皇朝文典》第51卷，第1-2页，刊本，嘉庆二十年。

4　《李煦奏折》，第72页，北京：中华书局，1976年。

其二，这则材料说明，妃嫔的父母亡故后，由所在地方的官员上报，连同给妃嫔的家书，一并送达皇帝手中，由皇帝决定是否、何时通知妃嫔。这些妃嫔尽管被尊为娘娘，享尽富贵，母家也大沾其光，显赫一时，但却连知道生身父母病故的权力都没有，实际地位可谓悲惨。

其三，玄烨对王氏生母病故一事反映冷淡，也不准备尽快告知王氏，与一年前王氏所生十八阿哥胤祄病故前后，他忧虑万分，痛心疾首的情形（参见第五章《皇子》），形成强烈对比。这除去透露出玄烨对王氏的真实情感外，上文已指出，他对于所喜爱的后宫汉女故作冷淡，有意压低其地位，以避免满洲贵族及后妃的议论、指责，这一因素也需要考虑在内。

李煦在奏折中称尚未受封嫔位的王氏为"王嫔"，是因王氏已生育数位皇子，已应备位嫔列，所以对外早已如此称呼。类似情况者，可能不止王氏一人。

瓜尔佳氏，三品协领祜满之女，生于康熙二十二年（1683）十月，三十九年十二月封为和嫔。此时她刚满17周岁，入宫时间不会很长，却能在众多伙伴中脱颖而出，超越一些年岁较长，已生育皇子、公主的妃嫔，率先得到位号，足见玄烨对她的偏爱。四十年十月，和嫔生下皇十八女，该女旋即殇逝。五十七年（1718）十二月，36岁的和嫔被晋封为和妃，说明玄烨对她宠爱未衰。六十一年十一月玄烨去世时，和妃40岁，甫登帝位的胤禛奉皇太后旨："和妃奉事先帝，最为谨慎，应将和妃封为贵妃。"[1]在玄烨留下的众多妃嫔中，皇太后乌雅氏独独将得到妃号仅四年，又无亲生皇子的和妃晋为贵妃，反映出玄烨晚年和妃在后宫中的实际地位。雍正二年（1724）六月，瓜尔佳氏被尊封为皇考贵妃。册文中说："皇考和妃瓜尔佳氏，赋性端纯，秉心恭顺，沐皇恩之优渥，仰赞宽仁……"[2]看来直到玄烨临终前，她仍得到老皇帝的欢心。

胤禛即位后，其政敌胤禩、胤禟等人家中的太监多被流放外地，他们沿途散布了很多诋毁雍正帝的言论，其中便有"皇上（指雍正帝）又把和

---

[1]《清世宗实录》第2卷，第11页。
[2] 张采田编：《清列朝后妃传稿》，传上，第96页。

妃及（其）他妃嫔，都留于宫中等语，"¹遭到胤禛的驳斥。雍正帝占有庶母和妃固属无稽之谈，全然不可信，但却从另一角度表明，和妃虽然已过40岁，风韵犹佳。胤禩等人的太监与宫中太监多有联系，故对此也有耳闻。

一般来讲，玄烨的后妃们主要凭借两种方式获取主位：或出身名门，或诞育了皇子（幼殇皇子除外）。瓜尔佳氏并不具备这两点，但她不足17岁入宫后，就成为受宠的女子之一，持续时间长达20余年，直至玄烨离世。这在同朝后妃中是仅有的一个。因此，她也是唯一一位既为玄烨中年主要妃嫔，又是其晚年主要妃嫔的幸运者。

从有关瓜尔佳氏的册文以及她得享高年（乾隆三十三年卒，86岁）的情况看，她是一个知书达礼，心地平和，待人比较宽厚的人，不仅深受玄烨喜爱，与周围的妃嫔们也能和睦相处。在后宫错综复杂的人事环境中，瓜尔佳氏能够得心应手，巧妙周旋，反映出她还有比较豁达、灵活机敏的一面。

与前三位相比略逊一筹的，是勤嫔陈氏，她是镶黄旗满洲二等侍卫陈希闵的女儿。史载，希闵曾祖陈善道，"国初率族人来归，原隶包衣"。雍正十二年九月，雍正帝降谕："勤妃母之外戚，著出包衣，入于本旗。"²陈氏的祖上，很可能是关外的汉人，很早便归附努尔哈赤，被编入包衣。清制，出身上三旗包衣的女子只能入选宫女，不能参加选秀女，因而陈氏很可能是在当宫女时被玄烨看中。康熙三十六年（1697）三月，她生下皇十七子胤礼，五十七年十二月被册为勤嫔时，已是40岁左右了。她在宫中的经历，与良妃相似，其得封嫔位，是由于所生阿哥早已成年的缘故。

宣妃博尔济吉特氏，是玄烨的妃嫔中两位蒙古族妃子之一。她的父亲科尔沁达尔汉亲王和塔，是孝庄亲弟满珠习礼之子，她本人是顺治帝悼妃的侄女，孝庄的侄孙女。她与孝庄的另一侄孙女、孝惠皇太后是叔伯姐妹，与孝庄之孙、夫君玄烨，则应是表兄妹。换言之，孝惠、玄烨、宣妃博尔济吉特氏三人本是同辈，但孝惠当了婆婆，后两人分别成为子、

1　《大义觉迷录》，载《清史资料》第4辑，第121页，北京：中华书局，1983年。
2　张采田编：《清列朝后妃传稿》，传上，第100页。

媳。博尔济吉特氏未曾生育，玄烨对这位表妹似乎并无特殊好感，但康熙五十七年底，还是将她封为宣妃。册文中说她："中闱仰则，内殿扬英，爰历岁年，实资毗赞"，[1] 表明已入宫多年。她是玄烨所有后妃中，唯一一位和太皇太后、皇太后及皇帝都有亲缘关系之人，不过从册封时间看，起码孝庄在世时，她尚未入选宫中。

玄烨中年的妃嫔中值得一提的，还有第一位皇后的亲妹妹赫舍里氏。她生年不详，估计比姐姐小不少岁，是在姐姐去世后入宫的。康熙三十年（1691）正月，她生下皇子胤礼，同年三月婴儿殇逝。她于三十五年（1696）六月二十日去世，这时玄烨结束第一次亲征噶尔丹，刚刚返回京城。当月，降谕礼部："原任领侍卫内大臣一等公噶布喇之女何（赫）舍里氏，选入宫中，未经册封，倏以疾逝，良用轸恻，今追封为平妃，应行礼仪，尔部察例议奏。"[2] 说明她入宫时间并不长，去世时还较年轻。

康熙四十二年（1703）暮春，玄烨结束第四次南巡。浙江钱塘人、致仕南书房词臣高士奇扈从进京，在畅春园受到"殊遇"。一日，玄烨将高士奇"召近膝前，许久言及西洋人写像，得顾虎头神妙"。他越谈兴致越浓，竟突然对高士奇说："有二贵嫔像，写得逼真，尔年老，久在供奉，看亦无妨。"于是先出示一幅画像，并对高士奇解释："此汉人也。"然后又拿出一幅让高士奇看，告诉他："此满人也。"[3] 这两位"贵嫔"，当在玄烨中年主要妃嫔之列。已如前述，这一时期比较受宠的妃嫔内，汉人首推王氏，满人首推瓜尔佳氏。画中人或许即是她俩，或许是其他妃嫔。既然画得如此"逼真"，西洋画师与被画者之间，应无遮挡视线的门帘相隔。玄烨向高士奇展示"贵嫔像"，而且首先挑出一幅汉嫔画像，显示出对高士奇的亲近和信任。

康熙五十七年（1718）四月，玄烨谕礼部："王、阿哥等之母，备位宫闱，俱年及六十、五十、四十有余，宫中虽称妃嫔，尚未受封，今封博尔济锦氏、和嫔瓜尔嘉（佳）氏、淳郡王允祐之母达甲（戴佳）氏为妃，封

---

1 《清圣祖实录》第282卷，第20页。
2 《清圣祖实录》第174卷，第13页。
3 高士奇：《蓬山密记》，载《清代野史》第6辑，第337页，成都：巴蜀书社，1987年。

贝子允祹之母瓦刘哈（万琉哈）氏、十五阿哥允禑、十六阿哥允禄之母王氏，十七阿哥允礼之母陈氏为嫔，尔部察例具奏。"[1]通过补封位号，玄烨实际上是对自己中年时期的妃嫔重新进行了排列。这些女子受封的原因各不相同，与玄烨的关系也亲疏迥异，其中成妃戴佳氏最年长，本属于玄烨的早期妃嫔。

（四）玄烨晚年的主要妃嫔

康熙四十七年一废太子事件，对玄烨的身心有很大影响。这时他已过55岁，步入人生的晚年，他的后宫生活，也呈现出不同以往的特点。

玄烨晚年的主要妃嫔有以下几位：

高氏，汉族，其父高廷秀身份不详。康熙四十一年（1702）九月，她生下了皇十九子胤禝，四十二年二月生皇十女，[2]四十五年七月生皇二十子胤祄，其中头生子和女儿都在3岁时殇逝。高氏在不到四年内先后生下3个孩子，是玄烨妃嫔中最后一位生育较多的女子。康熙四十一年至四十五年期间，妃嫔中再无他人生育。数年内只有一位女子为之生儿育女，这在玄烨50余年的婚姻生活中，仅高氏一例。这充分表明，高氏曾一度宠冠后宫，令众同伴刮目。不过好景不长，玄烨的热情随后又被其她年轻女子所吸引。严格地说，高氏是玄烨从中年向老年过渡时期的主要妃嫔。

钮祜禄氏，员外郎晋宝之女，她在康熙四十七年（1708）十一月生下皇二十女，这是玄烨最小的女儿，仅活了一个月。

陈氏，汉族，其父陈玉卿身份不详。康熙五十年（1711）正月，她生下皇二十一子胤禧。

色赫图氏，员外郎多尔济女，康熙五十年（1711）十二月，生皇二十二子胤祜。

石氏，汉族，其父石怀玉身份不详。康熙五十二年（1713）十一月，她生下皇二十三子胤祁。

---

1 《清圣祖实录》第278卷，第28页。
2 高氏第一个孩子（皇十九子胤禝）与第二个孩子（皇十九女）的出生时间只隔五个月，显然有误。查阅玉牒（汉文列祖子孙直档与满文列祖女孙直档），亦如是记载，与《爱新觉罗宗谱》《清皇室四谱》等所述同。看来是修玉牒时，将胤禝或皇十九女出生日期搞错。

陈氏，汉族，其父陈岐山身份不详。康熙五十五年（1716）五月，她生下皇二十四子胤祕。入排行的玄烨诸子中，胤祕最小。

康熙五十年（1711）抵京任宫廷画师的意大利籍传教士马国贤，在回忆录里有如下记载：

康熙六十年（1721）夏，马国贤随同玄烨前往热河，在避暑山庄居住。一天，一位与他要好的太监告诉他，如果他想看一眼在中国家喻户晓的活佛，可以乘这位活佛经过其住所时，从窗纸孔中窥视。然而马国贤搞错了方向，本应朝北面看，他却径直向西望去，发现对面湖岸边坐着一位年轻妇人，身披深红色斗篷，头上戴的珠宝熠熠发光，耀眼夺目，宛如一位圣洁的女神。一个大约5岁的小男孩儿，正跪在她的腿边，与她说话。当太监询问马国贤对活佛的印象时，他回答说："一个如此年轻、美丽之人，竟学会这种能将一个人变得不正常的诡术"，"并且竟使自己被陛下的一个孩子当作神一样崇拜着"。太监知道他看错了，赶紧纠正了他的视线，他终于看到正坐在一条船上，由数名太监陪侍去晋见皇帝而路过窗前的活佛。接着，太监又告诉他，他刚才望见的那位年轻貌美的女子，是皇帝的几位主要妃嫔之一，因近日身体不适，正坐在湖边呼吸新鲜空气，那个小男孩是她的儿子。[1]

根据马国贤所述小男孩的年龄推算，他望见的美丽贵妇，是皇二十四子胤祕之母陈氏，胤祕当年恰是5周岁。陈氏作为玄烨晚年最年轻的妃嫔之一，很受宠爱。《清圣祖实录》记载六十年四月玄烨巡幸塞外时，有11位皇子随驾，其中最小的是皇二十一子胤禧、皇二十二子胤祜（两人都是10周岁）。而胤祕年纪太小，大约是跟随额娘陈氏，前往避暑山庄。马国贤的记述还表明，当妃嫔们患病时，她们的亲生子女（特别是还年幼的阿哥、公主）往往陪侍左右，或时常探望，以做慰藉。这也是玄烨对妃嫔们一种特殊的关怀方式。陈氏逝于雍正年间，估计卒年不到30岁，在玄烨晚年几位年轻的主要妃嫔中，是最先去世的。她很可能一直体弱多病，难怪康熙六十年夏因"身体不适"，在湖边休息

---

[1] Matteo Ripa: *Memoirs of Father Ripa*, selected and translated by Fortunato Prandi, John Murray, London, 1855, pp.116–117.

时被马国贤望见。

另据《永宪录》载：雍正五年（1727）十一月，"庚午，先朝贵人白氏薨。贵人籍苏州，生皇弟二十四阿哥，居宁寿宫"[1]。根据清朝玉牒记载，玄烨第二十四子胤祕的生母是陈氏，而且所有为玄烨生育过皇子的后妃内，并无白氏女子，[2]《永宪录》所言有误。不过，胤祕之母逝于雍正五年十一月（《爱新觉罗宗谱》说她逝于雍正年间），"籍苏州"，大概不会有错。

陈氏，汉族，其父陈秀身份不详。康熙五十七年（1718）二月，她生下皇子胤禐。[3]胤禐出生即卒，未入皇子排行，他是玄烨的最后一个孩子。陈氏是玄烨的妃嫔中最晚生育之人，四年后玄烨去世时，她至多20多岁，却从此作为"先朝妃嫔"，在孤寂中葬送青春，挨过余生。她为已经65岁的玄烨生下最后一个儿子，说明很得老皇帝宠爱，如果胤禐不早卒，其后她也会得到和高氏等人相同的封号。但因胤禐幼殇，她只被封为贵人，受封之年不详。

玄烨生前，上述七位女子都只是庶妃而未被册封。雍正帝即位后，除去胤禐生母陈氏和皇二十女的生母钮祜禄氏外，其余五位均被尊封为皇考贵人。乾隆即位后，又将他们晋封为嫔：高氏为"皇祖襄嫔"，色赫图氏为"皇祖谨嫔"，石氏为"皇祖静嫔"，陈氏（陈玉卿之女）为"皇祖熙嫔"，陈氏（陈岐山女）已去世，被追赠为"皇祖穆嫔"。

七位女子内，除去襄嫔生育二男一女，其他六人各生育一次，而且其中有五人各生一子。这比玄烨早期、中期主要妃嫔的生育次数大为减少，呈现出玄烨晚年的后宫生活特点。更引人注意的是，七位女子中，有五位是汉姓，而玉牒中对她们的生父只书姓名，并无官职，表明她们不是来自

---

1 萧奭：《永宪录》，第382页，北京：中华书局，1959年。
2 汉文列祖孙直档玉牒。
3 《清皇室四谱》载，胤禐生于康熙五十二年二月初一日午时，"本日未时卒"。而《清圣祖实录》载，康熙五十七年二月初一日，"皇子生，即于是日薨，未命名"。据此，笔者曾怀疑玄烨是否有36个儿子，即胤禐、胤祁、胤祕之后还有一位皇子。经查阅玉牒，发现玄烨确实只有35子，但最后一个儿子是胤禐，而非二十四阿哥胤祕。胤禐生于康熙五十七年二月初一日午时，"未时卒"。玉牒所载与《清圣祖实录》大体一致，《清皇室四谱》所录有误。

汉军旗,而是地道的汉人,母家属于一般庶民阶层。《清宫词》云:"苏浙南巡六度临,宫中从此有南音。侍书未久攀髯泣,永巷凄凄白柰簪。"此诗原注为:"圣祖晚年始有汉姓女子六七人供侍书役,相传多苏杭籍,然皆无名位,至六十一年始尊封贵人,或称庶妃,列帝系考。"[1]所言与玄烨晚年主要妃嫔的情况大致符合。她们大都有较高的文化素养,至于是否都是苏杭人,为玄烨六次南巡(始于康熙二十三年,止于四十六年)时先后带回,因有关材料不足,难下定论。

康熙三十六年(1697)传教士白晋写给法王路易十四的秘密报告中说:"几年前,皇帝(康熙帝玄烨)到南京巡视江南省,人们根据旧习惯,以朝贡的方式给他进献了七个美女。他连看都不看一眼,拒不接受。他觉察到某些侍臣竟敢滥用能与他接近的机会,用女色腐蚀他,非常气愤。此后,还给了他们不同程度的惩罚,使大家清楚地看到皇帝是如何警惕一切笼络和腐蚀他的行为的。"[2]玄烨公开拒绝地方官员进献美女一事,不止此一例,这是他于百姓面前树立明君形象,留下令名的绝好机会,然而上述事实证明,他内心深处,却有着对江南淑女的强烈兴趣和占有欲,并付诸行动,如愿以偿,只是获取方式十分隐蔽罢了。

四、帝妃关系

(一)相处情况

关于玄烨与妃嫔日常相处情形,史料记载很少,只是在他外出期间发回的朱谕中有所反映。此外,还有一些传教士的记述。

诸皇子尚年幼时,每当玄烨离京,往往通过总管太监,转达对宫内妃嫔的问候。如很受玄烨信任的敬事房总管太监顾问行,曾多次承担此任。[3]

康熙二十二年(1683)六月,玄烨奉祖母出塞外避暑,二十二日写信

---

1 枝巢子撰注:《清宫词》,卷上。
2 [法]白晋:《康熙帝传》,马绪祥译,载《清史资料》第1辑,第235页。
3 北京故宫博物院掌故部:《掌故丛编》,第15页,北京:中华书局,1990年。

"谕顾太监等"。信中说:"朕……自出关之后,渐觉凉爽,人心大悦,如京中深秋之样,尔可以传之各处。""各处"当然是指后宫而言。一个月后,他又在寄与顾太监的谕旨中说:"朕……已抵幸安上白察地方,……因天气甚寒,亦将回京不远,尔可以传之。再,问宫里妃嫔、公主、阿哥都好么?"

康熙三十六年(1697)春,玄烨第三次亲征噶尔丹。因全胜在望,心情颇佳,通过顾太监与后宫的联系较多。二月初八日谕顾问行:"朕来时德妃有些恙,如今全好了么?"玄烨在征途上依然惦念着一位普通妃子的病,可见其心之细,无所不周,也说明已生育过三位阿哥、三位公主的德妃,与他的感情是不错的。

玄烨很了解妃嫔们的心理,知道其兴趣所在。在给顾太监的谕旨中,他经常讲些有趣的见闻:"(二月)二十八日到保德州黄河边上,朕乘小船打鱼,河内全是石花鱼,其味鲜美,书不能尽。吃食皆有,惟白面最好。此皆细事,外报不曾写得,惟叫里边知道。特谕。"

不久,玄烨又写信与顾太监:"哈密回回送嘎尔但(噶尔丹)贼子所带来的土物,惟晒干甜瓜,其味甚美,今随报带去,又恐不知用法,故特书之于左:先用凉水或用热水洗净后,用热水泡片时,不句(拘)冷热,皆可食得。其味相(像)鲜瓜,水似桃干蜜水,有空处都用贲贲葡桃(萄)添了。尔等传知妃们,物虽微而心实远也,不可为笑。"玄烨特意为妃嫔们选送哈密土产,并如此详尽地介绍用法,体现出他对妻妾的思念之情。

三月初七日,玄烨谕顾太监:"朕走鄂尔多斯地方,蒙古富金(福晋)们来的甚多。尔将妃嫔们的绵衣每位一套,绵纱衣每位一套,报上带来。又,徐常在、二位答应衬衣、夹袄、夹中衣、纺丝布衫、纺丝中衣、缎靴、袜都不足用,传于延禧宫妃,著量做完时报上带来。"[1]表明玄烨第三次亲征时还带有妃嫔。徐常在及二位答应的情况已无可考。玄烨让宫中为她们赶制衣物,一连列举7项衣物种类,体现出他善于关怀、体贴妃嫔,对生活细事观察入微,明了于心的特点。

---

[1]《掌故丛编》,第16—21页。

有时，玄烨也直接给妃嫔们写信，由顾太监转交。

玄烨第三次亲征期间，曾降谕顾太监："钟粹宫书一封，若有回书即带来。""给永和宫书一封，若有回书即带来。""有给延禧宫书一封，若有回书即带来。""给翊坤宫书一封，若有回书即带来。"[1] 紫禁城内东西十二宫，是在明代所建，为妃嫔居住之所，顺治十三年又经修葺，继续供妃嫔住用。康熙朝规定，皇后居中宫（坤宁宫），皇贵妃以下分居东西十二宫。这一制度一直沿至清末。东六宫为景仁宫、承乾宫、钟粹宫、延禧宫、永和宫和景阳宫。西六宫为永寿宫、翊坤宫、储秀宫、启祥宫、长春宫和咸福宫。显然，玄烨的亲笔信，是写给住在钟粹、永和、延禧、翊坤等宫的妃子，她们很可能是荣妃马佳氏、惠妃纳喇氏、宜妃郭络罗氏和德妃乌雅氏（已知宜妃住翊坤宫、德妃住永和宫）。因为康熙三十五年、三十六年期间，只有她们四人正式封为妃子名号，在皇后、皇贵妃、贵妃等位置都空缺的情形下，她们四人是后宫位号最高者。玄烨分别给她们写信，表明对她们的重视，而她们给玄烨的"回书"，很可能是各自亲笔用满文书写（让太监代笔实显不敬），说明她们入宫一二十年，文化程度也相应提高。这些妃子们分居四宫，肯定还各有一些尚未得到位号的妃嫔随同而居，处事一向周到的玄烨在给她们的信中，还会兼及对这些妃嫔的问候。

皇子们长大后，每逢玄烨外出，常常通过留京的皇子，向他们的众额娘转达消息。

康熙四十六年（1707）正月至五月，玄烨第六次南巡。三月上旬，玄烨派人送回江南水乡的稻穗，让宫内传看。四月初六日，皇三子胤祉、皇四子胤禛奉朱批："朕自松江府将尔等折子发还外，（三月）二十八日由松江府起程之时，细雨濛濛，晚上抵封江地方，大雨倾注，黎明方晴。二十九日仍是阴天。初一过了石门峡，尔等折子到了。今日虽有云彩，还算晴朗。沿途稻子长势都好，看去甚是喜人。菜花种子虽很好看，但比起四十四年（玄烨第五次南巡）略微矮些。蚕甚好，方吐丝三次。今年较往年冷，见今尚有衣皮袄之人。京城的麦子长势如何？蚕怎样？（四月）初二

---

[1] 章乃炜、王蔼人编纂：《清宫述闻》，第697、714、717、753页。

日早可抵杭州。凡朕寄告之事，俱应抄给总管太监，著妃母阅览。钦此。"

胤祉等立即遵旨将上述朱批派人抄录后，交付总管太监，转送妃母、嫔母看阅，并在回奏中说："臣等每次奉朱批，即（差人抄录后）逐件交付总管，转送妃母、嫔母阅览。此次皇父送回的稻穗、菜花种子及蚕豆等，臣等恭送太后祖母看过后，已交付总管，送妃嫔母亲们阅看了。""总管刘进忠转告妃嫔母亲之言：'看了尔等皇父手书谕旨及送来的稻穗、菜花种子等，甚是快慰。皇上每到一处，即将所见所闻降旨，每得一新鲜物什，全都送回，我等得闻喜信，亲睹罕物，实乃欣悦不已。我们在宫中，只是各自念佛祈祷，愿皇上之福分永世无尽。'"[1]

清制，皇子与妃嫔之间，皇帝与前朝太妃、嫔之间，彼此在50岁之前不能随意相见，只有当皇子年幼以及皇子晋见生母的情况下除外。所以，皇子们亲自将玄烨送回的物品恭呈皇太后，但与妃母、嫔母们的联系，则必须通过总管太监，不能直接相接触。

几天后，玄烨又在给胤祉等皇子的朱批中，详尽写下在杭州的经历："将尔等初三日的折子发出后，初四日虽然天阴，（朕）仍去城隍山游览。初五日还是阴天，尚可射箭，于是在演武场令官兵较射。彼日即于西湖新建行宫驻跸，夜间雷雨大作。初六日游览西湖，仍有阵雨。朕所到之处，官民感激、叩谢、竭力挽留之状，俱皆相同，但今年又多有超出往年处。众人虽知朕于各处不能久住，仍将所有下榻处所修得完好之至。宝塔湾、金山、龙潭、虎丘等处，俱为绝妙佳地。……今日将云栖、灵隐寺等处看过后，即返回。钦此。"

胤祉等在回奏中告诉皇父，"已将皇父所降谕旨交付总管刘进忠，交妃母、嫔母等看阅。刘进忠出来告称，妃母等说，得闻皇上已抵杭州，于各处游览。皇上体察百姓叩谢之意，圣躬亲临，使彼处官民得以瞻仰天颜，以尽诚悃之心，我等闻之，喜悦不尽。只盼皇上屡屡降旨，使我等得闻喜信儿佳音。"[2]

这是玄烨一生中最后一次南巡，皇太子胤礽、大阿哥胤禔、十三阿哥

---

[1] 满文朱批奏折，胤祉、胤禛奏，康熙四十六年四月七日。

[2] 满文朱批奏折，胤祉、胤禛奏，康熙四十六年四月十三日。

胤祥、十五阿哥胤禑、十六阿哥胤禄等五位皇子随驾。他之所以带上15岁的胤禑与13岁的胤禄，是考虑到两个皇子的生母王嫔的缘故。当时，这位王氏是受封妃嫔中唯一一位生育了数位皇子的汉族女子，且自幼长在苏杭一带。所以，胤禑、胤禄、胤祄三兄弟，都具有江南汉族血统。胤祄还太小，不足6周岁，否则玄烨此行也会将他带上。随扈皇子自然为百姓所争睹，而胤禑兄弟俩返回生母故乡，对清廷改善满汉关系，加强与江南士绅的团结，凝聚人心，巩固统治，更具有特殊作用。

玄烨此次南巡所携妃嫔中，当有王嫔。她亲身返南，又有两位亲子随往，这足以使她感戴不尽。

康熙四十六年（1707）秋，玄烨在洮尔河上六次拦江拉网，捕获鳟鱼、白鱼1.3万余条。他让人从中拣出最好的鳟鱼20条，用盐腌好，又拣出白鱼1000条，差茶上人巴尔岱一并专程送往京城，贡奉皇太后。他给皇子们的朱谕中说："原想送去鳟鱼一百条，因驮子重，怕路上迟延，故只挑出略微小些、样子相同的（二十条）送回了。尔等给皇太后送去，并照此具奏。如果皇太后要分给你们一些，尔等即酌情赏赐六部满汉大学士、大臣。亦（将此）告知宫内。钦此。"皇子们遵旨照办后，皇太后高兴地对他们说："你等皇父自出塞以来，凡得到新鲜佳品，皆陆续送回，从不间隔。今于行围地方捕得上万条上等鳟鱼、白鱼，立即从千里之外送来千余条，我已见到，赞叹不已。将这二十条鳟鱼及二百条白鱼留下，分与尔等妃母及尔等本人，让我们一家人欢乐品食。剩下的八百条白鱼，尔等酌情交付乾清门总管太监等二百条，余下者赏与外边的大臣，使尔皇父所赐佳品均分后，众人皆得品尝。"

宫中妃嫔们得到美味的同时，总管太监魏国柱又向她们转达了玄烨上述谕旨，她们立刻也通过魏国柱，向为送鱼而来并于宫门外恭候的皇子转告说："皇上所到一切地方，行围猎获甚丰，抵洮尔河后，又捕得上万条鲜鱼。因平日难以见到这等大鳟鱼及白鱼，我们看了，高兴之至，惊叹不已。"翌日，皇子们便将祖母的吩咐、妃母嫔母所言以及白鱼、鳟鱼的分赐办法，如实上报皇父。[1]

玄烨没有让皇子们直接将鲜鱼转送妃嫔，而是一并贡送皇太后，让皇太后作出分配方案，再由皇子们为妃嫔送去。因为在他看来，皇太后为一家之主，妃嫔们只是晚辈，二者的尊卑位置不可混淆。由皇太后口中讲出"让我们一家人欢乐品食"之语，才符合这一帝王大家庭的体统。

妃嫔们自幼年入宫，便与外面的大千世界隔绝，终其一生的天地，仅是深宫一隅。她们除去陪同玄烨外出，大部分光阴都在寂寞无奈中度过。而且只有为玄烨所宠爱之人，才有幸成为陪扈者，这种机会对于大多数妃嫔来讲，十分有限，尤其是对于那些年老色衰，或未曾生育过皇子、公主的妃嫔来讲，很难得到。因此，玄烨在外边的一切见闻，都引起她们的兴趣；每句平常的问候，对她们来讲都弥足珍贵；每次送回的物品无论多寡，都被她们视为恩赐，产生由衷的感激。通过这种可怜的也是唯一的方式，她们得以窥视外部世界，了解到对常人来说已司空见惯，对她们来讲却十分陌生的新鲜事物。

传教士马国贤的回忆录中，记述了玄烨与妃嫔们在热河的情况。摘译如下：

> 在热河避暑山庄，我住在一处带有小花园的临湖房屋里。"湖的对岸是座别墅"，"皇帝经常由一些妃嫔陪同，在那里读书学习"。"通过窗纸的孔眼，我看见皇帝在阅读写字，那些陪伴他的女子坐在垫子上，一言不发，仿佛是缄默的修女。"有时"皇帝带着五六位妃嫔，乘坐一条华丽的小船，这些妃嫔中有满人，也有汉人，一律穿着旗装。小船后面还尾随着很多船只，所有船上都载着一些妇人。"
>
> "有时候，皇帝高高地坐在一个形同宝座的位子上，几个太监侍立于侧，宝座前方的毡毯上，聚集着一群妃嫔。如果皇帝恰在兴头儿上，会突然将假造的蛇、癞蛤蟆及其他令人憎恶的小动物抛向妃嫔中间，她们跛脚疾跑，以求躲避，皇帝看了十分开心。"
>
> "还有的时候，皇帝佯装想得到长在树上的榛子和其他果实，于

---

[1] 满文朱批奏折，胤祉等奏，康熙四十六年九月初六日。

是让妃嫔们到附近的小山上摘取。在他大呼小叫的催促下,可怜的跛子们争先恐后,朝山上奔去,以致有人摔倒在地,引起他的开怀大笑。皇帝不断创造出这样的游戏,在夏日凉爽的傍晚,尤为常见。无论在山庄或住京城,陪伴他的只有妃嫔与太监。依照世俗的观点,这种生活无疑最为幸福,但在我看来,却是最可鄙的生活方式之一。"[1]

所谓"跛脚"妃嫔,可能是指缠足的汉族女子,因为满洲妇女是从不缠足的。马国贤从远处观望,不可能看得很清楚,只是发现她们行走时不同于正常人,故有此描述。据说顺治年间,紫禁城神武门内悬挂着孝庄的一道谕旨,上面写道:"有以缠足女子入宫者,斩。"[2]然而,不仅玄烨的汉族妃子,包括乃父福临的汉族妃子,都应是缠足者。不过,上述参加"游戏"的妃嫔中,除去缠足的汉族女子,大概还有满洲妃嫔,她们若是脚着旗鞋(花盆底鞋),疾跑也会不便。玄烨利用妃嫔们的身体缺陷或不便之处进行恶作剧,以供自己消遣,这与他在世人心目中的形象大相径庭,真切、生动地展现出玄烨在某些时候、某些场合下的情趣与格调,反映了他思想意识中比较阴暗的一面。

玄烨曾告诫皇子们:"凡人各有一惧怕之物,有怕蛇而不怕虾蟆者,亦有怕虾蟆而不怕蛇者。朕虽不怕诸样之物,然从来不以戏人。在怕虫之人,见其所怕之虫,不顾身命,往往竟有拔刀者。如在大君之前,倘出锋刃,俱系重罪。明知此故,而因一戏以入人罪,亦复何味?尔等留心切记可也。"[3]他很清楚,这些爬虫动物的威吓力,对宫眷们来说更要大得多。尽管他抛下的蛇、癞蛤蟆等是假的,但在这些妇人心中引起的惊慌(她们未必知道是假的)不言而喻,对于缠足汉族妃嫔来讲,躲避不及之态又是何等窘迫。特别是当她们艰难地跑上山时,有人失足跌倒,夏季着单衣摔在山石路上,肯定疼痛不堪,而玄烨却引以为乐,这不是"戏人"又是什么?在这里,妃嫔们只是其手中的玩物,由他任意摆布,他的宽厚、正

---

1 Matteo Ripa: *Memoirs of Father Ripa,* selected and translated by Fortunato Prandi, John Murray, London, 1855, pp.115–116.
2 吴士鉴:《禁汉女入宫》,载《清宫词》,第4页,北京:北京古籍出版社,1986年。
3 《庭训格言》,第46页。

义、仁慈与深情,全部荡然无存。

玄烨固然是中国封建社会为数无几的杰出帝王,但他又是一个普通人,也有自己的优点、短处,喜怒哀乐、七情六欲,他的后宫生活也是比较放纵的。从一定程度上讲,只有当玄烨单独与妃嫔、宫女们在一起时,才毫无顾忌,显示出其本性。这是不加华丽包装的真正的玄烨,与长辈前的贤孙孝子、晚辈前的庄严长者,以及臣民面前的英明天子,有着较大距离。

又据《南亭笔记》载:"康熙暮年,牙齿尽脱。尝在池上率嫔妃钓鱼取乐,偶举竿得一鳖,旋脱去。一妃曰:'亡八挠了(原注:北京谓走曰挠)。'皇后在左曰:'光景是没有门牙了,所以衔不住钩子。'妃斜视康熙而笑不止。康熙怒,以为言者无意,笑者有心,因贬妃,终身不使近御。"[1] 玄烨自中年起(36岁,第三位皇后佟佳氏故后)未再册立皇后,查阅有关史料记载,其妃嫔中也无受贬之人。《南亭笔记》所述,并不可信。不过玄烨晚年"牙齿尽脱",却是事实。康熙五十八年(1719)底,他写给皇十四子抚远大将军胤祯的信中说:"朕的白头发、白胡子有些已变黑了!你不要将此告诉别人。只是牙不好。"[2] 他还曾训诫子孙们:"人于凡事,能顺理之自然,则于身有益。朕今年高,齿落殆半,诸凡食物,虽不能嚼,然朕心所欲食者,则必烹烂或作醯酱,以为下饭,并无一念自怨衰老。有自幼随朕近侍,时常以齿落身衰,不得食诸美味,行走之处不能及人为恨,每向人前诉苦,此皆由于见理未明,不能顺其自然之故也。朕鉴夫此,惟宽坦从容,以自颐养而已。"[3] 尽管玄烨如是言,实际上却对此十分敏感、介意,这也是人之常情。由于这方面的原因,他疏远、冷淡某位在无意中刺伤其自尊心的妃子,这种可能性是存在的。

平日,玄烨很注意照顾妃嫔与其所生子女的关系,有意为他们提供一些接触机会。

康熙四十六年(1707)五月,玄烨结束第六次南巡,正在返京途中。

1　李伯元:《南亭笔记》第1卷,第1页,上海:上海古籍出版社,1983年。
2　满文朱谕,康熙五十八年。
3　《庭训格言》,第63页。

十二日夜三更时分，留在京城的胤祉、胤禛、胤祯等10位皇子及弘晋（胤礽第三子）、弘昇（胤祺第一子）两个皇孙接到皇父（祖）发回的请安折，上面的朱批是："初十日过了汶水龙王庙，酉时尔等折子到了。夜间未行进，大概十八日可抵天津。尔等派出护军八十人，侍卫大臣一班，俟朕于十八日至和韶屯（上岸），即由四阿哥（胤禛）、十四阿哥（胤祯）带来迎接。不要来早了，白白等候……"[1]

未及随扈的皇子获准前去迎接远行归来的皇父，是一种荣耀，而玄烨偏偏选中四阿哥胤禛和十四阿哥胤祯这对同母兄弟，表明此次随玄烨南巡的妃嫔中，有两人的生母德妃乌雅氏。当时胤禛29岁、胤祯19岁，乌雅氏48岁。特令她的两个儿子一起来迎，很可能是因德妃不习惯南方气候而在患病。已如前述，康熙三十六年玄烨第三次亲征时，恰逢德妃"有些恙"。雍正元年（1723）五月，已成为皇太后的德妃病逝。数年后雍正帝胤禛谈到生母时曾说："母后素有痰疾，又因皇考大事，悲恸不释于怀，于癸卯（雍正元年）五月旧恙举发。朕侍奉汤药，冀望痊愈，不意遂至大渐。"[2] 说明乌雅氏早年即患有气管炎、哮喘一类病症，而这种病当气候变化、水土不适时很容易复发。况且玄烨第六次南巡时，她年近五旬，体力不如以往。玄烨让胤禛、胤祯前来迎接，反映出他对德妃的关怀。

胤祯写过两首与生母有关的诗，一首名为《妃母恩赐小筐一枚，恭记述怀》。诗中写到："己自慈亲手，传将弟使遗。捧观如聚首，侍侧在何时。质小天然妙，丝柔宛转宣。提携方载物，踊跃志恩私。"另一首名为《妃母自热河赐鲜荔枝一小瓶恭记》。他写道："往返中途万里程，余甘承赐感垂情。……天浆未敢轻沾齿，敬述慈恩藉管城。"[3] 说明妃嫔对自己的亲生儿女常有赐物，彼此的交往远比庶母、庶子之间密切。

胤祯任抚远大将军西征期间，给皇父上请安折的同时，也给生母德妃和其他母妃缮折请安，但折子的封皮上不书"奏"，而是"呈"，其内容

---

1 满文朱批奏折，胤祉等奏，康熙四十六年五月十四日。
2 《大义觉迷录》，载《清史资料》第4辑，第11页，北京：中华书局，1983年。
3 永忠：《延芬室集》，第1160-1161页，上海：上海古籍出版社，1990年。据鞠德源先生考证，此书内《编年外存稿》（第1115-1172页）中的绝大部分诗篇，是永忠的祖父皇十四子胤祯所作。

也很简略,只有两句话:"儿胤祯恭请妃母等千安。为此谨呈。"¹这是目前所见玄烨之子向妃母请安的唯一一件折子。

为亲子赐赠物品也好,向生母缮折请安也罢,都是加强母子联系,增进骨肉情义的具体措施。玄烨照顾到母子之间的感情需要,有意提供方便,使皇室之家增添了温馨。

(二)妃嫔葬礼

已如前述,玄烨的三位皇后去世后,丧礼无不十分隆重。一般妃嫔去世后情形如何?下述事例有所反映。

康熙三十八年(1699)七月二十五日,皇十三子胤祥和皇十三女和硕温恪公主、皇十五女和硕敦恪公主的生母章佳氏病逝,追谥"敏妃"。14岁的允祥被恩准"素服三年"²,以展孝思。九月十一日,玄烨谕宗人府:"敏妃丧未满百日,(三阿哥)诚郡王允祉并不请旨,即行剃头,殊属无礼。著收禁宗人府,严加议罪。办理王府事务官、王府长史等,不行规谏,甚属可恶,将伊等锁拿,从重治罪。"宗人府很快上奏所议结果:"诚郡王允祉应革去郡王爵,办理王府事务侍郎绥色、辛保、王府长史马克笃、一等侍卫哈尔萨等,俱应革职,枷号三个月,鞭一百,不准折赎。"但玄烨最终还是作了宽大处理:"允祉从宽革去郡王,授为贝勒,辛保、马克笃、哈尔萨俱著革职,鞭一百,准其收赎;绥色自任侍郎以来,实心效力,著从宽免罪,革去管理王府事务。"³

这一剃头风波,反映出玄烨对于妃嫔丧礼的高度重视。章佳氏生前虽然已入主位,但尚未得到正式封号,而胤祉当时23岁,一年前受封为多罗诚郡王。他是年长皇子,性格比较内向,深为皇父所器重。玄烨十分了解胤祉的为人,却对其可能是一时疏忽而造成的"无礼"行为,并不姑息,给予严厉惩处,表明他要求皇子对庶母要绝对尊敬,不仅在庶母生前如此,在其身后也不得稍有不恭。玄烨严肃处理此事,也是为了使其他皇

---

1 满文奏折,胤祯奏,康熙五十九年三月二十八日。
2 《清世宗实录》第48卷,第22页。
3 《清圣祖实录》195卷,第2—3页。

子引以为戒。而后终康熙之世，再未发生过皇子对妃（嫔）母失礼事件。玄烨对封有王爵的皇子公开处罚，这是唯一一次。不论他内心对章佳氏的悼念真情究有几何，起码表面上于亡妃很是尽礼。

康熙五十年（1711）十一月二十日，良妃病逝。她病笃时，对胤禩说："尔皇父以我出自微贱，常指我以责汝。我惟愿我身何以得死，我在一日，为汝一日之累。"因而不肯服药。[1]卫氏之死，距此前胤禩在一废太子事件中受到康熙帝责难，仅有三年。极度忧郁加之对唯一亲子胤禩的愧疚之情，当是她染患恶疾，不治身亡的直接原因。她死后，胤禩在家中"供奉母妃容像"，又于定例外，加行祭礼，每祭焚化珍珠金银器皿等物。并大设筵席，自初丧以至百日，日用羊豕二三十口，备极肴品。[2]因衰伤过甚，时过半载，胤禩仍需由人搀扶而行。雍正帝即位后谈起上述情况，说乃父曾指责胤禩所行太过，"欲邀孝名"。[3]但是，若无玄烨允准，胤禩不可能擅自为之。一废太子期间，玄烨因胤禩获罪而迁怒于良妃，说她为"辛者库贱妇"。三年后良妃故去，玄烨允许胤禩"供奉母妃容像""加行祭礼"，说明他对亡者依然怀有一定感情和疚意。

康熙四十一年（1702）十月十四日，玄烨第三次亲征噶尔丹时曾携往的妃嫔之一徐常在去世，其丧事按照相应等级的有关规定办理。[4]

康熙五十五年（1716）二月初五日，新贵人去世，玄烨就丧仪事降旨内务府总管大臣："新贵人用金黄色车一、金黄色轿一，彩仗比妃稍减。"她的灵柩先在五龙亭停放三日，面南摆设银制五供桌，每日供奉茶饭。其后又按照钦天监看定之期，当月初七日将灵柩送至朝阳门外花园（殡宫），"以初七之礼祭奠时，祭文写汉文"[5]。这位新贵人很可能是汉人。

新贵人丧期百日将满之时，内务府又为制做安放棺椁的"券"及其安放位置等事，将妃衙门（妃园寝）的图纸一并转奏请旨。玄烨批示："制做

---

1 《上谕八旗》，雍正四年十二月初四日，雍正刻本。
2 《清世宗实录》第40卷，第12页；第12卷，第19页。
3 《清世宗实录》第12卷，第19页。
4 满文朱批奏折，董殿邦等奏，康熙五十八年八月十三日；光绪《清会典事例》第1189卷，第843—844页。
5 满文朱批奏折，董殿邦等奏，康熙五十八年八月十三日。

券时，在仪门外东面制做，放定地点已（在图纸上）用朱笔圈出，放在徐常在的前面。"[1]今清东陵景陵妃园寝内，新贵人的券位在第五层右边第一位，徐常在的券位在第六层右边第一位。[2]300年前玄烨亲手画定的券位排列顺序，后来并无变化。

新贵人灵柩被送往妃衙门途中的一应事宜，都参照先前去世的马贵人之例办理。内务府为此再次上奏请旨："查得，先前薨逝之马贵人，因摆设彩仗未制做，皇上指定用荣妃彩仗代之，后又降旨（为荣妃）补制。此次（新）贵人取用哪个妃子之彩仗，恭请皇上指派取用，后再补制。"玄烨朱批："用惠妃彩仗。"[3]

不料，新贵人灵柩尚未从朝阳门外发引，康熙五十六年（1717）正月十一日布贵人又病故。内务府奉旨："（朝阳门外）花园内，现已摆放（新）贵人金棺。两个金棺可否放在一处？若不可以，放在哪个园子里？明日抬出是否可以？著交付钦天监看定，从速议奏。此病（患者）不可沐浴，因是三公主之母，照嫔例送出。此乃关系大礼之事，外面陪送宾客已至。伞、乐照常预备。"经内务府议定，拟按钦天监看定之期，将布贵人于正月十二日未时放入金棺，十三日巳时送往朝阳门外大章京孙卫山的花园内暂放，而将新贵人灵柩于当年二月十七日发引，送往景陵。[4]

"布贵人"即贵人兆佳氏。玄烨特别指示有关人员，不可按照惯例进行沐浴，表明她去世前患有痼疾。兆佳氏只生育了一个女儿，即康熙十三年（1674）五月六日出生的皇五女。玄烨的前五个女儿中有三个幼殇，弟恭亲王常宁的长女自幼被养于宫中，因年龄最大，称为大公主，而皇五女顺理成章地称为三公主。她19岁受封和硕端静公主，下嫁喀喇沁杜棱郡王之子噶尔藏，卒于康熙四十九年（1710）。布贵人去世时，所生公主已故七年，婚后袭封喀喇沁杜棱郡王的女婿，又于康熙五十年坐事削爵（详见第六章《公主》）。然而玄烨却做出姿态，对布贵人身后予以特殊关照，

---

1 满文朱批奏折，海章等奏，康熙五十五年十一月十一日。
2 于善浦：《清东陵大观》，第83页，石家庄：河北人民出版社，1985年。
3 满文朱批奏折，海章等奏，康熙五十五年十一月十一日。
4 满文朱批奏折，海章等奏，康熙五十六年正月十二日。

不仅一切丧仪按照嫔例办理，还专门为之"辍朝二日"[1]，这是康熙朝去世的玄烨其他贵人所不曾获得的。

布贵人的阿玛塞克塞赫是参领，职位不高，玄烨所说赶来参加布贵人丧礼的"宾客"，除去死者娘家人外，主要是指三公主生前在喀喇沁部的亲朋故旧。由于三公主已去世数载，额驸又坐事革爵，玄烨需要通过优葬其生母布贵人，显示出对于蒙古姻戚的荣宠。他是站在巩固满蒙联盟，增进与蒙古王公感情的高度，处理布贵人的丧葬事宜。当时，玄烨本人年事已高，体弱多病，但对于普通妃嫔的丧事，依旧事无巨细，亲自过问。为马贵人、新贵人出殡时，玄烨指定分别借用荣妃、惠妃的彩仗，是因荣妃、惠妃为玄烨有正式位号的妃嫔中最年长的两位。生者的彩仗被死者借用，毕竟是不吉利的事，玄烨选用最年长妃子的彩仗，以使不利影响相对小些。

自从康熙二十八年（1689）玄烨失去第三位皇后佟佳氏，在他的中年和晚年，又陆续有一些妃嫔（包括贵人、常在）去世。据现有史料看，这些妃嫔之死，并没有在玄烨内心引起大的波澜。然而，她们的丧礼都办得十分完备，有的规格比其生前等级还有提升。这些情况说明，玄烨与她们虽然并无多少感情，但仍以礼相待，为她们妥善送终。

（三）对未亡人的安排

玄烨晚年，随着年纪日渐增高，身体愈来愈差，他开始考虑自己身后之事，自然也包括对众多妃嫔的安排。根据有关史实考察，仅以葬于景陵的共55位后妃为计，玄烨去世前仍然健在者，至少近40人，其中有的与玄烨年纪相仿，已是七旬老妪，但也有20余岁，甚至不足20岁的妙龄少妇。

玄烨因担心自己突发意外，不能妥善安排诸妃嫔的事，故专门为此写下谕旨，存在两处，以备不虞。这一担忧竟被事实所验证。康熙六十一年（1722）十一月十三日，69岁的玄烨因心血管病突发而猝死。雍正帝胤禛

---

[1] 满文朱批奏折，董殿邦等奏，康熙五十六年八月十三日。

即位后，很快发现了这道遗旨。他曾与诸王大臣们谈及此事："朕即位后，恭检皇考所遗朱批谕旨，内有料理宫闱家务事宜一纸，皇考谕令有子之妃嫔，年老者各随其子，归养府邸，年少者暂留宫中。朕谨遵圣谕，遣人询问诸位母妃，据称此系天恩，咸愿随子归邸。"[1]

胤禛替皇考完成了这一遗愿。雍正元年（1723）七月初三日，领侍卫内大臣马尔赛等为遵旨办理各亲王之母回家居住事奏称，本年"四月十四日，恒亲王（胤祺）、廉亲王（胤禩）、淳亲王（胤祐）、履郡王（胤祹）等面奉谕旨：'尔等母亲们都已年迈，先前皇父也在两处存有朱笔谕旨。见今你们将妃母各自迎接回家，也可得以问安侍奉，尽尔孝心。尔等将房屋修缮后，于五月末、六月初择选吉日，具奏后迎回。钦此。钦遵。"[2]

至迟在雍正元年（1723）七月初以前，玄烨的妃嫔中年老有子者，已分别由亲子接出深宫。其中胤祺、胤禩之母宜妃郭络罗氏，养于胤祺的府邸；胤祐之母成妃戴佳氏和胤祹之母定妃（雍正即位后尊封）万琉哈氏，分别养于胤祐和胤祹府邸。玄烨的皇长子胤禔在康熙四十七年（1708）一废太子时获罪圈禁，他的生母惠妃纳喇氏由胤禩接回府邸供养。雍正四年胤禩获罪，雍正令庄亲王胤禄、诚亲王胤祉将妃母（指惠妃）迎归宫中。[3] 从相对较为自由的王府再次返回深宫，惠妃纳喇氏是玄烨妃嫔中的第一人。她只有遵从旨令，但内心深处想必是不情愿的。此外，雍正朝初年迎归子邸的老年妃嫔中，应当还有胤祉之母荣妃马佳氏。

玄烨关于自己身后年老有子妃嫔的安排，合情合理，他预先在两处存有谕旨的作法，周全、细密，符合他的一贯作风。清制，新帝登极后，将前朝妃嫔移到慈宁、宁寿等宫奉养。这些妃嫔身为新皇帝的母辈，受到尊敬，但实际处境却很凄凉。按照玄烨生前决定，年老妃嫔出宫随子居住，儿孙绕膝，得享天伦之乐，比独居深宫的寂寞生活，不知要强多少倍。这是在宫中度过大半生的妃嫔们所能有的最好归宿，对她们来讲求之不得。

玄烨众多妃嫔中，"有子"且又年迈者仅有数人，更多的还是那些或

---

1 《雍正朝起居注册》第1册，第662页。
2 台北故宫博物院：《宫中档雍正朝奏折》第28辑（满文谕折第1辑），第374页。
3 《清世宗实录》第40卷，第18页。

未曾生育，或只生有女儿，或亲子早卒，或"有子"但本人年少者，她们均不符合上述条件。特别是前三种妃嫔，在玄烨身后只能独守空房，老死宫中。因此，这一"开恩"之举，对于玄烨的绝大多数妃嫔，包括正当青春年少，最为渴望幸福生活的年轻妃嫔来说，并无实际意义。

玄烨的上述安排是有所依据的。史载："（康熙三十三年）六月二十一日，世庙宁慤妃薨。公、侯、伯以下满汉文武官员，赴裕亲王府齐集。是日，皇太后与上车驾亲临。妃，裕亲王生母也。"[1]顺治帝的遗嫔宁慤妃去世，孝惠皇太后、玄烨以及文武百官，前往裕亲王府吊唁，可见宁慤妃生前，是住在亲生子福全的府邸内。

雍正十三年（1735）十二月，玄烨第十六子庄亲王胤禄、十七子果亲王胤礼奏请按照前例，"各迎妃母于邸第"，但甫登帝位的弘历没有同意，决定"自今以后，每年之中，岁时伏腊，令节寿辰，二王及各王、贝勒，可各迎太妃、太嫔于府第，计一年之内，晨夕承欢者，可得数月，其余仍在宫中……向后和亲王（弘历同父异母弟弘昼）分府时，其侍奉母妃，亦照此礼行。"他还道出这样做的理由：以此行之，"王等孝养之心与朕敬奉之意，庶可两全。"所以"自此谕后，母妃始无就养王邸者。"[2]事事效法皇祖的弘历，竟执意违背已由乃父胤禛照办的皇祖遗命，表明乾隆时期随着皇权统治进一步强化，对后宫的控制更为严密。

（四）帝妃关系的本质

究竟应当如何看待玄烨同后妃的关系？她们的实际地位到底怎样？

表面上看，玄烨与后妃都是"主子"，但彼此却是主宰与被主宰的关系。玄烨很推崇孔子的一句话："惟女子与小人为难养也，近之则不逊，远之则怨。"他在教诲儿孙时引用这句话，称"此言极是"[3]。不可否认，玄烨在少年、青年时期，对几位皇后确曾有过真情，但总的来说，他内心深处，依然不自觉地将这些陪侍身边的女子，当作供其恣意对待的玩物，视

1　王士禛：《居易录》第25卷，第13页，康熙刻本。
2　《清高宗实录》第8卷，第9–10页；张采田编：《清列朝后妃传稿》，传上，第99页。
3　《庭训格言》，第24页。

为传宗接代，以保证大清江山后继有人的工具。这是中国封建社会根深蒂固的男尊女卑思想，及玄烨自身所处环境所决定的。

乾隆帝弘历曾说："夫帝之与后，分位之尊重虽同，而体制则有区别。"他对乃祖、乃父及其本人与各自后妃的关系，做过如下诠释："诸太妃所有一切，俱系圣祖皇帝所赐。诸母妃所有，亦是世宗皇帝所赐。即今皇后所有，是朕所赐。"[1] 这番话道出后妃们的真实地位：她们只是皇帝的附属品，她们的一切都由皇帝所决定，无任何个人意志可言。

一入宫门深似海，后妃们自迈入宫门之日起，就被隔绝与家人亲属的日常往来，甚至连生身父母也难得一见："内庭等位有父母年老者，或一年或数月，奉特旨会亲者，只许本身父母入宫，其余外戚一概不许入宫，家下妇女亦不许随入。"逢年过节，后妃可以派本宫首领太监去母家问候，但"奉本主命往外家年节慰问者，不许传宣内外一切事情"[2]。这使其家人无法得知她们在宫内的真实情况。再者，她们入宫后，事事处处受到"礼"的束缚，繁琐之至，无穷无尽。她们的言行举止，必须符合礼法准则，不得有任何逾越。

玄烨的后妃在遭受统治和压迫的同时，也能时时感受到夫君的温存、关怀与厚待，这看似矛盾，其实不然。

作为封建家长制下的一家之长，其思想言行照样受到伦理道德的规范。他们在家中统治家庭全体成员时，自身也需要保持公正贤明，谨守礼法的形象，以一幅柔和的面纱，遮掩家中统治与被统治关系的本质，从而使家长制家庭得以长期存在，加固王朝的统治基础。玄烨深切认识到这一点，并在自己的家庭（后宫）中成功地付诸实践。尽管这并不能改变帝后（妃）关系的实质，但比起其他朝代的后妃，玄烨的后妃们还是相对幸运的。

---

1 《清高宗实录》第316卷，第13页；第156卷，第14-16页。
2 《钦定宫中现行则例》第3卷，《宫规》。

五、玄烨的生育情况

为延绵世系、培养子嗣，使王朝后继有人，历代帝王大都早婚早育。

康熙四年（1665）玄烨大婚时，只有12岁（11周岁），自此开始了他漫长的生育历程。他的生育情况大致如下：

第一，玄烨于康熙六年（1667）14岁（13周岁）生下第一个孩子（排行应为皇长子），五十七年65岁（64周岁）生下最后一个孩子（排行应为皇三十五子），首尾相隔51年，生育时间占他在位62年的82.3%，几乎与之相始终。他是清朝诸帝中生育能力最强，生育时间也持续最长的皇帝（其次是乾隆帝弘历，18岁生第一个孩子皇长子，65岁生最后一个孩子皇十女，生育期持续48年，占其在位63年半的75.6%；有后妃41人，子女27人）。

第二，根据子女的出生率，可将玄烨的生育期以康熙三十年（1691）为界，分做两个阶段。

第一阶段25年（康熙六年至三十年，玄烨14—38岁），玄烨共生育子女39人（24子，15女），占子女总数的70.9%，平均每年生育1.56人。

第二阶段27年（康熙三十一年至五十七年，玄烨39—65岁），共生育子女16人（11子，5女），占子女总数的29.1%，平均每年生育0.59人。

显然，玄烨在第一阶段的生育能力，大大高于第二阶段；在第一阶段中，又以康熙十三年至三十年（玄烨21—38岁）共18年内，生育能力最强。玄烨一生有过三次生育高峰，即康熙十三年（1674年，21岁）生2子2女，二十二年（1683年，30岁）生3子2女，二十四年（1685年，32岁）生2子2女，都是在此阶段。康熙十三年、二十二年、二十四年这三年中，玄烨共生育子女13人，几乎占他全部子女的1/4。

玄烨38岁后，生育能力明显减弱，基本上体现了人类生育规律。

第三，玄烨子女的出生率，也与不同阶段的清朝局势，以及他本人的身体、精神状况密不可分。如康熙十三年到十七年这五年，是清朝在平定三藩中最困难的时期，在此期间，玄烨的生育率较低。十三年正月至五月，虽然有2子2女降生，但这些婴儿在三藩之乱爆发前，均已孕育于母体之中。其后四年，子女出生率大为降低，十四年2子、十五年未生育、十六年1子、十七年1子。这是玄烨的第一次生育低潮。表明当军务最为紧急，清朝统治面临严重威胁时，玄烨倾全力指挥平叛战争，而消磨在后宫的时间，则相对减少。

康熙二十六年（1687）十二月孝庄太皇太后病逝，玄烨长时期地陷入极度悲痛中，身心受到很大损伤，也大大影响到生育能力。其后三年内，只是康熙二十七年（1688）正月生1子，二十八年十二月生1子，二十九年无子女出生。这是他的第二次生育低潮。

康熙三十年（1691）十一月至三十四年六月，总共三年又八个月，玄烨没有生育子女。出现这一前所未有的现象，原因是多方面的。

首先，康熙二十九年八月的乌兰布通之役，由于玄烨突然生病，不能亲临指挥，而大将军福全等错失机宜，没有乘胜全歼噶尔丹军，留下一大隐患。玄烨为此怏怏不乐，达数年之久。其次，三十年（1691）至三十二年（1693），玄烨的健康状况始终不佳。三十二年五六月间，他因染患疟疾，近一个月不能照常理政。再次，此次痊愈不久，他开始为亲征噶尔丹进行策划、准备，消耗了大量时间和精力。这是他生育的第三次低潮，不仅比前两次更为突出，而且与第二次低潮仅仅相隔一年，反映出孝庄去世对于玄烨的身体及生育所产生的不利影响，为期甚久。

值得注意的是，康熙五十年（1711）后，玄烨又生育了5个孩子，而且全部是皇子，其中五十年2人，五十二年、五十五年、五十七年各1人。当时，他已分别为58岁、60岁、63岁、65岁。

玄烨52年的生育史中，有一很有趣的现象，即康熙四十五年至五十七年的13年里，他连续生了6个儿子，除最后一个早卒外，其余5个全都长大成人，平均寿命52.4岁。换言之，康熙四十五年至五十五年，玄烨53—63岁期间，所生5位皇子无一早卒。在此以前，只是康熙十九年至二十二年，玄烨27—30岁的四年中，所生4位皇子全部存活，平均寿命为49.8岁。除去这两个时期，所生皇子或者连续早卒（如康熙六年至十年所生4子，平均寿命为3.5岁），或至多间隔3人，即有1人早卒。玄烨进入晚年后，所生皇子不仅存活率较高，其平均寿命也更长，这同人体生理老化趋势及其对生育产生的影响，似乎是矛盾的。

应当考虑到，玄烨晚年，为他生育最后6位皇子的妃嫔，都正值青春妙龄，但这并非决定性因素，因为在玄烨青年、中年时期为之生育子女的妃嫔，年龄也都很轻。估计这同康熙二十年（1681）以后，玄烨开始为子女种痘，以防止幼儿夭折一事有关。

上述情况还说明，尽管康熙四十七年一废太子事件中，玄烨精神上受到很大刺激，一度病倒，身体从此走下坡路，但凭依良好的身体素质，及少年、青年时代行围、习武所打下的健康基础，加上用心调养，因而两三年后，身体状况又有所好转。他在63、64岁之前的健康水平，与当时的同龄人相比，堪称上乘。

康熙五十六年（1717）冬，孝惠皇太后去世前后，玄烨重病一场，身体从此再无明显起色。五十七年他65岁生的最后一个孩子胤禐（排行应为皇三十五子），出生后当即夭折，与他此时年高体衰有关。

第四，玄烨的55位后妃中，生育子女者为31人，占后妃总人数的56.4%，未曾生育者为24人，比例是43.6%。

后妃们生育子女的次数，多寡不均。其中1个子女者19人，为有子女后妃的61.3%；2个子女者6人，为19.4%；3个子女者4人，为12.9%；6个子女者2人，为6.4%。

有3个以上子女的妃嫔共6位，为有子女后妃总数的19.4%，接近1/5。她们共生育24个子女，为玄烨子女总数的43.6%，将近1/2。

有6个子女的2位妃嫔，均在康熙三十年（1696）以前生育；4位有3个子女的妃嫔中，有2位的生育时期，也是在康熙三十年之前，这从一个侧面显示，玄烨在他生育的第一个阶段，具有较强生育能力。

第五，玄烨有皇子35人，公主20人，儿女比例很不平衡。他的第一个和最后一个孩子都是儿子，生子时间持续52年（康熙六年至五十七年），生女时间持续41年（康熙七年至四十七年）。使人感兴趣的是，清朝诸帝（包括太祖努尔哈赤与太宗皇太极）中凡有子嗣者，除嘉庆、道光二帝外，其他人都是男孩儿多，女孩儿少（包括幼殇婴儿）。清制，后妃所生子女，全部由内务府上报宗人府，载入玉牒，无一遗漏。如果仅以巧合来解释这一现象，未免有些勉强，还有待进一步研究。

玄烨的 55 个子女内，长大成人者为 28 人，成活率为 50.9%，其中皇子成活率为 57.1%，公主为 40%。55 位子女的平均寿命为 26.95 岁，其中皇子平均寿命为 32.77 岁，公主为 16.75 岁，二者相差几近一倍。可见，玄烨的子女不仅男多于女，其成活率也是男高于女，而寿命同样是男长于女。原因何在，值得探索。

玄烨的 20 位成年皇子里，除去皇七子胤祐脚跛外，其他皇子再无残疾者。这些皇子中无一痴呆或智力低下之人，而才智较高的却不在少数。因缺乏史料记载，公主的有关情况未详。

玄烨子女的死亡率居于中等，他们的智力发育正常，其平均寿命若照三个多世纪以前的标准衡量，并不为短。看来早婚、多育及妻妾过多等因素，从整体看对玄烨生育所产生的不利影响及后果，还不算严重。

玄烨是位早婚、早育、多妻妾、多子女的皇帝。按照中国传统养生之道及现代医学理论，并根据其他王朝众多帝王在这方面的实例，玄烨及其后妃们的身体状况不会很好，更不大可能长寿。可是，如前所述，玄烨却与众多早婚、多妻的中国古代帝王不同，竟享年 69 岁（68 周岁又八个月），接近古稀之年，他的儿女们的成活率居于中等，其总体素质与禀赋也不算低。究其原因，大致有以下几点。

其一，玄烨降生时，虽然他的父母年龄都不大（分别为 16 周岁和 14 周岁），但他的身体素质却不坏，正如他本人晚年所言："朕少时，天禀甚壮，从未知有疾病。"[1]

玄烨继承了满洲尚武的传统，热爱骑射和行围，终生坚持不懈。他晚年曾说："朕自幼强健，筋力颇佳，能挽十五力弓，发十三握箭，用兵临戎之事，皆所优为。"[2] 平定三藩之乱后 40 年里，每年约有 1/3 的时间，玄烨是在巡视各地（包括行围）中度过。持久的锻炼，再配合以充足的营养，

---

[1]《清圣祖实录》第 275 卷，第 5 页。
[2]《清圣祖实录》第 275 卷，第 9 页。

对于他的健康，大有裨益。

玄烨所掌握、了解的医药卫生知识，在三个多世纪前堪称丰富，他对养生之道也很有钻研。他的饮食起居一直较有节制，不吸烟，少喝酒，并十分注重清洁。这些知识与良好生活习惯，都有助于他防治疾病与病后调养。

玄烨一生热爱学习，比较注重自我修养，有着较高的精神生活品位。在大多数情况下，他比较注意调节情绪，保持心理平衡，这也促进了他的健康。

如果说玄烨是一位生理素质和心理素质都较高的皇帝，第一个方面主要有赖于先天，而后一方面则在于他有意识的学习和修养。

其二，已如前述，玄烨的55位后妃，是在其少年、青年、中年、老年等不同时期共50多年中，从各种渠道（主要是选秀女）陆续应选入宫，进宫时间比较分散。他的55位子女，也是在52年内先后降生，出生时间相对均匀。康熙三十年以前，他生育子女39人，三十年以后生育16人，这是由于中年以后生育能力减弱的规律在起作用，而不意味着他的生育过分集中。可见玄烨对于性生活还是比较有节制的。这也是他在婚龄早、后妃多的情况下，仍能较长时期保持身体健康，有效治理国家的一个重要原因。

不过，低婚龄、多妻妾对于玄烨的身体，特别是他年迈后的健康状况，毕竟产生一定程度的影响。比如他接近老年时开始手颤，常常头晕目眩，以中医理论解释，均为肾虚阳衰征象。玄烨临近晚年，终于品尝到早婚、多妻所带来的苦果。

其三，玄烨的体质、寿命及生育情况，与遗传因素也有关系。

清太祖努尔哈赤、太宗皇太极、顺治帝、康熙帝、雍正帝、乾隆帝、嘉庆帝和道光帝，是清朝前期（包括入关以前）和中期的8位皇帝，在位年限共计235年（1616—1850），平均每人在位时间为29.4年，将近30年。8位皇帝的平均寿命为61.25岁。其中享年80岁以上者1人（乾隆帝），60岁以上者4人（努尔哈赤、康熙、嘉庆、道光四帝），50岁以上者2人（皇太极、雍正二帝）。顺治帝因患痘疹早逝，年24岁，属于例外。8位皇帝在位时间之长、寿命之高，均为中国古代其他王朝绝无仅有。

玄烨的曾祖父努尔哈赤享年68岁，生子16人，女8人，其中除去第五女17岁早卒外，全部长大成人。玄烨之孙乾隆帝享年89岁，在位63年半，居秦汉以来所有帝王之首。他有子17人，女10人，居清朝诸帝的第二位，仅次于玄烨。清朝相继出现这三位高寿、多子女的皇帝（努尔哈赤、玄烨与弘历），除去其他原因外，遗传因素起着较大作用。

所以，玄烨的健康、寿命与生育情况，是他本人的体质、素养、遗传等各种因素综合作用的结果。

* * *

总的看来，玄烨能够以乃父顺治帝放纵感情、爱情至上，造成严重后果的教训为鉴，成功地处理了与妻妾的关系。他不能说是位无情天子，但也绝非痴情帝王；他的后妃中没有遭受贬黜之人，大都得以安度岁月，或享高年，然而也并无宠冠六宫，为他情所独钟者。

玄烨善于以理智控制情感，这一点在我国古代帝王中显得很突出。在情爱与治国两个方面，他始终是将治国置之于首位，以感情从属于政治需要。颇为难得的是，他遵循这一原则时，一切做得并不生硬。他对待后妃，既事事遵循礼法，处处虑及政治影响，又带有浓厚的人情味，不乏脉脉温情。玄烨将政治性与世俗性相结合，原则性与灵活性相结合，严肃性与人情味相结合，这是他与后妃相处中的特色，也是他在这方面做得颇为成功处。

玄烨是位心胸开阔，相对比较宽厚大度的皇帝，这在他与后妃的关系中也显示出来。如前所述，他基本上能够体谅后妃，生活上予以优厚待遇。他在晚年还作出当自己辞世后，老年妃嫔各自移居亲生皇子府邸，贻养天年的决定。

"修身、齐家、治国、平天下"，历来被士大夫及封建统治者奉为圭臬。玄烨在"齐家"（主要指管理后妃）过程中所显示的才能、素质及收到的效果，大大超过中国古代大多数帝王。后宫向为是非之地。后妃之间、妃嫔之间因争宠、猜忌而出现矛盾及其他问题，实难避免，皇帝如果处理不当，不仅会造成后宫的混乱，还有可能影响政局。清朝以前历代王朝的帝王之家（后宫）中，这种情况屡见不鲜，而"齐家"与"治国、平天下"的密切联系，正是在此得到充分体现。玄烨后宫相对稳定的事实表明，他对于后妃、妃嫔之间的矛盾，都能及时、妥善地加以解决。换言之，他对后宫完全能够驾驭，对所有后妃予以有效、彻底控制。玄烨之所以能成功地"齐家"，除去前述他的作风、性格等因素外，也不排除对于统治术的运用。

玄烨的"齐家"可与其"治国"相比美，两者同步并行，内外一致，相互促进。从一定程度上讲，他的"齐家"，具有对以往历代帝王的"齐家"总其成的意义。清代是对中国封建社会各个方面进行总结、提高的时代，这也是其反映之一。

总之，这个帝王之家始终是以作为皇帝、家长、夫君的玄烨为核心，依照统治的需要及伦理的指向，秩序井然地运转，从而使它的职能比较充分地发挥出来。可以说，玄烨家庭的质量较高，为大多数古代帝王的家庭所不及。这对于玄烨的身心健康，后妃的身体，子女的抚养成长，都产生了积极效果，使玄烨得以专心致志，理政治国。

清朝后宫，先后发生过不少意外事件。仅以清朝前期、中期而言，努尔哈赤死后，他生前宠爱的大妃乌喇纳喇氏被迫殉葬；顺治时期有废后风波，顺治十年（1653），福临废黜第一位皇后博尔济吉特氏，降为静妃，改居侧宫；乾隆朝后宫更是事故不断，第一位皇后富察氏（孝贤纯皇后）随驾东巡途中逝于舟次，第二位皇后纳喇氏随驾南巡时自行剪发，失宠遭贬，一妃子在宫中擅杀宫女被降为嫔（惇妃汪氏，后复妃号），一贵人逝于木兰围场（霍硕特氏，死后被追封为恂嫔）。相形之下，玄烨的后妃人数最多，所历时间最长，然而却从未发生过类似事件，后宫始终比较平静。这表明玄烨在料理宫闱事务，处理与后妃们的关系方面，比清朝前期、中期诸帝，特别是顺治帝和乾隆帝，略高一筹。

第五章

皇 子

康熙帝爱子如命,既严厉训责,又百般呵护。

第五章　皇子

玄烨有子35人，序齿者24人，成年者20人。[1]全部皇子中，头生子生于康熙六年（1667），最后一个皇子生于康熙五十七年（1718），首尾间隔51年；从年岁上看，头生子可以做末生子的祖父。长大成人的皇子内，皇长子胤禔与最小的皇二十四子胤祕之间，相差44岁。

由于玄烨当时年纪还小，康熙朝初年所生皇子的命名问题，应主要是采纳了太皇太后的意见。他的头三个皇子，分别名为"承瑞""承祜""承庆"，第四子名"赛音察浑"，五子、七子分别叫"保清"（皇长子胤禔）、"保成"（皇太子胤礽），六子、八子为"长华""长生"，九子（生于康熙十四年）名"万黼"。这些皇子的名字，有时按同一字排列，有时又无章可循，而且排列之字先后换过三次（"承""保""长"）。这一现象，反映了满汉两种文化交融时期，人们兼而采之，难做取舍的心理，甚至当孝庄为曾孙们取名时，也下意识地表现出来。

从有关史料看，康熙二十年（1681）后，玄烨才按"胤"字排辈，为皇子命名。如将保清（皇长子）改为胤禔，保成（皇太子）改为胤礽等等。皇子命名的汉化过程至此完成，其后为历代清帝所遵循。

玄烨自幼习读儒家经典，深受汉文化的影响，这也体现在他给儿子所起的名字上。如皇十三子至皇十六子的名字，来源于《礼记》和《诗经》。《礼·中庸》曰："国家将兴，必有祯祥。""祯祥"被认为是吉事的萌兆。《诗·小雅·鸳鸯》云："君子万年，福禄宜之。""福禄"二字，多用为吉庆颂祝之词。所以，皇十三子名胤祥，皇十四子名胤祯，皇十五子名胤禑，皇十六子名胤禄。玄烨诸子之名取字大都较偏，表明已注意避讳问题。而他未将皇十五子命名为"胤福"，是因避讳乃父顺治帝的名字福临之故。

---

[1] 本书将15岁以前去世的皇子、皇女称为早卒。

应指出的是，皇十四子胤祯的"祯"字读音为征，满文写为 ᠵᡝᠩ（Jeng）；皇四子胤禛（雍正帝）的"禛"字读音为真，满文为 ᠵᡝᠨ（Jen），差异很大，并不存在两个皇子重名混淆问题。玄烨对儿子们习惯以"某阿哥"相称，如"大阿哥""二阿哥""三阿哥"，余类推。现存康熙朝满文档案等史料表明，他直呼皇子之名的场合很少。新帝即位后，出于种种原因，常常对前朝皇子——自己的兄弟们以名相称，这种情况另当别论。

玄烨的皇子们在婴幼儿时期，住于紫禁城东北隅、景福宫后面的兆祥所，紫禁城西南隅、武英殿南斜对面的南薰殿等处。[1] 皇太子胤礽自五六岁始，住于毓庆宫，39 岁第二次被废黜后，迁至咸安宫（今紫禁城内寿安宫）居住。

皇子或公主出生后，均由乳母（也称作嬷嬷）、保姆哺育照料。据内务府满文档案记载，康熙二十年（1681）十月十三日，"准会计司来文，给在兆祥所之阿哥喂奶，业已选取头德依佐领下刀万之妻。为给其子喂奶，买得正白旗伯费扬古佐领下乌色家内自湖广军中带来之妇庆姑，带去银七十四两。"翌年八月初二日，"准会计司来文，给在兆祥所之阿哥喂奶，业已选取苏勒德依佐领下披甲色楞之妻。为给其子喂奶，买得镶蓝旗苍佐领下常寿之家妇大姐，带去银八十四两。"[2] 这些乳母大都是包衣女子，他们被迫抛下自己刚出生的婴儿，去给阿哥、公主喂奶，其心情可想而知。

康熙二十年（1681）至二十一年，正在哺乳期的皇子共有四人，即皇五子胤祺（生于十八年十二月）、皇六子胤祚（6 岁殇）和皇七子胤祐（分

---

[1] 《清代内阁大库散佚满文档案选编》，第 178、244、196 页，天津：天津古籍出版社，1992 年。按，单士元先生在《故宫札记》中写道："武英门南斜对面偏西有五间小殿，和东西配殿自成一区，名叫南薰殿……此地应为紫禁城中纳凉之所。1949 年后，维修这一区殿座时，发现庭院当中地下芦根满布。估计明代殿前是一小池沼，种植荷苇，可以证明这一小殿群的用途。"（参见该书第 242 页，北京：紫禁城出版社，1990 年）另据载，康熙二十五年五月二十三日，总管太监顾问行等奏称："南熏（薰）殿小阿哥跟前用之小玉、圭兽、金匙子、银盒子，拟由库中领取。"（参见《清代内阁大库散佚满文档案选编》，第 196 页）时值盛夏，小阿哥很可能是为避暑而居此殿。多年后，皇八子允禩奉旨留守京城时，移驻南薰殿，乃因此处既在外朝，又是纳凉之所（参见本章《二、训练从政》）。

[2] 《清代内阁大库散佚满文档案选编》，第 163、178 页。

别生于十九年二月和七月)以及皇八子胤禩(生于二十年二月)。所以,上述选取的两位乳母,当是派给这四位皇子中的两位。

皇子们与自己的乳母感情很深,当他们长大后,各自的乳母、乳公(乳母之夫)仍跟随身边。乳公的升迁荣辱,往往也因之受到直接影响。如玄烨曾命皇太子胤礽的乳公凌普担任内务府总管,以便于胤礽从内府支取财物。康熙四十七年(1708)胤礽被废黜,凌普也被革去总管,治罪法办。玄烨还曾严斥皇八子胤禩的乳公、乳母雅齐布夫妇"讹诈专行""挑唆阿哥",并将二人正法。[1] 再如康熙三十六年(1697)十月,太医院的御医奉旨"给大阿哥嬷嬷之父关保看病","令其服用皇上所赐西洋药"。[2] 这时大阿哥胤禔已经26岁,但其乳母的父亲关保依然受到皇帝的特殊关照。

玄烨子女的乳母,均由内务府挑选,报呈皇太后,由皇太后指定。康熙二十八年(1689)七月,皇十四子胤祯(满文档案中所称"龙年所生阿哥",胤祯生于康熙二十七年,即戊辰年正月)刚刚一周半,住在兆祥所,其乳母莫尔衮佐领下护军萨哈连之妻因故不能继续充任,内务府总管等从包衣佐领、管领下乳妇中反复比较、验看后,选出四人,缮写绿头牌具奏皇太后。奉皇太后懿旨:"莫尔衮佐领下护军萨哈连之妻遗缺,选松喜管领下闲散披甲巴图之妻给阿哥喂奶,旺健管领下护军莫尔纳之妻预备。"四年后,康熙三十二年四月,玄烨发现巴图及其妻子都是包衣阿哈(内务府管领下的奴仆),身份低贱,不宜充任阿哥奶妇,当即命内务府严行追查四年前选送乳母的经过。由于此故,包括内务府总管在内大批官员,受到不同程度的惩处,重者"枷号三月,鞭一百,不准赎"[3]。这时,胤祯已过5周岁,但玄烨对于已做乳母四年,并无大过,只是"非体面之人"的巴图之妻挑补事,还是不依不饶,追究查办,反映出他在皇子哺乳问题上,严尊卑之分的等级观念。

按照满洲育儿习俗(其中大部分也是汉族世代沿续的风俗),孩子出生后第三天,要举行"洗三",第九天"上摇车",此外还要过"小满月"

---

[1] 满文朱批奏折,胤祉等奏,康熙五十三年十二月初三日。
[2] 《清代内阁大库散佚满文档案选编》,第109页。
[3] 《清代内阁大库散佚满文档案选编》,第82—87页。

和"大满月"。孩子周岁时,要在晬盘中"抓周儿"。皇子周岁晬盘,例用玉陈设二事、玉扇坠二枚、金匙一、银盒一、犀钟犀棒双、弧一张、矢一枝、文房一分。公主不备弧、矢。[1] 关于玄烨的儿女们"洗三"、"上摇车"、过满月以及周岁生日时举行"抓周儿"的情形,尚未见到史料记载。康熙四十六年(1707)七月,玄烨第二十子胤祎周岁时,总管太监斋林送去"玉兽二,金箔扇坠二"。[2] 这应是胤祎收到的生日礼物。看来玄烨的儿女们过周岁生日时,一律由宫中制做数件贵重玩物送往。按照规定:"阿哥、格格(即公主)周岁用小金匙等,由银库交送。"[3] "小金匙"大概是指舀汤用的小勺儿,而非小钥匙。若是后者,当与长命金锁配套制发。玄烨的皇子、公主满周岁时,也会分别收到小金匙等物品。

平日,皇子们的衣食用品,均由内务府管理支给,记录入档后,经玄烨过目。如康熙三十三年(1694)十二月,为12岁的皇九子胤禟制作靴里,用过狼皮两张,做鞋垫,用过狼皮两张;为23岁的皇长子胤禔及一位小皇子制做暖帽,用上等貂皮里子两张。三十七年六月,皇太子胤礽的饭、茶房用卤八斤,皇长子、皇三子、皇四子、皇五子等人各自茶房,分别用卤三斤12两。这些情况表明,虽然当时27岁的皇长子胤禔和22岁的皇三子胤祉,已分别受封多罗直郡王和多罗诚郡王;21岁的皇四子胤禛和20岁的皇五子胤祺,已受封多罗贝勒,但都仍旧住在宫中,尚未分府。又如康熙五十一年十月,分别为20岁的皇十五子胤禑及同母弟、18岁的皇十六子胤禄制做染貂皮暖帽三顶,染水獭皮暖帽两顶;为兆祥所小阿哥制做染貂皮暖帽一顶,染水獭皮暖帽两顶,共用貂皮七张。[4] 说明直到康熙朝晚期,由乳母照料的小皇子,还是住在兆祥所。

康熙帝在位62年(顺治十八年正月即位),作为皇父有56年之久(康熙六年头生子承瑞出生)。他是一位称职的父亲,做到了那一特定历史条件下,一位皇父对皇子们能够做到的一切。

---

1 枝巢子撰注:《清宫词》,卷下。
2 《清代内阁大库散佚满文档案选编》,第256页。
3 章乃炜、王蔼人编纂:《清宫述闻》,第136页。
4 《清代内阁大库散佚满文档案选编》,第214、236、272页。

一、教育培养

（一）慎选名师及学习处所

清人云："我朝家法，皇子皇孙六岁即就外傅读书。寅刻（凌晨3—5点）至书房，先习满洲、蒙古文毕，然后习汉书。师傅入直，率以卯刻（早上5—7点）。幼稚课简，午前即退直。退迟者，至未（下午1—3点）正二刻，或至申刻（下午3—5点）。惟元旦免入直，除夕及前一日，巳刻（上午9—11点）准散直。"[1]因顺治帝英年早逝，不可能建立对皇子皇孙的教育规制（玄烨自幼在祖母指导下系统学习，另当别论），这一教子"家法"，是在康熙朝出现，并逐步完善的。

康熙朝皇子的老师，先后有张英、熊赐履、徐元梦、顾八代、法海等人，均为满汉宿儒，其中大部分是进士出身，或入直内阁做过侍读学士。他们都是经玄烨亲身试用，反复考察后才入选的。玄烨为子择师的标准十分严格，既要品行端方，又须学问优长，二者兼备，缺一不可。

玄烨的儿子们在何处读书？是在人们通常所说的清朝皇子读书之所——上书房吗？

据《啸亭续录》记载："本朝……皇子六龄，即入上书房读书。书房在乾清宫左，五楹，面向北，近在禁籞，以便上稽察也。雍正中，初建上书房，命鄂文端（鄂尔泰）、张文和（张廷玉）二公充总师傅。"[2]按照此言，上书房是雍正朝设立的。

可是，《养吉斋丛录》中却说："康熙……三十二年，命徐元梦入直上书房，上书房之名，始见于此。"[3]又据《国朝先正事略·法海传》：法海，"康熙甲戌（康熙三十三年）进士，由检讨擢侍讲学士，入直上书房。"[4]如果康熙朝即有"上书房"的建制，皇子们无疑就读于此。

但也有不少史料，可以否定上述说法。据《永宪录》载，法海，"甲

---

[1] 吴振棫：《养吉斋丛录》第4卷，第49页，北京：北京古籍出版社，1983年。
[2] 昭梿：《啸亭续录》第1卷，第397页，《上书房》。
[3] 吴振棫：《养吉斋丛录》第4卷，第49页。
[4] 李元度：《国朝先正事略》上册第2卷，第47页，长沙：岳麓书社，1991年。

戌进士，选庶常。累官侍讲学士。于懋勤殿侍皇十三子（胤祥）、皇十四子（胤祯）读书。"¹《养吉斋丛录》中也说："雍正间入直者，尚称为教书课读。其地在南薰殿、西长房、兆祥所、咸福宫。"²这里所讲的南薰殿等处，应是皇子们的就学之所。又据曾任弘历等皇子之师的张廷玉记载，雍正元年（1723）正月，张廷玉等四人被命为诸皇子师傅，"令钦天监选择吉日，进书房课读。届期廷玉等四人入书房，谒见皇三子（弘时）、皇四子（弘历，即乾隆帝）、皇五子（弘昼）"。³

综合上述情况，可做以下推断。

其一，康熙朝尚无上书房的建制，甚至在雍正帝即位之始，也无此称。雍正朝初年以后，才逐步明确皇子读书处的固定地点与称谓，及至乾隆朝，皇子6岁入上书房读书的做法，终于成为定制。所以，前引《啸亭续录》中所述上书房始建时间，是比较可信的。

其二，玄烨的皇子人数众多，年龄差异较大，因而更大的可能是分散在宫内各处（有些皇子是在所居宫中，如兆祥所、南薰殿）就学，这便于老师按照不同年龄及学业进度，分别施教。

其三，《养吉斋丛录》的作者和《国朝先正事略》的作者，是嘉道时期人，他们记述一百多年前的事，误将徐元梦、法海等人充任皇子之师，等同于入直上书房（为皇子师与入直上书房，在雍正以后各朝，可视为同义语），也情有可原。在有关玄烨诸子读书地点的原始材料尚未发现的情况下，成书于乾隆朝前期的《永宪录》与《张廷玉年谱》，因距所记史事较近，或为作者亲身经历，对于探究玄烨诸子的读书地点问题，具有较大参考价值。

（二）太子读书

玄烨对儿子们的学业抓得很紧，在已定为皇储的二阿哥胤礽身上，他倾注了更多的心血。

---

1 萧奭：《永宪录》，第337-338页。
2 吴振棫：《养吉斋丛录》第4卷，第49页。
3 张廷玉：《澄怀主人自订年谱》第2卷，第20页，北京：中华书局，1992年。

第五章 皇子

胤礽生于康熙十三年（1674）五月，6岁就傅之前，由皇父"亲教之读书"[1]。

系统学习儒家经典，是玄烨为皇子们确定的主要受教内容。据《居易录》记载："上（康熙帝）在宫中亲为东宫讲授四书五经，每日御门（听政）之前，必令将前一日所授书背诵、复讲一过，务精熟贯通乃已，士大夫家不及也。"[2]玄烨自己也说过："朕于宫中谕教皇太子，谆谆以典学时敏，勤加提命，日习经书，朕务令背诵，复亲为讲解，夙兴宵寐，未尝间辍。"[3]

胤礽6岁后，玄烨令张英（康熙三十八年始任大学士）做他的老师，又命熊赐履（十四年任大学士，翌年革职，三十八年复任大学士）授以性理诸书。[4]胤礽13岁时，玄烨仿照明代施教东宫的作法，让他出阁读书。

康熙二十五年（1686）闰四月，胤礽出阁，讲学文华殿。[5]不久，玄烨命江宁巡抚、理学名臣汤斌以礼部尚书兼任詹事府詹事，专门辅导太子学习，与他一起的还有达哈塔、耿介等满汉儒臣。玄烨向大学士们解释这样做的原因："自太子就学以来，朕于听政之暇，时时指授，罔或有间，故学问渐有进益。如四书、易经、书经、礼记，今俱已诵习。""但朕日理万几，精神有限，课诵之事，恐未能兼，致误太子精进之功。"所以，令于汉大臣内择其学问优长者，"专侍太子左右，朝夕劝导，庶学问日进，而

---

1 《清史稿》第220卷，第9062页，标点本，北京：中华书局，1977年。
2 王士禛：《居易录》第3卷，第8页。
3 《圣祖御制文二集》第3卷，第11—12页。
4 参见《清圣祖实录》第234卷，第11页。按，康熙十五年，熊赐履革职罢归，此时胤礽3岁。二十七年熊赐履返朝，任礼部尚书，充经筵讲官。他向胤礽授以性理诸书，当在此后。又，一说玄烨曾令大学士李光地为皇太子胤礽之师（参见《清史稿》第220，第9062页，标点本，北京：中华书局，1977年），查阅《文贞公年谱》，此说有误。
5 按，康熙二十五年后，东宫会讲地点一般是在文华门内后殿主敬殿，会讲多于玄烨在文华殿举行经筵数日后举行。例如，二十九年二月十二日，"上御经筵"。二十一日，"皇太子亲祭传心殿（原注：殿在文华殿东偏，祀尧、舜、禹、汤、文、武、周公、孔子）。已刻会讲，皇太子至文华殿门下辇，步入，内阁、九卿、翰、詹、科、道东西侍。皇太子入主敬殿，升座，鸿胪赞拜如经筵。礼毕，趋入"……东宫讲官、工部尚书兼詹事张英、詹事尹泰等讲《论语》《周易·文言》中部分章句。"讲毕，趋出，鸿胪赞拜如仪。礼毕，东西序列，候皇太子还宫，赐茶文华门外。"参见王士禛：《居易录》第3卷，第3—4页、12—13页。

德性有成矣"[1]。

汤斌在给家人的信中这样谈及皇太子的学习:"上定东宫回讲之例,讲书事事从实,非比前代具文……今(皇太子)出阁之后,每早上亲背书,背书罢,上御门听政,皇太子即出讲书。讲书毕,即至上前问所讲大义,其讲即用上日讲原本,不烦更作。自古来帝王教太子之勤,未有如今日者也。"[2]玄烨曾不无炫耀地对大臣们说:"自古人君于太子讲书时,从无命其复讲之例。今太子略能复讲,此例自朕始行之。"[3]玄烨或其他老师为胤礽讲解经书后,再让胤礽进行复述,以增强理解和记忆。采取这种前代帝王未曾实行过的方法促进太子学业,足见他的良苦用心。

玄烨很重视对皇太子的言传身教。史载,玄烨"在畅春苑,每引见诸臣,常御澹宁居,止三楹,不施丹雘,亦无花卉之观。其西即无逸殿,东宫读书处。殿外种艺五谷之属,盖欲子孙知稼穑之艰难,意深远矣"[4]。玄烨将太子的书房安设在自己理政之所近旁,以便于随时督察太子的学习,而"无逸殿"的命名及殿外种植五谷等举措,无不体现出他教育太子的深意。玄烨的理政之所十分简朴,可以肯定,无逸殿的陈设布置,也会按照他的旨意,尽可能地摒弃奢华,营造出良好的学习气氛,使胤礽能够专心苦读。

玄烨还善于随时随地实施对皇太子的教育。康熙二十四年(1685)二月,玄烨巡视畿甸,胤礽扈从。此次随扈的起居注官写道:"上巡行近畿,皇太子尝随侍,行动饮食,未尝暂离……上沿途观书,每至齐家治国、裨益身心之处,及经史诸子中疑难者,上必将意义本末善为诱掖,旁引曲喻,一一启发,教之通晓。皇太子心领神会,从容奏对……在行宫御前,几案周环,皆列图书,上或翻阅书史,或书大小字,或著文及作诗赋,常至夜分,为时甚久。皇太子在傍读书,未尝先寝……至若皇太子随上所历,上必指示闾阎风俗,民生疾病,令周知稼穑之艰难。"[5]这段边叙边议

---

1 《康熙起居注》第2册,第1634页。
2 钱泰吉:《曝书杂记》,卷中,第24页,光绪刊本。
3 《康熙起居注》第2册,第1487页。
4 王士禛:《居易录》第3卷,第14-15页。
5 《康熙起居注》第2册,第1293-1294页。

有感而发的文字，较真实地反映出玄烨在旅途中施教太子的情形。

玄烨离京外出时，如果胤礽没有随行，则须按时写信报告学业。如康熙二十三年（1684）玄烨第一次南巡，行抵江宁（今南京），收到胤礽的请安折，得知他已读完四书。玄烨欣然赋诗曰："先圣有庭训，所闻在诗礼。虽然国与家，为学无二理。昨者来江东，相距三千里。迢遥蓟北云，念之不得已。凌晨发邮筒，开缄字满纸。语语皆天真，读书毕四子。髫年识进修，兹意良足喜。还宜日就将，无令有间止。大禹惜寸阴，今当重分晷。披卷慕古人，即事探奥旨。久久悦汝心，自得刍豢美。"[1] 玄烨的诗充满对太子的挚爱与厚望。当时胤礽只有11岁，显然，他的学业进展是令皇父满意的。

（三）皇子读书

上引起居注官对玄烨教育太子所发感慨与议论中，还有关于一般皇子的记述："天潢衍庆，圣子众多，上以成就德器，皆在自幼豫教，四五岁即令读书，教以彝常。是以诸皇子自五六岁，动止进退应对，皆合法度，俨若成人。皇上豫教之方，诚非古帝王所能见及也。"[2]

康熙二十六年（1687）六月初十日，在畅春园皇太子胤礽的书房无逸斋，当着胤礽的老师汤斌等满汉大臣之面，玄烨对几位皇子的学习情况进行了一次考核。

是日午后，他率领16岁的皇长子胤禔、11岁的皇三子胤祉、10岁的皇四子胤禛、9岁的皇五子胤祺、8岁的皇七子胤祐和7岁的皇八子胤禩，来到正在读书的皇太子书房，对侍臣们传谕："朕宫中从无不读书之子。今诸皇子虽非大有学问之人所教，然已俱能读书。朕非好名之主，故向来太子及诸皇子读书之处，未尝有意使人知之，所以外廷容有未晓然者，今特召诸皇子至前讲诵，尔等试观之。"玄烨从身边的几案上取下十几本经书，亲手交给汤斌："汝可信手抽出，令诸皇子诵读。"根据汤斌随手翻至的章节，皇三子、皇四子、皇七子和皇八子"以次进前，各读数篇，纯熟舒

---

1 《圣祖御制文一集》第40卷，第8—9页。
2 《康熙起居注》第2册，第1294页。

徐，声音朗朗"。接着，玄烨又让皇长子讲格物致知一节，皇三子讲《论语·乡党》首章，"皆逐字疏解，又能融贯大义"。在大臣们的赞扬声中，玄烨说："朕幼年读书必以一百二十遍为率，盖不如此则义理不能淹贯，故教太子及诸皇子读书皆是如此。顾八代曾言其太多，谓只须数十遍便足，朕殊不以为然。"[1]玄烨作为清朝入关后第二代满洲皇帝，如此重视皇子们的文化教育，让他们从小研读儒家经典，显示出他的政治眼光。参加这次现场考试的皇子中，最小的皇八子胤禩只有6周岁，也能熟练地诵读经书，说明他和兄弟们至迟在四五岁时，就开始受教了。

康熙四十三年（1704）底，宫廷用项开支底簿上有如下记载："懋勤殿领取皇太子用金不换笔五，此项银二钱；九阿哥、十阿哥、十二阿哥、十三阿哥、十四阿哥、平郡王（纳尔苏，努尔哈赤长子代善的玄孙，玄烨诸子的侄辈）、扬萨阿阿哥（身份不详）用小红袍笔三十五，此一支以一分五厘计，银五钱二分五厘。"[2]表明此时除皇太子胤礽外，八阿哥胤禩以上封有爵位的皇子，已分府居住，而九阿哥以下皇子，仍住宫中，并有王公子弟伴读。其中九阿哥胤禟最大，22岁，十四阿哥胤祯最小，17岁。他们从学的时间都在十年以上，可见玄烨教子具有持续性。这一档案还可证实，懋勤殿的确是玄烨诸子学习的处所之一。

皇子长大受封，分府居住后，玄烨指派皇子的老师与皇子同住府中，侍从左右，以辅导学业。如康熙三十七年（1698），玄烨命刚从流放地赦还的原任编修陈梦雷，侍皇三子胤祉读书；康熙四十二年，长州（今苏州市）学者何焯被任为皇八子胤禩的侍读；康熙四十四年，无锡学者秦道然被指定为皇九子胤禟的师傅。康熙朝晚期来华的葡萄牙籍传教士，为玄烨担任过翻译的穆敬远，也"在（皇九子）允禟处行走"。据穆敬远讲，胤禟懂得俄罗斯文字。雍正帝即位后，胤禟在满文原有12字头基础上，创造19字头，用与俄文字形相近的罗马注音拼写满语（即雍正帝所指斥的"西洋字"），和家人之间秘密通信往来。[3]这从一个侧面，反映出玄烨之子

---

[1] 《康熙起居注》第2册，第1644-1645页。
[2] 《清代内阁大库散佚满文档案选编》，第248页。
[3] 方豪：《中国天主教史人物传》，下册，第57页，北京：中华书局，1988年。

学习内容广泛，文化素质较高。

（四）习练书法

玄烨极为重视皇子们的满汉文书法，尤其是汉文书法，要求他们自幼刻苦习练。

皇太子胤礽练习写汉字，每写一纸，必经玄烨用朱笔点阅。康熙二十五年（1686）闰四月，胤礽出阁读书之始，玄烨特将胤礽"自六岁至今，所写满汉字一并发出"，让大学士与詹事们一起，阅看比较，"将不到处来奏"。大臣们看过奏称："恭捧缥缃，琳琅满幅，臣等再三展览，满字自六岁起至十岁，汉字自十岁起，至今年睿龄十三岁闰四月二十三日出阁以前卷册，积累已几等身。岁月时日，加进无已。字字端整，笔笔精楷。自兹以外，深宫视膳之暇，帐殿从幸之时，翰墨之美，又不知凡几。"[1]于此前后，汤斌在家书中也谈到胤礽的书法："皇太子自六岁学书，至今八载，未尝间断一日。字画端楷，在欧虞之间，每张俱经上朱笔圈点、改正后判日。每月一册，每年一匦。"[2]这些褒扬的话，固然不可尽信，但玄烨督教之严，以及胤礽数年如一日刻苦习字的情形，由此可见一斑。

玄烨指导其他皇子练习、提高书法的方式，更为多种多样。

康熙二十八年（1689）正月，玄烨第二次南巡。随扈大臣之一，后来升任文华殿大学士的张英，在《南巡扈从纪略》中写道："（正月）十六日过济南……上观珍珠泉，四围甃以石……池后一亭。上御亭，命诸臣题匾，咸谢不敏，再三命之。余书'澄怀'二字，钱塘（高士奇）书□□二字，静海（励杜纳，直隶静海人，曾值南书房，充日讲起居注官）书'洗心'二字……上自书'作霖'二字。余写字时，上顾诸皇子曰：'看他用笔。'"[3]张英、高士奇都是擅长书法的饱学之士，玄烨利用旅途游览的机会，让他们写字题匾，使在场的皇子们能够观摩、学习，而且还特别提醒皇子，让他们注意张英如何用笔，细致的指教中，流露出深深的慈爱。这

---

1 《康熙起居注》第2册，第1484-1486页。
2 钱泰吉：《曝书杂记》卷中，第24页。
3 张英：《南巡扈从纪略》，载王锡祺辑：《小方壶斋舆地丛钞》第1帙，第4册，第280页，铅印本，上海：著易堂，1877年。

只有父亲对待亲子才能有的一幕，显示出玄烨教子的独特风格。

在玄烨的循循善诱下，皇子中有不少人精于书法，写得一手好字，如皇太子胤礽、皇三子胤祉、皇四子胤禛、皇七子胤祐、皇十三子胤祥和皇十四子胤禵等，都很突出。

康熙四十一年（1702）九月，玄烨南巡，皇太子胤礽、皇四子胤禛、皇十三子胤祥随驾。途中胤礽患病，玄烨在山东德州停留下来，不久即中止南巡回京。滞留德州期间，一日，玄烨于行宫召集大臣和皇子们，共同研习书法。侍讲学士揆叙等人首先遵旨各书绫字一幅进呈，玄烨览罢，谈起自己的习练体会："学书须临古人法帖，其用笔时轻重疏密，或疾或徐，各有体势。宫中古法帖甚多，朕皆临阅。有李北海书华山寺碑，字极大，临摹虽难，朕不惮劳，必临摹而后已。朕素性好此，久历年所，毫无间断也。"在大臣们的请求下，玄烨"亲书大字联对以示之"。随后，他又让太监将大臣们带到行宫左厢房，观看皇四子胤禛和皇十三子胤祥书写对联，"诸臣环立谛视，无不欢跃钦服"[1]。这一年，胤禛25岁，胤祥17岁。后者年龄虽小，但已"学书"多年，具有较深的功力，否则玄烨不会让他同皇兄胤禛一起，在众臣前"书联"，展示书法才能。

皇十四子胤禵是玄烨诸子中擅长书法的后起之秀。康熙五十八年（1719）初夏，胤禵驻守西宁，指挥西征军务。玄烨从京师专门差人给他送去御制折扇，所附朱谕说："见今正是拿扇子的季节，既然你的字写得好，所以多给你送去一些扇子，或者你题字后送人，或待人要时给，由你酌情处理。"[2]玄烨以此提高爱子在边臣中的威信，而这种作法又是以胤禵善书为前提的。

在书法方面，皇子中也有令玄烨大失所望者，皇八子胤禩就是一个。尽管胤禩精明干练，办事才能远在大多数兄弟之上，书法却相形见绌。为此，玄烨特选工于楷书的何焯做他的老师，以期有所长进，但收效甚微。雍正帝即位后，做过胤禩府管家的秦道然供称："圣祖嫌八爷（指胤禩）的字不好，命他一日必要写十幅呈览。八爷不耐烦写，央人代写了欺诳圣

---

[1] 《清圣祖实录》第210卷，第3页。
[2] 满文朱谕，康熙五十八年。

祖……"[1]胤禛当时早已成年，受封多罗贝勒，完婚分府。可是，玄烨没有忘记他书法较差的弱点，要他每日书写后送给自己亲自批览。这表明，玄烨对儿子期望甚高，唯有样样出色，全面发展，方堪其愿。然而，在学业上被要求"吃小灶"的皇子，也有自己的对策，竟让人代写上交，以"蒙混过关"。玄烨却始终没有发觉这一"骗局"。

玄烨所以要求诸子研习书法，除去满洲入关后日渐汉化的历史趋势，与客观环境的要求外，还与他本人的旨趣、爱好有关。

康熙四十二年（1703）秋，玄烨向皇子、大臣们谈道："朕自幼好临池，每日写千余字，从无间断，凡古名人之墨迹石刻，无不细心临摹，积今三十余年，实亦性之所好。即朕清字，亦素敏速，从无错误。凡批答督抚折子，及朱笔上谕，皆朕亲书，并不起稿。其事之稍有关系者，虽岁月经久，亦不遗忘。故批发之旨，俱存所司，朕处全无底稿也。"[2]有其父必有其子，玄烨的向学精神，及准确、快速的文字表达能力，都给皇子以潜移默化的影响，为他们树立了榜样。

玄烨去世后，雍正元年（1723）八月，雍正帝胤禛对大臣们说："景陵碑匾，事关重大。诚亲王（胤祉）、淳亲王（胤祐）素工书法，朕已令其恭写。翰林中善书者，亦令其恭写。朕早蒙皇考庭训，做学御书，常荷嘉奖。今景陵碑匾，朕亦敬谨书写……尔诸臣可公同细看，不必定用朕书，须择书法极好者用之，方惬朕意。"极尽奉承的大臣们，自然"选中"雍正帝胤禛为景陵所书碑匾。[3]此例说明，在习练书法方面，同样是父行子效，而皇三子胤祉、皇四子胤禛以及皇七子胤祐等三人的书法水平，看来难分伯仲。

还需一提的是，像玄烨本人一样，皇子们兼通满汉文，平时两种语言、文字并用。不过在家中，他们父子之间通常是说满语；诸皇子的奏疏及玄烨给他们的朱批、朱谕，全部用满文书写。另外，皇子们大都通晓蒙古语，此为值守京城时处理蒙古王公进贡等事务所需。康熙朝以后，学习

---

1 《允禵允禟案·秦道然口供》，载《文献丛编》第3集。
2 《清圣祖实录》第216卷，第19页。
3 《清世宗实录》第10卷，第8-9页。

蒙古语仍是皇子受教的内容之一。[1]

从玄烨重视皇子的书法技能为始,其后习练满汉文字,钻研书法,被作为历朝皇子、皇孙的必修课。直至今日,爱新觉罗的子孙中书法家辈出,追本溯源,这一情况的形成,是否与300年前玄烨的有关举措有着内在联系呢?

(五)学习科学与技术

玄烨是清朝诸帝中学识最为渊博的一位,他对自然科学和科学技术怀有浓厚的兴趣,终身学习不辍。在数学、天文学、地理学、测量学、医学、农学、植物学、园艺学、工程技术以及治河等领域,他或已掌握较多基础知识,或已达到一定水平,成为内行。这是玄烨超出其他清帝(包括清朝入关前的清太祖努尔哈赤和清太宗皇太极)之处。

玄烨教子有方,要求严格,但他并不希望儿子们成为只会读书、不识旁物的书呆子。为使儿子多才多能,全方位地提高,玄烨不仅提供机会让他们多接触实际,以培养办事能力(详见下文),而且因地因人施教,传授给他们自然科学的知识与技术。

康熙三十六年(1697)闰三月初一日,出现日食。当时,玄烨正在第三次亲征噶尔丹途中,24岁的皇太子胤礽留京代理政务。玄烨在给胤礽的信中询问日食一事。胤礽首先向皇父汇报了钦天监观测到的情况,接着奏称:"彼日,臣将皇父所赐嵌有三层玻璃之小镜子,装于自鸣钟之望日千里眼上观望,日食似不到十分,日光、房屋墙壁及人影俱为可见,甚属明耀,并无昏暗处,只在东北隅望见星星一颗。日食彩绘,已于(上月)二十一日自京城发出,送皇父览阅。"玄烨朱批道:"从此处观察日食情形,揆度京城,岂能全部亏缺?想必剩余数秒。览尔所奏,果然如此。"[2] 十几天后,胤礽又在折中写道:"日食出现之日,臣即问询闵明我(在清廷供职的西方传教士),'我虽未计算精确,观得(日食)亏缺部分,肯定不足十分,光影甚为明亮,且迅即复圆,此为何故?'"闵明我从天文学的角

---

[1] 福格:《听雨丛谈》第11卷,第218-219页,《尚书房》,北京:中华书局,1984年。
[2] 台北故宫博物院:《宫中档康熙朝奏折》第8辑(满文谕折第1辑),第584-587页。

度作了解释，但胤礽难以理解，他如实奏告皇父，因闵明我之言"甚不明了，且与先前之计算相悖，与众人所见异同，是以臣于前次奏报中未曾言及"[1]。

在传授科学技术知识方面，玄烨对众皇子一视同仁。雍正帝即位后曾回忆："昔年遇日食四五分之时，日光照耀，难以仰视。皇考亲率朕同诸兄弟在乾清宫，用千里镜，四周用夹纸遮蔽日光，然后看出考验所亏分数。此朕身经试验者。"[2]一位古代皇帝能够带着儿子们亲手操作科学仪器（尽管是比较简单的仪器），观测日食这一自然现象，这在历时两千多年的中国封建社会，极其罕见。

玄烨很注意通过言传身教，培养儿子们对自然科学与技术的兴趣。

康熙三十六年（1697），传教士白晋在给法王路易十四的秘密报告中说，大约五年前，玄烨让太子看了所有由西方传教士帮助制作的装饰精美的教学仪器，并亲自带他到天文观测台（位于今北京建国门）观览。"皇帝对计数表（传教士洪若翰等专为玄烨制造）极为重视，他一学会使用，就立即教给皇太子；而皇太子为了表明对计数表的重视，把它装在套子里，挂在腰带上。"当皇太子跟随皇父出巡塞外时，还就计数表的性能、使用问题，兴致勃勃地向同行的张诚神父进行解说。[3]

康熙五十年（1711）春，年届六十的玄烨巡视通州河堤，皇太子胤礽、皇四子胤禛、皇五子胤祺、皇八子胤禩、皇十四子胤禵、皇十五子胤禑、皇十六子胤禄等七个皇子随驾。在河西务，他向河工主事牛钮等人指示挖河建坝事宜，并当场示范，如何用科学仪器丈量土地。玄烨让侍从"取仪器插地上，令将豹尾枪纵横竖立"，然后"亲视仪器，定方向，命诸皇子、大臣等分钉椿木，以记丈量之处。又于尾处立黄盖，以为标准，取方形仪盘，置于膝上，以尺度量，用针画记，朱笔点之"。接着，他又耐心地向皇子和大臣们讲解这一测量法的原理。[4]这一事例说明，玄烨不仅教

---

1 台北故宫博物院：《宫中档康熙朝奏折》第8辑（满文谕折第1辑），第971-973页。
2 《清世宗实录》第95卷，第23页。
3 ［法］白晋：《康熙帝传》，马绪祥译，载《清史资料》第1辑，第243-244页。
4 《清圣祖实录》第245卷，第9-10页。

授儿子们一些科技知识，而且注重培养、训练他们的动手能力。对于平日锦衣玉食、万人仰视的众皇子来说，若非皇父在旁督命，绝不会亲身从事钉木桩之类的实地操作。

根据皇子们不同的自身条件，有选择地在某一方面进行重点培养，是玄烨教子的又一特色。

白晋写给法王路易十四的秘密报告中讲，玄烨向传教士们学习了实用几何学和理论几何学后，"当他发现他的第三个十六七岁的孩子具有一种非常适合于从事这种科学的才能以及其他一些优秀品质后，他就开始亲自给这孩子讲我们的几何学原理。"[1] 这个"十六七岁的孩子"即皇三子胤祉。其后事实证明，康熙看得很准，胤祉是年长皇子内颇具学者禀赋和气质，很适于从事学术研究的一位。在皇父的培育下，他后来成为玄烨诸子中知识最为广博之人。

玄烨晚年，又让两个较年少的皇子，即十五阿哥胤禑和十六阿哥胤禄（分别比胤祉小16、18岁）与胤祉一起，向意大利传教士德理格学习音律知识。康熙五十四年（1715）经玄烨朱改过的《上教王书稿》中有如下记载："至于律吕一学，大皇帝犹彻其根源，命臣德理格在皇三子、皇十五子、皇十六子殿下前，每日讲究其精微，修造新书，此书不日告成。"[2] "此书"即指胤祉主持纂修的《律历渊源》。康熙五十二年九月，玄烨命胤祉于畅春园内蒙养斋立馆，修辑律吕算法诸书，并为此召集大批著名学者参加，方苞、徐元梦等均在其中[3]。在广泛考定坛庙宫殿乐器的基础上，一年后，胤祉以《御制律吕正义》一书进呈皇父，玄烨令将律吕、历法、算法三书合为一部，赐名《律历渊源》[4]。《上教王书稿》中谈到此书的律吕部分时写道："此律吕新书内，凡中国、外国钟磬（磬）丝竹之乐器，分别其比例，查算其根原，改正其错讹，无一不备美。"[5] 胤祉主持蒙养斋修书馆的过程中，得到两位年轻皇弟的协助。玄烨重点使用经验丰富的皇子从事律

---

1 ［法］白晋：《康熙帝传》，马绪祥译，载《清史资料》第1辑，第227页。
2 方豪：《中国天主教史人物传》中册，第351页。
3 章乃炜、王蔼人编纂：《清宫述闻》，第500页。
4 《清圣祖实录》第261卷，第6页。
5 方豪：《中国天主教史人物传》中册，第351页。

吕研究的同时，不忘培养更年轻的皇子。此外，胤祉在促成乃父钦命陈梦雷编纂《古今图书集成》的过程中，也起了重要作用。

（六）骑射与行围

尚武，是满洲人的传统，也是玄烨对皇子教育中不可或缺的组成部分。

玄烨的骑射十分出色。他说自己"政事稍暇，颇好书射"，因"自幼强健，筋力颇佳，能挽十五力弓，发十三握箭，用兵临戎之事，皆所优为"[1]，这些话并非自诩之言。康熙五十八年（1719）八月，66岁的玄烨向年轻的侍卫们披露了一连串骄人的数字："朕自幼至今，凡用鸟枪弓矢，获虎一百三十五，熊二十，豹二十五，猞猁狲十，麋鹿十四，狼九十六，野猪一百三十二，哨获之鹿凡数百，其余围场内，随便射获诸兽，不胜记矣。朕曾于一日内，射兔三百一十八，若庸常人，毕世亦不能及此一日之数也。"[2]玄烨本人如此，自然不允许其子落于人后。他在培养皇子的骑射技艺上，下了很大功夫。

射箭是皇子们每日的必修课，一般安排在诵读经书之后，与文化学习穿插进行。这种别具一格的体育锻炼，对久坐案前的少年皇子来讲，是十分需要的。如康熙二十六年（1687）六月初九日，皇太子胤礽在无逸斋书房朗诵《礼记》数节，计百有二十遍，复读经义如数。"自初读到终篇，为时甚久。"稍进饮食后，"侍卫张侯（树立或张挂箭靶）苑中，皇太子出门外阶下立，左右奉弓矢"。射三回，中者甚多。射毕，复入坐，诸臣随入侍。接下来是由太子讲说四书五经中的部分章节，直至薄暮。[3]为便于皇子们随时随地习武较射，他们的书房近旁都设有射箭场所，一般是在庭院之中，但也有设于室内者，如咸安宫内即有"众阿哥射箭之厅"[4]，以保证皇子们尤其是小皇子的射箭活动，不受天气的影响而照常进行。

前述康熙二十六年（1687）六月初十日，玄烨曾当着满汉大臣之面，

---

1 《清圣祖实录》第208卷，第6页；第275卷，第9页。
2 《清圣祖实录》第285卷，第9-10页。
3 《康熙起居注》第2册，第1642-1643页。
4 《清代内阁大库散佚满文档案选编》，第251页。

考核六位皇子的学业。诸子依次背诵经书后，玄烨"随命张侯，皇三子、皇四子、皇五子、皇七子、皇八子同射，皆中四箭、三箭不等。又命皇太子、皇长子同射，皇太子中三箭，皇长子中二箭"[1]。文武之道，一张一弛。这些小皇子开始习练弓箭时的年龄，或许比其受教读书还要早些。

因自幼训练有素，玄烨的儿子中，不乏箭法优秀的射手，像皇太子胤礽、皇长子胤禔和皇三子胤祉等，都是佼佼者。

康熙十八年（1679）六月，5周岁的胤礽跟随皇父到景山练习骑射，他"连发五矢，射中一鹿、四兔"[2]，玄烨为之大悦。现在的人们很难想象，一个5岁幼童，怎能立马驰骋，挽弓射箭？胤礽从小善射，朝鲜使者也有所闻，其返国后在给国王的报告中讲："清太子（胤礽）年八岁，能左右射，通四书。"[3]

十八年年底，玄烨赴南苑行围，"纵虎出圈，命众驱逐。皇第五子保清亲射，中之"[4]。保清即皇长子胤禔，当时只有7周岁。如此年幼的孩子追射凶猛异常的老虎，尽管旁边有人保护，也要冒很大危险，足见玄烨在培养儿子方面，具有不同一般为父之人的胆魄。

皇三子胤祉的弓箭和枪法，还要超过他的两位兄长，无论参加行围或较射，他往往是命中率最高的射手之一。[5]据马国贤神甫回忆，玄烨晚年在热河时，喜欢在围猎之余，"观看他的满洲摔跤手们角斗，也常常命令他的孙子们及其他高级将领在他面前进行较射。有时，他甚至加入与他的第三个儿子（胤祉）比赛的行列，因为这个儿子的箭法几乎同他父亲一样好"[6]。

最使皇子受锻炼，也最能提高骑射技艺的活动，还是跟随皇父赴塞外行围。我们不妨看一看供职于清廷的法国籍传教士张诚的有关记述。

---

1 《康熙起居注》第2册，第1645页。
2 《康熙起居注》第1册，第415页。
3 吴晗辑：《朝鲜李朝实录中的中国史料》第10册，第4077页。
4 《康熙起居注》第1册，第475页。
5 《张诚日记》，张宝剑等译，杨品泉等校，载《清史资料》第5辑，第167、171页，北京：中华书局，1984年。
6 Matteo Ripa: *Memoirs of Father Ripa,* selected and translated by Fortunato Prandi, John Murray, London, 1855, p.79.

第五章 皇子

康熙二十七年（1688）夏，张诚跟随清朝使团前往色棱额参加中俄边界谈判，途中因噶尔丹侵扰喀尔喀地区而受阻，返回路上，遇到正在塞外行围的玄烨及其随从。张诚在是年（阳历）9月27日的日记中写道："陛下的随行人员总共不过一百人，其中有他的一个儿子，约摸十一二岁，身背一张小弓，箭壶里装满了利箭，骑着马紧跟在（陛下）后面。陛下本人亦身背硬弓，腰挎箭壶。"[1]这个皇子是只有12岁的三阿哥胤祉。此次随扈人员中，还有17岁的大阿哥胤禔。

康熙三十年（1691）四月，张诚跟从玄烨参加多伦会盟，随扈的皇子依然是胤禔和胤祉。张诚在日记中是这样写的：皇帝陛下的围猎队伍中，"除去当随从的以外，大约有两千多猎手。他们在围猎时，既围山又围谷，山谷都有茂密的森林。他们组成的围圈，使任何野兽在逃窜时都能被发现和被追赶。最初，皇帝带着他的一般随从在围圈之间，一些人朝着他哄赶野兽，一些人向他供箭，还有一些人为他立即捡回射出的箭。围圈里有他的两个儿子，他们各带三至四名随从。在山里成群的野兽中，约有四十只狍子和雄鹿被杀死，大多数是由皇帝和他的两个儿子射杀的"[2]。

康熙三十一年（1692）七月，玄烨再次巡视塞外，张诚依然随往。这次随扈皇子较多，先后有皇长子胤禔、皇三子胤祉、皇四子胤禛、皇五子胤祺、皇七子胤祐、皇八子胤禩、皇九子胤禟等七人。为尽可能早地让儿子们经历围猎锻炼，玄烨安排九阿哥以上皇子，全都参加此次塞外之行。

张诚后来曾与白晋谈起行围中的见闻："起初，君王只把他的长子、第三个和第四个儿子带在身边；到打猎时，他还叫另外四个儿子随同前往，其中年龄最大的只有十二岁（皇五子胤祺），最小的才九岁（皇九子胤禟）。整整一个月，这些年幼的皇子同皇帝一起终日在马上，任凭风吹日晒。他们身背箭筒，手持弓弩，时而奔驰，时而勒马，显得格外矫捷。他们之中的每个人，几乎没有一天不捕获几件野味回来。首次出猎，最年幼的皇子就用短箭猎获了两头鹿。"[3]

---

1 《张诚日记》，张宝剑等译，杨品泉等校，载《清史资料》第5辑，第161页。
2 《张诚日记》，张宝剑等译，杨品泉等校，载《清史资料》第5辑，第172页。
3 ［法］白晋：《康熙帝传》，马绪祥译，载《清史资料》第1辑，第241页。

张诚在随扈途中写有日记，其中给读者印象最深的，是关于九阿哥胤禟奉皇父之命，从京城赶来参加行围的记述：我们返回北京途中，一天晚上到达宿营地时，"皇上的第九个儿子来到了。因为正在害耳后脓肿，他是一直留在北京的。陛下一听说他的病治好了，赶快叫他来参加打猎的消遣"。和这个皇子一同来的，"还有一位新从澳门来的外科医生（意大利籍传教士卢依道），就是这位医生给他治好了病"。几天后的围猎中，"皇子们让人们围了一个大圈，圈住了一只大熊。他们费了很大力气也不能把它从熊窝里赶出来。一条狗走得离它太近，被熊咬烂了。最后皇上的第九个儿子奉陛下的命令用滑膛枪打伤了这只熊。这一枪使大熊走动起来了，然后他一箭就射死了它"[1]。刚满9周岁的胤禟因为生病，未能赶上和皇父、皇兄们一起参加行围的全过程。所以，当诸皇子圈住一只大熊时，玄烨特让年龄最小、来得最晚的胤禟开枪射杀，从而为内心留有遗憾的小儿子提供了一次难得的表现机会。可以想见，胤禟枪箭并用，击毙大熊后，必定欢呼雀跃，神气百倍，而玄烨则露出会心的微笑，这是一位父亲看到稚子干了一件漂亮的事，并为稚子的喜悦而高兴时，才会有的笑容。

康熙五十五年（1716）十一月，63岁的玄烨离京往谒暂安奉殿和孝陵，胤祺、胤祹、胤禄等三个皇子随驾。谒陵结束后，玄烨率皇子、侍卫等冒严寒北行，开始冬狩。十二月初四日，他们在喀喇沁济（吉）鲁克地方行进时，路边突然窜出一虎，径直扑向御营。玄烨当即命身边22岁的皇十六子胤禄"提枪刺之"。由于与老虎相距很近，胤禄所用的又非可以射杀野兽的鸟枪，所以，不仅玄烨为儿子捏着一把汗，对此突发情况还来不及做出反应的侍卫们，也莫不十分恐慌。在此千钧一发之际，胤禄凭着良好武功和多次围猎的丰富经验，眼疾手快，一枪刺去，"正中虎胃，虎被刺，愤噬枪柄而毙"。胤禄的出色表现，得到皇父的褒奖，也令其身边的侍卫们钦佩不已。返回京师后，胤禄将立下大功而被猛虎咬断的虎枪"珍重藏之"，并在枪托上刻下铭文，详细记述经过，"以识一时之盛事"。这支神奇的虎枪，被胤禄的后代世世珍藏，传存至今。[2]作为一件难得的历

---

[1]《张诚日记》，张宝剑等译，杨品泉等校，载《清史资料》第5辑，第213、214页。
[2] 郭招金：《末代皇朝的子孙》，第260页，北京：团结出版社，1991年。

史证物，它时时提醒人们，不要忘记当年它的主人英姿勃发，勇敢强健，面对猛兽毫无畏惧，一刺而中的"伟绩"。此例还表明，围猎中有时会突遇不测，危险性很大。胤禄恰值盛年，尚无足论，但对于已年过花甲的玄烨，或尚在髫龄的小阿哥来说，诚属不易。

皇子们也曾不用皇父率领，自己去塞外行围。如康熙四十五年（1706）十月，没有参加当年木兰秋狝的三阿哥胤祉等几个皇子，赴口外围猎月余。但这种时候不多，因为除非皇子们跟随自己身边，否则，玄烨放心不下他们在行围、旅途中的安全。[1]

玄烨晚年疾病缠身。一次，他在热河接到步军统领隆科多的请安折，作了如下朱批："朕安。围场田猎已如期结束。""因碍于去年所患足疾，朕难于行走，只能在平坦易行处勉力为之，如同以往，赶压众兽近前。其余（崎岖坎坷）地方，朕亲眼看视，教导朕之子孙，令其围猎。因小儿们都善步行，各自多有猎获。"[2]尽管他本人的身体状况早已不适于参加围猎，但从培养、锻炼子孙后代考虑，仍然坚持举行木兰行围，而且还要亲眼观看，亲手指教儿孙们进行射猎。一个年近七旬的老皇帝，为了培育子孙，竟不顾自己的病痛，不惜一切代价，这种精神难能可贵。

在围猎中，玄烨不仅训练、提高儿子们的弓马骑射技艺，使他们磨炼意志，增强体魄，树立勇敢无畏、吃苦耐劳的作风，同时，还有意识地让他们观察自己的指挥与调度，培养他们统兵作战的军事才能。

康熙五十八年（1719），玄烨对青海蒙古王公罗卜藏丹津等谈到抚远大将军王、皇十四子胤禵："大将军王是我皇子，确系良将，带领大军，深知有带兵才能，故令掌生杀重任。尔等军务及巨细事项，均应谨遵大将军王指示。如能诚意奋勉，即与我当面训示无异。"[3]胤禵不仅未曾亲历战阵，连像他的皇兄们那样跟随皇父征伐噶尔丹的经历也不曾有过，其"带兵才能"从何而来？胤禵自己曾说："臣之本事才能，从小即为皇父稔知"；

---

1 满文朱批奏折，胤祉等奏，康熙四十五年十月十六日。
2 满文朱批奏折，隆科多奏，十月初一日上，十三日下。
3 吴丰培编纂：《抚远大将军允禵奏稿》第2卷，第19页，北京：全国图书馆文献微缩复制中心，1991年。

臣"自幼深受皇父疼爱",长大成人后,仍时刻不离皇父身边,"学习行走"。[1]可见他的军事素养和统兵才能,都是在历次随皇父进行围猎时,逐步学习、培养、提高的。

行围过程中,玄烨会对每个皇子进行各方面考察。他不仅稔知十四阿哥的"本事"和"才能",对于其他阿哥的弓马技艺、身体素质、指挥能力以及气质、处事风格等,无不了如指掌,并常常暗做比较,以决优劣。他选中胤禵率师西征,显然认为十四阿哥是其中最为优秀者。所以,玄烨对罗卜藏丹津等人所言,是经长期考察后对胤禵作出的评价,绝非泛泛空谈。而胤禵若无在皇父亲自指教下,围猎时从事调度、指挥等实践锻炼,断难于西北前线独当一面达四年之久,显示出很强的指挥与治军能力。

为了使皇子们从小懂水性,玄烨还培养他们的游泳本领。皇子们长大后,玄烨向他们解释自己这样做的初衷:"朕避暑时,曾于乌城热河等处捕鱼,见侍卫执事人中年纪幼小者,怜其未习于水,每怀怵惕。故朕诸子,自幼俱令其习水,即习之未精者,较之若辈,亦大不同。所以行船涉水,总不为汝等牵挂也。"[2]如果说玄烨是清朝12位皇帝中对于皇子教育下功夫最大的一位,他的儿子们堪称清朝历代皇子内掌握知识、技能最为全面者。

玄烨高度重视皇子们的武功骑射,不是偶然的,应从清朝建立、发展的历史和当时的时代背景中去找寻答案。

满洲统治者是马上打天下,马上得天下。从努尔哈赤以父祖遗甲十三副起兵,统一女真各部,建立地方政权,到皇太极重创明军,为清朝入关铺平道路,及至顺治帝以小克大,基本完成对中国大陆的统一,玄烨开创发展祖宗成业,进一步巩固清朝统治,无一不以八旗将士的精湛武功与勇猛士气,作为可靠后盾。弓马骑射与国语(满语)一样,被清朝统治者视为国本,起着立国安邦的至要作用。康熙年间,以玄烨为首的清朝统治者从团结汉族士绅、巩固统治的需要出发,制定了崇儒重道的基本国策,并采取了一系列相应措施。但另一方面,玄烨又千方百计地维护满洲的绝对

---

1 满文朱批奏折,胤禵奏,康熙五十八年正月十九日。
2 《庭训格言》,第21页。

统治地位，保持满洲特色，防止轻视国语骑射、一味汉化的倾向。他对皇子的教育，即体现了上述两方面的兼顾。玄烨曾直言不讳地与皇子、大臣们谈及两者的关系，强调行猎对加强武备的重要意义："朕谨识祖宗家训，文武要务并行，讲肄骑射不敢少废，故令皇太子、皇子等既课以诗书，兼令娴习骑射。即如八旗以次行猎，诚恐满洲武备渐弛，为国家善后之策。朕若为一人行乐，何不躬率遄往？近见众人及诸王以下其心皆不愿行猎，朕未曾不闻。但满洲若废此业，即成汉人，此岂为国家计久远者哉？文臣中愿朕习汉俗者颇多，汉俗有何难学？一入汉习，即大背祖父明训，朕誓不为此！……至于见侍诸子内，或有一人日后入于汉习，朕断不宥！且太祖皇帝、太宗皇帝时成法具在，自难稍为姑息也。"[1] 在玄烨看来，他的儿子们应兼收满汉文化精华，成为能文亦武、发展全面之人，而习练骑射，正是为了使他们能继承祖辈传统，掌握武功，强身健体，以保清朝统治长治久安。这一总的施教方针，为其后清帝所继承，只是做得较为逊色罢了。

（七）谆谆教诲

玄烨在与儿子们日常相处时的谈话，内容十分广泛。雍正帝即位后，和兄弟们一起追记皇考生前对他们的教导，汇编成书，定名《庭训格言》。玄烨的家训"倍切恩勤，提命谆详，巨细悉举"[2]，涉及敬祖、孝亲、保持满俗、正心修身、虚心向学、勤俭节约、教育后代、管教下属、养身之道、生活常识等等方面，集中反映了玄烨的教子宗旨与殷切期望。

玄烨教育皇子要尊敬祖先，告诉他们，外藩所供味美之羊，"朕不敢（先）食，特遣典膳官虔供陵寝，朕始食之"。宫中新制法蓝碗，"因思先帝时未尝得用，亦特择其佳者恭奉陵寝，以备供茶。朕之追远致敬，每事不忘，尔等识之"[3]。

孝道教育是玄烨教子的中心环节，特别是康熙四十七年（1708）一废

---

1 《康熙起居注》第2册，第1639页。
2 《庭训格言》，序。
3 《庭训格言》，第44页。

太子后，他在这方面采取了不少具体措施，前已述及。他向皇子们详尽地回忆自己对祖母孝庄太皇太后无微不至的孝敬，对嫡母孝惠皇太后长达50多年晨昏定省，共享天伦之乐等情况。在履行孝道方面，玄烨认为应该出于至诚，讨厌华而不实的形式与虚言。

玄烨很注意时时、事事、处处提醒儿子们不忘满洲旧俗和传统。他向儿子们阐述："我朝旧典，断不可失。朕幼时所见老先辈极多，故服食器用，皆按我朝古制，毫未变更。今住京师已七十余年，居此汉地，八旗满洲后生微微染于汉习者，未免有之，唯在我等在上之人，常念及此，时时训诫。在昔金元二代后世君长，因居汉地年久，渐入汉俗，竟如汉人者有之。朕深鉴此而屡训尔等者，诚为我朝之首务，命尔等人人紧记，著意谨遵故也。"皇子们建造府邸花园时，他希望不要效法汉人，"曲折隔断，谓之套房"，而应"以宽广弘厂，居之适意为宜"。在饮食进餐方面，他告诉皇子："我朝满洲旧风，凡饮食必甚均平，不拘多寡，必人人遍及，使尝其味。朕用膳时，使人有所往，必留以待其回，而与之食……"[1]

玄烨还要求儿子们切忌好逸恶劳，"圣人以劳为福，以逸为祸""人恒劳而知逸，若安于逸，则不惟不知逸，而遇劳亦不能堪矣"[2]。

为人处世上，玄烨希望儿子们要善于忍耐，要记住孔子的话："小不忍则乱大谋"，认为这是"圣人之言，至理存焉"[3]。

玄烨以自己的切身经历为例，向儿子们强调虚心向学的重要性。他幼年习射时，"诸人皆称曰善"，只有一位教习者每每直言，指出其不足，他因而发奋苦练，终于"骑射精熟"。玄烨据此告诫儿子们："不可被虚意承顺赞美之言所欺，诸凡学问，皆应以此存心可也。"[4]

玄烨在生活上自奉节俭。他曾联系老子知足常乐的思想教育儿子们："朕……恒自知足，虽贵为天子，而衣服不过适体，富有四海，而每日常膳，除赏赐外，所有肴馔，从不兼味，此非朕勉强为之，实由天性自然。

---

[1] 《庭训格言》，第78、42-43、48页。
[2] 《庭训格言》，第14-15页。
[3] 《庭训格言》，第86页。
[4] 《庭训格言》，第7页。

汝等见朕如此俭德，其共勉之。"[1]

玄烨对儿子们的训导中，还涉及关于教育后代问题。他根据自己教子的经验，希望儿子们对下一代也要从小严格管教。他说："为人上者，教子必自幼严饬之始善。"被娇养的孩子长大成人，"不至痴呆无知，即多任性狂恶，此非爱之，而反害之也"[2]。

玄烨教儿子如何使用仆从"属下"："为人上者，使令小人，固不可过于严厉，而亦不可过于宽纵。""尔等平日当时常拘管下人，莫令妄干外事，留心敬慎为善，万不可听信下贱小人之语。"他以自己严格管理太监的现身说法，告诫皇子断不可使太监稍有逾越之处："即朕御前近侍之太监等，不过左右使令，家常闲谈笑语，从不与言国家之政事也。"[3]这既有前朝经验教训，也反映出封建社会严格的等级制度。

玄烨还将自己的一套行之有效的养生之道，传授给皇子们。他认为"人之养身，饮食为要"，"节饮食，慎起居，实却病之良方"。饭后应心情舒畅，"如是则饮食易消，于身大有益也"。他举出书法家、画家多长寿的例子，向儿子们讲述"心不外驰，于身有益"的道理："凡人之心志有所专，即是养身之道。"玄烨告诫儿子："断不可躭于酒者，正为伤身乱行，莫此为甚也"。他一再提醒儿子，既要注意个人的洁静，也不能太过而形成"洁癖"，否则反受其害，"实非正心修身之大道"[4]。玄烨将养身与正心修身并观，是其养身之道的一个特点。

玄烨也经常告诉儿子们一些生活中的常识，如"大雨雷霆之际，决毋立于大树下""春夏之时，孩童戏耍，在院中无妨，毋使坐在廊下，此老年人尝言之也"。他叮嘱儿孙们："行围打牲，必用鸟枪，火药最宜小心。大概一两火药，可以烘（轰）动二三间房屋，如或一斤，则其力不可言矣。"[5]

《庭训格言》是根据皇子们的追忆写成，玄烨当时已经去世。从内容

---

[1] 《庭训格言》，第11页。
[2] 《庭训格言》，第17页。
[3] 《庭训格言》，第24、18、25页。
[4] 《庭训格言》，第21、3、56、36、32–33页。
[5] 《庭训格言》，第14、44、37页。

看，大都是这位历史名君在晚年时的讲话，加之皇子们追忆时的遗漏、修饰美化及删除不便公开之语，所以不可能展现玄烨教子的全貌。不过，这一帝王之家的"家训"，终究反映出玄烨平时对诸子寓爱于教、深入浅出、因时因地、针对性强的启迪和教诲。

（八）教子特色与薄弱环节

玄烨教子中，值得注意之处有如下几点。

第一，教育对象为全体皇子，不仅对皇太子精心施教，对其他皇子也从无例外。

第二，培养皇子的目标十分明确，期望他们全部成为文武兼备，既符合儒家伦理规范，又保持满洲优良传统的栋梁之材。

第三，对皇子施教的方面很广，除儒家经典、国语骑射外，还有自然科学与科技知识，甚至包括游泳等技能。玄烨不满足只让皇子们在书房里讲诵钻研，更注重让他们通过实际锻炼，使用、巩固学过的知识（这里主要是指科技知识），提高办事能力。

第四，玄烨从皇子四五岁就开始施教，至其20多岁，未曾间断。有的皇子在学业的某些方面存在欠缺，即使完婚搬出皇宫后，玄烨也不放过，继续督促，进行补课，如要求皇八子胤禩补练书法，就是一例。

第五，玄烨虽然延请名儒博学之士充任皇子之师，但并没有将教子之责，完全付与师保，而是亲自制定皇子学习的内容及各项具体规章，并尽可能地亲自教授检查。

玄烨教子的一个突出点，是注重满汉文化的兼容性。他将两个民族的不同文化，尽可能地统一在对皇子施教的全过程中，使二者互为补充，相得益彰。他始终贯彻民族性为先的原则，要求皇子们不忘国本，发扬满洲人勇敢尚武、质朴豪爽等作风与传统。但同时，他又极力创造条件，让皇子学习汉文化中一切有用的东西，以提高他们的文化素养。在这方面，充分体现出新兴的满洲统治者思想比较开放，善于学习其他民族的文化精华，乐于接受新知识的长处。

从总体上看，玄烨培养出的皇子，大都发展比较全面，具有较高的满汉文化水平，无论编纂书籍、处理行政事务或指挥千军万马，都能找出堪当其任者。这一事实提示人们，在清朝的特定历史条件下，只有最大限度地兼容满汉不同文化内涵，才可能教育出兼具满汉民族特色，发展均衡，有着多种才能的皇子。融合两种民族文化的沃土，具有更充足的养分，能够生长出多彩多姿的奇葩。

玄烨教子中，品格教育是一薄弱环节。在这方面，他不仅缺乏切实有效的措施，甚至有时还因自己的不当言行，给皇子以错误导向，无形中助长了他们的不良意识和思想。尊师问题，就是最明显的一个方面。

康熙二十六年（1687）六月，玄烨决定让詹事府詹事汤斌、少詹事耿介、吏部尚书达哈塔等三人，"朝夕于皇太子（胤礽）前讲书"。当月初九日，三位老师辅导胤礽学习的第一天，玄烨当着胤礽面，考问汤斌、耿介有关经书中的典故与词语，并令汤斌背诗，汤、耿二人或不能答，或背不全。[1] 玄烨在胤礽面前故意刁难其老师的做法，不利于对胤礽的教育，很不明智，但如果考虑到汤、耿二人虽是太子之师，但终究是皇帝的奴仆，此举也就不足为怪了。

当时正值盛夏。汤斌、耿介等都已年迈，每日在太子书房陪侍，从早上直到薄暮。长达十几个小时内，他们大部分时间是侍立书房东侧，每逢与胤礽讲话，或为胤礽指定背诵章节，都须首先下跪，捧接经书后，等胤礽背诵完毕，才起身退立原处。胤礽偶尔让他们坐一下，也要叩头谢恩。即使年轻力壮者，在酷暑高温之日，精神高度紧张地持续劳作十余小时，也难以坚持始终，更何况这些老人！《康熙起居注》中记载了当时的情形："时盛夏初伏，溽暑炎蒸。皇太子凝神端穆，冠服严整，仪度从容，伏案作书，持笔甚敬，而汤斌、耿介常常昏倦，几至颠仆。""于时日已正中，甚暑。皇太子不挥扇，不解衣冠，端坐无惰容，而达哈塔、汤斌、耿介不能支持，斜立昏盹而已。"[2] 胤礽刚过13周岁，精力旺盛，酷暑中坚持学习，自然算不了什么，而且他一直是坐着念书习字。但汤斌等三位老师，若非实在不能支持，绝不会在皇太子面前"斜立昏盹"，这种"非礼"

---

1 《康熙起居注》第2册，第1637、1641页。
2 《康熙起居注》第2册，第1642、1644页。

表现，很可能招致重罪。他们如此失态，恰恰表明其身体承受力已到达极限。起居注官如实记下当时的情形，使太子与汤斌等人形成鲜明对照，旨在褒扬胤礽的刻苦精神，但客观上却是对玄烨教子中存在弊端的真实写照和揭露。

令人惊讶的是，对于胤礽不尊敬、善待老师的行为，康熙不仅默认，还着意为之辩解。六月十一日早，胤礽习字时，侍立于侧的耿介突然晕倒在地。玄烨得知后，派侍卫到皇太子书房向老师们传旨："向来讲书，尔等皆坐。今以皇太子委付尔等，应坐应立，宜自言之。尔等侍立，朕焉得知？凡大臣启奏时久，朕皆赐之坐论，起居注官皆知之。皇太子欲赐坐，未奉朕谕，岂敢自主？"达哈塔赶忙回奏以做解释："臣等学识疏浅，不敢当辅导重任，是以臣等自行侍立。"[1]胤礽身为太子，当然有权令老师坐讲，况且他也这样做过，只是次数极少。他明明看到老师的疲惫之态，却让他们长时间侍立一旁，而玄烨并未指责一句，反将责任揽到自己身上，并有埋怨汤、耿之意。这种做法，只会促使胤礽其后遇到类似事情时，更加为所欲为。

汤斌等人仅为皇太子"早晚讲读"了四五天，便先后病倒。不久，汤斌因"擅用（实际上是奉太子之命）朱笔错圈太子仿内甚好之字"而被参劾，加之当时朝内党争相陷等复杂因素，受到降级处分；耿介则被革职。玄烨择选大臣日辅太子左右的计划，彻底失败了。

时隔三载，康熙二十九年（1690）七月，玄烨率军赴塞外与噶尔丹作战途中，突然发起高烧，病势较重，特从京城召来皇太子胤礽和皇三子胤祉。胤礽见到正受病痛折磨的皇父，竟无动于衷。于是，玄烨"以允礽绝无忠爱君父之念，心甚不怿，令即先回京师"[2]。胤礽对皇父的这种冷漠态度，与其三年前不体恤年迈老师的行为一脉相承，玄烨自食教子不当的恶果，这大概是第一次。

对于其他皇子的老师，玄烨求全责备，更有甚之，而由此给皇子们造成的不良影响，也具有普遍性。

---

1 《康熙起居注》第2册，第1646页。
2 《清圣祖实录》第147卷，第22–24页。

康熙二十五年（1686）四月，玄烨在瀛台教皇子们射箭，随去的皇子之师徐元梦因不善骑射，遭到"詈语诘责"。徐元梦进行解释后，玄烨"震怒，命扑责，被重伤，命籍其家，父母皆发黑龙江安置"。然而，为了不耽延皇子学业，徐元梦受重伤的当夜，玄烨"命医二人治其创。翌日，复召诣皇子书堂。时大雨，（徐元梦）裹疮至宫门，跪泥中，见御前侍卫，即号泣，求转奏：'臣奉职无状，罪应死。臣父廉谨，当官数十年，籍产不及五百金。望圣主察之。且臣父母皆老病，臣年正壮，乞代父谪戍，尚能胜甲兵效命。'众皆掩耳去之。有关保者最后至，斥公而入，尽以公言奏"。玄烨"立赦公父母，则已槛车就道矣。及诸途，观者夹路，皆感泣"。徐元梦遂复职，"仍侍皇子"[1]。这时皇子们还都年幼，玄烨当着他们的面，对其老师大打出手，下令籍没其家，将其父母流放黑龙江，这一切会在皇子们稚嫩的心灵上留下很深的阴影，使其本能地意识到自己的高贵身份与老师的低贱地位。如此情形下，何谈让他们尊重师长！当然，玄烨重惩"不能挽强"的徐元梦，也是故意做给诸子看，使之引以为戒，学好弓箭技艺，但客观上，却在更为重要的方面收到相反效果。这一事例真实地反映出康熙朝皇子之师的可怜处境。尽管玄烨最终动了恻隐之心，将徐元梦复职，其父母也免于流放，可是由此带给皇子们的消极影响和作用，则是玄烨永远无法挽回的。

康熙四十六年（1707）正月二十二日，玄烨离京，开始第六次南巡。二月初七日，"御舟泊临清州堂邑县李官营"，玄烨收到胤祉等12个皇子、皇孙自京城发来的请安折。他在折上做了如下朱批："让随朕前来的三个小阿哥念书，经朕看试，伊等皆不明文义，生疏而不流畅，这俱由徐元梦不尽心教诲所致。见今在这里反复诵读，大有长进。拟将徐元梦革职，当着全体阿哥之面，由乾清门侍卫杖笞三十板。令伊于朕外出期间，勤勉教诲在京阿哥。如若徐元梦仍履复辙，再加板答之，断不宽恕。"[2]

二月十一日，胤祉等八个皇子向皇父奏报："臣等传谕内务府总管凌普，将徐元梦革职。并传旨徐元梦，在臣等共同看视下，由乾清门侍卫轮

---

1 《国朝先正事略》第9卷，第262页。
2 满文朱批奏折，胤祉等奏，康熙四十六年二月初五日。

换而为，将徐元梦着实杖笞三十板，并交付道：'（我等）皇父外出期间，尔须尽己所能，勤勉效力，教在家小阿哥们念书写字。'徐元梦所奏认罪之言，臣等未予承领。"玄烨阅后朱批："知道了。"[1]胤祉等皇子中，很可能有人曾是徐元梦的学生，或者依然从学于徐元梦。当徐元梦教授他们儒家典章，为他们讲释尊师爱友之道时，大概不曾料到，自己会在学生的指挥、看视下，遭到众人的羞辱，忍受杖笞之痛。

第二次废黜皇太子后，玄烨曾斥责胤礽"举动乖张"，即如对掌院学士徐元梦，竟"在朕前背立以手指伊，詈及父母推入河内，复引出殴打"[2]。此刻，玄烨显然早已忘记他本人动辄将徐元梦的父母发配流所，并让皇子们共同看视对徐元梦杖笞的事实，更不会想到这与胤礽的"乖张"表现之间，存在着因果关系。

还应看到，八旗制下，皇帝与所有旗人均为主奴关系。徐元梦隶属于皇帝自将上三旗之一正白旗满洲旗。他虽然是诸皇子之师，但无从改变其奴仆身份。玄烨让诸子看视杖笞徐元梦，折射出主人对奴仆的凌虐蔑视。

雍正元年（1723）正月，雍正帝胤禛之子与老师们初次在书房见面，胤禛遣内侍总管传谕："皇子见师傅，礼当拜。"当皇子们遵旨行礼时，老师们"固辞不敢当，遂行揖礼"[3]。自此，皇子与老师相见，互行揖礼，遂成一项定制，为雍正以后各朝所遵行。这说明在康熙朝，玄烨并未定立过类似的规制，而胤禛对此明确降旨，可见他已认识到乃父在这方面的疏忽。虽然这是形式上的礼节，无法代替尊师重道之实，但最为重视皇子教育的玄烨，却将此完全置之脑后，实在令人诧异。事实上，没有任何尊师观念的皇子，不可能对自己的父兄长辈真正怀有孝义之心，因为两者密切相联，很难截然分开。这一显而易见的道理，玄烨竟没有认识到。

在其他方面，玄烨的表率作用有时也很不够。比如，他一再教导儿子们要"清心寡欲"，"平日不自放纵"[4]，可是他本人直到暮年后，还一再从

---

[1] 满文朱批奏折，胤祉等奏，康熙四十六年二月十一日。
[2] 《康熙起居注》第3册，第2483页。
[3] 张廷玉：《澄怀主人自订年谱》，第20页。
[4] 《庭训格言》，第70、3页。

江南挑选女子，充实后宫。父行子效，玄烨在世时，皇子内有不少人也从苏州等地买来女子，以资玩乐。[1]

《朝鲜李朝实录》中，对玄烨诸子倚恃特权，横行霸道，为非作歹的行径，有所披露。雍正元年（1723）二月，出使清廷的朝鲜使臣到沈阳，以道路所闻驰启曰："康熙皇帝子女众多，不能偏令富饶，诸子女受贿鬻官，若漕总盐务等职，随其丰薄而定赇多少。且于京外富民之家，勒取财产，多至数十万，小或累万金，而田园人畜，亦皆占夺，人或不与，则侵虐万端，必夺乃已，而不禁。新皇帝（胤禛）亦尝黩货致富，及登大位，前日所占夺者，并还本主，而敕谕诸昆弟曰：'朕在邸时，虽不免夺人利己，而未尝伤害人命。他余昆弟则杀人伤人，朕甚悯之……尔等所夺民财，限一年并还其主。若久不还，致有本主来诉，断不以私恩贷之也。'……畿内饥荒，三王（皇三子胤祉）、五王（皇五子胤祺）、九王（皇九子胤禟）贸米积置，不许发卖，以待市值之登。即今米一斛，价至银八两，而米无有处，民不得买食矣。"[2]

具有讽刺意味的是，玄烨教子费尽心血，根本目的就是为了吸取"古昔贤君，训储不得其道，以致颠覆"[3]的教训，使皇太子能接好他的班，诸皇子能成为他的得力助手，父子兄弟同心协力，巩固清朝的统治。但结果却适得其反，皇太子胤礽被废黜，诸皇子激烈争夺储位，他精心教育下成长起来的儿子，客观上竟成为其晚年统治中的掣肘因素，严重妨碍了皇权的集中与巩固。

皇子们诸如此类的表现并非偶然。由于他们是被作为统治王朝的接班人而培养，因此所受品德教育势必带有很大局限性，而其高贵的身份，特殊的政治地位和权势，统治阶层巧取豪夺的榜样，以及包括建储制度在内各种制度的漏洞，都在助长他们的贪婪与私欲，为其挥霍无度，图谋储位，拉党结派，提供了便利条件。这是其所处环境与时代造成的必然结果，不以玄烨的个人意志为转移，也不是任何教子举措能够改变的。

---

1 《关于江宁织造曹家档案史料》，第210页，北京：中华书局，1975年。
2 吴晗辑：《朝鲜李朝实录中的中国史料》第11册，第4382-4383页。
3 《康熙起居注》第2册，第1638页。

二、训练从政

为使儿子们早日成为栋梁之材,玄烨不仅仅在知识、技能方面进行教育培养,待其稍为年长,便让他们承担政务,以提高处理实际事务的能力。

(一)太子代理国事

康熙三十五年(1696)到三十六年,玄烨先后三次亲征噶尔丹,共计有十余月不在京城,其间,始终由皇太子胤礽代理政务。三十五年二月,玄烨第一次亲征前夕,谕大学士等,"此次各部院衙门本章,停其驰奏,凡事俱著皇太子听理,若重大紧要事,著诸大臣会同议定,启奏皇太子"[1]。这时胤礽23岁。

玄烨离京后,胤礽通过驿站专使,与皇父保持密切联系,每隔数日,将各项政务及京城发生的重要事情,缮折详细奏报。如三十五年三月,胤礽奏闻有关漕运事务,玄烨阅后做了朱批:"漕运一事,皇太子及在京大臣,应时刻挂在心上。当差遣敏练章京,乘驿往查拖延缘故,照派遣白赫纳前往闸口之例差出。"奏折发回,胤礽立即照办,随后再次缮折回奏:"今遵旨派出户部郎中诺和纳,往办本年封闸蓄水,以渡漕船事,诺和纳已于三月初六日起行。又遵旨委派户部郎中德克德尼,往查漕船延误缘故,拟于(三月)二十二日起程。"玄烨阅罢,批写"知道了"三字,表示同意。[2]

康熙三十五年(1696)十二月中旬,玄烨即将结束第二次亲征,返抵京师。十六日,胤礽给皇父的奏报中写道:"原拟停止奏送部院事务,以待皇父回京。但因封印之日已近,恐有延误,臣仍将太常寺一事,吏部二事,户部三事,兵部一事,礼部二事,工部一事,理藩院五事,(甘肃振武)将军孙思克所奏三事,及理藩院查奏二折,一并谨具奏送。"玄烨朱批:"皇太子将此等事务缮折奏报,甚是。有关回子三事,在朕处议定后发

---

[1] 《清圣祖实录》第171卷,第20页。
[2] 台北故宫博物院:《宫中档康熙朝奏折》第8辑(满文谕折第1辑),第78—80页。

回。"[1]

玄烨对皇太子代理国政时的表现相当满意。康熙三十五年十一月，给胤礽的朱批中说："皇太子所问，甚周密而详尽，凡事皆欲明悉之意，正与朕心相同，朕不胜喜悦。且汝居京师，办理政务，如泰山之固，故朕在边外，心意舒畅，事无烦扰，多日优闲，冀此岂易得乎？朕之福泽，想由行善所致耶？朕在此凡所遇人，靡不告之。因汝之如此尽孝以事父，凡事皆诚恳肫切，朕亦愿尔年龄遐远，子孙亦若尔之如此尽孝，以敬事汝矣。因稔知尔诸事谨慎，故书此以寄。"[2]胤礽具有综理政务的能力，这是玄烨长期培养、训练的结果。胤礽代父听理国政已非第一次。

康熙二十三年（1684），玄烨首次南巡，因皇子们尚年幼，没有带往。二十八年他第二次南巡，只带上18岁的皇长子胤禔，而让16岁的皇太子留在家中。康熙三十年，玄烨去塞外主持多伦会盟，仍然未带胤礽，只有皇长子胤禔，皇三子胤祉随驾。玄烨有意为已成年的太子提供锻炼机会，当自己外出时，试着让他料理政务，逐步积累经验。

康熙三十二年（1693）五月，玄烨患病，不能理政。他传旨大学士伊桑阿等人："朕因违和，于国家政事，久未办理。奏章照常送进，令皇太子办理，付批本处批发。细微之事，即或有一二遗误，无甚关系，其紧要大事，皇太子自于朕前奏闻。"[3]此次胤礽听理国政，皇父就在身边，他得以随时请示、商讨，必定获益良多。三十八年二月，玄烨第三次南巡，太子依然没有随去。有了以往的实践锻炼，胤礽处理政务时更加从容不迫，游刃有余，玄烨则更为放心而无后顾之忧。

平日，胤礽辅助皇父做了不少事，玄烨也有意在臣工前树立他的威信。

白晋给法王路易十四的秘密报告中说："就在我陛辞的那一天（1693年，即康熙三十二年，白晋奉玄烨之命返国），我十分荣幸地得到了皇太

---

1 台北故宫博物院：《宫中档康熙朝奏折》第8辑（满文谕折第1辑），第516—519页。
2 台北故宫博物院：《宫中档康熙朝奏折》第8辑（满文谕折第1辑），第400—402页。
3 台北故宫博物院：《清代起居注册·康熙朝》第4册，第1962页，台北：联经出版事业公司，2009年。（按，《清圣祖实录》第159卷第10页有此谕，但过于简略。）

子赠送的他自己的一件衣服。这是一种特殊的恩典……我们以为，此举是出自皇帝的旨意，因为不久前皇帝曾命人两次问我，皇太子是否送过我什么东西。"大约在此前后，洪若翰和刘应两神父抵京时，"皇帝因病卧床不起，未能像往常他身体健康时那样，让他们前往谒见。皇太子了解到这两位神父的才能后，就会见他们，并与他们亲切交谈"[1]。玄烨让胤礽赠衣与白晋，旨在扩大皇太子在西方来华传教士中的影响；他生病时，由胤礽代表他会见洪若翰等人，显示出太子在朝中的崇高地位。

康熙四十二年（1703）三月，玄烨结束第四次南巡（此次随行皇子，有胤礽及皇四子胤禛、皇十三子胤祥等）返京，已致仕在家的高士奇随驾入都。当高士奇回归之日，向玄烨陛辞后，"至皇太子处，时，皇太子将至御前"，见到高士奇，"仍回辇入宫，召至榻前。慰问再四，赐五言律诗一首'南陔春永'匾额，绒帽一顶，有金刚石安蓝龙缎袍，红青四团龙褂各一袭。"接着，"又令备皇太子自骑走骡，送至通州"[2]。高士奇在南书房供职多年，很受玄烨信任。玄烨对他的宠遇，体现了对江南士绅的团结政策。高士奇进京期间与太子之间的交往，是玄烨一手安排，以使胤礽进一步博得江南文士的好感，为其日后继承皇位，统治国家，打下良好基础。

（二）胤禵出征

玄烨晚年，对于他所属意的十四阿哥胤禵的培养与锻炼，和上述培养胤礽的情况，有很大不同，是清朝入关后历代皇帝培养皇子方面，最为独特的一例。

康熙五十一年（1712）十月，胤礽第二次被废黜。玄烨总结历史和现实的经验，经过反复思考，决定实行秘密建储计划，并确定了包括四部分内容的方针与步骤，即皇帝全权决定储君人选；择贤而立；对储君暗中考察和培养；对储君人选及其他有关储位的问题严格保密。从才力、品格、年龄、身体等各方面综合比较、考察后，玄烨最终选定皇十四子胤禵作为

1　[法]白晋：《康熙帝传》，马绪祥译，载《清史资料》第1辑，第243页。
2　高士奇：《蓬山密记》，载《清代野史》第6辑，第338页。

未来的皇储。[1]但是,康熙五十七年初,玄烨准备举行立储大典前夕,传来准噶尔军攻取拉萨,控制整个西藏的消息。在清朝的统一和完整受到严重威胁的情况下,玄烨果断中止拟行册立之举,将31岁的暗定储君胤禛派往前线,掌握全盘军务,并借此对他作进一步的考察和培养。

胤禛西征对于清朝的重要性,不亚于玄烨三次亲征噶尔丹。

准噶尔控制整个西藏后,不仅与西藏毗邻的青海、四川、云南受到严重威胁,准部统治者一旦掌握了黄教,就可借此煽动笃信此教的蒙古各部脱离清朝统治,从而破坏被视为清朝统治基础之一的满蒙贵族联盟。因此,这是自康熙二十九年(1790)噶尔丹进迫乌兰布通以来,清朝所面临的最为严峻的形势。

在胤禛指挥下,康熙五十九年(1720)八月,清军攻克拉萨,收复西藏,新达赖六世在拉萨举行了隆重的坐床仪式。这次驱准保藏战役拯救西藏各阶层民众于水火之中,振兴黄教,促进各民族间的团结,提高了各民族对以玄烨为首的清中央政府的向心力。它再次挫败准噶尔贵族集团建立一个与清朝相抗衡的大帝国的企图,恢复了清朝江山的完整和统一。它不仅与玄烨三次亲征噶尔丹一样,在清代历史上占有重要的一席之位,对于我们统一多民族国家进一步巩固、发展也有深远意义。

同样是接受皇父的考察、培养,但胤禛指挥西征之役的难度,要远远超出胤礽在京代理国事。

胤礽代理国事,基本上是按部就班地进行,有疑难问题可及时向皇父请示(玄烨亲征时,胤礽奏折往返期一般为数日或十余日),得到明确答复后,再行办理。所办政务方面虽广,但毕竟有一较固定的范围,又有玄烨办理的先例,胤礽或有所本,或可参照,需要另行裁夺之处相对不多。胤禛的情况则完全不同。

胤禛远在西北前线,尽管通过密奏与皇父之间始终保持着联系,但因相距数千里,奏折往返须在一个月以上[2],这势必要求胤禛在尚未得到皇父的有关答复前,对许多重大问题做出自己的判断,采取相应对策。

---

1 参看杨珍:《康熙晚年的秘密建储计划》,载《故宫博物院院刊》1991年第1期。
2 满文朱批奏折两件,胤禛奏,康熙五十九年六月二十九日,康熙五十九年八月二十九日。

玄烨第一次亲征噶尔丹，胤礽在京代理国政。玄烨令大学士阿兰泰、尚书马齐、佛伦三人"偕各部院大臣，分为三班，值宿紫禁城内"[1]，对太子进行辅佐。胤祯西征军中，也设有类似参谋部的议政王大臣会议，成员为平郡王讷尔苏及其他随军宗室王公、都统、副都统等。不过，这两个辅佐班子所起作用，并不完全相同。因胤礽是处理日常政务，阿兰泰等人的提醒、咨询之责要相对大些，而在事关军事机宜的问题上，更多时候需要胤祯本人拿主意，讷尔苏等无权，也不敢干预过多。所以，从独当一面的角度衡量，胤祯在西征中经受的锻炼，要比胤礽代理国政时受到的锻炼大得多。再者，胤祯率师西征前后长达四五年，是胤礽代理国政时间总和的数倍以上。

胤祯西征时所遇到的问题错综复杂，不仅局限于军事方面，还有像解决青海蒙古王公之间的矛盾分歧；整顿甘肃、青海部分文武官员失于职守、贪污腐化的作风；团结、争取被蒙藏民众奉为达赖喇嘛的转世灵童小呼毕尔罕（即后来的新六世达赖）；对青、陕、甘地区各族统治者进行安抚；等等，涉及政治、军事、后勤、民族、宗教等各个层面。只有尽可能减少疏漏，将各项准备做得细致、周全，才能免除清军后顾之忧，保证驱准保藏之役顺利进行。

对胤祯遇到的上述困难及其艰巨性，玄烨有着客观、清醒的认识。康熙五十九年（1720）六月，他在胤祯的请安折上朱批道：有关事宜"已降旨发出，暂无再言之事矣。只是尔等所去地方遥远，惦念之心，时刻难解。从尔处返回人口中得知，凡应戒备之处，比我们在家所预想者，仍多出数倍，务必小心！慎之！慎之！"[2]这从一个侧面，反映了胤祯指挥西征之役的难度。

清入关后历朝皇子中，胤祯是唯一一位长期远离京师，独当一面，领导统一边疆事业，并做出重大贡献的皇子。在王朝的统一面临巨大威胁的时刻，玄烨毅然派出已属意的爱子，授与统军西征的重任，试图将解决一直困扰清廷的准噶尔问题，与培养、考验、锻炼未来接班人有机地联系起

---

1 《清圣祖实录》第171卷，第20页。
2 满文朱批奏折，胤祯奏，康熙五十九年八月二十九日。

来，显示了一位杰出政治家的高瞻远瞩与气魄。无论这一作法结果如何，其精神可嘉可赞，清朝十二帝中，再无堪比者。

胤祯没有辜负皇父的期望。驱准保藏战役胜利结束后，他奉命留在西北前线，准备进军伊犁，彻底解决准噶尔问题。但是，因康熙六十一年（1722）十一月十三日玄烨猝死，而秘密建储计划尚在草创阶段，自身存在着一系列漏洞，致使胤祯胞兄皇四子胤禛（雍正帝）乘机即位。秘密建储计划彻底失败，胤祯变为阶下囚。玄烨通过西征之役，有计划、按步骤、卓有成效地培养暗定皇储的初衷化为泡影，这与皇太子胤礽最终被废黜的不幸结局前后呼应，成为玄烨在培养皇子方面，最大悲剧所在。

（三）跟随皇父身边

玄烨凡是外出，总要有选择地将一些皇子（包括皇太子）带在身边，使之耳濡目染，学习锻炼。这是他培养、提高皇子从政能力的一个重要途径。

玄烨三次亲征噶尔丹时，命部分皇子随同前往。

康熙三十五年（1796）二月第一次亲征，扈从皇子有大阿哥胤禔（25岁）、三阿哥胤祉（20岁），四阿哥胤禛（19岁），五阿哥胤祺（18岁），七阿哥胤祐（17岁），八阿哥胤禩（16岁）。随行的传教士张诚在日记中写道："皇帝此行是前去向厄鲁特汗宣战，他带着他的六个儿子，即除皇太子留在北京代理皇帝执政外，凡长大到可以旅行的儿子都要去。"[1]九阿哥胤禟尚不足14周岁，年龄过小，否则也在扈从之列。

行前编队时，玄烨将随征皇子安排在出征八旗各大营内。每个皇子所在营，都配备了有经验的大臣，其任务是对皇子进行辅佐，实际上还负有在征途中督领下属人员，确保皇子安全的重责。出征前夕，玄烨明确指示大学士伊桑阿、阿兰泰："诸皇子虽精娴骑射，然于戎事未曾阅历，即诸王之中，未经身亲军务者亦多也。部院大臣皆属供职年久，谙练政务，故朕特加选择，调旗分置于诸皇子及王等军中，凡严肃营伍，禁戢士卒诸务，

---

[1] 《张诚日记》（续），张宝剑译，载《清史资料》第6辑，第179页，北京：中华书局，1985年。

皆令其与诸皇子、王等商画从事，战阵之时亦相随佐理。诸皇子及王等如有过失，即为面诤，毋得瞻徇，言若不听，则奏闻于朕。倘不仰体朕委任之意，凡壁垒不整，军旅无纪，皇子或王等或有过失，瞻徇顾畏，罔克匡正，于朕前又不行举奏，则朕必按军法治罪，决不宽宥。可传谕诸臣。"[1]玄烨不满足只是让儿子在比武、围猎中精娴骑射，还希望他们亲身阅历戎事，在真正的战场上经受锻炼。这是他命子随征的首要目的。

按原定方案，玄烨率领的中路军将于塞北土喇地方，与抚远大将军费扬古率领的西路军会师，共同围歼噶尔丹。因军情瞬息万变，玄烨临时做出调整，随扈皇子也参加讨论，阐述己见。三十五年四月，玄烨召集各营大臣，商议在费扬古军延期抵达土喇的情况下，中路军应当如何行动。统领镶红旗大营的皇三子胤祉，偕同领侍卫内大臣公福善等人，坚决反对缓行以待的建议，主张"一面移文催西路之兵，一面使贼不及为备，前往击之"[2]，表现出对复杂情况具有较强的判断力。

这次随征皇子中最为突出，堪称皇父得力助手的，是皇长子胤禔。他先是奉命与领侍卫内大臣索额图一起，统领"有六至七千人的前卫部队"，即前行八旗前锋兵、汉军火器营、四旗察哈尔兵及绿旗兵。[3]当年五月，玄烨得到费扬古军于昭莫多大败噶尔丹的消息，决定班师时，又命胤禔留驻中拖陵断后，料理赏兵事务，散发军粮。直至六月底，胤禔才遵谕从中拖陵返回京师。玄烨在茫茫大漠中与长子暂时别离之际，特赋诗《班师拖陵，留皇长子胤禔殿后示之》以赠："北伐经时铁马驰，自春徂夏历边陲。炎风暑雨归来日，留待旋镳统六师"[4]。

长达三个多月的塞外征途生活，异常艰辛，玄烨要求皇子们和官兵一样，风餐露宿，不得享受任何特殊照顾。

一次，玄烨发现内务府官员违背了每早清军出发前禁止起火的命令，立即予以严肃处理，并就此训斥全体官兵：你们必须切实执行命令，即

---

[1] 《圣祖御制文二集》第25卷，第22—23页。
[2] 《清圣祖实录》第172卷，第16—17页。
[3] 《张诚日记》（续），张宝剑译，载《清史资料》第6辑，第195页。
[4] 《圣祖御制文二集》第46卷，第15页。

使是我的儿子，也不得例外。"此后，虽然皇帝的儿子们年纪幼小，他们都遵守每天吃一餐的命令，看来他们也乐于这样做。"[1] 内务府官员违例于清晨起火做饭，很可能是为皇子们准备早餐，玄烨明明知道，却毫不通融。征途上，每逢下雨，玄烨抵达宿营地后，从不率先进入已为他搭好的帐篷，而是冒雨同皇子及全体将士站在一起，等到兵丁们的帐篷全部建起后，才和众人同时进入各自的营帐。

清朝入关后十帝中，玄烨是唯一曾经御驾亲征的皇帝，他的儿子随扈出征，也是入关后其他各代皇子所从未经历的。

玄烨亲征噶尔丹时，距清朝入关已有半个多世纪，王公大臣内日渐滋长起贪图享乐，追求安逸的思想，厌战情绪也有蔓延。玄烨亲征时，特意带上皇子的目的之一，也是以此教育宗室成员和八旗官兵，让自己的儿子为王公子弟们做出榜样。贵为皇子，尚且不畏艰险，勇于征战，其他臣工更应义无反顾，效命疆场。皇子随驾亲征，对于玄烨所帅六军将士，是一很大鼓舞，有助于提高士气与作战力。尽管玄烨所在中军，没有与噶尔丹军直接交锋，皇子们未得厮杀战场，但随征本身，足以使他们受到锻炼，增长了才干。特别是亲眼看到皇父如何处理军政机务，指挥千军万马，如何以身作则，体恤官兵，这些对于他们其后的成长有不可低估的作用。

玄烨一生先后六次南巡，除第一次外，其余五次都有皇子随行。五次南巡中，跟随皇子最少的一次，是康熙二十八年正月第二次南巡，只有皇长子胤禔随驾，他是玄烨诸子中首先随从皇父南巡的皇子。跟随皇子人数最多的一次，是三十八年一月第三次南巡，共计有七个皇子随行，他们是大阿哥胤禔、三阿哥胤祉、五阿哥胤祺、七阿哥胤祐、八阿哥胤禩、十三阿哥胤祥和十四阿哥胤祯。皇子中随从皇父南巡次数最多的，是皇十三子胤祥，共四次，玄烨第三、四、五、六次南巡，他都入选随扈阿哥之列。随皇父南巡时年纪最小的，是十四阿哥胤祯，玄烨第三次南巡他奉旨随扈时，刚满11周岁。这些情况表明，无论胤祥或胤祯，在青少年时代都很受皇父的器重、厚爱。

---

[1] 《张诚日记》(续)，张宝剑译，载《清史资料》第6辑，第183页。

苏杭一带是玄烨历次南巡必经之地，这里也留下诸多随扈皇子的足迹。雍乾年间名臣孙嘉淦于康熙六十年（1721）南游途中，来到杭州西湖，至孤山行宫观赏。孤山位于西湖里外二湖之间，一岛独耸，水秀山清，风景佳盛。北宋诗人，以"梅妻鹤子"著称于世的林逋（字君复）曾隐居于此，赏梅养鹤，赋诗自娱。孙嘉淦在《南游记》一书里，记述了他亲眼所见的西湖孤山行宫，这是了解玄烨及其家人游历西湖时居所情况的宝贵材料。孙嘉淦写道："行宫之制甚奇，复阁重廊，周迴相通，凿石为基，削檐成壁，引水成池，植花成幄，桥水磴山，至于后宫。殿在山上，含岩石于殿中，注清泉于座下，一室之中而山水之观毕具，左右高楼，近挹湖光，远吞山色，如登玉霄金阙而望十洲三岛之仙踪也。放鹤亭在行宫东北，古梅巨石，清雅不群，惜亭殊巨丽，不似当日处士风流……"[1]康熙四十六年（1707）玄烨第六次南巡途中，四月初从杭州写给留京皇子的朱批内，也谈及该处行宫的有关情况，可与上述孙嘉淦记载互为印证。玄烨写道："（四月）初五日，朕于西湖新建行宫驻跸。""此处西湖行宫，宛如花园，建于自然山水之上，本为自古闻名之地，且经江南能工巧匠精工巧制，甚属相宜，实乃罕见……"[2]难怪十五年后，孙嘉淦目睹该处行宫的绮丽景象，依旧令他目不暇接，感叹不已。杭州西湖有其自然风光的优势，玄烨南巡时其他下榻行宫，也各以其独到之处取胜。这次南巡，有皇太子胤礽、皇长子胤禔、皇十三子胤祥、皇十五子胤禑、皇十六子胤禄等五位阿哥随驾，他们可谓率先随同皇父，观赏西湖新建行宫旖旎景致的幸运儿。

皇子们随皇父遍游江南富庶之地，途中挥霍铺张，接受地方官员所献厚礼等事，均难避免。但另一方面，这使他们能够与南方民众有较直接的接触，并与皇父一道，了解南方的民俗、民情，体察基层统治机构及其官吏的大致情况，同时还可学习皇父笼络汉族士绅，安抚百姓，恩威并施的统治策略与具体措施，从而进一步开阔眼界、增长见识，提高政治、文化素养。从玄烨培养儿子从政的角度看，皇子们随父南巡的获益处，是很显

---

1 孙嘉淦：《南游记》，载王锡祺辑：《小方壶斋舆地丛钞》第5帙，第1册，第5页。
2 满文朱批奏折，胤祉、胤禛奏，康熙四十六年四月十三日。

著的。

玄烨曾多次巡幸塞外，他第一次带皇子前往，是在康熙二十二年（1683）。当年六月，玄烨奉祖母出古北口避暑，10岁的皇太子胤礽，12岁的皇长子胤禔，7岁的皇三子胤祉随驾。祖孙四代同行，这是康熙朝仅有的一次。五十一年十月皇太子胤礽第二次被废黜，自五十二年起，每年玄烨避暑塞外，必定带上三阿哥胤祉。这很可能是由于二废太子后，玄烨身体日衰，精力不济，日理万机时需要一位年长而有办事经验的皇子在旁协助。因皇长子胤禔受废太子事件牵连而被圈禁，三阿哥胤祉成为最合适人选。五十二年后，胤祉在皇父指导下，从事《律吕渊源》等书编纂工作，这也是他随侍皇父身边的原因之一，但不是最主要的。

玄烨经常去京郊及附近州县，视查河道、堤工，了解百姓生计、官吏操守等各方面的情况，或举行水围。《清圣祖实录》中，对此统称为"巡幸畿甸"。康熙二十三年（1684）二月，玄烨往霸州、雄县等地巡视，不满10周岁的太子胤礽随驾，这是他巡幸畿甸时首次带上皇子。此后，二十三年、二十四年玄烨分别两次视察京郊地区，也都是只有胤礽跟随。从三十一年起，开始有其他皇子随扈。值得一提的是，六十一年正月，玄烨生前最后一次巡视京畿，共有12个皇子跟随，其中三阿哥胤祉最年长，已46岁，年近半百，二十二阿哥胤祜最小，只有11岁，还是一个幼童。这不仅是玄烨巡幸畿甸中所带皇子人数最多一次，而且居玄烨历次外出时扈从皇子人数之冠。

康熙二十二年至四十九年（1683—1710），玄烨先后五次去五台山，其中四次有皇子随扈。二十二年二月他第一次去，主要是为祖母的五台之行探路。玄烨特地带上9岁的太子，以使胤礽亲眼目睹自己为长辈尽孝，不辞辛劳的举措，长大后能够效法而行。四十九年二月最后一次去五台，随扈皇子相对最多，有皇太子胤礽、三阿哥胤祉、八阿哥胤禩、十阿哥胤䄉、十三阿哥胤祥、十四阿哥胤禵等六人。这时，一废太子的风波刚刚过去，皇子之间已四分五裂。玄烨选定上述几位皇子，其中包括彼此矛盾很深、势不两立者（如皇太子胤礽与八阿哥胤禩等），说明他想通过此举，向世人昭示复立太子后，诸皇子紧密团结，父子一心的祥和气象。这对于稳定民心，巩固统治固然有益，但只是老皇帝的美好愿望而已。

康熙三十年（1691）四月举行的多伦会盟，旨在消除喀尔喀各部间隔阂，加强喀尔喀蒙古与清政府的密切联系，使之在巩固边疆、维护国家统一的进程中，发挥积极作用，这是解决噶尔丹问题的一个具有重要战略意义的措施。

玄烨亲赴多伦主持会盟期间，与蒙古王公们进行直接接触，并以各种方式加以安抚。此行中，玄烨始终将20岁的大阿哥胤禔和15岁的三阿哥胤祉带在身边，这对他俩后来协助皇父处理蒙古及俄罗斯事务（详见下文），大有裨益。

与有幸跟随皇父出巡的皇子相比，留在家中的皇子，自然失去一次难得的学习、锻炼机会。为弥补这一缺憾，玄烨每次外出时，都尽可能地将沿途景致，风土民情，经历观感等等情况，全部写信告知在家的皇子。这里仅举玄烨西巡为例。

严格地讲，西巡视察，在玄烨一生中只有一次，时间为康熙四十二年（1703）十月。此行有皇太子胤礽、皇三子胤祉，皇十三子胤祥等随扈，路程最远处抵达西安。

这是玄烨第一次，也是唯一一次亲临西安古城。关中百姓淳朴敦厚的民风与绿旗官兵娴熟的骑射技艺，给他留下极其深刻的印象。为了让在京皇子及时了解这些情况，分享他的感受，驻跸西安期间，玄烨亲笔给儿子们写了一封长信：

> 降旨直（郡）王（胤禔）等：
> 朕至西安以来，日夜繁忙，无片刻闲暇。（十一月）十六日（至城内教场），阅千余名官兵较射；十七日又阅千余人较射。伊等俱为西安右翼本地兵，其中身材壮健，箭法精湛者居多，并无中常之人，且大都稔知礼节，行事谨恪，随朕而来者观之，无不赞叹。十八日（于西安府城外教场）大阅，满洲、绿旗兵两万余人，擐甲列为十四队，朕亲自擐甲乘骑，逐队阅之。伊等军旗高扬，威武雄壮，堪称西陲屏护，国之辅翼。朕骑于马上，以硬弓射发五次，中者三，复以披

子箭射，五箭皆中的，满洲、蒙古、呼呼绰尔（指青海蒙古）及汉人兵丁，全部得以亲睹。自城外教场返回后，朕又登城观阅。十九日，因西安绿旗兵内尚未较射者甚多，乞请指定日期，故令绿旗官弁，并拣选总督、巡抚标下汉人兵丁内箭法佳者二百人，共同较射。观得官兵骑射俱佳，无一不当朕意者，其箭法娴熟，尽如满洲，实为奇妙。又令本日未参加较射之满洲章京，并拣选（康熙）二十二年由京城来之左翼兵三百人较射，伊等箭法尚好，然不及当地兵丁。

  这几日，朕住西安城内，于满汉官兵百姓大施恩赐，人人欢天喜地，和睦相处，彼此不忍分离。原定（十一月）二十日回銮，因自（西安）将军以下，直至兵丁百姓，一起泣叩挽留，是以又住一宿。（二十一日）往拜达喇齐庙后，途经督抚衙门看视，俟返回行宫，遂将朕之御笔、衣服及食品等，一并赏与总督、巡抚、提督、总兵、布政使、按察使和满汉官员。……日落后，官员带领兵民，虔诚泣请再留一日，并称如果主子不给我们留点脸面，再住一日，我们就不让主子走，主子要杀，我等便乞一死。因伊等不胜恳切，朕亦无奈，只有答应再住一宿，二十二日务必起行。看来十二月二十二日、二十三日前后，朕可抵京师（按，十二月十九日玄烨返回京城），但日期有否变化，亦难估料。本想将此情形奏闻皇太后，恐冗长拉杂，故未奏闻。尔等将上述情形汇总奏告，倘若皇太后想看，用墨笔抄出送去。又，降与山西、陕西地方之上传谕旨及口谕，俱抄发尔等，以使你们知道。此谕著宫内遍阅之。特谕。[1]

  从内容上看，这封信写于康熙四十二年（1703）十一月二十一日夜，翌日一早，玄烨便从西安起程回京。他很快就能见到家中诸子，但仍迫不及待地写信谕告，而且写得这样详细，几乎将他在西安每一天的经历、见闻、感受全部记录无遗。这除去反映出他与儿子的深情，认为儿子是最为贴心之人外，还说明他想让儿子们尽可能多地了解地方情况，熟悉地方军政事务。"拉杂、冗长"的话语中，包含着他对儿子的无限期望。

---

[1] 满文朱谕，康熙四十二年十一月。

玄烨亲自率领皇子从事的活动中，还有很重要的一项，即拜谒陵寝。玄烨在位62年，总计谒陵35次。当皇子们陆续长大后，他每次谒陵，都指定皇子随往。

康熙十九年（1680）五月初二日清晨，玄烨照常御乾清门听政。理毕部院事务，正午前他带着年幼的太子胤礽，来到停放仁孝皇后灵柩的巩华城，因为翌日是太子六周岁生日，也是他的生母孝仁皇后去世六周年的祭期。当晚，玄烨父子留住巩华城，初三日，胤礽奉皇父之命在额娘灵前致祭。这是玄烨第一次带皇子为已逝亲人祭奠，虽然不能等同于前往遵化的谒陵活动，但性质却是一样的。仁孝皇后赫舍里氏生胤礽时难产亡故，而玄烨重新有了嫡子，一年后立为储嗣，得以"重万年之统，系四海之心"。眼看太子一天天长大，聪颖活泼，惹人喜爱，玄烨更加怀念亡后，所以特意选在胤礽生日当天，首次带他来巩华城拜祭生母，使他留下深刻印象，永远记住额娘生育之恩。

康熙二十年（1681）十一月，玄烨以胜利平定三藩之乱，前往孝陵告祭，8岁的皇太子胤礽及10岁的皇长子保清（胤禔）随驾。十八日，玄烨亲自率领两个儿子及随驾大臣，在孝陵前读文致祭后，十九日又遣胤礽率保清和大臣、侍卫等去奉安不久的仁孝、孝昭两皇后陵，读文大祭。玄烨亲自率皇子谒陵，从严格意义上讲这是第一次。他挑选太子和长子跟随前来，昭示大清国后继有人，加之三藩"荡平"的喜讯，能够使长眠的亲人得到双重抚慰。

玄烨谒陵时，随扈皇子的年龄一般比由于其他事务随父外出的皇子年龄大些，约在十一二岁以上。这或许是因玄烨考虑到谒陵是较为严肃的活动，待皇子年龄稍长后参加，更为适宜。除去皇太子胤礽和皇长子胤禔曾在幼年随扈谒陵外，康熙二十七年底，太皇太后去世周年之际，玄烨率大阿哥胤禔及皇三子胤祉、皇四子胤禛往谒暂安奉殿，当时胤祉12岁，胤禛只有11岁。

（四）皇子册封

玄烨生前对儿子们进行过两次册封。

第一次册封是在康熙三十七年（1698）三月，第三次亲征噶尔丹胜利结束后不久，受封者是所有随驾出征皇子：皇长子胤禔被封为多罗直郡王，皇三子胤祉为多罗诚郡王，皇四子胤禛、皇五子胤祺、皇七子胤祐、皇八子胤禩封为多罗贝勒。第二次册封是康熙四十八年十月。是年三月，玄烨复立胤礽为皇太子的同时，命将皇三子胤祉、皇四子胤禛和皇五子胤祺晋封亲王（胤祉为和硕诚亲王，胤禛为和硕雍亲王，胤祺为和硕恒亲王），皇七子胤祐和皇十子胤䄉封为郡王（胤祐为多罗淳郡王，胤䄉为多罗敦郡王），皇九子胤禟、皇十二子胤裪和皇十四子胤禵，封为固山贝子；七个月后，正式册封。[1] 两次册封对于玄烨同儿子们的关系，以及统治集团内部的团结、朝纲的稳固，都产生了不利影响，这是玄烨事前没有料到的。

此外，皇子们在完婚分府前后，被分别封入下五旗。他们于所在旗内拥有很大权势，与所属旗员之间是主奴关系。

玄烨暮年后，曾语重心长地对受封儿子们说："尔等荷蒙朕恩，作王、贝勒、贝子，各自分家异居矣。但当谨遵国法，守尔等本分度日可也。尔等王职，惟朝会大典，除此凡外边诸事，不可干预。朕若命以事务，当视朕之所命，尽心竭意，方不负朕之所用，而贻人讥笑也。"[2] 他为诸子所定职守，只是参加朝会大典，不许干预外事，但对皇子们来说，这是根本做不到的。

康熙朝中期以后，部分皇子长大成人，他们多年跟随皇父身边，经过不断的学习、锻炼，政治上逐步成熟。受封爵位，标志着他们已名正言顺地拥有自己的权力与地位，正式走上皇朝的政治舞台。另一方面，玄烨时常对皇子们"命以事务"，其范围之广，涉及朝政各个方面，而玄烨对皇子的倚信程度，也要超过股肱重臣。

在玄烨的培育、提携下，皇子们成为他的得力助手，对于康熙朝中、后期的政务，发挥着愈来愈大的作用。

---

1 《清圣祖实录》第237卷，第5页；第239卷，第17页。按，玉牒（含《星源集庆》）以康熙四十八年三月作为玄烨诸子第二次封爵之期，本书《附表三：康熙帝诸子》从此说。
2 《庭训格言》，第55页。

（五）参与机密值守京城

清朝中枢机构军机处设立于雍正年间。康熙前期，作为皇帝心腹而参与决策之人，主要是满洲大学士以及由满洲王公、领侍卫内大臣、八旗都统等组成的议政王大臣会议成员。随着议政王大臣会议的重要性与权力逐步减小，玄烨更为倚靠大学士及领侍卫内大臣。但是，当皇子们长大参政后，遇有重大机密事宜，玄烨往往不找这些人，而是直接交付皇子办理。其中最突出的例子，当属两皇子奉命夜审索额图一事。

索额图曾是玄烨最信任的大臣之一。他是仁孝皇后赫舍里氏的叔父，皇太子胤礽的叔姥爷，先后担任过大学士、领侍卫内大臣、内大臣、议政大臣等职。康熙二十八年（1689），他担任中俄议定边界谈判的中方首席代表，签订中俄《尼布楚条约》，这是中国有史以来与外国签订的第一个条约。索额图恃宠而骄，在朝中拉党结派，贪赃枉法，而且深深卷入玄烨与太子胤礽之间的矛盾旋涡。四十二年（1703）五月，索额图被圈禁，是年秋死于禁所，其党羽也受到严厉惩处。

康熙四十二年七月中旬，索额图被囚禁约两个月后，正在塞外巡视的玄烨得到情报：索额图尽管已被关押，但人们依然怕他，有人为他"通风报信，往来行走"，甚至"还有人想合谋救出"索额图。于是，玄烨密谕三阿哥胤祉和八阿哥胤禩，迅速前往圈禁地查明实情，以便采取相应措施。

玄烨的手书密旨，于七月十四日深夜送至畅春园，总管太监焦玉成跪领后，连夜差太监送交乾清宫总管太监翟林。[1]翌日清晨，这道密旨送到胤祉、胤禩手中。他俩"启封恭阅，因是至为机密之旨"，担心皇父着急，即于当天下午未时先上一封密奏，告诉皇父密旨已收到；等到深夜，才开始秘密执行任务。

康熙四十二年（1703）七月十五日夜三更时分，两位皇子率侍卫来到宗人府后门，叫出总理宗人府的安郡王马尔浑和值班佐领，将守门兵丁

---

[1] 按，乾清宫总管太监翟林，疑与本书所引《清代内阁大库散佚满文档案选编》第239页、256页"总管太监斋林"是同一人。待考。

——捆绑,以防走漏消息。然后,两人直奔关押索额图的禁室。

索额图和他过去的追随者、另一犯罪宗室根度,被囚禁在一间房子内,两人的脖子上和手上都各戴一副铁索,脚上也分别扣有镣铐。昔日的权臣威风扫地,面对两皇子的厉声质问,索额图跪着哭诉道:"奴才尚有何言可供。凭奴才的罪过,就是主子杀了我,也罪有应得。奴才已经老了,只求主子怜悯,饶奴才一命!"

胤祉、胤禛对索额图和根度予以严斥后,又向宗人府主管官员详细查询了看守情况,并亲自对有为索额图通风报信嫌疑的兵部皂隶简奎五等人,进行审讯。两皇子在查审中发现,圈禁索额图的小房,原为宗人府皂隶田二家所居。宗人府当月郎中五十禀告两皇子:"我们宗人府原无圈人的房子。先前曾将绰克托圈在这间屋里,后来将根度也圈于此处。皇上主子谕令将索额图与根度一起拘禁,就将他俩圈在同一间房里了。"

通过提审以及对关押状况的了解,胤祉、胤禛尚未发现可疑的线索。七月十八日,他俩向皇父密奏上述情况,并提出:第一,应将索额图严密看守,颈、手、足加上九条铁链;第二,圈禁索额图、根度的房子,原是皂隶田二家住房,易出现漏洞,节外生枝,如何交付宗人府王、贝勒等解决此事,"请皇父旨";第三,皂隶简奎五父子的口供不可轻信,请将(为索额图四处探信的包衣阿哈)朴二抓到后,再戴枷严审具奏;现已将简奎五父子交付刑部,严加圈禁。玄烨在密折上朱批:"既然尔等亲自严审后,并无其它缘由,此奏知道了。"[1] 他对胤祉、胤禛此次夜行宗人府,秘密审讯索额图的结果予以肯定,对两皇子提出的若干事宜未予正面指示,则表明俟审讯朴二后,才能做出最后断决。

索额图案是当时的重大政治事件。由于它在朝中牵涉面很广,尤其是与日趋激化的皇储矛盾密切关联,因而玄烨非常重视。虽然索额图已被囚禁,其家人、奴仆大都被看管,但玄烨丝毫未掉以轻心。他在塞外千方百计搜集有关情报,一发现疑点,立即密令两位皇子亲自前往查看。这一重任不交付大臣,而是选派皇子承担,并严格保密,足见此案非同寻常。胤

---

[1] 满文朱批奏折,胤祉、胤禛奏,康熙四十二年七月十八日。

祉、胤禛奉密旨夜审索额图，反映了皇父对他俩的极大信任。

步军统领托合齐，是皇太子胤礽的又一重要亲信。胤礽复立为太子后，随着皇储矛盾进一步发展，康熙五十一年（1712）初，玄烨开始触及托合齐结党会饮、贪婪受贿等问题，这实际上是为同年十月第二次废黜皇太子，作舆论、组织准备。其间，玄烨命胤祉、胤禛、胤祺、胤祐等四个皇子与领侍卫内大臣阿灵阿、内务府总管赫奕等大臣一起，会同宗人府审理此案。皇子们参与了审办全过程，并商酌议定对托合齐及其家属的处置意见。玄烨实施第二次废黜皇太子的决策中，皇子们起到协助作用。

玄烨离京外出时，经常指定数名年长皇子留守京城，掌握各方面情况，综理一应政务。

康熙四十八年（1709）后，每年入夏，玄烨去热河避暑时都带上太子胤礽（直到五十一年胤礽第二次被废黜）和其他皇子，而奉命留在家里的年长皇子，则分为几组，轮流于紫禁城内外值守。

康熙四十九年（1710）五月初一日，玄烨率太子胤礽、四阿哥胤禛等八个皇子巡幸塞外；同月月底，孝惠皇太后在五阿哥胤祺、十阿哥胤䄉的陪伴下，也从京师起程前往热河。留守京城值班的皇子，一时只剩下三阿哥胤祉和十四阿哥胤禵两人。胤祉于二十八日奏报皇父："……京师值班事，奉旨内称：尔等于紫禁城内一人，紫禁城外一人，当班值宿。钦此。见今值班者只有胤祉和十四阿哥胤禵二人。此间，臣等暂且于京城一人，畅春园一人值宿，更班行走，俟其他阿哥（从热河）返回后，再二人一班，照常值守。"玄烨阅后做了朱批："尔所言之事，朕早已虑及。已降旨，俟皇太后一到热河，即将四阿哥（胤禛）、五阿哥（胤祺）、九阿哥（胤禟）十二阿哥（胤祹）从速遣返。"[1]

玄烨意识到留京年长皇子人数过少，不易排班的疏忽，立即采取补救措施，将胤禛等四个皇子从热河遣返，以便保证有六位年长皇子同时在京，分班值守。当时与皇兄胤祉一起，轮流于京城、畅春园值班的十四阿哥胤禵只有23岁，是二废太子前受此重托的皇子中，最年轻的一位。

---

[1] 满文朱批奏折，胤祉奏，康熙四十九年五月二十八日。

康熙五十年（1711）六月，留京值班的胤祉、胤禛等皇子连名所上奏折，透露出这一规制最初实行时的情况："初次（奉旨值班时）臣等共同议定，奏请分为三班，于京城轮换值宿，乃因在家当班时，遇有皇父交办之事，若人多些，便于彼此相商后办理。经皇父批允，数年来均已按此遵行。"他们还谈到，"留京值班甚属辛劳"，而"皇父交付之事关系重大，一人断难承当，倘若在家仅留二人，恰逢皇父又有其它差派事项，只剩一人当值"，必致遗漏。[1] 说明值班的具体人数及分为几班，都是皇子们自己商定后，报请玄烨批准实施。他们希望值班人数多些，以便共同承当值守京师之责，这样，一旦出现疏漏，不致单独被皇父指责追究。聪明的皇子们都不愿留京负此重任，而是争先恐后想随皇父去塞外避暑，所以本已订好的排班方案常常被打乱，弄得老皇帝也难于仲裁，无可奈何。下面还将谈到这一点。

皇子们具有较高文化素养，又正值青壮年，内心感受十分丰富，有的在值守时还即兴写下诗篇。如皇七子胤祐一首名为《禁中值宿晚晴见月》的诗中写道："独坐黄昏后，遥闻玉漏声。正当云影散，忽见月华明。凤阙光逾静，龙楼色更清。为因新雨好，亦爱晚来晴。"[2] 皇十四子胤禛《禁城值宿喜雨》一诗是这样写的："轻云笼紫阁，春雨润皇州。风细丹阶静，丝飘禁阙幽。分流交殿网，乱滴起池沤。喜读公田赋，还思稷傅俦。"[3] 从内容看，胤祐的诗大约写于夏末秋初，玄烨即将返京之际，而胤禛喜沐春雨，当在春夏之交，玄烨离京后不久。

表面上看，留京值班似乎比较悠闲，其实不然。康熙四十八年九月十六日，留京皇子胤祉等六人得知皇父将于当月十七日由热河回京。他们盼望早日见到皇父，上折"伏乞前往（南）石槽迎驾，面请圣安。"玄烨的朱批是："朕安。京城值班阿哥切勿前来！没有值班的阿哥来（南）石槽，与朕会面后，随即返回。"[4] 南石槽是玄烨进京前最后一站，位于密云

---

1 满文朱批奏折，胤祉等奏，康熙五十年六月初一日。
2 《钦定熙朝雅颂集》首集，第1卷。
3 永忠：《延芬室集》，第1140页。
4 满文朱批奏折，胤祉等奏，康熙四十八年九月十七日。

县以南。当月二十二日，玄烨在此驻跸，翌日回驻畅春园。他坚决阻止值班的儿子前来迎接，恰恰说明留守京城责任重大，不可离开须臾。

事实上，早在康熙四十七年（1708）一废太子前，玄烨外出时，已有意识地在这方面锻炼、培养诸子。

康熙四十六年（1707）七月二十日，三阿哥胤祉、四阿哥胤禛，向率领皇太子等巡视塞外的皇父请示："本年（正月）皇父前往江南巡视时，降旨臣等，朕此次所去地方遥远，奏折往返递送，需用日子甚多。如尔等遇有难以定夺之事，即向内大臣明珠、大学士席哈纳、（吏部）尚书温达等人请教，相商。钦此。此次皇父前去行围，所有请旨事宜，除照旧速奏外，若有一时不能断定之事，臣等向何人请教、相商，请皇父降旨，于留京大臣内指定。"玄烨朱批："与先前一样。"[1] 当时胤祉、胤禛都已30岁上下，不乏协助皇父处理具体事情的经验，然而让他们独立综理政务，毕竟还嫌稚嫩。为此，玄烨指定三位大臣做皇子们的顾问，从旁指导，以备不虞。

皇八子胤禩的老师何焯，在给友人的信中写道："圣驾出口后，邸中移住南薰殿。弟日夜随侍，酷暑逼仄，视在西苑（指今之北海、中海、南海），苦乃倍之"[2]。康熙四十二年，何焯奉旨"侍读皇八子府，兼武英殿纂修官。及散馆，得旨再教习三年"[3]。之后，他返回江苏长州老家，丁父母忧，直到康熙五十二年，才再次被大学士李光地推荐，入京供职，授为编修。所以，信中所说的情况，当发生在康熙四十二年以后，四十七年一废太子之前，"邸中"是指八阿哥胤禩。玄烨去塞外时，胤禩奉命住南薰殿，履行值守之任，处理部院事务。此时，南薰殿已不是小阿哥的居所。

何焯的信还反映出以下情况：

第一，皇子在紫禁城内值守时，办公地点是在外朝。这是由于玄烨去热河后，内廷仍住有大批妃嫔，所以，皇子值宿禁内，综理政务，其活动范围却有明确界限。这种回避措施，杜绝了年轻的皇子与后廷主位随意接

---

[1] 满文朱批奏折，胤祉、胤禛奏，康熙四十六年七月二十日。
[2] 《义门先生集》第4卷，第13页，道光刊本。
[3] 《清史列传》第71卷，第5816页。

触的可能性。皇子们在禁内值宿的地点，可能不只一处，其后也会有所变更，不过这一方针不会改变。

第二，盛夏之际，留守京师值班，相对来讲较为辛劳，无论在紫禁城内，还是位于西郊的畅春园，"酷暑逼仄"的情形在所难免，但皇子们仍须全力以赴，坚守职任。所以，正像下面将要谈到的，他们都极想去热河，对值班一事尽量推托，避之唯恐不及。

第三，胤禩值班时，有自己的老师"日夜随侍"，其他皇子很可能同样如此。玄烨让皇子各自的师傅相跟随，除去以备顾问外，主要还是为保证儿子的学业不受影响，使他们于值班空闲时间，仍可在师傅指导下读书。随着皇子年龄的增长与日渐成熟，一废太子后他们分班值守时，各带师傅的情况大概已不多见。

综合有关情况看，大约康熙四十二年（1703）以后，玄烨开始让年长皇子在他离京时值宿大内，综理政务，不过尚未形成定制，受此重托者，也仅限于少数几个深得皇父倚信的阿哥（如胤禔、胤祉、胤禛、胤禩等人）。康熙四十七年后，这种做法逐步形成一项不成文的制度，即每年玄烨去热河避暑的五六个月中，留京的年长皇子（被拘禁的大阿哥胤禔除外）大部分参加值班，于紫禁城、畅春园等处轮流值守。

皇子们在京值班的职掌范围，通过下述事例反映出来。

康熙四十七年春，发生了震惊全国的"朱三太子案"和以反清复明为宗旨的（浙江）大岚山案。二月，玄烨派户部侍郎穆丹前往浙江，会同浙江巡抚将有关案犯详审定罪。[1] 不久，在江南等地"布散伪札"的一念和尚等人也陆续被捕获。同年八月初四日，清廷于京师南城缉获一名一念和尚的同伙。因玄烨正在塞外行围，刑部尚书巢可托、侍郎牛钮纳于八月初六日呈文禀告在京皇子胤祉、胤禛："八月初四日在南城缉获一念和尚之同伙一人，解送前来，臣等审讯后，将于（八月）初七日具奏。因此犯须同一念和尚对质会审，我等除具奏外，从速行文侍郎穆丹，将一念和尚暂停正法。为使阿哥等知道此事，特呈文前来。"八月初七日胤祉、胤禛的奏

---

[1]《清圣祖实录》第232卷，第9页。

报中，也将巢可托等人的呈文内容全部写入。[1]这件事表明，玄烨外出时，京城所有重要事项，或各部院重要政务，大臣们除上奏玄烨外，还须禀报值守京城的皇子，从而使皇子们对于京师及各部院所有情况，有一全盘掌握，以便于必要时居中调度。

康熙四十七年（1708）夏末，玄烨通过朱批告诉在京的胤祉等皇子："（漕运）总督桑额抵达天津后，尔等具奏。"七月底，又在给胤祉等皇子的朱批中写道："伊（指桑额）必定前来（热河）请安。如欲前来，即让伊在京等候，不要远来此地了。"八月初五日，桑额抵京，胤祉等向他传达了上述谕旨。桑额领旨后，首先叩请圣安，又跪着对皇子们说："老奴跟随漕运船尾，过了河西务，本日抵达京师。钦遵上谕，臣暂且于京师恭候，俟主子快进京时，奴才再请出口外迎接，恭叩万安。请阿哥们替我奏闻。"胤祉和胤禛遂将桑额所言缮折奏告。[2]

漕运总督在清代是正二品（或从一品），与各省总督品级相等，同为封疆大吏。清制，每年漕船北上，漕督亲自催核督查。康熙二十一年又规定，粮船过淮后，漕督应随船北上，督率全漕；粮船过津，漕督即入京觐见述职。所以，桑额俟漕船过天津后来京，拟赴热河觐见，是按惯例而行。玄烨没有直接命令他在京等候（皇帝与漕督之间的联系是十分密切的），而是让皇子们在京传谕；桑额也是通过皇子们转奏，而非自行奏闻。留京皇子充当了玄烨与地方重臣之间的联系人，不会仅仅是对漕运总督桑额一人如此。这样做有助于提高皇子们在督抚大吏中的影响和威信，进一步加强他们的政治地位，对于他们插手地方事务，也提供了方便。

康熙五十三年（1714）夏，玄烨已住在热河，进入八月，又有一批妃嫔将由京前往。此行负责主位行仗的内务府官员，原定为署理内务府总管事乌克腾。但八月十三日黎明，乌克腾突发脑溢血，"不能言语，动弹不得，病势危重"。行程在即，人们赶紧将这一意外情况，禀告在京值班的皇子之一，十五阿哥胤禑。胤禑当年24岁，比起年长的皇兄们，办事经验略显不足。他让有关人员"缮写缘由交付兵部，"寄送已在热河的署内务

---

[1] 满文朱批奏折，胤祉、胤禛奏，康熙四十七年八月初七日。
[2] 满文朱批奏折，胤祉、胤禛奏，康熙四十七年八月。

府总管事、一等侍卫关保,"并将由何人署理(乌克腾)内务府总管事,具奏请旨"。实际上,他没有提出具体处理方案。玄烨得知后,在内务府官员的咨文上朱批:"阿哥们即应差人署理。今将塔克图之侍卫巴海差出,著乘驿赶回京师,兼理内务府总管乌克腾之事。"[1]因为不是皇子们的奏折,玄烨的批语较为和缓,以在大臣面前维护皇子的威信。但估计他在另行给与皇子的朱批中,会对胤禑这种敷衍态度予以斥责。这一事例说明,玄烨外出期间,宫中凡有重要事项,内务府官员们也是首先禀报值班皇子。按照玄烨的上述朱批,在特殊情况下,皇子们有权自行差派官员,署理重要职任。

康熙朝中后期,每年几乎有一半时间,玄烨是将值守京师,综理各项政务的重任,托付给年长的儿子们,这与他三次亲征噶尔丹期间,让皇太子胤礽代行国政,实有相似处。年长皇子综理政务,与康熙四十二年后皇帝与储君之间矛盾日渐尖锐,随后太子被废黜直接相关。

(六)处理一般政务

皇子们协助皇父做了很多事。其中大部分,是玄烨不在京城时,通过朱批、密旨而交付,皇子们在办理过程中,随时奏报请旨。

玄烨经常向皇子们问询京城的各项粮价,而且问得很细,皇子的奏报不得有任何错漏;有时,玄烨也将江南地区的粮价发送京城,让皇子们传阅。皇子们定期奏报京城雨水情况,一旦出现气候异常,玄烨立即指示他们采取措施。如康熙四十九年(1710)夏,持续干旱,玄烨令在京皇子"恪谨求雨,照十二阿哥(胤祹)之例,于畅春园龙王庙虔诚祈祷"[2]。康熙四十四年八月,北京一带发生轻微地震,玄烨命胤祉、胤禛详尽了解地震起止时间、程度、震区范围及造成的危害等情况。[3]当蝗虫袭来,严重损伤禾稼时,玄烨又令皇子们派人往京郊州县,了解受灾情形。[4]

---

1 内务府满文咨文,康熙五十三年八月十三日。
2 满文朱批奏折,胤祉、胤祺等奏,康熙四十九年。
3 满文朱批奏折两件,胤祉、胤禛奏,康熙四十四年八月二十五日,康熙四十四年九月初一日。
4 满文朱批奏折,胤祉、胤禛奏,康熙四十八年六月十三日。

玄烨多次责成皇子，处理外藩进贡及其他涉外事务。

康熙四十二年（1703）十一月，玄烨西巡尚未返回。恰逢此时，近千名俄罗斯商人携带大宗货物来华贸易，即将行抵京师。按照以往做法，玄烨决定在这些异域来客的居住地，"暗设卡伦、堆子，以备不虞"，并将此事交付直郡王大阿哥胤禔办理。胤禔为此做了一系列部署。如商人们将于城外两黄旗教场附近的会同馆，支搭房帐下榻，胤禔担心他们把随身携带的蒙古包等物品留在口外，因而派出理藩院领催，"秘密晓谕已去往迎之吏部郎中马三泰，将伊等之蒙古包一并带来"。玄烨看过大阿哥的奏报，做了如下朱批："外馆没有房帐，此乃不妥处。既然这些人是外国商人，仍照旧下榻，只须（严密）守备而已。"[1]基本上同意了胤禔的安排。

康熙五十七年（1718）九月初二日，胤禛、胤祺、胤祎等皇子，向玄烨奏报受理喀尔喀二等台吉车卜腾来京城进贡一事。他们将车卜腾的贡马二匹，"交付领侍卫内大臣侯巴浑岱试骑验看"后，决定将良马一匹"照例收留，暂且交付海子拴养"，俟玄烨进宫后，"再酌情具奏"，另一匹"因不够收留标准，已退回"。此刻，清军在藏北全军覆没的消息已经传至，玄烨正集中精力筹划西征事宜而无暇他顾，所以胤禛等人的奏折上，没有留下朱批。[2]

康熙六十一年（1722）初夏，暹罗国的贡使来到京城。玄烨已起程去塞外避暑，于是交付在家留守的皇七子胤祐、皇十子胤䄉和皇十二子胤祹，让他们同懂得暹罗语的西洋人一起，询问进贡使臣所贡孩儿茶的品性、用法、制做方式以及其他一些问题。因在京供职的西洋人中，没有懂得暹罗语的人，最后是从礼部找来一位暹罗国通事，通过这位通事，皇子们和暹罗来使进行了一次内容广泛的谈话。

除去玄烨让问的事情外，胤祐等还向来使问询了有关暹罗国的很多情况，如由暹罗国来中国的路线，暹罗国大夫治病用的药物（来使答，其国内都用中国药），暹罗国内有何兽类，人们如何行猎，有何农作物及树木花草，以及暹罗国的四季气候、国度大小、兵器种类、语言文字等等问

---

1 满文朱批奏折，胤禔奏，康熙四十二年十一月十六日。
2 满文朱批奏折，胤禛等奏，康熙五十七年九月初二日。

题,来使一一做了回答[1]。胤祐等将谈话的全部内容奏报后,玄烨没有做朱批,或许是因年迈体衰,精力不济了。上述问询,反映出三位皇子对异国风情的好奇心和强烈的求知欲。这也是玄烨的一惯作风,每逢他召见远方使者,必定详细了解彼处情况,百问不厌,兴趣盎然,皇子们显然受到皇父的良好影响。但同时也可看出,皇子们是生活在一个相对封闭的环境中,尽管在玄烨精心培育下,他们的知识与能力为一般王公子弟所难以企及,但对于中国外部的世界几无所知,孤陋寡闻,其眼界、知识和能力,必然由此受到很大限制。这是他们所处历史时代所决定的,即使玄烨本人,在这方面也比儿子们强不了很多。

玄烨颇懂医学与养生之道。他常常派出御医为患病的王公大臣诊治,这是对臣工示以恩宠的重要方式之一。夏天是各种疾患的多发季节,康熙四十年以后,每逢夏季,玄烨去塞外避暑时,便将派遣御医为臣工治病的事,交付给留京皇子们。

玄烨很关注京城人员患病情形,担心引发瘟疫,所以时常在朱批中向儿子们问询。如康熙五十年(1711)五月,他给胤祉等皇子的朱批中写道:"此际京城生病之人怎么样了?应停止让喇嘛祈雨,著各寺庙喇嘛念甘珠尔经。"五月初十日胤祉等回奏:"钦遵上谕,查访京城患病之人,因此际如同前些时候一样,时有凉爽天气,故全身燥热、头疼不适者甚少",由中暑引起头晕、恶心、呕吐、腹泻,仅有一二人。"上月(四月)二十八日将求医之人汇奏以来,本日辅国公鄂飞腹涨厌食,求医;本月初三日正白旗包衣护军参领徐家磨胸内燥热涨满,求医;初七日正白旗三等侍卫邦盖腹涨厌食并有腹泻,求医;初八日镶黄旗二等侍卫觉罗多尔济之母气喘咳嗽,头晕下泻,胸部胀疼,求医。"玄烨的朱批只有"知道了"三字,表示已了解情况,没有其他意见。[2]上述四位请求御医诊治的患者中,以消化道疾患居多,这也是在夏季人们易得的疾病。

如果患者病势严重,一般由皇子专门传唤御医,为之医治。康熙四十三年(1704)七月初二日,太医院左院判加一级孙之鼎、御医刘声

---

1 满文朱批奏折,胤祐等奏,康熙六十一年五月十一日。
2 满文朱批奏折,胤祉等奏,康熙五十年五月初十日。

芳，两次"奉三贝勒（胤祉）之命，传看正白旗二等侍卫拉布图病"，因病人"肝脾两败"，孙、刘二人已无能为力，拉布图于当天病故。[1]

康熙四十三年（1704）七月，在清廷从事绘画的西洋人聂云龙（音译）因右边肩臂不适，请求掌管针灸的御医进行治疗。胤祉得知后，立即差派两位大夫前去看视。大夫们经过诊断，"请用针疗"。但病人见针发怵，"又不愿针疗"了。胤祉将这一情况奏报皇父，并附上大夫们的呈文，请皇父定夺："应否使用针疗，请旨恭候。"玄烨的朱批是这样写的："知道了。这位西洋人既然不愿针疗，就随着他吧！勿行强迫。"[2]这种通情达理的做法，体现出泱泱大国之君较强的政策水平。

玄烨还交付皇子们做过很多其他重要事情。如八阿哥胤禩和十二阿哥胤祹，曾先后署理内务府总管，胤禩是在康熙四十七年（1708）九月第一次废太子事件发生不久，胤祹则在五十六年底孝惠皇太后的丧期内。康熙三十九年二月，（三十八年）中式举人覆试，皇子奉命和重臣、侍卫一起，严加监试；六十年三月，胤祉、胤禩等磨勘会试中试原卷；六十一年十月，胤禩奉命率领侄儿弘昇及大臣等，清查仓粮；等等。皇子们和皇父接触最多，玄烨往往通过他们，向众大臣传达旨意，胤禔、胤祉、胤禩、胤祹、胤禄等皇子，都曾承当此任。

军事方面，除去康熙二十九年（1690）皇长子胤禔作为清军副帅，出征噶尔丹，以及玄烨三次亲征时，部分皇子随征外，五十四年四月，玄烨曾与皇三子胤祉、皇四子胤禛商讨有关西征事宜。

旗务方面，康熙五十七年（1718）十月，皇七子胤祐、皇十子胤䄉、皇十二子胤祹三人，奉旨分别管理正蓝旗（满、蒙古、汉三旗，下同）、正黄旗、正白旗旗务。这是皇子们第一次正式管理八旗事务（统兵出征的皇子，如胤禔、胤禛等另当别论），表明玄烨授与儿子们的职权，进一步扩大了。六十一年十一月，玄烨去世前数日，胤祹被任命为镶黄旗满洲都统，他是玄烨诸子内担任八旗都统职任的第一个皇子。

祭祀典礼，是王朝的一件大事。已如前述，玄烨曾多次率领儿子从事

---

1 汉文折件两件，孙之鼎等启，康熙四十三年七月初二日。
2 满文朱批奏折，胤祉奏，康熙四十三年七月。

谒陵等活动。有时，他也指派较年长的皇子独自承担，如前往坛庙祭拜，祭奠陵寝（包括明代陵寝），为已故大臣送丧，等等。玄烨晚年，因健康状况不佳，遇有祭祀，多由皇子、大臣代行。康熙六十年三月，玄烨用朱笔圈出可以遣往各坛庙祭祀的诸大臣名单，胤祉等八个皇子及弘昇，弘晟两皇孙，都在其中。整个康熙朝，皇子们奉命履行祭典的事例很多，这里仅举其一。

康熙三十二年（1693）十月，以重修阙里，孔庙落成，玄烨派遣皇三子胤祉（17岁）前往曲阜致祭，皇四子胤禛（16岁）、皇八子胤禩（13岁）"皆从行"，礼部左侍郎席尔达、兵部左侍郎朱都纳等随侍。[1]皇子们遵照父命，途中每到一地，将严禁随员扰民的布告遍谕官府百姓。事前，玄烨提醒儿子们："宣谕告示应当简短。"当三位皇子将布告的具体内容奏闻后，玄烨又通过朱批告诫他们："屡次详察（执行情况）后，宣谕、禁令即可适当少些。若次数过多，繁杂不便，况且阿哥们尚年幼，别人（听了）也不信。"[2]

玄烨委派年纪尚小的皇子为代表，前去山东曲阜刚刚落成的孔庙致祭，类似情况在康熙朝中期以前，从未曾有。需要指出，《清圣祖实录》记述此事时，将"从行"皇子之一胤禩之名删除，而称"上……命皇三子允祉、皇四子胤禛前往致祭"[3]，乃与事实不符。

（七）督察苛责

玄烨是一位严父。对于皇子们的缺点，尤其是承办政务时的疏忽，一经发现，立刻指出，从不姑息。不过，他对储君却要宽容得多。

玄烨曾讲过："朕为上天之子，朕所仰赖者惟天，所倚信者惟皇太子。"[4]储君在其心目中，占有任何其他皇子不能比拟的位置。胤礽做太

---

1 王士禛：《居易录》第22卷，第10页。
2 满文朱批奏折两件，胤祉、胤禛、胤禩奏，康熙三十二年十月。这两件奏折均无具奏日期，根据奏折内容，可判断为康熙三十二年十月奏。本书所引满文档案中还有类似情况，不再注明。
3 《清圣祖实录》第160卷，第17页。
4 《清圣祖实录》第234卷，第15页。

子时，不仅处处受到特殊待遇，他的种种缺点与不端行为，都被玄烨所包容。康熙四十七年一废太子时，玄烨痛心地承认："今观胤礽，不法祖德，不遵朕训，惟肆意虐众，暴戾淫乱，难出诸口，朕包容二十年矣。"[1] 五十一年二废太子时，他又说："自释放皇太子以来，数年之间，隐忍实难，惟朕乃能之……伊所奏欲责之人，朕无不责，欲处之人，朕无不处，欲逐之人，朕无不逐……凡事如所欲行，以感悦其心，冀其迁善也。"[2] 这种过度迁就与包容，是导致胤礽的问题愈来愈严重的一个重要原因。

当然，玄烨优容储君，以不妨碍皇权的集中为限度，否则必予重惩。由于皇帝与储君的矛盾不可调和，构成对皇权的威胁，太子胤礽终于被废黜。

对于一般皇子，玄烨的要求则严格得多。他随时监督、检查皇子们在承办事务时的言行举措，即使是很小的纰缪也不放过。

按照玄烨的规定，通常情况下，所有皇子（包括太子）的奏折，必须由具奏者本人亲笔用满文书写，这既表示对皇父的尊敬，也是玄烨训练儿子的综合归纳能力，培养他们一丝不苟的办事作风所需要的。一次，玄烨特在胤祉、胤祺二人奏报田禾情况的折上，朱批问询："此折是谁写的？"胤祉回奏："（上次）奏折所言，乃臣胤祉、胤祺商议后而定，折上的字，是臣胤祉所属包衣牛录下笔帖式额尔色缮写。""见今这个折子，是胤祉我本人缮写。"玄烨阅罢提出警告："嗣后都须自己写！"[3]

凡是玄烨交付皇子的事，无论轻重缓急，皇子们必须立即办理并回奏，即使一时不能办理，也要及时奏明缘由，不得稍有拖延。一次，玄烨向胤祉、胤禩交办事情，两皇子后来在回奏中没有言及尚未了结的原因，玄烨大为不满，朱批严斥道："朕交付的大事，折子一到，即应从速料理。尽管尚未完结，尚未清楚，也当在折子上奏明。如以后再奏，日子久了，难免泄露。倘若被人听闻，再行奏报，岂有是理！此乃大不敬也！"[4]

---

[1] 《清圣祖实录》第234卷，第2页。
[2] 《清圣祖实录》第251卷，第10页。
[3] 台北故宫博物院：《宫中档康熙朝奏折》第9辑（满文谕折第2辑），第881页。
[4] 满文朱批奏折，胤祉等奏，无日期。

康熙四十六年（1707）五月，玄烨正在第六次南巡回京途中，初三日行至江苏桃源县泊舟，当天接到胤祉、胤禛等12个皇子、皇孙于四月二十八日联名上的请安折。细心的玄烨发现，他上月自镇江金山同时发回京城的几个附有朱批的折子，其他具奏人均于当月二十七日收讫，并已有了回奏，而应同时收到朱批的皇子们，在请安折中却未言及此事。于是，立即进行追查："据（皇太后宫总管太监）卢云等回奏内称，（四月）二十七日收到朕自金山发回之文。然尔等折中并无此言，况且尔等之请安折，于（四月）二十八日才发出！这一天一夜，你们何以解释？殊属不敬！或明知故犯，以致遗漏，或有故意隐瞒之事，亦未可料。著明白回奏！"[1]

胤祉、胤禛作为当事人中最年长的皇子，自然负有不可推卸之责。他们见到朱批，"悚惧至极，何敢回奏遗漏之事"，硬着头皮向皇父解释道：四月二十七日确已收到朱批，但因"二十六日戌时突然出了（十一）公主（去世）一事，臣等（因忙于料理），心慌意乱，二十八日缮折时未将二十七日申时所到折子一并奏明，遗漏是实，臣等尚有何言。"玄烨这才消了怒气，朱批"知道了"三字作罢。[2]

在此前后，胤祉和胤禛还另外缮折向皇父奏报京城的雨水情况，不料再次遭到指责："口外雨水情形，想是尔等不知道，如若知道，必会写（在折）上了。这又是尔等庸愚糊涂之处。"[3]

一年夏天，身居热河的玄烨"听闻宫中（之人）竟已（违例）戴上雨缨凉帽"，便责怪在京的胤祉、胤禛等没有及时制止并奏告："尔等都有耳目啊！难道聋了？瞎了？""理应严查！"[4]胤祉、胤禛遵旨查办后具奏，玄烨表示满意，朱批："甚是。"[5]

康熙五十五年（1716）秋，皇八子胤禩染患伤寒，一度病得很重。十一月中旬，玄烨离京往谒暂安奉殿和孝陵，行前，派皇三子胤祉和皇四

---

[1] 满文朱批奏折，胤祉等奏，康熙四十六年四月二十八日。
[2] 满文朱批奏折，胤祉、胤禛奏，康熙四十六年五月初八日。
[3] 满文朱批奏折，胤祉、胤禛奏，康熙四十六年五月。
[4] 满文朱批奏折，胤祉、胤禛等奏，康熙四十六年八月十二日。
[5] 满文朱批奏折，胤祉、胤禛等奏，康熙四十六年八月二十一日。

子胤禵前去探视仍在病中的八阿哥。他俩探望后，一起面奏皇父："阿哥见今并无好转。"十二月初，玄烨在胤祉、胤禵、胤祺、胤祯等九个皇子的请安折上朱批："三阿哥、四阿哥前曾面奏，称八阿哥并无好转。如今情形如何？一如过去所言，或已见好转？无论怎样，尔等所知该是可信吧！"[1]胤祉、胤禵听出皇父话中有话，深感不安，前思后想，决定分别再去探视。两人在十二月初三、初九先后看过胤禩，遂于初十日具奏认错："见今八阿哥不仅好些，而且已见大好，渐渐复元了。""十一月初六日皇父差我二人往视八阿哥，臣等奏称并无好转，乃因眼神不济，看错了，大为失实。"玄烨朱批道："虽眼神不济而胡言，但毕竟还是通学医书之人！（如此言不符实）堪称奇闻！"[2]冷言挖苦，语气生硬，可见还未谅解。

康熙六十年（1721）六月，皇十二子胤祹会同刑部审理一桩抢掠财物案，定议后，不为玄烨首肯，后又几次复审，玄烨仍不满意。六月十三日，胤祹再次上奏认错，"伏乞皇父怜悯仁爱，宽大处理"。玄烨没有被他的恳求所动，对他的斥责反而进一步升级："尔……奏称辜负朕心，然辜负之处，并未明白写出，乃（又一）错处。尔称因受骗而气恼，然岂可转嫁于朕？此事朕断不可默然受之！"[3]胤祹继续办案的情形，已无从得知，但他见到朱批后忐忑不安的心情，却不难想象。

除去对皇子办理政务中出现的过失严究训责外，对于他们各自性格上的弱点，玄烨也时加提醒，督促其改进。如四阿哥胤禛自幼躁急，喜怒无常，玄烨曾为此屡次教导他"诸事当戒急用忍"。胤禛特地将皇父谕旨"敬书于居处之所，以警观瞻"[4]。玄烨的其他皇子，很可能也有类似的经历。

以往汉族统治者建立的王朝，皇帝一般不委任普通皇子承办政务，即使有这种情况，也仅限于个别皇子，而且次数较少。玄烨的作法与之迥异。他有重要的事，往往首先是与儿子们商量，交付儿子办理（或让儿子

---

1 满文朱批奏折，胤祉、胤禵等奏，康熙五十五年十二月。
2 满文朱批奏折，胤祉、胤禵等奏，康熙五十五年十二月初十日。
3 满文朱批奏折，胤祹奏，康熙六十年闰六月三十日。
4 《雍正朝起居注册》第1册，第228页，北京：中华书局，1993年。

参与其中）。当他不在京城时，留守皇子综理政务，其实际职权已在内阁宰辅、部院大臣及督抚大吏之上。这种做法带有鲜明的满洲传统色彩，清入关后，其他各朝，均非如此。

清太祖努尔哈赤、清太宗皇太极的儿子们，大都是汗（皇）父的得力辅佐，他们南征北战，治理政务，为奠定清朝国基，立下卓著功勋。所以出现这种情况，与入关前满洲社会所残存的氏族制度及军事民主制思想，有直接关系。

清入关后第一位皇帝福临（顺治帝）死时，皇子们还很年幼，而玄烨之后的雍正帝、乾隆帝等人，则更多的采纳了汉族统治者的有关方针，即对年长皇子仅封以爵位，较少使用，更谈不上托付重要政务了。所以，在皇子从政问题上，入关前后满洲统治者的政策、举措截然不同，而玄烨的所做所为，居于前后两者之间，反映出由入关前阶段向入关后阶段转变、过渡的风貌和特点。

玄烨这样做，也带来不少弊端，其最大副作用，是使诸子在参政、理政的同时，不可避免地拥有各自的政治势力，为他们拉党结派，进行储位之争创造了条件。但另一方面，玄烨的多数年长皇子都机智干练，能武善文，是他治国的得力助手。如果不是在其亲手指教下，通过承办各项政务而反复锻炼，不断提高，则不可能达到这一总体水平。玄烨下极大心血培养儿子的从政才干，确曾收到令人满意的效果，但同时也为之所累，付出了人们难以想象的代价。

训练儿子从政时，玄烨显得十分严苛，不讲情面，令人生畏。可是，在与儿子的日常相处中，他又是一位柔肠百转，对儿子爱不胜爱的慈父。

三、舐犊情深

玄烨很爱儿子。如果说他14岁初为人父时，还不大懂得如何关心、疼爱襁褓中的幼子，随着年龄的增长，他对儿子的感情越来越深，对儿子的呵护也愈来愈全面、细致。

（一）婚事和分府

儿大当婚。玄烨的皇子们一般是十七八岁后，正式举行婚礼。

时任内阁学士兼礼部侍郎，并亲身参加皇太子胤礽婚宴的王士禛载，康熙三十四年（1695）五月初八日，"东宫婚礼成，赐宴于文华殿之北，以金杯赐酒。前数日皆阴雨，今日晴霁"[1]。被立为皇太子妃的瓜尔佳氏，是和硕额驸华善（三十四年六月卒）的孙女，正白旗汉军都统石文炳（三十三年十一月卒）之女。是年胤礽22岁。在目前我们所掌握的材料中，他是玄烨诸子举行婚礼时年龄最长的一位。此前，他已有两子（第一子生于康熙三十年，11岁卒，未有名；第二子弘晳生于康熙三十三年，49岁卒）、两女（第一女生于康熙三十二年，旋卒；第二女生于康熙三十三年，旋卒），均为侧福晋（雍正二年十二月始封）李佳氏所生。[2]

康熙三十六年（1697）二月初六日，玄烨踏上第三次亲征噶尔丹的路途，心中却还惦念着皇五子胤祺、皇七子胤祐的婚事。二月二十日，皇太子胤礽收到皇父手谕："五阿哥、七阿哥之福晋事，皇太后曾言降旨。见今事情怎么样了？明白缮写后，乘便具奏。"[3]胤礽奏告皇父："五阿哥、七阿哥婚筵之日期，交付钦天监卜定，并将看视之文恭谨奏送。""已将此看视之文二份奏送皇太后祖母，奉旨：'于本年十月之内，择定佳期。'"经钦天监官员及喇嘛等反复查选，报呈皇太后，皇太后最终同意将两皇子婚筵之期定为闰三月十五日。胤礽立即用红纸缮折，奏闻皇父："伏乞奉旨宣谕。若（皇父）另有训旨，臣等谨遵遵施行。"同时他还告诉阿玛：有关婚筵的一切准备事项，"家中正在加紧备办"。玄烨对此没有提出异议，在朱批中写道，两位阿哥的婚筵日期"定为闰三月十五日，于理甚合"。"此事并非紧急机务，尔差人加速送来，且经密封，朕甚惊讶，故急忙拆阅，打开两层封套，看见红纸，才放下心来。"[4]胤礽这样做，恰是为了迎合玄烨

---

1 王士禛：《居易录》第27卷，第2页。
2 据《爱新觉罗宗谱》（甲册，第346页）、玉牒（第15号）记载，胤礽第二子、第二女分别生于康熙三十三年七月与二月，均为轻车都尉舒尔德库之女李佳氏所生。所述月份当有误。
3 台北故宫博物院：《宫中档康熙朝奏折》第8辑（满文谕折第1辑），第659页。
4 台北故宫博物院：《宫中档康熙朝奏折》第8辑（满文谕折第1辑），第699–704页。

的心理:他知道皇父急于得知两位弟弟喜期的确信,所以特意以红纸书写,加急送往,博取皇父欢心。果然,玄烨对胤礽无丝毫责备,可见两位普通皇子的婚事,在他内心所占据的重要位置。人们常说知子莫如父,实际上皇子们对于朝夕相处的皇父,也是相当了解的。

康熙三十六年(1697),皇五子胤祺19岁,皇七子胤祐18岁,他们的长子分别生于三十五年四月和三十六年十二月,长女分别生于三十七年九月和三十五年十一月,都是侧福晋所生。胤祺和胤祐各有两位侧福晋,四位庶福晋。[1]三十六年闰三月十五的婚筵,大约是娶嫡福晋(胤祺嫡福晋他塔喇氏,员外郎张保之女;胤祐嫡福晋纳喇氏,副都统法喀之女),如果是娶侧福晋,玄烨不会如此重视。

当时,玄烨正在征途,为歼灭噶尔丹及其残部殚思竭虑。这种紧迫形势下,他尚且记挂着儿子的婚事,催促家里加紧备办,若是平日儿子们婚娶福晋,他的操心程度更是可想而知。是年闰三月,玄烨驻跸宁夏等地,部署招降事宜,不能返京料理两个儿子的婚筵,但如果没有他的及时督促,此事很可能拖延时日,对于这两位年轻皇子来说,自然不希望如此。这件事还表明,对于皇子的婚事,玄烨亲自过问,皇太后也参与决定有关事宜。不过,同为长辈,玄烨在这方面比皇太后更用心思,想得更细,到底是骨肉之情,更胜一筹啊!

玄烨胜利结束三次亲征噶尔丹后不久,又为17岁的皇八子胤禩举办初定婚宴。他为胤禩选定的嫡福晋,是安亲王岳乐(二十八年卒,三十九年追降郡王)的外孙女郭络罗氏。

玄烨指派内大臣明珠、内务府总管海喇逊等,赴安亲王府参加胤禩与郭络罗氏的初定婚宴。玄烨赏赐的首饰、金、银、绸缎等物品,逐一摆列在安王府内,由明珠等计数交付岳乐继福晋、索额图之妹赫舍里氏。赫舍里氏跪称:"我的孙女自幼由安王抚养,圣主指为阿哥福晋,实非梦想所期,我等惊喜万分。主子又送来贵重物品,如此丰厚,我等更是喜之不尽,不知以何言奏谢矣。"言罢,叩恩不止。筵宴中,照例有内府戏班、

---

1 《爱新觉罗宗谱》甲册,第630–631、703–705页;玉牒,第15号。

民间戏班演戏助兴。郭络罗氏的四位舅舅，多罗安郡王玛尔珲、多罗僖郡王经希（景熙，后降为镇国公）、固山贝子蕴端、固山贝子务尔占（吴尔占）等率领正蓝旗大臣叩头谢恩，请明珠等转奏："我等理应立于阿哥右侧执杯，反让我等入座，赐与克食，主子洪恩断难承领，喜之不尽。"[1]

上述事例似表明，玄烨诸子大都是先有侍妾，育有子女后，方由玄烨为其指定嫡福晋，正式成婚。完婚标志着皇子已长大成人，可以独立门户了。他们一般都要迁出紫禁城，在皇父赐给的府邸居住。

玄烨规定，儿子们分家时，每人各得钱粮二十三万两，[2]这在当时是相当可观的数目。此外，玄烨还有选择地让部分已成家的皇子支取官物，由大内供给其全家的食用物品，通常以一年为期，期满后，由他决定是否沿续。对皇子们来说，支取官物是受皇父宠爱的体现，因而无不企望之至。年长皇子里，不少人享受过这一殊遇，"有被皇父养育（即支取官物）四五年者，亦有二三年者"，其中时间最长的，是皇十四子胤祯。他自康熙五十四年（1715）十一月，"蒙皇父仁爱，赏与吃食等物，恩养一年"，五十五、五十六年期满时，都被沿续，五十七年十一月玄烨又决定："见今（十四阿哥）出征，仍旧支给官物，俟伊返回后再奏。"[3]因此，直到六十一年十一月玄烨去世，胤祯一家支领官物整整七年，居诸皇子成家后受皇父恩养年限之首，这可视为玄烨对于所属意皇子的一种特殊照顾。

皇子们在京城各有皇父赐给的府邸，在玄烨常去的西郊畅春园与热河避暑山庄，他们也都各自建有别墅。由于四阿哥胤禛最终得以即位，做了皇帝（雍正帝），玄烨赐与他的几处住地，如京城雍亲王府，畅春园之北的圆明园，以及避暑山庄的狮子园等处，无不闻名于世，其他皇子的部分园林居所，则逐渐被历史长河淹没而鲜为人知。

康熙四十六年（1707）正月，十阿哥胤䄉以上皇子（皇太子胤礽、皇长子胤禔除外），"奏请于畅春园附近建房"。玄烨同意了这一请求，降旨："（畅春园）北面新建花园以东空地，赐与尔等建房"。后因"若于此

---

[1] 满文朱批奏折，明珠等奏，无年月。
[2] 《雍正朝起居注册》第1册，第140页。
[3] 满文朱批奏折，董殿邦奏，康熙五十七年十一月初二日。

处盖建七人之居所，地方稍有窄小，故四阿哥（胤禛）、八阿哥（胤禩）、九阿哥（胤禟）、十阿哥（胤䄉）奏闻皇父后，于此处建房了"。三阿哥（胤祉）、五阿哥（胤祺）、七阿哥（胤祐）等三人，"奏请另觅地方建造"。胤祉最后是在"水磨闸东南，连着明珠之子揆方家买取一处空地"，房子画样经玄烨看过之后，正式动工兴建。[1]

皇三子胤祉在热河避暑山庄本已建有别墅，其中"大房子二十八间，小房子四十余间，总计近七十间"。可是他仍嫌房子不够用，康熙五十一年七月，又奏请在狮子沟另建宽敞居所，以便"每年携带妻儿，前来山庄，阖家共蒙圣恩"。经玄烨批准，胤祉拟新建大房42间，较小房屋55间，总计97间，并遵旨将房屋式样、间数一并绘图，恭送皇父阅览。[2]看来胤祉在避暑山庄狮子沟的新建别墅，与胤禛的狮子园毗邻，而且很可能是先于胤禛而建。胤禛即位后，特别是乾隆帝在位期间大修狮子园时，无疑会将胤祉的居所统而并之。

（二）天伦之乐

亲切、温馨的家庭气氛，与不少帝王之家几乎绝缘，但玄烨的家中还不是这样。皇子们年幼时自不必说，当他们长大各立门户之后，玄烨也常常与之相聚一堂，共享天伦之乐。这是难得的感情沟通与交流，玄烨历来十分珍惜。

无论在京城或是热河，胤祉和胤禛都曾多次邀请皇父，来自己的府邸游玩，每一次玄烨都欣然前往。胤祉等有时还分别约上其他兄弟子侄。众皇子、皇孙围绕在玄烨身边，共同赏花进宴，热闹空前。

胤祉首次于热河宴请皇父，是在他奏请新建别墅后的翌年，即康熙五十二年（1713）六月。胤禛第一次在热河宴请皇父，是五十三年七月，这时狮子园当已建成。虽然未见史料记载，其他年长皇子大概也曾于各自家中，迎接过皇父的光临。

或居家欢宴之时，或外出郊游途中，或料理政务的闲暇，玄烨常和儿

---

[1] 满文朱批奏折，胤祉等奏，康熙四十六年三月二十日。
[2] 满文朱批奏折，胤祉等奏，康熙五十一年七月十六日。

子们一起赋诗吟句,父唱子和。多数情况下,是玄烨首先做诗一首,而后由儿子们应制写就。如康熙三十九年(1700)七月十九日,皇四子胤禛做《禁苑秋霁应制》诗,序中写道:"……时雨初晴,风日清朗,新凉入座,林沼澄鲜。皇父听政之暇,亲洒宸翰,制禁苑秋霁诗一章,命诸昆弟分赋应制……"[1]

康熙五十一年三月十二日,皇十四子胤祯与兄弟们在畅春园应制赋诗,遵皇父命,"随各人意抒怀"。胤祯是这样写的:"幸遇昇平久,还欣文教赊。婉容怀子道,竭力奉天家。居业惇诚敬,修身敢傲奢。叨蒙闻圣训,日日乐菁华。"[2]有时,玄烨还照着儿子的应制诗韵,再赋诗一首。例如,"用皇三子(胤祉)秋日郊行应制诗韵",写下五言诗:"……荷疏起一雁,蒲尽现群鸥。郊外西成好,应知禾黍收"[3]。这种反复唱和,特别是玄烨用儿子的诗韵,表明了亲密无间的父子情义。让儿子当场应制做诗,可以测试他们的才学,因而也是玄烨在日常生活中对儿子进行考察的方式之一。

(三)翁媳之间

玄烨为儿子们指定的嫡福晋,并不全都出身显贵,但其中不乏重臣之女、名门后裔。除上述胤礽、胤禛的嫡福晋外,另如皇长子胤禔的嫡福晋伊尔根觉罗氏,是吏部尚书(从一品)科尔坤的女儿。皇三子胤祉的嫡福晋董鄂氏,是都统(从一品)、勇勤公鹏(彭)春之女;皇四子胤禛的嫡福晋乌拉纳喇氏,是内大臣(从一品)费扬古之女。作为众多皇子福晋的公公,玄烨和儿媳如何相处?关系怎样?下述事例从不同侧面作了回答。

爱屋及乌,玄烨是儿子们的慈父,对儿媳们也关怀备至。

康熙四十四年(1705)五月底,玄烨率皇太子和部分皇子出巡塞外,大阿哥直郡王胤禔也在其中。七月初七日,胤禔的继福晋张佳氏,在京城直郡王府邸生下一个男孩,即胤禔第三子弘暐(康熙四十九年三月卒,年

---

[1] 《世宗宪皇帝御制文集》第22卷,第20-21页,刻本,光绪朝武英殿。
[2] 永忠:《延芬室集》,第1142页。
[3] 《圣祖御制文二集》第49卷,第6页。

六岁）。孩子生得还算顺利，不料半个月后，产妇大出血，生命危在旦夕。留京皇子胤祉、胤禛急召太医院御医刘声芳、张懋功二人医治，并将张佳氏病况，连同御医的汉文呈文一起奏报。玄烨得知，极为关心，立刻降旨告知御医："此病当用止血石。"御医们"随讨止血石，带后血汗全止"[1]。八月初，胤祉、胤禛奏告说，据大夫们呈称，"自七月二十八日以来，大阿哥福晋之病已有起色，二十九日早脉数好些，三十日、（八月）初一日又见好转。若照此下去，已无大妨"。但玄烨还是不放心，在朱批中询问："知道了。见今（大阿哥福晋的病）不知怎样？"[2]

玄烨是位通情达理的皇父。他闻知张佳氏生病的消息，马上让跟随他在塞外行围的大阿哥胤禔从速返京，以便给病中的产妇一些安慰。玄烨还会叮嘱胤禔，让他带去自己对儿媳的问候。八月初二日中午，胤禔赶回京城，他首先进宫向皇太后祖母请安后，随即返归府邸。尽管张佳氏的病情此前已趋好转，当她见到奉公公之命，风尘仆仆专门为她从塞外赶回的丈夫，尤其是得知公公对她的关怀，自然感动不已，内心得到很大满足。这种良好情绪对于她去除疾患，尽快复原，大有益处。

看到妻子已在好起来，胤禔决定尽快返回塞外。八月初四日，他告诉胤祉和胤禛："我抵京前，皇父谕旨已到。由于（张佳氏）已带止血石，又经大内大夫、喇嘛往视，与大夫们共同商议治疗，如今下血盗汗皆止。虽汗血过后甚属虚弱，蒙皇父恩典，似已稍愈。大夫们说，若照此下去，不再变症，则无大妨了。我见此情景，拟于（八月）初六日赶回皇父那里。"他让两位弟弟将这些话奏闻。[3] 玄烨事前没有对胤禔规定返归期限，是为了让他根据福晋的病情，斟酌而定，多陪伴些日子，而张佳氏这次能够转危为安，与公公及时指示赐带止血石，并令丈夫亲自赶回照看，显然很有关系。

玄烨对于自己所选中的儿媳，也不是个个满意，八儿媳郭络罗氏，就是颇让他头疼的一位。

---

1 汉文折件，张懋功等奏，康熙四十四年八月初四日。
2 满文朱批奏折，胤祉、胤禛奏，康熙四十四年八月。
3 满文朱批奏折，胤祉、胤禛奏，康熙四十四年八月。

郭络罗氏自幼丧母，在外公岳乐身边长大。她被岳乐视为掌上明珠，百般娇宠，因而养成泼辣率直、无拘无束的性格，遇事富有决断，敢做敢当，连丈夫胤禩也往往要让她三分。这种个性与作风，本与满洲女子较少礼教约束，在家中具有较高地位和发言权的传统，一脉相成。但康熙朝中期，满洲贵族受汉文化影响已较深，夫为妻纲、三从四德的观念，为越来越多的王公贵胄所接受。因此，郭络罗氏不合封建正统行为规范的举止，受到不少人非议，其中也包括她的公公玄烨。

康熙四十七年（1708）一废太子事件中，玄烨指责胤禩时说："胤禩素受制于妻。"[1] 雍正四年（1726），大臣们奉雍正帝胤禛之命议奏胤禩的罪状，说"圣祖临御乾清门曾传谕，允禩之妻甚属不妇，允禩亦惧伊妻"[2]。两次话语是玄烨在同一时间、同一场合下所言，只是记述略异罢了。胤禛即位后，它被作为胤禩的罪状之一。但细加体味玄烨当时的心态，表面上看是对儿子不满，而内心还是心疼儿子，为儿子受制于妻忿忿不平，觉得儿子吃了亏，受了委屈。玄烨对儿子怀有很深的爱，但此次却是一种特殊的表现方式，而且又直接涉及翁媳关系；他怜爱儿子的同时，明显流露出对儿媳的微词，在玄烨的家庭关系中，这是仅见的一例。

康熙六十一年（1722）夏，玄烨再次来到狮子园，随身还带着数月前命在宫中养育的四阿哥胤禛之子弘历。玄烨很喜欢这个聪明伶俐的小孙子，于是传见了他的生母钮祜禄氏。30岁的钮祜禄氏，当时尚无正式名份（称"格格"），地位较低。然而老皇帝却没有架子，与这位第一次见面的儿媳闲话家常，连连称她为"有福之人"[3]。玄烨在儿媳们面前，全然没有"天子"的威严，平易随和，很好相处。

（四）忧心忡忡

玄烨疼爱每一个儿子，无论哪个儿子患病，他都日夜记挂，焦虑万分。

---

1 《清圣祖实录》第235卷，第8页。
2 萧奭:《永宪录》第4卷，第268页。
3 《游狮子园》，载《高宗纯皇帝御制诗五集》第91卷。

为避免染患痘疹，玄烨不顾"年老之人尚以为怪"的非议，让御医学习、掌握了种痘方法，为皇子、公主及孙辈种痘，以作预防。[1]一旦有皇子出痘，玄烨便视为头等要事，为此可以暂缓处理日常政务。

《康熙起居注》记载，康熙十四年二月二十四日，"皇子出痘，自二十五日起，至三月初三日止，各衙门章奏俱命送内阁"[2]。康熙十七年十一月二十六日，"以皇太子出痘，自二十七日起至十二月初九日止，各部院衙门章奏俱命送内阁"[3]。据有关情况判断，十四年二月出痘的皇子，是4岁的大阿哥胤禔。当时正值平叛战争开始不久，玄烨却一连九天不阅章奏，一位幼龄小儿出天花，竟牵扯了他这样大的精力。普通皇子尚且如此，三年后5岁的皇太子胤礽出痘，玄烨连续13天没有御乾清门听政，全力进行看护，也就毫不奇怪了。

一次，皇太子胤礽患病，玄烨亲自照料。当胤礽逐渐痊愈时，玄烨按捺不住内心的喜悦，专门将此情谕告内务府总管和御前侍卫。内务府总管马思喀奏称："奴才伏思，皇太子身子欠安之际，主子不能按时进膳，即使夜间，也时刻挂怀，郁郁难眠，是以圣躬大为劳苦。今皇太子已大安，奴才请主子放宽圣心。"玄烨的朱批是："朕安。皇太子之病原曾甚属可虑，如今明显见好，是大造化，只是仍需调养。尔等放宽心。"[4]内务府总管直接负责皇帝的日常起居，所言当为目睹。

康熙二十二年（1683）玄烨东巡时，随扈的皇长子胤禔（是年12岁）不慎从马背坠落，摔伤臂膀。为了使胤禔更好地养伤，玄烨让他在原地留住十日，玄烨本人及大队人马，也都停止行进，随同胤禔暂住。胤禔养伤期间，玄烨"无心狩猎"，[5]一直守在儿子身边，亲自指挥御医们为儿子医治。

康熙二十四年（1685）六月初一日，玄烨带着皇太子胤礽、皇长子胤禔出巡塞外，初四日出古北口，初五日行至鞍匠屯驻跸。初八日，他收到

---

1 《庭训格言》，第19页；《康熙起居注》第1册，第645-646页。
2 《康熙起居注》第1册，第195页。
3 《康熙起居注》第1册，第389-390页。
4 满文朱批奏折，马思喀奏，无年月。
5 南怀仁：《扈从康熙皇帝巡幸西鞑靼记》，载《清史研究通讯》1987年第1期。

太医院奏报，得知不足7周岁的四阿哥胤禛在家染患痢疾，于是当即决定回銮。他驰行一昼夜，初九日上午赶到宫内，为胤禛"亲视疗治"。皇四子的病很快痊愈，十六日，玄烨再次出巡。

康熙四十七年（1708）夏，皇十八子胤祄跟随皇父去塞外避暑，他是此行随扈皇子中最年幼的一个。不料，胤祄刚刚在途中度过7周岁生日，突然得了急性腮腺炎，高烧不退。玄烨忧心如焚，急召宫中御医前来，又降旨给在京的胤祉和胤禛。他谕令递送之人："火速乘驿，将此谕交付三贝勒、四贝勒，时刻不得耽延！"给胤祉、胤禛的手谕是这样写的："今此谕一到，立即将马尔干之妻、刘妈妈、外科大夫妈妈赫氏等三人派来，并差选精明干练之人，作为伊等随从。一律乘驿，挑选好车良马，日夜兼程，尽其所能从速赶来！""朕也派人从此处往迎。为此急促缮写降旨。"[1] 玄烨在竭尽全力，争分夺秒，以挽救十八阿哥垂危的生命。

治疗过程中，胤祄的病情一度好转，玄烨如释重负，欣喜异常。当他在朱批中将这一情况告知在京皇子时，有意不将装有朱批的信封封固，还用朱笔在信皮上写道："（这是）喜信！若照常封固，你们拆开再看，太耽搁时间，所以没有封上。"在皇子们面前一向持重的玄烨，由于十八阿哥病情好转，极为欣慰，竟也违反朱批发送成规，以使在家的儿子们先睹为快，一起分享他的喜悦。

这道没有封固的朱批是这样写的："已将（十八）阿哥搬迁到朕的院子里，朕仁爱妪育，抱在怀中，精心照料。虽然（阿哥）已病入膏肓，无可奈何之下，（朕）仍千方百计，不分昼夜，竭力医治。阿哥今已好转，断无大妨了。尔等可放宽心，连朕这一年老之人，也仿佛获得新生一般。"[2] 玄烨乃万乘之君，已年近六十，却说出这样的话，足见胤祄病情好转与否，成为当时他的精神乃至生命的支柱。几天后，玄烨再次降旨三阿哥、四阿哥："托菩萨之恩，十八阿哥今又好些了，朕心里渐渐松了口气。现在正朝家返回，只是不可走长路，一日不超过二十里。特降旨尔等知道。"[3]

---

1 满文朱谕，康熙四十七年八月十九日。
2 满文朱批奏折，胤祉、胤禛奏，康熙四十七年八月二十二日。
3 满文朱谕，康熙四十七年八月二十五日。

可是，玄烨的爱子之心，终究未能挽回胤祄的生命。九月初，胤祄在回京途中病逝，这对玄烨的打击有多么惨重，是可以想象的。胤祄的死，还成为第一次废太子事件的直接导火线。康熙四十七年（1708）九月初四日，胤祄死去当天，玄烨作出废黜胤礽的决定，其中不排除皇储矛盾日积月累，以致骤然爆发的必然性，但在胤祄病中，胤礽身为亲兄，却"毫无友爱之意"，[1]是致使玄烨对于包容多年的太子终于不能原谅的一个重要原因。这也从另一角度证明，玄烨对一个7岁幼子感情之深。胤祄死后被安葬在景陵妃园寝内，邻近其生母密妃王氏之墓。子随母葬，玄烨诸子内仅十八阿哥一人，这位早卒皇子显然受到皇父的特殊关照。

平时，皇子们只要稍有病痛，玄烨便难以释怀。康熙四十七年五月玄烨去塞外时，十四阿哥胤祯的身体一度不适。六月初，胤祯和在家的八位皇兄一起联名向皇父请安，玄烨的朱批是："朕安。十四阿哥如今完全好了吧？"[2]事实上，胤祯早已痊愈，真是可怜玄烨为父之心！

玄烨外出时，如果家中尚有正在患病之子，必定要求其他留京皇子随时奏报有关情况。每逢闻知儿子病愈或好转，玄烨总是欣喜万分，对于他来说，这是来自家中最好的消息。

康熙五十五年（1716）春，24岁的十五阿哥胤禑患病，当时玄烨已是63岁高龄，身体状况堪忧，但他仍同以往，亲自前去看望，过问御医的治疗方案。二月十八日，玄烨巡视畿甸，遵照他的嘱咐，二十一日胤祉向他奏报十九日以来十五阿哥的详细病情。胤祉告诉皇父，不仅胤禑本人感觉好多了，饮食睡眠都有起色，"经大夫诊脉，据称也比先前大好了"。胤祉在折子最后写道："臣等看得，（十五）阿哥定能痊愈，照常行走，故将日渐好转情形陆续奏闻。"玄烨的朱批极为简短，却体现出他的真实心情："闻之甚喜。"[3]

---

1 《清圣祖实录》第234卷，第3页。
2 满文朱批奏折，胤祉等奏，康熙四十七年六月。
3 满文朱批奏折，胤祉奏，康熙五十五年二月二十一日。

（五）无时不在的关怀

玄烨对儿子的爱护和关心，体现在日常生活的各方面，一些很小的事，也反映出他与儿子们的感情。

不吉祥的话语或事物，向为玄烨所忌讳。他曾教导儿子们："汝等皆系皇子王阿哥，富贵之人，当思各自保重身体，诸凡宜忌之处，必当忌之，凡秽恶之处，勿得亲临。"[1]凡是皇子奏报为大臣延医治病的折子，玄烨一概不许他们在上面写上自己的名字。有几次，胤祉、胤禛由于疏忽，忘记了这一规定，玄烨立即警告："嗣后不得在奏报此类事宜之末尾，写上你们的名字！""奏报有关病人情形的奏折上，岂能写上尔等名字！"[2]他事事处处保护儿子，使其不受任何伤害。

康熙三十五年（1696）二月底，玄烨离京第一次亲征噶尔丹，19岁的四阿哥胤禛是随扈皇子之一。三月二十三日，玄烨给总管太监顾问行的谕旨中，讲述征途情况，最后还特别写道："朕因水甚佳，饮食起居都好。阿哥们都好，四阿哥竟胖了许多。"[3]玄烨指挥千军万马，运筹帷幄的同时，细心观察每位随征皇子的健康状况，生怕他们因初历紧张、艰苦的征途生活，产生不适而病倒。所以，连皇子们本人也未必觉察的胖瘦变化，也逃不过慈父关切、敏锐的眼睛。

康熙四十七年（1708）五月十一日，玄烨巡幸塞外，随驾皇子中，原有十四阿哥胤禵，[4]但他因故未与皇父一同起程，而是在家又住十余日，准备当月下旬再去热河。五月二十日，三阿哥胤祉、四阿哥胤禛奏报京城雨水情况，玄烨做了以下朱批："知道了。本年口外雨水来得甚急，十四阿哥在路上行走，很不安全，今停止前来。俟木兰时节，再看情形降旨。"[5]玄烨早已抵达热河，根据途中所见及以往经验，不放心胤禵在路上的安全，断然阻止儿子按约前来。他总是设身处地为儿子们着想。

---

1 《庭训格言》，第52页。
2 满文朱批奏折两件，胤祉、胤禛奏，康熙四十五年八月二十七日，康熙四十六年九月二十七日。
3 《掌故丛编》，第22页。
4 《清圣祖实录》第233卷，第3页。
5 满文朱批奏折，胤祉、胤禛奏，康熙四十七年五月二十日。

第五章 皇子

康熙五十九年（1720）七月，玄烨带着八九个儿子住在热河，初五日，他让哈哈珠子太监魏珠传旨内务府："善射的阿哥可以回家了。著看好吉日具奏。"内务府立即交付钦天监，"择定阿哥返家日期，据称本月初七日阿哥回京城为好。又让喇嘛达木巴格隆看之，亦言初七日好"。玄烨得到回奏，在折子上朱批："（初七日是）好日子。当于寅时（凌晨3—5时）从（避暑山庄）前门出去。"[1] 由于将在八月初开始行围，玄烨很可能对随扈皇子的射技进行了考核，让其中不够娴熟者留下参加行围（还有因其他原因留下者，如胤祉等），而那些善射的皇子，则提前返回京师。玄烨对准备回京诸子的起程日期、具体时间，乃至出避暑山庄的路线，都一一过问，不仅令钦天监和喇嘛卜定，他本人还提出补充意见。这固然反映出他有浓厚的迷信思想，但也说明在百病缠身，精力不济之时，他对儿子们的关怀程度，丝毫不减当年。

最让人们感慨的，还是下述事例。

康熙六十一年（1722）四月初六日，玄烨命太监张齐林等传旨内务府衙门："看得小阿哥们所戴凉帽，甚重。因大内式样外面没有，才让在大内制做。监制官员及管领们俱不照看，内务府总管们也不往查，以致如此。著交付内务府总管等，削减承做（小阿哥）凉帽之工匠钱粮，并将该管官员、管领等一并议罪。钦此。"署理内务府总管事马武、伊都立找有关人员查询后，议定奏称：监制之员外郎舒图阿等，"理应将小阿哥们所戴凉帽精工细制，使之舒适轻薄，以供小阿哥戴用，但却制得粗糙笨重，殊属不合"，请将舒图阿及另一监制官员宝柱各罚俸一年，从速赔补制做轻薄凉帽，给阿哥换戴。此外，对具体从事制做的工匠，也拟定从严处罚诸款。玄烨阅罢，只是在将舒图阿、宝柱"各罚俸一年"这句话之前，又用朱笔加了一句："各降二级。"[2] 说明他余怒未消，因心疼小阿哥，对于失职官员极为不满。

康熙六十一年（1722），尚年幼的皇子共有四人，即12岁的二十一阿哥胤禧和二十二阿哥胤祜，10岁的二十三阿哥胤祁，以及7岁的二十四

1　满文朱批奏折，海章等奏，康熙五十九年七月初五日。
2　满文朱批奏折，马武等奏，康熙六十一年四月初七日。

阿哥胤祕。是年四月十三日，玄烨出巡塞外，胤禧、胤祜都在随扈皇子之列。所以，玄烨很可能是在行前检查小儿子的穿戴行装时，发现凉帽过重这一问题的。

一般来说，父亲相对粗心，对孩子们的穿戴不大留意。可是，玄烨却看出小儿所戴凉帽不够轻便、舒适，并立刻交付有关人员解决。他对儿子的呵护如此细致入微，即使小皇子各自的亲生额娘，也难以做到这一点。仅仅事隔七个月后，玄烨与世长辞；翌年初夏，当这些小皇子戴上轻薄舒适的新制凉帽时，他们的皇父已经长眠，永远不能再为他们操心了。

（六）睹物思亲

古往今来，人们表达对于亲人的思念，各有自己的方式。当玄烨与儿子较长时间不在一起时，他惯于将自己身上的衣物寄送儿子，让儿子穿戴身上，或将儿子穿过的衣服要来，自己穿上。睹物如见人，带着亲人气息的衣物，连同思念与深情，一起传给了对方。对皇太子胤礽，以及暗定的皇储胤禛，玄烨都曾这样做过。

康熙三十五年（1696）五月底，玄烨结束第一次亲征，胜利班师。他与太子分别近三个月，虽然已在归途，相见在即，但仍抑制不住想念儿子的急切心情，写信给胤礽："朕率军征战之时，军务在身，无暇他思。今胜负已定，噶尔丹逃遁，我军穷追不舍。当此之时，班师返归，一路欣悦，朕不由思念太子，何得释怀。今天气已热，将你所穿棉衣、纱衣、棉葛布袍（等）四件，褂子四件，一并捎来。务必拣选你穿过的，以便皇父想你时穿上。"[1]胤礽"伏阅慈旨，得知皇父眷恋儿臣之心，不禁热泪涌流，难以自已"。他按照皇父的吩咐，从自己所穿衣服内挑出秋香色棉纱袍等数件，派专人送给皇父。[2]玄烨很可能就是穿着太子的衣服，六月初于口外诺海河朔地方，与前来迎驾的胤礽等人相见的。久别重逢，喜不胜言，这些具有特殊含义的衣物，早已将父子之情交融一体。

康熙五十九年（1720）除夕，玄烨惦念正在西北前线指挥军务的皇

---

[1] 台北故宫博物院：《宫中档康熙朝奏折》第8辑（满文谕折第1辑），第274-275页。
[2] 台北故宫博物院：《宫中档康熙朝奏折》第8辑（满文谕折第1辑），第231-233页。

十四子胤禵，在给他的信中写道："（你）阿玛、额娘身体都好，因为朕渐渐懂了些养身之道，不仅旧病除了，自去年以来，一剂药也没有吃，腹泻一次也没有过。""如今快过年了，朕将自己用旧的腰带（解下），连同其他各样东西一起，亲手包好，差人给你送去。"[1]这条已经用旧的腰带，凝聚着玄烨对儿子的挚爱，不仅被胤禵视为最珍贵的新年礼物，时刻带在身上，其后还会传与子孙后代，世世珍存。

（七）儿子对父亲的感情

人的感情总是相互的，父子间也是如此。皇子们对玄烨的真实情感如何？这里仅举两例。

康熙三十二年（1693）夏，玄烨染患疟疾，经御医反复治疗，不能根除，皇太子胤礽为此很是焦虑。恰在此时，供职清廷的法国籍传教士洪若翰等人，带来治疟疾的特效药奎宁（金鸡纳），奏请玄烨服用。因事前对这一西药毫不了解，胤礽极力阻止皇父贸然使用。后经三个疟疾患者试用，证明奎宁确实有效，并无任何副作用，但胤礽依旧不放心。他埋怨索额图、明珠等大臣，不该将疟疾病人第一次试服结果，匆忙奏报，致使皇父急欲使用，而应再做数次试验，确保万无一失，才可使皇父服用。受到太子斥责后，索额图等四位大臣为补前愆，以表忠心，自告奋勇请求试服。胤礽默许了这一请求，立刻令人取来酒和奎宁，亲手调制，让四位大臣各服一剂，结果安然无恙。胤礽这才同意皇父服用奎宁，玄烨不久便痊愈了。[2]当时胤礽只有20岁，却如此顾虑重重，其细心程度甚至超过诸多老臣。

康熙六十一年（1722）十一月十三日，玄烨因伤风引发心血管病猝然离世。胤禵在西北前线闻知这一消息，悲痛万分。据是年十二月二十一日宗室延信给雍正帝的密奏中讲："（十二月）初七日（奴才）行至（陕西）双山堡，中途遇见大将军王（胤禵），他从骡子上下来后，拉着我的手，哭了好久。我一边劝他，一边共同进堡里坐了一会儿。他不停地哭着

---

1 满文朱谕，康熙五十九年。
2 《耶稣会士书简集中国书简选》（选译），耿昇译，载《清史资料》第6辑，第169-170页。

问我:'皇父是什么病?此事连做梦也想不到,难道会有这样的事情吗?'"当延信向他讲述玄烨去世前的一些情况时,"大将军王"仍然"不停地哭泣"。[1] 胤祯向以意志刚强,果敢坚毅而著称,他得知皇父死讯十余日后,依旧痛哭流涕,不能自制,其中自有种种复杂原因,但他的悲痛却是发自内心的,是他对慈父怀有深情的真实表露。

玄烨与儿子们既为父子,又是君臣,因而彼此的关系中,必然带有政治因素,受到当朝政治的影响与制约。由于两废太子事件,以及诸子争夺储位问题,他同个别皇子的关系出现变化,但是从总体看,他对儿子们还是十分慈爱,关怀照顾得无微不至,而皇子们也对他怀有不同程度的爱戴、依恋之情。这是贯穿于玄烨父子关系中的一条主线。

(八)慈父戏儿

玄烨认为:"情之最亲者,莫如父子。父子主恩出自天性,礼节繁多,则父子之间反或疏远,历观前代往往有之。"[2] 重视真情,自然真切,是玄烨对于父子关系的期望之一,他本人正是这样去做的。玄烨是个热爱生活的人,在与儿子们的相处中,也不乏风趣,有时还很有幽默感,和儿子们开玩笑,对他们进行善意的奚落。

康熙四十八年(1709)八月十六日,留京皇子胤祉、胤祐等六人,收到皇父从热河发回的折件,启封后,发现封套里"有皇父封写之小包一个",打开一看,里面竟包着10枚大榛子,并附有手书谕纸一张:"朕此际品食榛仁,极为可口。这般大的榛子,尔等(在京城)找找,找到后包好放在折子(封套)里,从速送来。京师何物不有,如果你们找到而不送来,就是故意粧憨儿了。"

皇子们知道这是皇父有意给他们出难题,于是奏称:"臣等看得榛子如此之大,甚是惊奇。这样的榛子不仅京城难得寻觅,除去口外,即使找遍口内十三省,又岂能得到。皇父之旨,臣等不敢不钦遵办理,只因此乃京师难觅之罕物,臣等无法承领粧憨之罪罢了。"接着,早已摸透皇父脾

---

[1] 满文奏折,延信密奏,康熙六十一年十二月二十一日。
[2] 《康熙起居注》第2册,第1472页。

性的皇子们，开始"转守为攻"，提出请求："如若（热河）有新下来的核桃、栗子，像皇父送来的榛子那样大个的，伏乞赏赐，并请皇父算好份数（以免臣等争抢）。见今皇父赏的榛子只有十枚，臣等若分领尝鲜，甚是可惜，故已恭谨包存。惟臣等窃思，凡有佳物稀品，不见则已，若一得见，企盼得到，难以克制。伏乞皇父将这样的榛子多赏几个，使我等得以各自品尝观赏。"

事实上，不用等儿子们张口要，玄烨早已为他们预备好了。不过，他首先使用了一个小"计谋"：先给儿子们送回几枚特大榛子，以吊起这些有物必求的儿子们的胃口，并故意为难他们，让他们在京城寻觅，从而更加显示出这种罕物的稀有。皇子们果然"上钩"，迫不及待地向他索要，这使他更添了几分开心和自得。然而，戏言终归是戏言，玄烨绝不忍让儿子们如此巴望而不得。所以，他一收到儿子们的奏折，立即让递送奏折的人带回两大袋大榛子以及其他美味。通过朱批，他如实告诉儿子们："这里榛子不多，你们派来（送奏折）之人均已亲见。给你们送去一次，足矣。"[1]

皇子们如愿以偿，十分高兴，在回奏中说："皇父赏的榛子两大袋，以及肥鹿、狍子肉等，量大难以驮载，臣等承领隆恩，无不欢喜，各自叩谢。榛子不仅尽可品尝观赏，均分之后，就是放开吃，也吃不完。肥鹿、狍子肉等，也都完好无损地送到了。臣等连同妻儿，阖家均沾恩泽，得以足食美味。"儿子们已心满意足，玄烨却不忘前言，在朱批中提醒道："那样大的榛子，（你们）务必要（在京城）找到送来！"[2]对这一无法完成的任务，胤祉等并不着急，只是"敷衍拖延"，也就不了了之了。

康熙四十七年（1708）七月二十三日，胤祉、胤禛收到皇父自热河发回的谕旨及禾稼标本。遵照父旨，他们首先"于畅春园内外各处俱令阅视"，"二十五日早又（将禾稼）带至京城，让大学士等及部院大臣观览"。领侍卫内大臣、内大臣、都统、护军统领、副都统等，也"全部恭视"。随后，两皇子向皇父奏报大臣们的反映："大学士温达、陈廷敬、李

---

1 满文朱批奏折，胤祉等奏，康熙四十八年八月十九日。
2 满文朱批奏折，胤祉等奏，康熙四十八年八月二十五日。

光地等及部院满汉大臣阅后言称,我等恭览主子那儿送来的禾稼,每株几乎都高至一丈,结了四五穗,实乃自古未有之祥瑞。恭思,皇帝至德齐天,仁义普照万物,大顺之气,充满乾坤……圣主为小民生计,虔诚挂怀,是以上苍明鉴,长出优良禾稼,以符圣德……"胤祉、胤禛还在同一折子上,如实奏报内大臣、年迈老臣、都统、侍卫等人的观感,如称长得这样好的禾稼,"不仅年青人见所未见,八十岁以上老者也未曾耳闻"等,均为赞叹之言。对此千篇一律的套语,玄烨阅后指出:"知道了。去年看时,即有此言。想是明年(看)还是这般话吧!"[1]皇子们接奉朱批,沮丧之下,又哭笑不得。

玄烨将儿子视为贴心人,这在他与儿子的接触中,常常下意识地表现出来。

康熙四十四年(1705)六月二十一日,胤祉、胤禛奏报京城雨水等情况,玄烨阅后做了朱批:"知道了。(京师)雨水是否充足,(于禾稼)有否裨益等事情,并未缮写清楚。你们看了朕的这段字,恐会怀疑(不是朕写的)。(六月)二十二日打鱼去了,因右手在水里浸泡过久,颤动难以握笔,所以写成这个样子。十八日我们这里下足了雨。二十二日又是阴云密布。"[2]当时,玄烨巡视塞外,驻跸博洛和屯。他主动向儿子们解释所写朱批字不成形的原因,以免儿子产生疑虑,显示出父子之间特有的亲近。

(九)难当仲裁

玄烨的儿子众多,虽然他很想做到不偏不倚,尽可能让儿子均蒙慈爱,但儿子们却相互攀比,任性争宠,使他深感为父之难,自有一番苦衷。撇开储位之争带来的无穷烦恼不言,在日常生活中,他有时也不得不充当"仲裁人",调停儿子们的争执。

一年六月下旬,住在口外喀喇和屯的玄烨,给在京皇子送回几把亲笔题字的御扇。他在皇子们的请安折上写道:"喀喇城的行宫、园子依山傍水,甚属适宜,今夏又较凉爽,并无溽热之感。如今将至秋季,不知京

---

[1] 满文朱批奏折,胤祉、胤禛奏,康熙四十七年七月二十七日。
[2] 满文朱批奏折,胤祉、胤禛奏,康熙四十四年六月二十一日。

师气候如何？朕于此处读书写字，无片刻闲暇，每日耽于笔墨，似胜以往。今送回朕亲笔写的扇子，八阿哥（胤禩）以上，各赏一把。"得到御扇的年长皇子们，个个喜笑颜开，洋洋得意，但九阿哥胤禟以下年龄较小的皇子，却大失所望，将皇兄们得到的扇子反复把玩，"爱不释手，羡慕不已"。

玄烨从儿子们的回奏中了解到这一情况，立即又制作、补写了一些完全相同的扇子，送回家中，并在胤祉等10个皇子的请安折上朱批："朕安。前日扇子得了，已给阿哥们增补送回了。"[1]这一补救措施，消除了胤禟等人因未得御扇而产生的不快，使全体在家阿哥同蒙父恩，皆大欢喜。他们随即缮折告诉皇父，胤禟等承领御扇，高兴得手舞足蹈，"欢呼雀跃"。"臣等共同看得，每把扇上，皇父均亲笔题写五六十字以上，字迹俊逸挺拔，臣等观赏赞叹，喜悦不尽"。[2]从奏折署名看，第二批得到御扇，转忧为乐的皇子，除胤禟外，还有十阿哥胤䄉，十二阿哥胤裪，十四阿哥胤祯和十七阿哥胤礼。

慈父难做，费力费心，尤其使玄烨感到头疼的，还属每年夏秋，如何平均分派儿子们在京值班，或去热河一事。尽管皇子们早已明确排定顺序，但执行中却往往打乱。他们个个争去热河，相持不下，毫无谦让，连玄烨也往往被绕在其中，难做裁夺。

康熙四十八年（1709）四月，胤礽、胤祉、胤祐、胤禩、胤祥、胤禑、胤禄等七个皇子随驾巡幸塞外，胤禛、胤祺、胤禟、胤䄉、胤裪、胤祯等六人留京值班。五月底，玄烨将三阿哥胤祉、七阿哥胤祐二人遣返回京，以替换四阿哥胤禛、九阿哥胤禟和十阿哥胤䄉前去避暑。胤祉、胤祐极不情愿，但也只有从命。两人抵京后的请安折述及归途中的心情，大概是所有为换班而返京的皇子们所共有的："臣等二人（五月二十九日）自皇父处起程，沿途行路，兴致索然。一入口内，渐渐感到燥热，抵达密云、怀柔，酷暑难耐，快抵家时，更为炎热。路上观得禾稼，长势良好，齐整喜人……只是臣等跟随皇父（出塞），荷蒙厚恩，每日品尝佳肴美味，观

---

1 满文朱批奏折，胤祉等奏，康熙四十四年六月二十一日。
2 满文朱批奏折，胤祉等奏，康熙四十四年六月二十四日。

览佳景，读书习字，欢乐度日。今返家后，吃着自家一应食物，均无味道，外出观景，亦无兴致，仿佛若有所失，心中怅然。臣等思念皇父，回想奇恩，羞愧难当，感戴不尽。惟盼恭闻圣颜丰腴，愉悦安好之旨，并乞盼皇父不时施恩赏赐！"[1]突然离别慈父，踏上归程，外在环境反差较大，皇子们一时难以适应，容易产生心理上的不平衡。胤祉等所言，即反映了这一点。

胤祉、胤祐抵家后，"胤禛、胤禟、胤䄉等三人，于（六月）初五日欢快起程，前往皇父处"；此次没有被换班而依然留守京城的五阿哥胤祺、十二阿哥胤祹和十四阿哥胤禵，则翘首以望，急不可耐，"惟盼换班之日尽早到来，以便速往皇父身边"。[2]然而天公不作美，由于热河连续降雨，六月中旬山洪爆发，随扈人员伤亡惨重，[3]玄烨不得不暂时改变皇子们的换班计划。

七月初，在京值班的胤祉、胤祺、胤祐、胤祹、胤禵等五位皇子收到皇父的朱批："朕安。原先叫尔等前来换班，是因这里凉爽宜人，水土洁净。如今由于大涝，各处均有毁坏，正在加紧修复。既然阿哥们来了也派不上用场，此次换班，只五阿哥（胤祺）一人来吧！十二阿哥（胤祹）、十四阿哥（胤禵）不要来了。勿得反复奏请。（四阿哥）胤禛等已经返家，或许已将此处情形告知。"胤祹和胤禵希望落空，却不肯罢休。他俩不听父言，仍然奏请前去，并找出充足理由："臣等未得瞻仰天颜，已两月有余，虽说并无用得上小儿之处，但乞求随胤祺一起，共同前往，见到皇父，叩请万安后，臣等二人立即返回。"

玄烨没有同意，责备他们说："尔等奏称此次已两月有余未得见朕，哪一年不是都有四五个月，不得见到朕吗？已降旨所定之事，勿得再奏！"[4]实际上，玄烨虽然每年驻跸热河四五个月，皇子们均可轮流前去，故朱批所言，与事实不尽相符。不过，玄烨当时正在全力处理水灾善后事宜，心

---

1 满文朱批奏折，胤祉、胤祺、胤祐等奏，康熙四十八年六月初三日。
2 满文朱批奏折，胤祉、胤祺、胤祐等奏，康熙四十八年六月初三日。
3 参见杨珍：《康熙四十八年的热河洪水》，载《紫禁城》1990年第4期。
4 满文朱批奏折，胤祉、胤祺等奏，康熙四十八年七月。

情焦虑，胤䄉、胤祯一再奏请，实为忙上加乱。可是，他并没有过多怪罪，表明还是原谅了尚很年轻的儿子们。

康熙五十年（1711）夏，胤祺、胤䄉和胤祯随皇父住在热河，胤祉、胤祺、胤禛、胤禟等四人留守京师，分做两班值宿。其中胤祉和胤祺一班，胤禛和胤禟一班。五月份，胤祺等向皇父提出暂不回京换班，继续留驻热河的请求。玄烨毕竟年纪大了，记不清楚当由哪些阿哥前来替换胤祺这一班，于是让儿子们商定方案。同时，他让胤祺转告在京皇子："今正值雨季，来时容易返时难，况且在此住上个把月，才能逐渐适合水土。朕担心你们本人及家人、小儿等，因水土不适引起腹泻。尔等在京分为两班行事，或一个或两个阿哥前来，在此处住上一个月，也就赶上木兰秋狝，到那时若再换班，雨水季节已过，路上也好行走。这样如何？尔等共同商议后奏闻。"[1]

胤祉等四个皇子接到胤祺的信，对胤祺等得以继续留驻热河，从而可能使自己失掉前去的机会，大为不满。奏称："如今我等分为三班轮换办事，只有六人，而头班阿哥们前去热河，留恋彼处，奏请不归，"余下两班如何轮换？"皇父有旨，让我等四人中一二人前去，但又未予指定。""我等四人个个想去，相互争执，难以定下，"况且"目下正值酷暑，都想携带家眷，前往凉爽洁净佳地，瞻仰圣颜，荷蒙厚恩，悠闲消遣。"如果我等两班四人内一班前去，家中值班只剩两人，过于薄弱。胤祉等也承认："皇父所言甚是，今恰逢雨季，臣等来去换班时，携家眷而行，实为艰难。"经反复商讨，他们提出两项方案，"视皇父指示而定，臣等钦遵实行"。聪明的皇子们将难题又推给了皇父，并有试探之意。

这两项方案是，其一，胤祺等住过雨季，俟木兰秋狝开始前返京；由皇父从在京值班的两班内，指定一班（两个皇子）去热河，并将剩下的一班，排为来年随皇父前去的头一班，去后一直住到举行秋狝前，再换胤祺、胤䄉这一班去。其二，本年暂不换班，胤祺等留在热河参加秋狝。后一方案照顾了已在热河的皇子，却被胤祉等视为下策，他们在回奏中

---

[1] 满文朱批奏折，胤祉、胤禛等奏，康熙五十年六月初一日。

写道："臣等两班乞承父恩，得允前去，既已隐忍一年，本年只有如此而已！"无可奈何的懊丧情绪，跃然折上。

抱着要去则自己这班去，否则两班四人谁也别去这种想法的皇子们，很快收到皇父朱批："既然皇太后在这里，五阿哥（胤祺）就留下吧。十二阿哥（胤祹）、十四阿哥（胤祯）回去，此缺由四阿哥（胤禛）、九阿哥（胤禟）赶在雨水前，尽快来此。三阿哥（胤祉）等停止前来，明年再来吧！朕回家后，再降旨明确排班。"[1]

接到朱批，四位皇子的反映立即出现很大反差：胤禛、胤禟喜出望外，胤祉、胤䄉怨艾连声。胤祉与胤䄉觉得吃了大亏，于是推翻由皇父择选一项方案，"臣等钦遵实行"的承诺，找出种种理由向皇父申诉：第一，他俩早已备好小米及所有用品，"连同儿女家人，俱已整备停当，原想俟换班阿哥一到，即行前往"。第二，胤禛、胤禟一班，按照换班顺序，原本排在他俩之后，却"反而得以先去"，于理不合。第三，为此，他俩提出修正措施：既然胤禛、胤禟准备前去参加行围，而胤祹、胤祯已奉旨返家，值班阿哥又已构成两班，所以，"请皇父批允儿臣胤祉、胤䄉即刻起程前去"，俟胤禛、胤禟去时，再轮换回京。

面对斤斤计较而又振振有词的儿子们，玄烨也有些莫知所从了，其朱批不见往日的严厉，流露出一位慈父所特有的随和："若就照此也好，（反正）都是一样啊！"[2]朱批送到皇子们手中，胤祉、胤䄉"不胜欢喜"，各自率领全家，随即起程；而胤禛和胤禟生怕再有变化，影响自己去热河，因而在回奏中反复强调："惟盼秋狝之日一到，臣等立即欣然前往，喜瞻天颜。"[3]意在提醒皇父，不要忘了对他俩的许诺。

老皇帝为避免儿子因值班问题引起矛盾，左右照顾，煞费苦心，然而要真正做到"公正"裁断，使诸子全都满意，并非轻而易举。

上述史事还表明，康熙五十年前后，参加在京值班的皇子共六人，分为三班。其中，皇三子胤祉、皇十子胤䄉一班，皇四子胤禛、皇九子胤禟

---

[1] 满文朱批奏折，胤祉、胤禛等奏，康熙五十年六月初一日。
[2] 满文朱批奏折，胤祉、胤禛等奏，康熙五十年六月初四日。
[3] 满文朱批奏折，胤祉、胤禛等奏，康熙五十年六月初七日。

一班,皇五子胤祺、皇十二子胤祹一班。此外,年龄更轻的十四阿哥胤禵虽未正式排班,但随时补缺。所以,事实上是七个皇子分做三班,轮流替换,以备不虞。

(十)皇祖与皇孙

多子必然多孙。玄烨是儿子们的慈父,也是众多皇孙们慈祥可亲的皇祖。作为清朝入关后的第四代,这些于玄烨在世时出生、成长的皇孙们,在各个方面,充分感受到皇祖的亲情,与细致入微的照顾。

据满文档案记载,康熙三十四年(1695)六月,内务府挑选华色管领下厮丁麦图之妻给毓庆宫二阿哥喂奶,又买得正白旗下一包衣家生女给乳母之子喂奶,用银78两。[1] "毓庆宫二阿哥",当指皇太子胤礽之子弘晳。是年胤礽22岁,其第二子弘晳生于康熙三十三年七月初五日,三十四年六月不满周岁,麦图之妻就是给他做乳母。由于胤礽的头生子(未有名)幼殇,弘晳实际上是其长子。胤礽第二次被废黜后,出使清廷的朝鲜使臣,向其国王谈及玄烨对废太子的看法时说:"然皇长孙颇贤,(玄烨)难于废立云。""或云太子之子甚贤,故(玄烨)不忍立他子而尚尔贬处云矣。"[2] 所谓"皇长孙""太子之子",均指弘晳,说明他很受皇祖喜爱,尽管其父已被废黜。

康熙五十一年(1712)十二月,内务府选取穆成额管领下扛夫佟周之妻,为十三阿哥胤祥之子喂奶,同样以78两银子买得奶妈一人,给乳母之子喂奶。[3] 这位使用乳母的皇孙,是胤祥第三子弘暾,生于康熙四十九年十二月十一日,当时刚刚两周岁。其生母为胤祥嫡福晋、兵部尚书玛尔汉之女兆佳氏。此外,康熙四十七年七月,十四阿哥胤禵第四女周岁时,"(内务府)制做玩耍之小盒一个,用过银十两";十二阿哥胤祹之次子周

---

1 《清代内阁大库散佚满文档案选编》,第218页。
2 吴晗辑:《朝鲜李朝实录中的中国史料》第10册,第4323、4334页。
3 《清代内阁大库散佚满文档案选编》,第267页。

岁时,"(内务府)制做玩耍之小盒一个,用过银二两。"[1]在挑选乳母,制做周岁生日礼物等方面,玄烨的皇孙、皇孙女们,享有与皇子、公主相似的待遇。上述宫廷用项开支银两档簿,都曾奏闻玄烨,说明虽然玄烨的孙子、孙女众多,他本人未必一一亲见,或直接接触,但对有关第三代的重要事情,无不亲自过问,明了于心。

玄烨很关心孙子、孙女们的婚事,不仅亲为指婚,有的还亲自为之操办。

康熙五十一年(1712)七月,朝鲜使者返国后向国王报告:"皇长子(胤禔)幽囚已久,其子已长成,而未有婚娶,故皇帝促令成婚。"[2]此指胤禔长子,即玄烨的长孙弘昱,嫡福晋伊尔根觉罗氏所生,是年17岁。玄烨并未歧视在废太子事件中罹罪的大阿哥胤禔之子,将他们和其他孙儿一体看待,关心并促成其婚事。对胤禔之子尚且如此,其他皇孙更不必言。

玄烨对儿孙们的关心与关怀,几乎到了事无巨细,无所不包的程度。他命令内务府为孙女安排婚后住房,就是一例。

康熙五十八年(1719)七月,内务府奉旨为三阿哥胤祉的二女儿寻找婚后居所。署内务府总管事郎中董殿邦奏称:"据查,右翼官房内,只剩下戴保之宅,但院子甚小,且房屋已残破,不可居住。左翼官房则距诚亲王家(按,胤祉所居诚亲王府位于西城官园)较远。右翼原侍郎阿尔拜的房子共计一百四十八间,离王府相近,目下正在出售,似可做为出嫁房宅。阿尔拜若要房,则以官房相应对换;若要价儿,则以官价收取",如何行之,请旨定夺。玄烨没有同意,朱批道:"房子太大,再找别处。既然阿尔拜在卖,买下为好。"[3]看来玄烨是以实用为上,认为孙女婚后的住所,既要邻近娘家,又须大小适中,便于居住,二者兼顾,缺一不可。

十四阿哥胤祯率师西征后,玄烨对于这位暗定皇储的子女,更是格外照顾。胤祯出征后第一年,玄烨亲自操持,先后为他的一女二子办了

---

[1] 《清代内阁大库散佚满文档案选编》,第257页。按,《爱新觉罗宗谱》载,胤裪有六子。未载六子有关情况,仅称乾隆二十八年(1763)胤裪奉旨以皇四子永城(珹)为嗣(参见该书甲册,第824-825页)。胤裪亲子情况宗谱为何未载,待考。

[2] 吴晗辑:《朝鲜李朝实录中的中国史料》第10册,第4302页。

[3] 满文朱批奏折,董殿邦奏,康熙五十八年七月初九日。

第五章　皇子

婚事。胤祯的大女儿破格封为多罗格格,"出嫁时一切陪送妆奁,无不恩赏"。长子弘春娶妻,"宴席、衣物、首饰等项,一并赏给,又赐与三所邸宅"。次子弘明成婚前,被皇祖带至热河,"仁爱训育";婚期将至,玄烨派出自己的侍卫、护军,将孙儿护送回京,并将亲笔题写的匾额、对联等,送到弘明的新房。[1]

玄烨自然知道胤祯已从家信中了解上述情况,但他还不放心,特地写信告知:"你家嫁女儿、娶媳妇的事,都已喜气洋洋地办妥了,不要对家里稍有惦念。"[2]远在边陲的胤祯得知这一切,对皇父只有更加感激。正如他在回奏中所写:不仅自己高兴得无言以奏,"即是弘明,又何能报答皇祖如此仁爱深恩。"[3]所以,当他闻知皇父突然去世的消息,悲痛万分,不能自拔,也在情理之中。

平日,玄烨与孙儿们(尤其是年长阿哥之子)接触的机会很多。康熙五十九年受封世子,班次俸禄照贝子品级的三阿哥胤祉长子弘晟与五阿哥胤祺长子弘昇,以及五十七年跟随胤祯出征的内廷三阿哥(胤祉次子弘曦、胤祺次子弘晊、胤祐长子弘曙)等人,无不多次侍从皇祖,亲耳聆听教诲。除去他们外,年龄较小的八阿哥胤禩之子弘旺、九阿哥胤禟长子弘晸、十阿哥胤䄉长子弘暄等,都曾"内廷行走",或"御前行走"[4]。雍正帝即位后,胤禟的管家秦道然供称,玄烨在世时,"弘晸时时到圣祖宫中,都是张瞎子(弘晸的侍从)跟随……"[5]。除去弘晸外,弘旺、弘暄等均在内廷(御前)行走,也会屡至皇祖宫中探望。人至暮年,喜欢与儿孙们在一起,这也是玄烨感情上所需要的。

胤祯出征后,他的三个儿子(长子弘春、次子弘明、四子弘暟)都被玄烨带到热河,参加木兰秋狝,[6]其中弘暟生于康熙四十六年(1707)十二月,当时只有十二三岁。由玄烨亲自操办婚事的弘明(生于康熙四十四年

---

1 满文朱批奏折两件,胤祯奏,康熙五十八年十一月初六日,康熙五十八年五月十二日。
2 满文朱谕,康熙五十八年。
3 满文朱批奏折,胤祯奏,康熙五十八年十一月初六日。
4 弘旺:《皇清通志纲要》第4卷上,第7—9页,民国抄本。
5 《允禩允禟案·秦道然口供》,载《文献丛编》第3辑。
6 满文朱批奏折两件,胤祯奏,康熙五十八年五月十二日,康熙五十八年十一月初六日。

四月,与弘曕同为嫡福晋完颜氏所生),"幼侍内廷御前"[1],这在有关玄烨孙儿的史料记载中,仅此一例。

康熙六十一年(1722)春,四阿哥胤禛第四子,12岁的弘历(乾隆帝)第一次见到皇祖,很受喜爱,遂被养育宫中,皇祖亲自为之督课。不久,弘历随驾前去热河,在皇祖身边度过一段难忘时光。[2]这是玄烨生前最后一次去热河。比起其他与皇祖朝夕相处、受到皇祖亲自训育的皇孙们,弘历的上述经历不算特殊,而且是最后才终于得蒙皇祖厚爱的。

* * *

清朝十二帝中,康熙帝玄烨所生皇子最多,皇子长大成人者最多,其中才干突出者也最多。

玄烨不仅重点培养皇太子胤礽,对其他皇子也进行全面教育。他期望家中能够出现父慈子孝、兄友弟恭的局面,每个皇子都能成为有用之材,以辅佐自己,辅佐未来的皇帝,最终达到永保王朝统治的目的。玄烨在培育皇子方面投入的精力,仅次于治理国家,为历代帝王所仅见,加之他具有在各方面高于中国古代大多数帝王的素质与素养,因此,他所教育出的皇子,具备较强的综合能力,不仅居同时期王公子弟之上,而且超过历代皇子的总体水平。清朝在康熙帝玄烨之后,又相继出现雍正帝胤禛、乾隆帝弘历两位历史名君,成功地担负起将康乾盛世推向高峰的历史使命,不能不说与玄烨制定并实施的教子方针与举措,有着某种内在联系。康熙帝的教子实际上括及儿孙两代,即直接地培养出雍正帝,间接地培养了乾隆帝。这是玄烨的历史功绩之一。

玄烨在其晚年的治国中,有逐步倚信诸子的倾向,这是一个值得研究的问题。诸皇子受重用的一个原因,是他们很有才干,可以承当重任。如皇十四子胤禵出任抚远大将军,统领西陲军务达四年之久,即是一例。

另一方面,如前所述,诸皇子参与军国大政过程中,逐渐形成各自的派系和势力,在太子再立、再废,储位长期虚悬的情形下,他们激烈角逐储位,对玄烨的健康、朝政及社会都造成不同程度的危害。

---

1 弘旺:《皇清通志纲要》第4卷上,第9-10页,民国抄本。
2 《高宗纯皇帝御制诗五集》第91卷,《游狮子园》。

玄烨培养皇子的这一重大失误,对雍正朝政局产生很大影响,余波延续到乾隆时期。雍正、乾隆二帝吸取乃父、乃祖的经验教训,虽然也很重视皇子们的学习,但对诸子从政及其拥有权力,都予以严格限制,同时由于实行秘密建储,避免诸子图谋储位,皇权统治得以进一步稳固。这种做法为其后历代清帝所遵循。

　　综观玄烨与其家庭成员之间的关系,他与祖母及嫡母的关系处理得最好,在中国几千年的帝王之家中绝无仅有;与后妃的关系处理得基本成功,在众多古代帝王之家中应属上乘。同前两者相比,他与皇子的关系处理得不够理想,留下终生遗憾。当然,帝王之家中的父子关系,因涉及皇位继承、权力移交等最大利益所在,因而相对复杂,难于把握,处理得当与否,不仅关系到父子关系与帝王之家本身,对朝政也有直接影响。玄烨在皇子身上所下心血最多,正是为了能妥善解决这一难题,可惜事与愿违。当玄烨晚年回顾、总结培养皇子的经验教训时,或许由此联想到祖母对自己的培育及其效果,除去自叹不如外,还会进一步增加对祖母的钦佩、感激和思念。

第六章

公 主

康熙帝的女儿们,各有不同的人生经历。

康熙帝玄烨共有20个女儿。按照长幼之序，她们被排行为"皇长女""皇二女""皇三女"，余类推。这些皇女在幼年时，都被称为"小公主"或"格格"；长到10岁以后，依次被唤为"大公主""二公主""三公主"……；年近20岁下嫁时，才得到正式的公主封号。20个皇女中，有10人在10岁以前去世，未序齿。10位排行公主内，有2人在十二三岁时亡故，只有8人长大完婚，得到公主的正式封号。此外，玄烨将皇弟常宁之女自幼养于宫中，排行为大公主。所以，玄烨的排行公主前后共有11位，其中9位是得到封号的下嫁公主。

作为盛世名君之女，这些公主有何人生经历？她们与皇父的关系各是怎样？让我们根据现存史料做一探寻。

一、成年诸公主

（一）大公主（和硕纯禧公主）

康熙十年（1671）十一月，玄烨的第二个孩子，汉族女子张氏所生皇长女幼殇，年仅4岁。虽然皇二女已出生8个月（董氏即端嫔生，康熙十二年卒），玄烨仍然决定抱养一个女儿。

皇长女死去当月，和硕恭亲王常宁与庶福晋晋氏生下一女，这是常宁的第一个女儿（常宁第一子永绶同月出生，16岁卒）。不久，这个女婴被伯父玄烨抱养宫中，后又位居比她晚出生的诸多皇女之上，成为大公主。玄烨选中亲侄女做养女，显示出对于手足懿亲的优宠。

康熙二十九年（1690）三月，20岁的大公主被封为和硕纯禧公主（雍正元年二月晋封固伦纯禧公主），嫁与科尔沁头等台吉博尔济吉特氏班第。

她是玄烨的女儿中第一位下嫁公主。

康熙二十七年，喀尔喀蒙古受噶尔丹侵扰大举南迁后，由清廷按照漠南蒙古之例分编旗队。为消除喀尔喀蒙古王公之间的隔阂，加强清廷对蒙古地区的管理，玄烨原本定于二十九年七月亲临多伦诺尔，与漠南蒙古、喀尔喀蒙古王公举行会盟。所以，是年三月大公主下嫁漠南蒙古科尔沁台吉，是玄烨团结蒙古王公这一整体战略的组成部分，也是多伦会盟的前奏。后因噶尔丹入侵乌珠穆沁，会盟之举延至康熙三十年（1691）四月举行，玄烨亲自主持，获得巨大成功；同年六月，皇二女和硕荣宪公主下嫁巴林部郡王之子。玄烨两女与蒙古王公联姻，宛如两朵绚丽之花，为会盟盛事增添了光彩。

清制，"公主下嫁后，非奉特旨留京者，其自游牧来京，亦俟奏闻奉旨"。公主住京的时间，也有明确限期。除非奉旨留京，一般情况下，公主只准住京六十日。[1] 又据雍正二年议准："下嫁漠南蒙古部落公主、郡主等欲来京者，并令请旨。其奉旨来京者，均定以限期，照例供给。漠南蒙古额驸住四十日，公主、郡主等住六十日，如限满后仍欲留京者，亦须奏明，再支供给。"[2] 从玄烨诸女的有关情况看，康熙年间，对于下嫁外藩公主来京居住的时间等事项，还没有严格的规定。上述规制是从雍正朝开始，逐步建立实施的。

《国朝宫史》中载有康熙二十九年四月的一道谕旨："苍震门乃紧要门户。大公主系已出嫁之人，凡进入必须告之总管奏明，方可放进。何得竟不阻拦，任令出入，殊属非礼。"[3] 苍震门位于紫禁城东路、孝惠皇太后所居宁寿宫西侧，是通往东六宫、西六宫的门户之一。因是紫禁内地，玄烨十分重视那里的警戒，是可以理解的。大公主进入苍震门，很可能是在探望祖母后，又去东六宫等处探望各位妃母。她在宫中生活近20年，与皇太后及诸妃嫔接触很多，彼此有着较深的祖孙之情、母女之情。她下嫁未几，回娘家探亲，事前未告知总管太监而径自入内，本也无可厚非。从这

---

1 光绪《清会典》第65卷，第605页，北京：中华书局，1991年。
2 光绪《清会典事例》第988卷，第10册，第1207页，北京：中华书局，1991年。
3 鄂尔泰、张廷玉等编纂：《国朝宫史》，上册，第8—9页。

一角度看，玄烨的指责有些不尽情理，大公主闻之，自然很不好受。此事反映出玄烨的重男轻女意识，认为女儿一经嫁出，则需区别对待。按照清制，这道责斥大公主擅入苍震门的谕旨，对于其后的下嫁公主，也具有法律效用。换言之，她们下嫁后如果回娘家，须事先告知总管太监奏明，得到皇父批允后，才能经苍震门进入东、西六宫。

康熙三十一年（1692），大公主率先照贝勒品级，设立护卫，其长史带孔雀翎，额驸班第亦设三等护卫六员。[1]

康熙四十三年（1704）二月二十三日，不满2周岁的皇十九子胤禝病逝。玄烨事前指示内务府总管马思喀等，按照十一阿哥胤禌（卒于三十五年七月二十五日，12岁）的丧仪办理，皇子、公主、官员等毋需齐集。可是，当十九阿哥的灵柩被送出东华门时，大臣、侍卫们仍自动肃立两旁致哀。玄烨了解到这一情况，降旨加以切责。马思喀等上折解释事情的经过，并说当他们护送十九阿哥的灵柩抵达停放地时，大公主的一名太监突然前来禀告："公主驾到。"马思喀让太监转告公主，他们事前不知道大公主来临，"因所有人均不齐集，（大）公主应当返回"[2]。

这件事说明大公主当时正住在京城。她虽然已经下嫁，仍密切关注宫内发生的一切，而且消息灵通。她与早卒皇弟相差31岁，彼此谈不上有多少姐弟之情，但尚未接到齐集通知，便急急赶至灵柩停放地，反映出对待娘家之事恭谨有加，唯恐不周的心态，这是下嫁公主们所共有的。

康熙三十一年七月底，玄烨率部分皇子巡视塞外，传教士张诚随往。八月初六日（阳历1692年9月16日），玄烨一行抵达口外汗特木尔达巴汉地方驻跸。[3]张诚当天的日记中有如下记载："皇帝陛下于天亮前便起身去捕猎公鹿。到吃早饭时，已经走了二十里路……才进入山区，在那儿皇帝猎获了一只五百多磅的公鹿。然后我们来到一个美丽的大山谷，山谷里有很多鹌鹑和野鸡，用猎鹰捉住了很多，皇帝用弓箭射中一些正在飞逃的野鸡。两点前后，陛下就吩咐晚餐，这是鞑靼人很早吃晚饭的习惯；他

---

1 《清圣祖实录》第157卷，第8页。
2 满文朱批奏折，马思喀等奏，康熙四十三年。
3 《清圣祖实录》第156卷，第2页。

亲手整理自己打死的那只鹿的肝。肝和臀部的肉在这里是被看做最精美的部分。他的三个儿子和两个女婿帮着他。皇帝把鞑靼人古时收拾鹿肝的方法教给他们,感到很开心。把片片鹿肝准备烤吃时,他将其分给他的儿子们、女婿们和身边的一些官员们,同样我也荣幸地从他手里接到一片。每个人都开始仿照皇帝和他的儿子们的样子去烤肉。"[1]

当时玄烨已下嫁的女儿只有两个,即大公主和二公主。上文提到的他的两个女婿,是指大额驸班第和二额驸乌尔衮。玄烨去塞外行围时,特将两个女婿带在身边,让他们与随行皇子一起帮助自己收拾鹿肝,并耐心传授方法。看来,玄烨没有将女婿当做外人,而是与皇子同样看待,翁婿间的关系十分亲密[2]。在炊烟袅袅的野餐地,他的儿子、女婿们充分感受到慈父之爱。

班第是康熙朝第一个额驸(康熙前期相继完婚的三位福临亲女、养女之婿不计其内)。这一特殊身份,为他的仕途带来好运。康熙三十年、三十五年,班第两任内大臣(从一品),此后又先后担任镶白旗蒙古副都统、镶黄旗蒙古都统、正蓝旗满洲都统,五十二年四月休致。《清史稿·公主表》中,称他曾任前锋统领,查《八旗通志初集·八旗大臣年表》,无此记载,仅备一说。

班第成为玄烨之婿后,在京担任要职达20余年,这在玄烨的九位女婿中是唯一的一个。他的平坦仕途,折射出玄烨对女婿的优宠。

班第卒于雍正四年(1726),乾隆十八年(1753)追加谥号"恭勤"。[3]他不仅有一定能力,而且比较谨慎,善于与人相处,这种性格作风对于他与大公主持续36年的夫妻关系,实有裨益。玄烨的九对公主、额驸中,大公主与额驸班第是共同生活时间最长的一对。

下嫁蒙古的公主,在京都赐有府邸。然而担任京廷重要职务的班第,也时常携公主回科尔沁居住。

康熙三十七年(1698)七月底,玄烨奉皇太后往盛京谒陵,七个皇子

---

[1] 《张诚日记》,张宝剑等译,杨品泉等校,载《清史资料》第5辑,第204页。
[2] 另参见《张诚日记》,张宝剑等译,杨品泉等校,载《清史资料》第5辑,第170页。
[3] 《清史稿》第166卷,第5287页。

随驾。这是他第三次东巡。八月下旬，途经科尔沁草原，九月初三日，玄烨驻跸大公主府。当天，大公主及额驸设宴为皇父洗尘。玄烨在大公主家住了三天，初六日起程时，赐给公主夫妇白金、彩缎等物品。[1]根据《清圣祖实录》所记，玄烨在大公主的草原府邸客居，这是第一次，也是唯一一次。与玄烨同往的还有皇太后及随行皇子。祖孙、父女、翁婿、姐弟相聚一堂，作为东道主的大公主夫妇必尽全力款待，因为这不仅是他们本人，也是他们所在旗的最大荣耀。

康熙四十六年（1707）十一月初，大公主自京城返回科尔沁，行前因伤风而感不适。玄烨特命太医院大方脉大夫蒋燮随护公主起程，并留在彼处月余之久。其间，蒋燮两次详细奏报为公主用"参藕"进行"饮食调理"的情况。[2]

清代，蒙古地区医疗条件较差，而太医院的医术，代表着当时中国医学最高水平。大公主只是偶染微恙，玄烨却很重视，指派太医院的御医陪同返归旗地，并留驻月余，以观疗效。他对于大公主如此，对其亲生女儿的关怀，更无庸议。由此可见，派遣御医前往蒙古地区（或陪护公主前往）为下嫁公主及其额驸、亲属治病，是玄烨经常采取的做法。

玄烨的11位公主中，大公主居长，也最为长寿。她逝于乾隆六年（1741）十二月，享年71岁。

（二）二公主（固伦荣宪公主）

康熙三十年（1691）六月，荣妃马佳氏所生皇三女，19岁的二公主受封和硕荣宪公主，下嫁漠南蒙古巴林部鄂齐尔郡王之子博尔济吉特氏乌尔衮。这是一段亲情与政治效果并重的姻缘佳话。

乌尔衮的父亲鄂齐尔郡王为玄烨的亲姑、孝庄最疼爱的二女儿巴林淑慧公主所生，二公主下嫁姑婆的亲孙子，巴林部又出了一位清帝的女婿。玄烨不忘祖母生前嘱托，奉养姑姑的同时，又纳姑孙为婿，使两家亲上加亲，姻戚不断，也使巴林部与清廷的关系更为亲密。孝庄生前未能目睹这

---

[1] 《清圣祖实录》第190卷，第1-2页。
[2] 汉文折件，蒋燮奏，康熙四十六年正月十三日。

一喜事，倘若有知，必深感快慰。

康熙三十一年（1692）十月，巴林淑慧公主、二公主以及刚刚下嫁喀喇沁蒙古王公噶尔臧的三公主（皇五女），一并依照大公主例，分别以贝勒品级设立护卫，长史戴孔雀翎；额驸乌尔衮、噶尔臧各设三等护卫六人。这一措施进一步提高了公主、额驸的地位和待遇，为其后各朝沿用，成为清代一项定制。

二公主与姑婆相处融洽，两人常常相伴随，或居京师，或返旗地，同来同往，亲如祖孙。[1] 玄烨特意在皇城内选了两处相邻近、院落宽敞的房子，供她们居住，以便于走动往来，互为照应。其中巴林淑慧公主的住处，原是权臣鳌拜之宅邸。[2]

康熙三十八年闰七月下旬，玄烨率领八位皇子开始塞外之行。八月初三日，在乌喇岱昂阿地方，巴林淑慧公主偕孙媳二公主前来请安。同日，她的孙子巴林和硕额驸乌尔衮，也和苏尼特多罗郡王垂基恭苏隆等一起朝见皇帝。巴林淑慧公主这时已是68岁高龄，这是她最后一次同孙媳一道，共同在塞外迎见玄烨。从翌年正月她病逝京师的情形看，此后不久，她便在二公主陪伴下来京居住，直至去世。

康熙四十八年（1709）三月，玄烨颁布诏令："封下嫁巴林吴（乌）尔衮额驸之和硕荣宪公主，为固伦公主，授吴（乌）尔衮为固伦额驸。"[3] "固伦公主"是公主封号中最高一等，玄烨生前，所有得封公主名号的女儿中，只有二公主是固伦公主，余者均为和硕公主。这一晋封使二公主在诸姐妹中脱颖而出，无人堪比。其册文揭示了她独获高位的原因："……顷以朕体违和，尔归宁侍奉，问安祝膳，克殚至情，诸公主中，惟尔为最。且年齿亦长，礼秩当优，兹特封尔为荣宪固伦公主，赐之金册。……"[4] 另据《清圣祖实录》记载，康熙四十七年九月玄烨宣布一废太子的决定后，愤懑愁楚，身心憔悴。十月起"圣躬违和"。"十一月十八日始用医药"，

---

1 台北故宫博物院：《宫中档康熙朝奏折》第8辑（满文谕折第1辑），第211-212页。
2 满文朱批奏折，海喇逊等奏，无年月。
3 《清圣祖实录》第237卷，第7页。
4 《封固伦荣宪公主册文》，载《皇朝文典》第46卷，第2页。

皇三子胤祉等兄弟五六人同检药方，"昼夜侍奉"。四十八年初玄烨基本痊愈，正月底巡幸南苑，自称"已能挽弓乘马矣"。[1]上述册文说二公主在皇父病中殷勤服侍，其时间当为四十七年十一月至十二月之间。可见，康熙四十七年底玄烨一度病重时，与诸皇子一起在皇父身边端药服侍的，还有他们的皇姐，从巴林部专程赶来的二公主。实录中对此只字未提，则符合编修体例。二公主当时36岁，作为一个成熟的女性，又比诸皇子年长，对于病中的皇父会照顾得更加细致周到，从而博得玄烨的欢心，晋封为固伦公主。

下述事例表明，玄烨一直对二公主印象颇佳，十分喜爱。

一年夏季，在京城值班的皇三子胤祉接到皇父发自热河的一道谕旨："交付三贝勒。二公主寄回家的一个小匣子，由你那里派出一人，公主府上差出一人，将小匣子给乌尔衮额驸送去。额驸的信一到，著从速送交公主。钦此。"胤祉奉旨后于翌日回奏："已派遣公主府上三等侍卫黄巴，及臣之哈哈珠子色敏，于初五日起程，将公主寄送的小匣子送往乌尔衮额驸处。来回想是需用半个月左右。俟额驸回信一到，即发往公主处，并奏闻皇父。"玄烨阅后朱批："知道了。"[2]

二公主当时正与皇父同住热河避暑，而寄回家中的小匣子，大概是给丈夫的信匣。她是皇三子胤祉的同母姐。由于前两个亲生女儿都早逝，二公主实际上是玄烨的长女。他亲自安排为二公主传送信件，表明对这个女儿很重视。

康熙五十二年（1713）十一月十三日，玄烨率四位皇子离京往遵化谒陵，十二月十九日返京。玄烨行前，恰逢在京居住的二公主身体不适，玄烨很是惦念，除去派御医医治外，又特别嘱咐在京皇子及时向他奏报二公主的病情。十一月十九日胤祉、胤禛等遵旨奏报后，二十五日又为此专折奏称："自本月十九日具奏以来，臣等看得二公主病，这二三天内又似稍愈。腹泻已止住。""据大夫讲，公主服用玉枝加皮宝圆丸后，觉得好些

---

[1] 《清圣祖实录》第235卷，第14页；第237卷，第5页；第235卷，第27页；第236卷，第8、16页。

[2] 满文朱批奏折，胤祉奏，无年月。

了，两边脉相也渐渐平稳了。谨将大夫之奏书一并奏闻。又，皇父起程前降旨臣等：公主见今所居房子不好，尔等与内务府总管公同挑选一所房子，将公主移住。钦此钦遵。臣等与内务府总管等会议，经查看官房，皇城内光明殿东南侧有阿哈占的房子一所，共百余间；皇城外黄兽医胡同，有托合齐的房子一所，共一百九十余间。这两处房子都比见今公主的住所好，院落大些，房子都是按照满洲习俗改建。伏乞皇父指定一处，从速修缮后，择吉日请公主移住。"[1]

胤祉等皇子的奏报表明，在二公主患病期间，玄烨认为爱女的居住条件不好，对身体不利，因而下令为她另择新居。从现存史料看，这已是第二次为二公主调换在京府邸，而有关其他公主择换府邸之事，无一见于记载。阿哈占曾任福陵总管，是皇太子胤礽的侍从得麟之父，因包庇乃子，获罪。托合齐则是太子党主要成员之一，原任步军统领，康熙五十年十月因"结党会饮案"获罪。

不料，玄烨对上述两所宅邸无一满意，在折子上朱批："这两处房子都不好。"于是，胤祉和胤禛继续为二公主找房。他俩交付内务府总管，将"营造司所属官房共一百一十六所"全部查勘。皇子们听取禀报后，认为其中无中意宅第，因而准备由内务府另选好房买下，重新修缮后供二公主居住。对此，玄烨朱批道："暂且缓办，俟朕回宫（再定）。"[2] 玄烨抵京后如何夺定，已不得知，但可肯定，最终由内务府为二公主找到的住所，其各方面条件均属上乘。

玄烨巡视塞外途中，曾多次驾临二公主在巴林的府邸。如康熙四十六年（1707）十月，他在留京皇子的请安折上朱批："朕安。原定于（九月）二十六日从二公主家起程，因大风骤起，难于行进，又住了一宿。"[3] 据《清圣祖实录》和《康熙起居注》统计，玄烨巡视塞外时，二公主前往请安，或恭迎皇父驻跸府邸，前后共达10次以上，居玄烨所有下嫁蒙古公主之首。这一点同样表明，她与皇父感情很好，深受皇父喜爱。

---

[1] 满文朱批奏折，胤祉、胤禛奏，康熙五十二年十二月初八日。
[2] 满文朱批奏折，胤祉、胤禛奏，康熙五十二年十二月初八日。
[3] 满文朱批奏折，胤祉、胤禛等奏，康熙四十六年九月。

同大额驸班第相比，二公主的丈夫乌尔衮并非干练、有才之人，但也颇为岳父所器重。康熙四十三年（1704），乌尔衮袭封巴林郡王。四十四年（1705）七月，玄烨"谕近御一等侍卫吴什等，传谕巴林额驸吴尔衮曰：今朕诸姑俱弃世，诸姑之子，仅存格勤尔图、纳木扎，伊等亦且年迈。向来公主之子，坐班在公之列，应以格勤尔图、纳木扎，照科尔沁达尔汉王旗下公班地（班第）例，授本身为公，食俸。"[1]格勤尔图、纳木扎都是乌尔衮的伯叔，玄烨通过女婿向仅存于世的两位姑表兄弟转达这一决定，表明他不忘姑侄亲情，对诸姑后代殷切照顾，同时也反映出他与女婿的关系毕竟又近一层，更为亲近。由于玄烨诸姑仅存两子都已年迈，乌尔衮作为第三代，既是玄烨的（姑）表侄，又是二额驸，而且正当盛年，在巴林淑慧公主亲属与皇室的关系中，他理所当然地扮演了重要角色，无人可以替代。

康熙五十七年（1718）十二月，皇十四子胤禵被任命为抚远大将军，率师西征，乌尔衮随往。当时尚健在的四个玄烨女婿中，他是参加西征之役的唯一额驸。出征不久，乌尔衮因母丧被召回料理丧事，翌年正月底又奉命驰往军前，康熙六十年（1721）卒于军中。六十一年四月，其子林穆布（大概是二公主所生）袭爵。[2]

二公主卒于雍正六年（1728）四月，享年56岁。

（三）三公主（和硕端静公主）

三公主是玄烨的第五个女儿，生母为贵人兆佳氏。她生于康熙十三年（1674）五月初六日，仅比皇太子胤礽晚出生三天。因皇后赫舍里氏在生胤礽的当天去世，玄烨处于失去爱妻的悲痛中，这位新生的女儿，不会引起他太多关注。

康熙三十一年（1692）十月，19岁的皇五女被封为和硕端静公主，下嫁漠南蒙古喀喇沁杜棱郡王札什之子，乌梁罕氏噶尔臧。喀喇沁部位于热河（承德）以东，靠近直隶（河北省）。从地理位置看，玄烨外嫁公主的

---

[1] 《清圣祖实录》第221卷，第13-14页。
[2] 《清圣祖实录》第283卷，第7-8页；第297卷，第8页。

婆家所在地中，喀喇沁部距京城最近，这为三公主下嫁后仍与皇父保持密切联系，提供了便利条件。

玄烨第三次亲征噶尔丹离京不久，康熙三十六年（1697）三月二十五日，皇太子胤礽奏告皇父，大公主和三公主将分别于下月十二日、二十日起程，返回旗地。[1]三公主与皇姐很可能是于三十五年底，玄烨结束第二次亲征返京时，专程从婆家赶来探望。父女一起度过新春佳节，俟皇父再次出征后，公主们才踏上归途。玄烨让胤礽及时告知两位公主的离京日期，表明他在戎马倥偬中，依然牵挂着女儿们。

康熙三十七年至四十六年不满十年间，玄烨先后三次在三公主的喀喇沁府邸驻跸。四十六年六月、四十七年五月，三公主曾分别前往花峪沟和喀喇和屯，向巡视塞外的皇父请安。[2]

玄烨对儿子们往往是按照排行，呼以某阿哥（如"三阿哥""四阿哥"等）；他对女儿的称呼则有不同，有时是以女儿的下嫁地代以排行。如康熙四十六年（1707）十月初，他通过朱批告诉留京皇子："朕将于（十月）初四日抵达喀喇沁公主家。"[3]这显然是指三公主的草原府邸。但更多的时候，他仍然喜欢依照排行称呼女儿。如一年夏季，玄烨派人从热河送回一些亲手猎获的野味，分赏给在京的"年迈老妪们"。列出的受赏人名单中，有"三公主的外祖母。"[4]

康熙四十九年（1710）三月，三公主去世，年仅37岁。玄烨派皇十三子胤祥、贝勒海善等致祭。三公主很可能是死在喀喇沁，如果逝于京邸，当像其他在京去世的公主那样，身后有送殡归旗之举。是年闰七月，礼部题请为三公主造坟立碑，得到玄烨允准。[5]

三公主去世后一年，额驸噶尔臧获罪。康熙五十年（1711）四月，领侍卫内大臣侯巴浑德等具题："臣等察审喀喇沁塔布囊丹巴等，控告额驸噶尔臧，于公主丧事之时，霸占索诺穆之妻等款，俱系情实，与所告相符。

---

1 台北故宫博物院：《宫中档康熙朝奏折》第8辑（满文谕折第1辑），第792页。
2 《清圣祖实录》第230卷，第4页；第233卷，第5页。
3 满文朱批奏折，胤祉、胤禛等奏，康熙四十六年九月；《清圣祖实录》第231卷，第3页。
4 台北故宫博物院：《宫中档康熙朝奏折》第9辑（满文谕折第2辑），第824页。
5 《清圣祖实录》第243卷，第1页。

查噶尔臧，以行事妄乱，前已革退王爵，今应将和硕额驸职衔革去，即行处斩。在喀喇沁地方拿获逃盗赵四等，俱拟立斩，助噶尔臧为恶之鄂托齐等，拟绞监候，秋后处决。"玄烨批示："噶尔臧着从宽免死，监禁在京，交与步军统领托合齐，派所属官兵看守，饮食许其送进。伊子及伊属下人有看视者，不必禁止。但不许闲杂人擅行出入。赵四、马礼三、李二、丁破鼻子，俱著立斩；鄂托齐、丹巴、吴勒穆济，俱照拟应绞，监候秋后处决。"[1]

玄烨的九位女婿中，噶尔臧是唯一一位获罪后死于拘所之人。他因"行事妄乱"被革爵，是在三公主去世前。对此，清代有关史料中不见具体记载，但康熙五十年六月朝鲜使臣返国后的报告中曾经言及："第三位公主所嫁蒙古哈尔秦（喀喇沁）王又叛，今春捕囚京师。"[2]噶尔臧是元臣济拉玛的后裔，其父札什死后，于四十三年四月袭封喀喇沁杜棱郡王。[3]从案内卷入之人较多等情形分析，朝鲜使臣所言大约可信。噶尔臧即使无反叛举动，起码是对清廷有不恭言行。玄烨发现后，碍于公主情面，仅予革爵而未重惩。但噶尔臧并无悔意。公主丧期他的悖乱行为，使清廷抓住又一重要把柄，惩治理由更为充分。不过，为照顾清朝与蒙古王公的关系，也为尽可能减少对已故三公主的声誉产生不利影响，清廷并没有公布他的罪状，而是统而言之，避重就轻，以作遮掩。

三公主华年早逝，是否同额驸坐事削爵有内在联系？不能排除这种可能。玄烨最终保留了噶尔臧的和硕额驸之名，禁锢期间允许其家人送饭、探视。噶尔臧获罪后又活了11年之久，逝于康熙六十一年三月。玄烨对这位罹罪之婿未绝翁婿之情，采取宽大政策，也是出于慰藉女儿亡灵的考虑。

（四）四公主（和硕恪靖公主）

四公主之母是贵人郭络罗氏。她生于康熙十八年（1679）五月二十七

---

1 《清圣祖实录》第246卷，第4页。
2 吴晗辑：《朝鲜李朝实录中的中国史料》第10册，第4281页。
3 唐邦治编纂：《清皇室四谱》第4卷，第12页，上海：上海聚珍仿宋印书局，1923年。

日，排行皇六女。很受玄烨宠爱的宜妃郭络罗氏是她的亲姨。

中国第一历史档案馆现存康熙朝满文档案中，有一件写在红纸上的小手折，具奏人是内务府总管图巴与总管太监顾问行。奏折写道："本月二十三日，格格开始出痘发热。""二十六日经大夫甄玉俊、陈天祥看视，报称格格已有喜事是实，拟于下月初四日，（出痘）第十二天送圣。查得，先前阿哥们出痘送圣时，需用轿三乘，马三匹，香亭一座，船一只，宝幡一架，伞三把，阳屏四个，以上诸物均为纸制。冠、袍、带、履三分，均用杭细绸制做。又，（纸制）金银元宝四百，饽饽一百个，猪一口，羊一口，酒一（大）瓶，细粉羹用饭。轿夫、持仪仗者及乐工等，全部服霄羽衣。从大内开始奏乐。大夫们斜背红绸缎，插金花。见今格格之喜事，送圣时是否照阿哥之例办理？于格格喜事有何降旨处？为此请旨。"玄烨阅过，在另一张纸上做了朱批："一切事项，俱照先前阿哥、公主们送圣之例，敬谨送之。"[1]

根据具奏人之一图巴现存奏折年限，可以大体判断，这件手折是在康熙二十四年（1685）以前所奏。[2] 出痘者当是玄烨的一个小女儿。她出天花后病情平稳，已安然度过最初的危险期，因而图巴等特以红纸缮折报喜，并准备在她痊愈时，举行隆重的"送圣"仪式。

截至康熙二十四年底，玄烨与诸妃嫔已先后生育11个女儿，加上抱养之女，共12人。其中除早卒者5人外，所余7人内，相对年长的大公主、二公主和三公主，应属于"已经出痘"的公主；分别于是年二月，九月出生的六公主（皇十女）与皇十一女（卒于二十五年五月）尚在襁褓中，如果出痘，危险性很大。所以，上述出痘的格格，最有可能是指四公主或五公主（生于二十二年九月）。她们因年龄还小，尚未进入公主排行而被称为格格。

手折还说明，康熙年间，皇子或公主出天花后，由内务府主办"送

---

[1] 满文朱批奏折，图巴等奏，无年月。
[2] 图巴卒年不详。据《八旗通志初集·八旗大臣年表》载，他自康熙三年始任内务府总管；《清代内阁大库散佚满文档案选编》中，他以内务府总管身份所上奏折，始于康熙四年，止于二十四年，表明他任此职最少有20年。

圣"仪式。玄烨指示图巴等办理"送圣"事宜时,依照先例,"敬谨"而行,体现了在此事上对儿女们一视同仁的态度。

康熙三十六年(1697)十一月,四公主受封和硕公主,下嫁喀尔喀郡王博尔济吉特氏敦多布多尔济。是年五月初,玄烨结束第三次亲征,正在返京途中。他在皇太子胤礽的奏折上朱批:"著奏闻皇太后,原想将四公主嫁给喀尔喀土谢图汗之孙敦多布多尔济。因噶尔丹未灭,故拖延至此。今哲卜尊丹巴呼图克图、土谢图汗等都已(随朕)前来。朕不可私自降旨决定或停止此事。谨请皇太后旨。著口奏皇太后。"[1]清朝,皇孙、皇孙女的婚事,皇太后拥有较大决定权,玄烨通过太子向嫡母"请示",表明对嫡母的敬重。他出征时依旧惦念着女儿出嫁一事,条件一旦许可,立即着手筹办,与其催促皇子成婚一事(详见第五章《皇子》)互为对应,显示出儿女们在他的心中占有的位置。经双方长辈共同协商,不久,一对新人顺利完婚。四公主的下嫁与玄烨胜利结束三次亲征相连接,实为锦上添花。

四额驸敦多布多尔济后被晋封亲王(康熙四十一年缘事降郡王,雍正元年以军功复晋亲王),其祖父去世后,又奉旨袭封土谢图汗。玄烨的这一联姻举措,有利于加强了清朝对土谢图汗部的控制。康熙四十五年,四公主加封和硕恪靖公主。

四公主是玄烨的女儿中第一位远嫁喀尔喀蒙古的公主。康熙五十六年九月,玄烨向大学士们忆及第一次亲征的情景时说:"中路往征噶尔丹时,至察汉托沃,见泉流甚细,朕令八旗所扎八营,每营各掘一井,八井之水,泛溢而出,人马俱赖以济。后皇七子送四公主,经过此泉,已无涓滴矣。"[2]这是指皇七子胤祐护送已下嫁的四公主前往喀尔喀而言。

康熙四十六年七月到五十三年七月的八年中,玄烨巡视塞外或驻跸热河,四公主(或同额驸一起)前来请安四次。四十六年七月,玄烨曾驻跸四公主府二日,这是他唯一一次驾临四公主的草原府邸居住。[3]五十三年七

---

1 台北故宫博物院:《宫中档康熙朝奏折》第9辑(满文谕折第2辑),第68页。
2 《清圣祖实录》第274卷,第9页。
3 《清圣祖实录》第230卷,第9页。

月十三日，玄烨返抵热河当天，四公主前来请安、进贡，[1]估计会被皇父留在热河小住。

康熙四十九年五月十三日，玄烨驻跸热河行宫，随即"遣内侍及侍卫等，恭请皇太后驾，避暑塞外。"[2]他在留京皇子胤祉等五月二十二日的请安折上朱批："朕安。四公主无事，可随同皇太后前来。"[3]表明四公主正在京居住。能够随祖母一起去皇父所在避暑佳地，当然是她求之不得的。

四公主逝于雍正十三年（1735）三月，享年57岁，在玄烨的亲生女儿中最为长寿。额驸敦多布多尔济逝于雍正八年。四公主与额驸白头偕老，共同生活三十四年，是玄烨的亲生女儿及其额驸中，一起生活时间最长的一对。

（五）五公主（和硕温宪公主）

五公主是玄烨第九女，生于康熙二十二年（1683）九月二十二日，生母为德妃乌雅氏。她是雍正帝胤禛的同母妹，皇十四子胤禵的同母姐。五公主自幼由皇太后抚养，三十九年九月受封和硕温宪公主，下嫁国舅佟国维长孙舜安颜，是年18岁。她与额驸是表兄妹。五公主是成婚公主中并非嫁与蒙古王公的第一人，也是嫁给当朝国戚的唯一一位公主。

乾隆三年（1738）十一月，和硕庄亲王胤禄的一份奏报中说："遵旨查明（佟国纲之孙鄂伦岱次子）介福、（佟国维幼子）庆泰二佐领，一系康熙八年佟国纲等移入上三旗时，由正蓝旗带来；一系康熙四十年恩赐温宪公主，俱应照原定为勋旧佐领……"[4]可见五公主下嫁之始，即被"恩赐"佐领作为辖属。据此还可推断，玄烨其他女儿下嫁时，也会得到皇父"恩赐"佐领。

五公主没有像四位皇姐那样远走蒙古大草原，而是得以在京城安家，应当说是很幸运的，其主要原因，在于她自幼是由皇太后所抚养。如其祭文所言："尔公主……爰从襁褓，即育慈帏，爰每笃于兴居，日无违于左

---

1 《康熙起居注》第3册，第2103页。
2 《清圣祖实录》第242卷，第13-14页。
3 满文朱批奏折，胤祉等奏，康熙四十九年五月二十二日。
4 《清高宗实录》第81卷，第21页。

右……作嫔元舅之家,仰慰慈亲之恋。"[1]但她红颜薄命,不足20岁就离开了人世。

康熙四十一年六月初九日,玄烨奉皇太后离京避暑塞外,七位皇子随驾。此行同去的还有下嫁不到两年的五公主。闰六月十四日,玄烨抵达热河下营,并在此逗留16天。估计皇太后及五公主等也留住该地,而五公主即在这里患急症亡故。

七月初一日,玄烨行抵热河,闻知五公主去世,十分难过,直到下午四五点钟,还吃不下饭。扈从大臣劝道:"皇上闻公主讣过哀,此时尚不进膳,恐圣躬太为劳瘁。"玄烨通过近侍转告他们:"公主系已嫁之女,朕尚可宽释,但皇太后自幼抚养,忽值此变,皇太后伤悼弗胜,膳尚未进,朕亦何心进食乎?"他没有听从大臣们的劝说,而是首先来到皇太后的行宫,看着嫡母吃了饭,自己才进食。随后,他交付领侍卫内大臣,由左右两翼各派大臣一员,侍卫10人,护送公主灵柩回京。翌日,诸皇子及文武诸臣送灵柩起行。七月二十一日,玄烨又遣官祭奠五公主。[2]

五公主逝于随皇父、祖母避暑塞外途中,在玄烨诸女中仅此一例。从玄烨闻信后的反映及有关举措看,他与这个女儿感情较好。

和硕额驸舜安颜后来卷入一废太子风波。康熙四十八年二月,谕领侍卫内大臣:"朕何等施恩于额驸舜安颜,伊乃并不思图报,反与大阿哥(胤禔)附和相善,著革退额驸,令其在家居住,交与舅舅(佟国维)。"[3]玄烨生前,他的女婿内共有两位坐事被削去额驸封号,舜安颜为其中之一。这是一个很重的惩处,表明玄烨已将五额驸开除出自己的家庭。[4]当时,国舅佟国维也因保举皇八子胤禩为皇太子一事,遭到玄烨痛责(详见第八章《外戚》)。

---

1 《皇朝文典》第56卷,第3页。
2 《清圣祖实录》第209卷,第1、2、7页。
3 《清圣祖实录》第236卷,第27页。
4 据唐邦治编纂《清皇室四谱》第4卷第13页载,舜安颜后被释免,雍正二年十一月总理三陵事务,任领侍卫内大臣,旋卒。

（六）六公主（和硕纯悫公主）

康熙四十五年（1706）可以说是皇女出嫁之年。这一年中，玄烨有三个女儿先后下嫁，她们是六公主（皇十女）、八公主（皇十三女）和九公主（皇十四女）。

六公主生于康熙二十四年（1685）二月十六日，生母是纳喇氏（雍正帝胤禛即位后被封为通嫔）。四十五年五月，六公主下嫁喀尔喀台吉策凌时，已22岁，是玄烨的女儿出嫁时年龄最大的一个。

策凌，博尔济吉特氏，元太祖忽必烈的后裔。康熙三十一年（1692），他与弟弟恭格喇布坦在祖母格楚勤哈屯携领下，由喀尔喀中部塔密尔地方投奔清朝。玄烨授策凌为三等轻车都尉，"赐居京师，命入内庭教养"[1]。策凌的青少年时代在京城度过，受到严格的宫廷教育，而且很有可能与就学皇子们有同窗之谊。这种特殊经历，使策凌与玄烨的其他蒙古族女婿有较大不同，不仅自幼建立起对清皇室的深厚感情，各方面素质也相对较高。他后来在著名的额尔德尼招（光显寺）之役中大败准噶尔军，威名远扬，并不是偶然的。

康熙四十五年五月底，玄烨离京巡视塞外，九月二十四日返回。八月下旬，皇子胤祉和胤禛曾专为六公主下嫁事缮折请旨："九月初三日是六公主出嫁喜日。臣等查阅先前公主等出嫁之例：出嫁之日，臣等并未亲自送行；俟出嫁之日已过，臣等具奏（允准）后，往视公主等。（九月）初三日臣等是否亲去送行，公主出嫁后，臣等是否亲自往视公主等事，谨请皇父旨意。"玄烨的朱批是："停去。"[2]

同年十二月，玄烨封六公主为和硕纯悫公主，授策凌为和硕额驸。不久，又赐策凌贝子品级，"诏携所属归牧塔密尔"[3]。六公主随夫告别京师，前往丈夫的故乡喀尔喀草原。

康熙四十九年（1710）三月，对玄烨一家来说是个多灾多难的月份。在这一个月中，他有两个成年女儿去世，其中三公主去世日期不详，六公

---

1 《清史稿》第296卷，第10378页。
2 满文朱批奏折，胤祉、胤禛奏，康熙四十五年八月。
3 《清圣祖实录》第227卷，第25页；《清史稿》第296卷，第10378页。

主逝于三月二十四日，年仅26岁。当年闰七月，礼部遣官分别为三公主、六公主立碑。六公主的灵柩暂放于京城北郊曹八里屯，而未像其姐妹们那样，故后即归葬蒙古草原。这是玄烨下嫁蒙古的女儿内唯一例外。

六额驸策凌一生的辉煌时期，始于六公主去世之后。他自康熙五十四年（1715）奉命从军，出北路防御策旺阿拉布坦，至乾隆十五年（1750）卒于塔密尔，其间35年，一直参与清朝同准噶尔的战争及议界事宜。策凌"善用兵，所部多奇士"，在与准噶尔军较量中屡建奇功，雍正十年（1732）六月额尔德尼昭之役，就是最突出的一例。因军功显赫，策凌先后被清廷诏封为多罗郡王、和硕亲王、喀尔喀大扎萨克、固伦额驸（六公主被追赠固伦长公主），赐号"超勇"。清廷又将喀尔喀三部之一土谢图汗部的二十旗分与策凌，为赛音诺颜部，自此喀尔喀变为四部。

策凌"白晳微髭"，相貌英俊。他因自幼入内廷教养，相近的生活习惯及较高的文化修养，使之与六公主之间，更易沟通思想，产生共鸣。以下情况反映出策凌对清朝的忠诚，以及与公主的夫妻情义。

乾隆元年（1736），弘历"以策楞（凌，下同）母居京师，策楞在军久，不得朝夕定省，命送归游牧，并赐白金五千治装"[1]。策凌婚前，在京已有玄烨赐给的府邸，而六公主在世时，很可能是与婆婆一起常住京师，回塔密尔的时候相对较少，这也是她死后葬于京郊的一个原因。六公主故去26年后，策凌之母仍独居京城，表明她已完全适应京城生活，对清廷很有感情，这与其子策凌的影响是分不开的。

乾隆四年（1739），来京的准噶尔使者哈柳拜见策凌时，不解地问道："额驸游牧部属在喀尔喀，何弗居彼？"策凌回答："我主居此，予惟随主居。喀尔喀特予游牧耳。"哈柳又问："额驸有子在准噶尔，何不令来京？"策凌回答："予蒙恩尚公主，公主所出乃予子，他子无与也。即尔送还，予必请于上诛之。"[2]这说明六公主与策凌生有儿子，可能还不止一人，但被准噶尔部在额尔德尼昭战役前俘获的策凌两子，都不是六公主所生。策凌共有八子，长子成衮扎布，次子车布登扎布都曾担任清军将领，在西北颇

---

1 《清史稿》第296卷，第10380-10381页。
2 《清史稿》第296卷，第10381-10382页。

有建树，多次受到朝廷嘉奖。车布登扎布生于康熙四十五年，[1]是年九月乃父与六公主成婚。他与长兄成衮扎布，亦非六公主所生。

策凌死前，遗疏请与六公主合葬。他死后，乾隆帝亲自临奠，命配享太庙，谥曰"襄"，"命一切丧仪，皆如宗室亲王之例，官为经理"[2]。按照死者遗愿，策凌与六公主合葬于京北清河。乾隆帝所撰挽诗云："灵车肃肃驻河溃，归瘗佳城别塞云。即此始终怀大义，果然卓荦轶前闻。中年自是伤哀乐，此日何堪哭戚勋。见说漠陲将发引，犹教血泪洒三军。"[3]

策凌是清代仅有两位身后配享太庙的蒙古人之一（另一位是咸丰、同治年间的僧格林沁）。他在玄烨的女婿中功绩最为突出，对清廷所作贡献最大，也是清代历朝所有额驸中的出类拔萃者。这是他生在漠北，长在京师，受教内廷的特殊经历与成长环境使然，他与六公主的结合以及与玄烨的翁婿关系，对此也起有重要作用。

六公主去世时，与策凌完婚不足四载。策凌的临终遗愿，表明他们夫妻感情笃深。策凌将对公主的怀念和对清朝的忠诚融为一体，在他身上，对妻子、岳父的亲情与报效清廷是相辅相成的。

（七）八公主（和硕温恪公主）

八公主是玄烨的皇十三女，生母为敏妃章佳氏。她生于康熙二十六年（1687）十一月二十七日，是皇十三子胤祥的同母妹。三十八年七月敏妃去世，这时八公主只有13岁。比八公主长一岁的胤祥自幼由德妃代为照料，八公主和比她小四岁的同母妹十公主，可能也是分别由玄烨的其他妃嫔代为抚养。幼年丧母的不幸，会给孩子的性格、气质造成不同程度的影响。八公主、十公主姐妹，或许像她们的兄长胤祥一样，比较踏实，不喜张扬，比起玄烨的其他儿女，少几分傲气，多几分持重。

康熙四十五年（1706）七月，20岁的八公主被封为和硕温恪公主，下嫁翁牛特杜楞郡王仓津。仓津，博尔济吉特氏，原名班第，"仓津"为玄

1　参见周学军、刘焕峰：《车布登扎布生年小考》，载《历史档案》2003年第2期。
2　《往清河奠超勇襄亲王固伦额驸策楞》，载《高宗纯皇帝御制诗二集》第18卷。
3　《往清河奠超勇襄亲王固伦额驸策楞》，载《高宗纯皇帝御制诗二集》第18卷。

烨赐名，三十二年四月袭封郡王时，还是一位少年。

八公主婚后不久，随额驸返归翁牛特，第一次在草原新家迎来皇父的光临。康熙四十五年（1706）八月八日，正在塞外巡幸的玄烨来到翁牛特属地巴颜额尔追地方。翁牛特诸台吉及众蒙古列跪道旁，"合词迎驾，欢呼动地"："臣等翁牛特地方，向来谋生甚艰。蒙皇上遣官，训以谋生之道，禁止盗贼，加以养育，又赐牛羊，使孳生蕃息，臣等俱已各得其所矣。今公主下嫁多罗杜楞郡王苍（仓）津，又蒙圣驾亲临，光荣无比。"[1]当日，玄烨住于八公主府邸，八月初十日才离开。

下嫁公主偕夫返家未几，即蒙皇父亲临，在现存史料记载中，逢此殊遇者仅八公主一人。可见玄烨对女儿嫁与翁牛特郡王一事高度重视，也多少反映出对八公主的偏爱。令人诧异的是，早在两年前，仓津已是多罗额驸，玄烨曾驾临八公主本人还不曾到过的未来府邸。

据《清圣祖实录》载，康熙四十三年八月二十七日，玄烨巡幸塞外途中，来到漠南蒙古昭乌达盟翁牛特地方，翁牛特多罗杜楞郡王额驸仓津设宴为之洗尘，玄烨赐仓津及属下官兵等银币等物。当天，玄烨于新建公主府第驻跸。这表明在八公主受封和硕温恪公主、下嫁仓津的两年前，她与仓津的婚事已经确定，而且位于翁牛特的府邸也已建好。这一年八公主18岁，以年龄而言，已不为小，其姐姐五公主（皇九女）就是18岁时下嫁国舅佟国维之孙舜安颜。她的婚期又向后拖了两年之久，可能有两种原因，一是八公主当年突然患病，只有临时改变婚期，留住宫中调养，两年后才基本康复。从她后来死于难产看，其体质较弱。一是玄烨原计划如此，即早定婚约，将一切准备就绪，而两年（或视时机而定）后再嫁出八公主。不知玄烨的其他公主下嫁时，有否同样的情况。婚期无故拖延两年之久，似于情理不合，所以还是因特殊原因后延的可能性更大些。

同二额驸乌尔衮相似，八额驸仓津的祖辈，与清皇室也有姻亲关系。

康熙四十六年（1707）十月初三日，玄烨在塞外行围途中，驻跸席北毕喇地方，遣翰林院掌院学士揆叙、一等侍卫隆科多，前往八额驸仓津的

---

[1] 《清圣祖实录》第226卷，第8-9页。

祖母郡主墓前奠酒。仓津的祖母是和硕英亲王阿济格（顺治八年革爵赐死）第四女，生于崇德元年（1636）四月，她的生母是继福晋科尔沁博尔济吉特氏，炳（冰）图郡王孔果洛（尔）之女。顺治三年，她11岁，下嫁翁牛特部博尔济吉特氏都稜（杜楞）郡王博多和。顺治十七年，博多和去世，这时她仅25岁。康熙十四年清廷平定察哈尔部布尔尼叛乱过程中，这位宗室之女"为国勤劳可嘉，封为郡主"。康熙三十七年正月故，终年63岁。[1]

康熙四十八年四月下旬，玄烨离京前往热河避暑。由于数月前的废立太子事件，玄烨大病一场，尚未完全康复，怡养调理身心是他此行的主要目的。可是他未料到，不久，家中传来不幸消息。

六月二十二日，胤祉等五位留京皇子联名向皇父奏报："本月二十一日亥时，八公主产下两胎，因原本甚属虚弱，产后立刻不省人事。在彼处守护之大夫霍桂芳、戴君选等用药救治，未能生效；同时迅速告知在京城值班的臣（皇五子）胤祺、（皇七子）胤祐，然二人尚未赶至，八公主已咽气。今儿臣胤祉、胤祺等会同礼部、工部、总管内务府大臣等共同看视，照例办理外，臣等共同伏地，叩请皇父节哀。公主妹妹已是如此，无可挽回。圣躬至为紧要，若能抛开各种事端，怡养天颜，不仅为儿臣之福，也是天下万民之福。公主一事，臣等尚未奏闻太后祖母，欲请示皇父后，再使闻知。"奏折中还有一张满文夹片，看来是胤祉书完奏折后又补写的，全文仅一句话："公主生的两个女儿都好。"

胤祉等皇子的奏折封套内，附有御医霍桂芳等人在同一天写的汉文折子："六月二十一日亥时，大夫霍桂芳、戴君选请得八公主产下双胎，六脉全无，牙关紧急，四肢逆冷，随用人参汤及童便，不能下咽，即时暴脱。谨此启闻。"

玄烨阅后，在皇子们的折子上朱批："著奏闻皇太后。朕的身体近来瘦弱些，不甚硬朗。公主是嫁出去的女儿，又能为她怎样呢！务必照旧怡养罢了。暂将此事瞒着跟随来的妃嫔等，没有让她们知道。"[2] 这种看似"坦

---

1 满文玉牒第28号，第8页。
2 满文朱批奏折，胤祉等奏，康熙四十八年六月二十二日。

然"的态度，并不能掩饰他内心的哀楚。

十几天后，玄烨又在留京皇子奏报雨水的折子上朱批道："（八）公主一事，已使来这里的妃（子）们听闻。在家众妃嫔们，也都应使闻知。"公主们自幼与众妃母多有接触，然而她们病故后，没有玄烨的批允，妃嫔们则无权得知这一消息。由此可见宫内的森严等级，以及这些"内廷主子""金枝玉叶"在君权、夫权、父权统慑下的真实地位。至于没有立刻告知皇太后，是因担心孝惠年高体弱，经不住突然失去孙女的打击，与上述情形还有不同。

据有关史料记载，玄烨的女儿里，八公主是唯一因难产去世的。但事实上，与八公主死因相同的当朝公主，很可能还有他人。六公主（皇十女）、十公主（皇十五女）等都是在下嫁最初几年，十分年轻时突然去世，是否也与生育有关？随着新史料的不断发掘，或能解答这些疑问。

温恪公主陵位于今内蒙古赤峰市以西约 60 公里的大庙镇公主陵村，老哈河支流阴河（英金河）北岸，它最初是公主府，公主去世后改府为园寝。公主陵占地约 10 亩，建有神桥、碑亭、华表、石狮、宫门、宫墙和享殿等。与其他陵寝所不同的是，公主和额驸的地宫竟建在享殿内，东西并列。公主地宫门为南向，额驸地宫门面向公主地宫，为东向。公主为火葬。八额驸仓津袭爵时的王府与公主府相距 40 多里。温恪公主陵在解放前被盗掘一空，"文革"中其地面建筑又已全部拆除，该处被辟为农田。仅存的原宫门口一对石狮，被移至大庙镇政府院内保存。[1]

温恪公主府及其陵寝，对于人们考察康熙年间下嫁蒙古公主的府邸、陵寝及公主在夫家地位等问题，提供了宝贵实例。上述材料说明了一系列重要情况。第一，公主府同额驸袭爵时的王府并不建在一起，两处相距较远；第二，公主去世后，公主府即改为公主园寝；第三，公主地宫建于享殿之内；第四，公主生前在夫家处于至高无上的地位，其死后在园寝中的地位，同样体现出这一点。

1　杨海山：《内蒙古赤峰市郊公主陵辨疑》，载《紫禁城》1996 年第 4 期。

（八）九公主（和硕悫靖公主）

九公主是玄烨的第十四个女儿，生于康熙二十八年（1689）二月初七日。她的生母贵人袁氏是汉族，这在玄烨下嫁的女儿中仅此一例，其他公主的生母全都是满洲。康熙四十五年（1706），九公主被封为和硕悫靖公主，同年五月下嫁散秩大臣、一等男孙承运。此时她刚满17周岁，是玄烨所有女儿出嫁时年龄最轻的一个。

孙承运之父孙思克隶属于正白旗汉军旗，祖籍辽宁，康熙二年起担任甘肃总兵官，是平定三藩之乱期间为清廷立下汗马功劳的著名"河西三大将"之一。三十五年，玄烨第一次亲征噶尔丹时，年届七旬的孙思克老当益壮，主动请战。他率所部自宁夏出发，穿越大沙漠，与抚远大将军费扬古统领的队伍在翁金附近会师。两人密切配合，率西路军在昭莫多尽歼噶尔丹主力，对玄烨三次亲征取得全胜作出重要贡献。玄烨写有《赐将军孙思克》一首："天讨恭行日，军威战捷时。列营张犄角，搤吭有偏师。立见穷追尽，能承节制奇。鹰扬资远略，宿望在西陲。"[1]对他予以高度褒奖。三十九年（1700）二月，孙思克死于甘肃提督任上，终年73岁。丧还京师，皇长子胤禔奉旨亲祭。孙思克身后追赠太子太保，谥号"襄武"。

孙思克元配夫人苏氏早故，继配计氏，是巴林淑慧公主与固伦额驸色布腾（塞卜腾）之女，诰封一品夫人。孙思克晚年得嗣，共有二子一女。长子孙承运，生于康熙二十八年（1689），与九公主同庚。孙思克去世时，两个儿子都还年幼，承运年仅12岁，次子承恩只有9岁，[2]大约都是孙思克与计氏所生。

孙思克在昭莫多大败噶尔丹时，承运刚刚八岁。他很可能是自幼长在京城。乃父死后，孙承运袭封一等男爵，任散秩大臣。玄烨选中他作为自己唯一一位出身汉军旗的女婿，不仅是表示未忘功臣，对那些在平定三藩、亲征噶尔丹等重大战役中为清廷立有勋绩的老臣及其家属，是一鼓励慰藉，而且也是进一步团结汉军旗的一种策略。因此，孙承运成为额驸，

---

1 《圣祖御制文二集》，第46卷，第17-18页。
2 俞益谟：《孙思克行述》，载《清史资料》第2辑，第53页，北京：中华书局，1981年。

具有较广泛的代表性，是玄烨将女儿婚嫁与统治需要相结合，巧妙地以嫁女服务于统治需要的又一典型事例。

孙承运如果确为计氏所生，那么，玄烨继15年前（康熙三十年），将皇三女（二公主）下嫁姑母巴林淑慧公主的亲孙子乌尔衮之后，又将皇十四女（九公主）嫁与姑母的亲外孙孙承运。长眠于巴林草原的巴林淑慧公主倘若有知，又会生出几多欣慰与感慨？

玄烨女婿的生年与卒岁，《星源集庆》均未载。而孙承运与九公主同年而生，堪称相配。孙承运的祖上是汉人，后隶属于正白旗汉军旗，九公主的生母袁氏大约也是汉族。玄烨挑选九公主下嫁孙承运，或许正是虑及这些因素，认为他俩很有缘分。

康熙五十三年（1714）夏，玄烨率六位皇子奉皇太后避暑塞外，九额驸孙承运随驾前往。陪同皇太后一起去的，很可能有九公主。七月十四日，玄烨在热河避暑山庄降旨署理内务府总管事、一等侍卫关保："赏给九额驸孙承运马、牛、羊群，著议奏。因伊等家人俱为汉人，不善拴养牲畜，故将赏赐之马、牛、羊群，照旧由上驷院兼管。自木兰返回时，额驸孙承运本人亲自前去收领。钦此。"

关保等人奉旨后，查阅以往记录在案的有关先例，议得："九额驸孙承运在口外没有牛、羊、马群，故一并赏给，议应给与马六十匹，牛百头，羊四百只。由木兰返回时，上驷院、庆丰司各差官一员，陪同额驸前去，与总管瓦尔达、阿尔纳一道，将马、牛、羊群共同看视给之。"七月二十一日，关保等将所议结果联名折奏，玄烨阅罢，没有再做批示，而是用朱笔将牲畜的数目全部增改。朱改后的数额是："牛二百头，羊三千只，大小马驹二百匹。"[1] 他将赏与九额驸的牲畜数量增加多倍，以示对九公主夫妇的厚爱。

康熙五十八年（1719）五月，孙承运去世，年仅31岁。玄烨赐给邺银两千两，特遣署内务府总管事郎中海章负责理丧，又命内大臣、侍卫等往奠茶酒，灵柩发引时仍命往送。[2] 孙承运身后的治丧规格，在康熙朝去世

---

1 满文朱批奏折，关保等奏，康熙五十三年七月二十一日。
2 《清圣祖实录》第284卷，第11-12页。

的玄烨女婿中是最高的。九公主逝于乾隆元年（1736）十一月，享年48岁。丈夫去世后，她又独自生活十七年，是玄烨诸女中守寡时间最长的一位。

（九）十公主（和硕敦恪公主）

十公主是玄烨第十五个女儿，生于康熙三十年（1691）正月初六日，是八公主和皇十三子胤祥的同母妹，也是玄烨所有下嫁的女儿中最小一个。四十七年（1708）十二月，18岁的十公主嫁与科尔沁台吉博尔济吉特氏多尔济，这是玄烨最后一次嫁女。当时，他正为废太子事件所困扰，疾病缠身。虽然十公主是最小的女儿（皇十六女至皇十九女均已幼殇，皇二十女生于四十七年十一月初九日，十二月殇），然而对于她的婚事，玄烨不会再有较多精力予以关注。可以说，十公主是在宫内上下都为玄烨的身体状况担忧，同时也被突然发生的废太子风波搞得惶惶不安的氛围中，开始人生重大转折，告别熟悉的紫禁城，前往陌生的科尔沁草原。这种情况以及由此产生的不祥心情，是十公主的皇姐们下嫁时所不曾有的。

在此前后，十公主被封为和硕敦恪公主。康熙四十八年（1709），她返京省亲，同年十二月初三日去世。这时她下嫁刚刚一年，只有19岁。[1] 她在玄烨下嫁的公主中婚后去世最早，也是去世时最年轻的一位。更为巧合的是，十公主与其同样下嫁蒙古王公的胞姐八公主竟于同一年逝于京城，仅相隔六个月。

康熙四十九年三月，十公主归葬科尔沁，玄烨命多罗安郡王华圮、多罗平郡王讷尔苏等护送前往。护送十公主灵柩的钦差大臣中，共包括两位郡王、两位散秩大臣和一位侍郎，阵容强大，品级较高。这种人员安排，透露出玄烨对于幼年失母的薄命女儿充满怜爱与惋惜。[2]

十额驸多尔济于康熙五十八年（1719）十二月获罪（原因待考），被革去额驸，仍保留台吉品级。他是玄烨女婿中，仅有两位因罪被革去额驸

---

[1] 《科尔沁台吉多尔济所尚和硕敦恪公主圹志文》称她去世时"年方二十"。参见《皇朝文典》，第72卷，第15页。

[2] 《科尔沁台吉多尔济所尚和硕敦恪公主圹志文》称"幼失恃而承严训，孝敬之仪无违……"，即指她9岁时生母敏妃去世。参见《皇朝文典》第72卷，第15页。

封号的人之一。一年后，多尔济去世，估计卒年在30岁上下。

十公主与多尔济是玄烨最小的女儿、女婿，然而又是在他生前最早双双故去。此外，还有一对公主夫妇逝于玄烨之前，即三公主（皇五女，和硕端靖公主，逝于四十九年三月）和三额驸噶尔臧（逝于六十一年三月）。

上述玄烨与下嫁公主的相处情形表明，他对女儿们基本上是一视同仁，待遇相埒（只有二公主例外）。但另一方面，他同众女儿的感情依然有亲疏之别，这是由公主本身及其他客观原因所决定，也是很自然的。这些女儿中，他最喜爱二公主，其次是八公主和九公主，另外几个公主，似乎与他的感情比较一般。玄烨与女婿的关系，受到父女之情影响，而注重维护女儿的名誉，是一突出特点。仅有的三位在玄烨生前获罪，并受到不同程度惩处的女婿，即三额驸噶尔臧、五额驸舜安颜和十额驸多尔济，他们被革爵或被削去额驸名号时，各自的嫡妻均已亡故。换言之，如果公主还在世，他们所受惩处及其后境况，或许会有不同。

二、早卒公主

玄烨的20个女儿中，早卒者共有12人。她们的事迹及有关史料都很简略，我们仅从中选出数人，叙述如下。

（一）皇八女

皇八女生于康熙二十二年（1683）六月十九日，生母是当时还是皇贵妃的佟佳氏。由于玄烨的前两个皇后都没有生育女儿，所以若按生母地位而论，皇八女居诸皇女之首。她出生时，玄烨正奉祖母避暑塞外，内务府总管图巴等特以红纸缮折，向玄烨报喜。

同年闰六月上旬，襁褓中的皇八女开始患病，经御医救治无效，于当月十四日晚死去。皇八女病危时，图巴等专门查阅了一年前的有关上谕。康熙二十一年（1682）八月，刚出生两个月的皇七女（生母是德妃乌雅氏）病危，玄烨降旨内务府："格格（指皇七女）的病是另一种病，按先前办理之例，幼殇小孩子不制明器。如果格格出事，勿得制作明器，无论在何时，即以被单包裹后携出，送至一洁净地火化，勿捡骨盛殓，勿埋葬，（一切）顺其自然吧。钦此。"[1]

于是，图巴等据此拟定对皇八女后事的处理方案，向玄烨奏报："公主尚未满月，即因大病而卒，按照先前（因七格格事）所奉谕旨，从简办理。"玄烨阅后表示赞同，做了如下朱批："尔等如此办理甚是。因是未满月的小孩儿，朕并不挂于心上，神情举止也不曾使人觉察，这里所有人都不知道。"[2]

上述奏折结尾处，是数位大臣共同署名，他们是（内务府总管）图巴、（内务府总管）海喇逊、（首席大学士）勒德洪和（大学士）明珠。内务府是管理皇家事务的专门机构，其主管官员为此奏报，乃分内之事；而作为清廷首辅，类似前朝宰相的大学士，也一起列名奏报，反映了八旗制度下，玄烨与满洲重臣之间既属君臣，又为主奴的特殊关系，也表明这些满洲重臣对皇贵妃之女殇逝极为重视。

玄烨同意将皇八女的后事从简办理，节省了人力、物力，反映出他比较务实的作风。至于不将此事"挂于心上"，与其重男轻女的观念有关。如果早卒者是皇贵妃生的一位小皇子，其后事则是另一种处理方式，玄烨大概也不会如此超然，毫不动情了。

（二）七公主和十一公主

玄烨的排行公主共有11位，其中九人长大完婚，成为下嫁公主，另外有两人没有等到成年便去世，她们是七公主和十一公主。

七公主是皇十二女，生于康熙二十五年（1686）闰四月二十四日，生母是德妃乌雅氏。她死于康熙三十六年闰三月，年仅12岁。当时，玄烨正在第三次亲征噶尔丹途中，待他胜利返京之日，却再也见不到这个女儿。

十一公主是玄烨的第十六女，生于康熙三十四年（1695）十月二十一

---

[1] 满文朱批奏折，图巴等奏，无年月。
[2] 满文朱批奏折，图巴等奏，无年月。

日，生母是始终未得封号的汉族女子王氏。王氏只生了这个女儿，其卒年不详。

康熙四十五年（1706）十月二十二日，玄烨谕令内务府总管："可传谕小阿哥、小公主、小格格处，乳母等各宜切实经心，不许怠慢。如有粗率怠慢之人，现有十一公主乳母之例，一家俱行充发，乳母之夫现锁禁慎刑司。嗣后若不小心伺候，即照此例。"[1] 由于皇十七女、皇十八女、皇十九女都已幼殇，皇二十女还未出生，这时12岁的十一公主，是玄烨所有女儿中最年幼者。事情的详情已不得考，从玄烨所言看，是因十一公主的某位乳母玩忽职守之过。一向以宽仁著称的玄烨严肃处理此事，致使乳母家人无一幸免，这具有对内宫其他侍者、特别是服侍"小主子"之人示警，以儆效尤之意。玄烨这里所说"小公主"，仅指十一公主，她的姐姐、年已16岁的十公主（皇十五女）不在此列。这时，玄烨的年长皇子已结婚生育子女，其中有的还继续住在紫禁城内（如皇太子胤礽、皇十四子胤祯），所以，"小阿哥"既指玄烨本人的小皇子，也包括其孙辈，"小格格"则当完全指其孙女而言。

十一公主卒于康熙四十六年（1707）四月，[2] 年13岁。因玄烨正在第六次南巡途中，十一公主也同其皇姐七公主一样，没有能最后见皇父一面。

（三）皇十七女与皇十九女

康熙三十八年（1699）十二月二十一日，总管太监斋林等奏报玄烨后，"给兆祥所小公主带去所用琥珀耳坠二，玉兽二"。[3] 小公主即皇十七女，她生于三十七年十二月十二日，生母是没有名号的汉族女子刘氏。显然，琥珀耳坠和玉兽等玩物，是送给这位周岁女婴的生日礼物。可是，她没有能等到佩带耳坠，甚至未能等到过下一个生日，便于三十九年十一月匆匆告别人世，尚不满两周岁。

康熙四十三年二月的宫廷用项档簿中，有如下记载："制做兆祥所小公

---

1 鄂尔泰、张廷玉等编纂：《国朝宫史》上册，第12页。
2 根据满文档案，十一公主卒于康熙四十六年四月，《清史稿》《清皇室四谱》俱载卒于是年十月，有误。
3 《清代内阁大库散佚满文档案选编》，第239页。

主周岁玩耍用小盒一个,用银十两。"[1] 小公主指玄烨的皇十九女,生母是在玄烨晚年一度很受宠的汉族女子高氏(后封为襄嫔)。她生于四十二年(1703)二月十四日,四十三年二月恰好周岁,银制小盒是在她生日时所送。皇十九女卒于四十四年二月,整两周岁。

三、公主的寿命与下嫁蒙古

与入关后清朝诸帝之女相同,玄烨的女儿们也是早卒者多,寿命短暂。

玄烨有女20人,早卒者12人,比例达60%。20个女儿的平均寿命为16.75岁。12个早卒女儿的平均寿命为4.08岁。8个成年女儿的平均寿命为35.75岁。

和顺治帝福临的女儿相比较,玄烨女儿短命的情况还不算最突出。福临有6女(抚养之女除外,下同),5人早卒,比例高达83.3%。6个女儿的平均寿命为10.17岁。唯一长大成人的二公主,也仅活了33岁。

为做进一步探究,需要与清太祖努尔哈赤、太宗皇太极的女儿,再分别做一对比。

努尔哈赤有8个女儿,7个长大成人,平均寿命是53.88岁。

皇太极有14个女儿,全部长大成人,平均寿命是37.71岁。其中皇长女至皇五女出生较早,入关前都已嫁给蒙古贵族,她们的平均寿命为50.2岁,这同努尔哈赤8个女儿的平均寿命(53.88岁)相差无几。而皇六女到皇十四女陆续出生于天聪七年(1633)至崇德六年(1641),清朝入关时,9人的年龄在4岁到12岁之间,她们的平均寿命仅为30.08岁,大大低于5位皇姐。

可见,清初四帝之女的健康状况与寿命长短,在关外和关内有很大不同。努尔哈赤的女儿都出生在他建立后金汗国之前,成长在天命年间。在此阶段,包括后宫制度在内的各种典章规制远不完备,封建伦理思想的影

---

[1] 《清代内阁大库散佚满文档案选编》,第244页。

响较小，皇女们所受约束少，活动天地较大。这些因素对于她们的成长发育，很有益处。皇太极前5个女儿的生活环境，与前者无显著差别，所以同努尔哈赤的女儿一样，寿命较长。

清朝入关后，皇帝的女儿出嫁前住在深宫内，基本上与外界隔绝。皇子们自幼即开始骑射、游泳（玄烨诸子）等训练，稍大又经常跟随皇父外出，参加行围，从而有助于开阔眼界，强健体魄。公主们则没有这种条件，她们被局限在深宫一隅，愈益受到伦理纲常与宫内烦琐礼节的束缚，大多体质孱弱，抵御疾病侵袭的能力自然较差。

清初痘疹流行，对公主的早卒与短命有一定影响，但不是决定性原因。痘疹的危害性对公主和皇子并无区别，然而玄烨皇子的成活率与寿命，都大大超出公主。玄烨有子35人，早卒者15人，比例为42.9%。35个皇子的平均寿命为32.77岁，早卒皇子的平均寿命为3.87岁，20个成年皇子的平均寿命为54.45岁。

清朝入关后诸帝之女夭折率高，平均寿命短，原因是很复杂的，以上只是指出其中的某些方面。

玄烨的8个长大成人的女儿中，有6个嫁与蒙古王公，数量之多，居清朝入关后历代公主之冠。不仅如此，玄烨的孙女及宗室、觉罗之女远嫁蒙古者，也不在少数。她们都是加强民族团结，促进祖国统一的有功之人。

皇太极曾将他14个女儿中的10个远嫁蒙古，玄烨同样让自己的大部分女儿与蒙古王公联姻，显然有效法祖父之意。此外，玄烨的祖母孝庄太皇太后、嫡母孝惠皇太后，都来自蒙古贵族之家，玄烨这样安排女儿的婚事，也是为了亲上加亲，取悦于长辈。当然，根据清朝局势的需要，以此举措巩固满蒙联盟，加强统治，是玄烨考虑的重点所在。

远嫁蒙古，对于玄烨的女儿们来讲并非幸事。

女真族在形成满洲共同体之前的漫长岁月中，与蒙古族相邻而居，交往密切，在文化上受到蒙古族较大影响，加以相似的社会生活环境，使得两个民族的习俗有不少相通相近处，这为彼此通婚创造了有利条件。然而，玄烨嫁女时的情况，毕竟已不同以往。

清朝入关前，满蒙贵族之间的生活水平差距不大，而努尔哈赤之女及皇太极年长之女都擅长骑射，身体素质较好，来到蒙古草原后，对那里的一切不会感到过于陌生。玄烨之女则非如此。她们虽有较高的满汉文化素养，但体质较弱，加之紫禁城里优越的条件，与草原贵族之家有较大差别。这些因素，削弱了她们对于新环境的适应力，使之下嫁蒙古后面临种种困难，身心两方面受到不利影响。

　　玄烨是一位慈父，对于女儿们远嫁蒙古而会遇到的不适与艰辛，早有预料。他所采取的相应措施，是将女儿们的成婚年龄尽量后延，以便使她们对婚后的一切变化，能具备较强承受能力，处理事情时也更能应付自如。所以，玄烨8位公主的婚龄，是在18岁与22岁之间，平均为19.12岁；而努尔哈赤的七个女儿的平均婚龄为15.38岁，皇太极的14个女儿平均婚龄为13.36岁。

　　除去将婚龄后延外，玄烨还采取了其他措施。比如在公主下嫁的草原上，建造高规格的公主府邸，并配备齐全的家具、用品，设置侍卫及各种服侍人员，以尽量缩小她们在新居与京城生活间的差距；给予公主丰厚的年俸；公主可以经常回京，并留住较长时间；公主如果在婆家患病，立即派太医院御医前往诊治；公主可以在京分娩；等等。尤其值得一提的，是玄烨曾多次亲临各公主的草原府邸，带给女儿荣耀和慰藉，这在中国古代也是罕见的。

　　虽然尚无史料证实，但可以断定，公主们幼龄时，玄烨就会在对女儿的教育中融入一些有关内容。除了让她们学习蒙古语外，孝惠太后会以亲身经历，向她们讲述家乡的一切，并通过各种方式，使她们尽可能早、尽可能多地熟悉、了解蒙古草原的风俗习惯，加强她们对于未来生活的适应能力。

　　应当指出，入关后清皇室与蒙古贵族的联姻，是在漠南蒙古和喀尔喀蒙古完全臣服于清朝的总体格局下进行，这是与汉唐和亲时的政治形势大不相同之处，而下嫁公主在婆家荣居高位，也就势所必致。前文所述温恪公主夫妇地宫的情况，说明即使在身后，公主与额驸之间依然有严格的主从之分。正是基于这一客观形势，玄烨才得以对下嫁公主采取上述诸般措施，而这些均为汉唐和亲时所不曾有。

康熙下嫁蒙古的7位公主（包括常宁之女）中，2位在科尔沁，1位在巴林，1位在喀喇沁，1位在翁牛特，2位在喀尔喀。除喀尔喀外，公主嫁地大都离京师较近，从而为公主回京探亲或玄烨前去探望女儿提供了方便，这也是汉唐和亲时所无法比拟的。

还应看到，清代满蒙统治者的联姻，是出现在中国封建社会晚期，统一的多民族国家已最终形成，各民族的联系与交往更加密切的历史条件之下，这也是与汉唐和亲很不相同处。

玄烨出于政治上的需要，将大部分亲生女儿远嫁蒙古，仅从这一点看，似乎缺乏亲情。可是，他力所能及地采取种种补救措施，以减少由此给公主造成的不幸和痛苦。玄烨与全体女儿的相处情形表明，他对女儿们怀有深深的父爱，父女之间的关系，始终是和谐的。

四、公主的地位

皇帝之女是帝王大家庭的基本成员，自然属于统治阶层，位于臣民百姓之上，这一点在她们下嫁之后，尤为突出地反映出来。

清初规定，平日，额驸及其父母见公主，必须行屈膝叩安礼，接受公主的赏赐时，先要叩头。直到道光朝，"宣宗以为非礼所宜，稍更仪注，额驸见公主植（直）立申敬，公主立答之，舅、姑见公主立正致敬，公主亦如之。如馈物，俱植（直）立，免屈膝，以重伦纪，著为令"[1]。《清宫词》中有如下记载：公主下嫁，礼绝家人。乾隆晚年，谕皇孙女与翁姑讲家人礼，不得援公主例。至宣宗（道光帝）固伦公主下嫁奈曼王子，始定与翁姑见时相对请安礼。[2] 可见道光朝以前，下嫁公主的家人，包括公、婆

1　《清史稿》第89卷，第2642页。
2　枝巢子撰注：《清宫词》，卷上；另参见章乃炜、王蔼人编纂：《清宫述闻》，第423页。按，固伦公主，道光帝第四女，咸丰帝同母姐，孝全成皇后钮祜禄氏所生。道光二十一年（1841）十月，年16，受封寿安固伦公主，下嫁漠南蒙古奈曼部郡王博尔济吉特氏阿完都注底扎布之子、头等台吉吉德穆楚克扎布（道光二十八年袭封郡王）。

在内，无不"以见帝礼谒其媳"。对于婿家来说，公主就是君权的象征，代表着皇帝赐与的恩泽与宠信。白发公婆叩拜年少儿媳，有悖于儒家伦理纲常，然而经顺治、康熙、雍正、乾隆、嘉庆五朝，近200年未曾更动。看来，满洲统治者学习汉文化的过程中，以是否有利于维护皇帝的绝对权威为前提而决定取舍。道光年间终于出现变化，也是当时清朝国力衰微，皇权较前削弱的征象之一。

既然下嫁公主与婿家的尊卑关系有制度保障，某些公主出嫁后仗势欺人，蛮横无理的表现，也就无可避免。

玄烨晚年，继父王雅布掌管宗人府事务的和硕简亲王雅尔江阿奏称："皇父[1]将我女儿记名择婿，我欢喜不尽。蒙皇父洪恩，此女或指配蒙古贵戚之子，或指配京城大臣之子，无论皇父指与何人，我都心满意足，感戴奇恩，只是不可指与达尔汗王罗布藏衮布之弟策旺多尔济。因王之母公主，与我父王甚不和睦。若将我女指配策旺多尔济，于我多有为难处。谨将我内心所虑奏闻皇父，请旨。"玄烨阅后朱批："朕稔知此事，尔所奏已记下了。看来公主大为无理，不仅与你阿玛，与所有人都不相合。"[2]

这位令众人畏惧的公主，是简亲王济度的第二个女儿，生于顺治十年（1653）六月。她的生母是济度的嫡福晋博尔济吉特氏，即孝庄弟达尔汉亲王满珠习礼从子多罗贝勒绰尔济之女，孝惠章皇后之姐。她幼时被养于宫中，很可能是由姨母孝惠抚养。长成后，受封和硕端敏公主，康熙九年（1670）九月，下嫁满珠习礼之孙班第（参见第七章《兄弟子侄》）。罗布藏衮布是班第长子，很可能为公主所生，他于康熙四十九年（1710）袭封科尔沁达尔汗巴图鲁亲王。雅尔江阿之父雅布是济度第五子，生母是庶福晋杭氏。雅布比和硕端敏公主小5岁，逝于康熙四十年（1701）。雅布与和硕端敏公主是姐弟关系，彼此向不和睦，也情有可原。可是，雅尔江阿在父王去世后，依然不愿让自己的女儿嫁与亲姑之子（姑表亲在清代十分

---

[1] 雅布是努尔哈赤之弟舒尔哈齐的重孙，与玄烨同辈。玄烨本是雅尔江阿的伯父，但雅尔江阿却称玄烨为"皇父"，与玄烨的儿女们同一称谓。足见玄烨、雅尔江阿叔侄亲情之深。这一事例还说明，侄辈呼伯（叔）父为父，是满洲的一种习俗，在皇室及宗室中也很盛行。

[2] 满文朱批奏折，雅尔江阿奏。

盛行），说明他对姑姑心怀芥蒂，并担心女儿不堪忍受未来婆婆的威严。当皇帝为自己的儿女指婚时，除非万不得已，大臣们绝不会甘冒忤旨罪名，提出一己之见。更能说明问题的，还是玄烨的态度。玄烨对雅尔江阿的担忧表示理解，而且认为咎在公主，是"公主与所有人都不相合"。显然，他是站在侄儿一方，没有袒护比他年长1岁的皇姐。可见，和硕端敏公主倚恃自己的高贵身份，同周围人相处时十分跋扈，甚至对于封有亲王爵位的同父异弟，也不放在眼中，因而已在一定程度上积有众怨。对此，连玄烨也一清二楚。和硕端敏公主并非顺治帝所生，得封公主称号后尚且如此，那些皇帝的亲生女儿，名副其实的公主们下嫁后可能具有的气焰，更是不难想象了。

《清朝野史大观》中，谈到下嫁公主在夫妻生活方面受制于"保姆"的情形："公主出嫁，即赐以府第……驸马居府中外舍，公主不宣召，不得共枕席。每宣召一次，公主及驸马必用无数规费，始得相聚，其权皆在保姆，则人所谓管家婆也。公主若不贿保姆，即有所宣召，保姆必多方间阻，甚至责以无耻。女子多柔懦面软，焉有不为其所制者……"[1]。上述记载只是一种传说，尚无其他史料佐证。所言"保姆"，可能是指公主小时做过其乳母的妇人，公主下嫁时，她们跟随出宫，对公主负有指教、保护之责。作为公主的"娘家人"，她们在额驸及其家人面前自然会趾高气扬，但对于下嫁公主的态度，则是因人而异的。

清帝常常将宗室、觉罗之女"养而嫁之（如前述和硕纯禧公主、和硕端敏公主）"，或"代为嫁之"。这些女孩子有的被封为"公主""郡主"等称号，出嫁时，都有皇室指派的"保姆"相跟随。然而，在保姆眼中，她们与真正的皇女并不能等同。某种程度上讲，保姆是代表皇室来规劝、保护她们，她们受制于保姆的可能性，要相对大些。至于那些真正的皇女，从小就是这些保姆的主子，主仆界线分明，地位悬殊，奴仆在主子面前妄言要挟的可能性，相对较小。在玄烨的下嫁公主中尚未发现类似事例。当时清朝国势强盛，皇权高度集中，即使有，也是个别现象。

---

1 《清朝野史大观》第1册，第63-64页，《公主受保姆之虐待》，上海：上海书店，1981年。

关于玄烨女儿们的受教育情况，未见具体记载，以下述事例或能略窥一二。

据《清太祖实录》载，天命八年（1623）六月，太祖努尔哈赤召集公主、郡主等，告诫她们要"敬谨柔顺"，安生守法，断不可恣意骄纵，凌侮丈夫。并责成皇妹（努尔哈赤同母妹，逝于是年九月，雍正五年追封为和硕公主）："汝其以妇道善引诸女，有犯，朕必罪之！"[1]这表明满洲统治者一向重视对公主的管束与督教。

孝庄的侍女苏麻喇姑是蒙古族人，她跟随孝庄来到后金，通过陪侍女主人学习，具备了较高文化素养（详见第九章《苏麻喇姑》）。作为后妃的侍女，尚且得以学习文化，并有所成，身为主子的公主们，更会自幼接受文化教育。

顺治十三年（1656）八月，顺治帝遵照皇太后孝庄指示，让大臣们编成《内则衍义》一书，除去令后妃学习之外，也有其后供公主诵读之意，尽管当时顺治帝的女儿们还很小。

据《和硕温宪公主祭文》称，自幼由皇太后抚养的五公主"弱龄受教，聪慧夙成，性自悦乎诗书，行每谐于箴史……"[2]。这与前述皇太后只让皇五子胤祺（长五公主5岁）习清书，不令读汉书的情况，似有不同。为皇太后所溺爱的五公主，尚且"弱龄受教"，玄烨其他女儿自无庸论。

又据《清宫述闻》载，乾隆、嘉庆年间，曾在盛京（今沈阳）等地挑选会说清语（满语）的妇人，来到宫内教习清语。受教者中，当也包括后妃和公主。

综合上述情况，可以推断，如同皇子们一样，玄烨的公主们也从小受到严格、系统的教育，只是二者的学习内容及侧重点很不相同。公主们除去学习满语、汉语、蒙古语外，以灌输伦理纲常、三从四德思想为宗旨的《内则衍义》等书，当是她们的必读课本。

---

1 《清太祖实录》第8卷，天命八年六月戊辰，影印本，北京：中华书局，1986年。
2 《皇朝文典》第56卷，第3页。

第七章

兄弟子侄

康熙帝即位后,对同父异母的一兄四弟厚待之至,佑庇侄儿侄孙视同己出。

按照清朝典制，清太祖努尔哈赤之父，显祖塔克世的直系子孙，被称为宗室。玄烨是塔克世的第五代子孙。玄烨的父系亲族人数众多，如果再加上皇室外戚，人员更为庞杂。本章及下一章的论述范围，仅限于与玄烨血缘关系最近，接触最密切的几位，即他的兄弟、舅舅及其家属。严格地说，这些人并非玄烨的家庭成员，然而玄烨与他们的君臣关系中，包含着明显的亲情成分，并受到亲情因素的较大影响和制约。

玄烨的亲族中排在首位的，应是他的兄弟子侄。

一、手足懿亲

玄烨八龄即位时，共有一兄四弟，与他都不是同母所生。其中六弟奇绶（生母为庶妃唐氏）卒于康熙四年（1665）十一月，年仅7岁；八弟永干（生母为庶妃穆克图氏），是玄烨最小的弟弟，卒于康熙六年十二月，年仅8岁。比他长一岁的皇兄福全（生母为宁愨妃董鄂氏），小三岁的五弟常宁（常颖，生母为庶妃陈氏），以及小六岁的七弟隆禧（生母为庶妃钮氏），和他相伴岁月不等，兄弟情分深浅各异。

福临第二子福全生于顺治十年（1653）七月，实际上只比玄烨大八个月。福全、玄烨和常宁各自的生母，都是福临的庶妃，因而三兄弟在皇父生前的待遇，应基本相同。玄烨晚年曾说："世祖皇帝时，将裕亲王（福全）、恭亲王（常宁）付与殷实官员抚养。"[1]福全、常宁儿时都养于大臣之

---

[1] 《清圣祖实录》第250卷，第26页。按，将幼子寄养于他人之家，长成领回，似是满洲的一种习俗，不仅清帝为之，满洲大臣中也有同例。如玄烨所言，他曾将皇长子胤禔付与内务府总管噶禄、皇三子胤祉付与内大臣绰尔济抚养。

家，而玄烨幼年避痘紫禁城外，三兄弟之间接触机会不会很多，但也并非隔绝。比如，他们三人曾一起向皇父请安，福临问及他们长大后各自的志愿。至于隆禧，玄烨即位时，他尚不满周岁，另当别论。

玄烨即位后对待兄弟十分宽厚。福全等三人分别在15岁那一年正月，荣封亲王爵位并入封下五旗：康熙六年（1667）正月，福全封和硕裕亲王，入封镶白旗；十年正月，常宁封和硕恭亲王，入封正蓝旗；十三年正月，隆禧封和硕纯亲王，入封镶白旗。他们长于深宫，尚未建立功勋，却在稚气未脱之时得享最高一等爵位。清朝初年注重以军功封爵论赏，而玄烨这样做是仿效其皇父，因为福临幼弟博穆博果尔就是在15岁时，被封为和硕襄亲王。这很可能也是孝庄太皇太后授意，通过"敦孝弟"，加强皇室团结，为臣民作出榜样。

玄烨的兄弟中，常宁最先得子。康熙十年（1671）十一月，他的长子永绶出生，这时距他本人受封王爵，不及一年。看来玄烨的兄弟们是在封爵入旗前后，即15岁上下相继完婚的。

福全的嫡福晋西鲁克氏，是二等侍卫（正四品）明安图之女。常宁的嫡福晋纳喇氏，是郎中（正五品）拜库礼之女。隆禧的嫡福晋尚佳氏，是和硕额驸尚之隆之女。除隆禧外，福全与常宁还各有数名侧福晋、庶福晋或妾。按照清朝规制，皇兄、皇弟是由太皇太后或皇太后指婚。福全、常宁的嫡福晋母家地位不高，很可能是在记名秀女中择定，即从没有被玄烨择为妃嫔的秀女中选出。

隆禧嫡福晋之父尚之隆，是清初三藩之一尚可喜之子。顺治十七年（1660）六月，曾由董鄂妃抚养，受封和硕和顺公主的福临之兄承泽亲王硕塞第二女，下嫁尚之隆，当时她不满12周岁。隆禧的嫡福晋，不知是否为这位和硕公主所生。将尚额驸之女指配给玄烨幼弟做嫡福晋，显有安抚尚可喜，以分化削弱三藩力量之意。此外，常宁之妾吴氏，是吴三桂的儿子、额驸吴应熊之女。顺治十年八月，清太宗第十四女（恪纯长公主，生母是庶妃察哈尔奇垒氏）下嫁吴应熊。三藩之乱发生后，应熊及子世霖被清廷诛杀，常宁娶妾吴氏，当是在此之前。

福全、常宁和隆禧各自生母的境遇，在康熙年间颇不相同。常宁的生母陈氏与隆禧的生母钮氏都没有加封号,始终是庶妃身份,卒年不详。福全的生母董鄂氏,原本也是福临的庶妃之一,康熙十二年(1673)十二月玄烨奉祖母慈旨,将董鄂氏尊封为"宁悫妃"。同时加上封号的,还有福临的三位博尔济吉特氏妃子。三十三年六月二十一日,董鄂氏去世,玄烨"亲诣,冠摘缨纬,祭酒行礼"[1]。董鄂氏生前、身后享受较高待遇,不仅因其亲子为皇帝之兄,还表明玄烨与福全感情很好。这反映出玄烨与三位兄弟的亲疏。

玄烨诸兄弟同父异母,嫡母孝惠与他们只是名分上的关系。皇父福临早逝后,与他们有血缘之情的唯一长辈,是亲祖母孝庄太皇太后。孝庄是维系、加强诸兄弟彼此感情的一个重要纽带。

二、携手问慈宁

孝庄中年丧子,这使她对四个亲孙子尤为疼爱。玄烨常与福全等兄弟结伴,去祖母宫中请安。他写过一首题为《夏日同三王慈宁宫请太皇太后安》的诗:"九天旭日照铜龙,朝罢从容侍上宫。花萼联翩方昼永,晨昏常与问安同。"[2]这首诗约作于康熙十八年初夏,平叛战争已胜利在望。可以想见当时慈宁宫中的一幕幕:玄烨与三兄弟(六弟奇绶、八弟永幹已卒)围聚在祖母身边,其中福全最长,27岁,隆禧最小,20岁。玄烨率领三人请安,老祖母笑容可掬,春风满面。望着长成的孙子们,想到清廷在持续六年的平叛战争中已稳操胜券,孝庄欣慰惬意,又生出几多感慨:以玄烨为代表的孙辈,没有辜负她的教诲与期望,大清后继得人,足以告慰列祖列宗及丈夫、亲子在天之灵……

上述玄烨的诗还说明,虽然福全等均已完婚分府,迁出紫禁城,但同玄烨的接触仍然较多。他们时常返回宫中,和玄烨一道,去探望祖母和嫡母。祖孙、母子、兄弟欢聚一堂,其乐融融。

---

1 张采田编纂:《清列朝后妃传稿》,传上,第78页。
2 《圣祖御制文一集》第34卷,第4页。

康熙二十二年（1683）九月，玄烨奉祖母巡幸五台山，福全、常宁随往。途中因山路险峻，玄烨先行往视所修道路，留下福全、常宁陪伴祖母后行。当孝庄同意由玄烨恭代行礼后，福全等又奉命扈随祖母，先期踏上归途。这时，四兄弟中最年轻的隆禧也已去世，剩下的三人共同陪护祖母去五台。玄烨因故前行时，福全与常宁留下继续护侍，不离祖母左右，足见孝庄对于亲孙子、玄烨对于亲兄弟的信任。只有将祖母在途中的安全托付与亲兄弟，玄烨才能放心；此时福全和常宁所起的作用，是其他重臣不能替代的。

康熙二十六年（1687）十二月，孝庄病逝。在玄烨承受巨大悲痛，精神几至崩溃的日子里，能够充分理解他，为他分担痛苦之人，除去孝惠皇太后，还有他的两个兄弟，特别是福全。孝庄之死带给福全、常宁的哀伤，同玄烨比较还有距离，但失去最后一位至亲尊长，他俩的心情毕竟与奉命服丧的王公大臣迥然不同。

为孝庄守丧期间，福全、常宁始终陪伴着玄烨。孝庄逝后，玄烨执意服丧三年，大臣们一再劝请他遵照孝庄生前遗嘱，以日易月，二十七日除服，但始终不得允准，最后还是福全和常宁一起，说服了玄烨。翌年正月初五日，王以下文武各官为此事又一次奏请时，玄烨回答："昨裕王（福全）、恭王（常宁）亦劝朕从王、大臣、士民之请，朕不得已，勉如所请。"[1] 作为亲兄弟，在这件事上，福全和常宁的话对玄烨具有特殊作用。

孝庄逝后近一个月内，玄烨或居殡宫之侧，或幕居乾清门外，福全、常宁则伴随左右，一起为祖母守丧。康熙二十七年正月二十二日，行绎祭礼后，玄烨返宫，并将前来参加太皇太后丧礼的外藩王公遣返归部。至此，丧事暂告结束。当天，玄烨降谕："裕亲王自太皇太后违豫以来，与朕同处，殊为劳苦，可著皇长子（胤禔）及领侍卫内大臣等，送王归第。"[2] 这是玄烨对福全在为祖母服丧期间全部表现的评定。一个月内相伴守丧，加深了玄烨对长兄的了解，增进了彼此的感情，对于其后两人愈益亲密的关系有着重要影响。

---

1 《清圣祖实录》第133卷，第3页。
2 《清圣祖实录》第133卷，第10页。

康熙二十七年（1688）四月，玄烨亲自将祖母的梓宫迁往遵化孝陵近旁的暂安奉殿，福全等人随驾。奉安梓宫前，玄烨在享殿内痛哭不止，"裕亲王福全等再三跪请，始移梓宫，奉安宝座毕"[1]。此时此刻，与玄烨一起长大的福全，最有资格身列众臣之首，对他予以劝慰。

失去共同的至亲长辈后，表面看三兄弟之间仍同以往，但细心观察，不难发现他们彼此的关系，已进入一个新阶段。过去，玄烨对皇兄福全、皇弟常宁的态度，没有明显差异，但此后这一差异日渐显露，并逐步突出。这与福全、常宁二人自身情况，以及玄烨和他俩不同的感情基础，都有关联。

三、皇兄福全

福全"身材魁梧，待人和蔼亲近"，"慈惠谦和，动必以礼"[2]。他的王府在紫禁城以南，今台基厂二条中段路北。府中东北隅有花园，名"目耕园"[3]。元末明初人王逢《目耕轩》诗云："身耕劳百骸，目耕劳两瞳。"[4] "目耕"二字，以农夫耕田比喻勤读不辍。福全为花园择此雅号，体现出志趣所在。

福全生性恬淡，"畏远权势"[5]。在供职清廷的西方传教士眼中，福全"不像其他亲王那样喜好行猎或别的娱乐活动，公务之暇，为了怡情悦性，他总是将时间和精力用于读书和求知"[6]。他常在目耕园中款待文人，"礼接士大夫"[7]，与学者名流切磋学问，品酩畅谈。福全也曾多次在府邸接驾，

---

[1] 《清圣祖实录》第135卷，第9—10页。
[2] 《张诚日记》，张宝剑等译，杨品泉等校，载《清史资料》第5辑，第161页；王士禛：《香祖笔记》第4卷，第76页，上海：上海古籍出版社，1982年。
[3] 《清代名人传略》上册，第669页，西宁：青海人民出版社，1990年。
[4] 王逢：《梧溪集》第4卷，《文渊阁四库全书》第1218册，第705页，上海：上海古籍出版社，1986—1990年。
[5] 《清史稿》219卷，第9056页。
[6] [英]约·弗·巴德利：《俄国·蒙古·中国》下卷第2册，吴持哲、吴有刚译，第1619页，北京：商务印书馆，1981年。
[7] 《清史稿》第219卷，第9056页。

恭迎玄烨光临。

康熙三十九年正月巴林淑慧公主去世,玄烨率皇子及王公大臣送殡,"至裕亲王园,于公主柩旁恸哭"[1]。巴林淑慧公主也是福全的亲姑,她死后停灵于福全府邸(很可能即在且耕园内),或许生前曾随侄儿同住府中?

康熙二十七年(1688)八九月间,玄烨巡幸塞外,福全随从前往。其间,赴色楞格与俄国谈判边界事宜的清廷使团,因途中受阻返归,与御营在塞外相遇。随团充当翻译的传教士张诚在日记中写道:"位居一品的两位皇族亲王的与众不同的帐篷就安扎在皇上帐篷的附近,其中一位是皇上的长兄……我们下马,荣幸地向两位亲王致意,他们对我们也以礼相待。被称为大王爷的皇上的长兄……和皇上的几个侍卫统领长时间进行亲切的谈话。他以及另外一位被称为赫都王(译者注:指肃亲王豪格之子)的亲王,穿戴都很朴素,他们的坐骑看上去也很不起眼,只是配以一般的马饰,因此,你根本看不出两位亲王和别的清朝官员有什么区别。"[2]

传教士白晋在给法王路易十四的秘密报告中,也谈到玄烨的"两个亲兄弟",说他俩对于供职清廷的西方传教士十分仁慈,并且"像其他方面一样,在这方面比其它(他)所有亲王更显得突出"[3]。

福全身为皇兄却无傲气,平易近人,处事谨慎。这种作风很为玄烨欣赏。

玄烨与皇兄感情深厚,孝庄在世时已是如此。康熙二十一年(1682)春,玄烨去盛京谒陵,这是他第二次东巡。这期间,玄烨除去写信与祖母、嫡母报告行程,表达问候外,还单独给福全去信数封。第一封写于三月初五日:"相别以来,忽复兼旬,棣萼之思,时在寤寐。初四日已抵盛京,山川形势,风土民情,深维祖宗开创之艰难,令人远想慨然。春气渐佳,知意兴甚适也。特此布问不宣。"[4]几天后,玄烨收到福全回奏,十七日又复一信:"顷览来奏,具悉念朕之怀。兹者告祭事毕,巡行疆土,兼讲

---

1 《清圣祖实录》第197卷,第5页。
2 《张诚日记》,张宝剑等译,杨品泉等校,载《清史资料》第5辑,第160、161页。
3 [法]白晋:《康熙帝传》,马绪祥译,载《清史资料》第1辑,第245页。
4 《圣祖御制文一集》第12卷,第13页。

春蒐，正当草浅兽肥，弓燥手柔之时，且地多豺虎麋鹿，此乐惜不与王共之也。近状想佳，特此咨询。"[1]四月下旬玄烨踏上归途，路上再次寄谕福全："别来未几，麦气迎秋，荏苒流光，良增思念，每阅来疏，足慰朕怀。兹东巡典礼，事事已毕，经过之处，无不喜见升平。二十日自盛京回銮，会面可期，布问不宣。"[2]这几封书信没有凛然不可逾越的至尊口吻，比较亲切、自然。玄烨从千里之外频频慰谕，是对皇兄的特殊关怀。

心地淳厚的福全，并非一名指挥有方，勇猛善战的骁将。康熙二十九年（1690）的乌兰布通战役，是他一生中所参与的最重要事件，他与玄烨的关系，也从中经受了一次考验。

二十九年夏，噶尔丹以追索土谢图汗、哲卜尊丹巴呼图克图为名，率兵深入漠南蒙古乌朱穆沁地方，玄烨决定出兵围歼。七月初二日，他任命福全为抚远大将军，皇长子胤禔做副手，率主力出古北口；常宁为安北大将军，和硕简亲王雅布和多罗信郡王鄂扎做副手，出喜峰口；内大臣舅舅佟国纲、佟国维、内大臣索额图、明珠等人，随军参赞军务。这次出征由皇帝的亲兄弟挂帅，皇长子佐之，指挥部成员除重臣外，还有数位宗室，表明玄烨对此役期望之高。

七月初三日，玄烨特为福全、胤禔赋诗一首，题为《命裕亲王福全、皇长子胤禔帅师征厄鲁特锡之以诗》："万国勤保全，三阶愿治平。寰中皆赤子，域外尽苍生……武略期无敌，王师出有名。亲藩分鈇钺，长子拥麾旌。貙虎资郎将，貔貅壮禁营……遐荒安一体，归奏慰予情。"[3]

七月十四日，玄烨起程离京，名为巡视边塞，实则准备亲临指挥。他很了解自己的兄弟，对两人（特别是福全）的长处、短处与才力，无不一清二楚，认为只有亲自出马，从旁指导，才能稳操胜券。事实验证了他的顾虑。

玄烨踏上征途不久即中暑，仍勉力坚持，继续前行。（七月）二十二

---

[1] 《圣祖御制文一集》第12卷，第16页。
[2] 《圣祖御制文一集》第12卷，第17页。
[3] 《圣祖御制文二集》第44卷，第16-17页；另参见王宏钧、刘如仲：《准噶尔的历史文物》，第33-34页，西宁：青海人民出版社，1984年。

日夜，终因高烧不退，难以支撑，在大臣的一再劝请下，由博洛和屯回銮。玄烨此病对这次战役，乃至清廷其后与准噶尔部斗争的事态发展，都产生了不利影响。

八月初一日，清军在乌兰布通（今内蒙古克什克腾旗西南之大红山）击败噶尔丹军，但自身也有较大损失。初三日，玄烨接到福全奏报，立刻命令"穷其根株""一举永清"。[1]可是，福全得到这一指示前，为使将士得以休整，已经停止攻击，随后又听信前来为噶尔丹开脱的西藏喇嘛济隆等人的话，认为噶尔丹确有罢兵修好之意，竟向各路清军将领下令暂停进击。因远地相隔，玄烨的阻止已无济于事，噶尔丹军受到重创后，得以逃脱。此即著名的乌兰布通之役。清军力战取胜，但也留下后患。

平心而论，福全对清军此次出征未能全歼噶尔丹军，负有首要责任。事后，多罗信郡王鄂札等遵旨奏陈福全等人的过失，指出："皇上深虑噶尔丹奸狡，此役不行剿除，必贻后患，多派精兵，尽发火器，以裕亲王福全为大将军，王、大臣为参赞，指授方略，务期尽灭根株。乃福全等调度乖方，既经战胜，不能乘机剿灭，收兵又不鸣笳，贼败不行追杀，反行文禁止苏尔达等进兵，以致穷寇遁逃，殊误军机。且未经请旨，率兵擅回哈吗尔岭内。应将裕亲王福全、恭亲王常宁、简亲王雅布，俱革去王爵，福全撤去三佐领……"[2]因福全等犯有重过，返京后"命止朝阳门外听勘"。[3]举朝上下拭目以待，且看玄烨如何处理。

致使问题更趋复杂化的原因，则是福全与胤禔之间的矛盾。这是玄烨第一次以亲兄、亲子为搭档，他本希望两人因是至亲，能更好地配合，不意恰恰相反，出征后叔侄对立，难以相处。八月十三日，玄烨谕大学士等："允禔听信小人谗间之言，与抚远大将军和硕裕亲王福全不相和协，妄生事端，私行陈奏，留驻军前，必致偾事，著撤回京。"[4]如果叔侄间的矛盾不是异常尖锐，已影响前线指挥事宜，玄烨不会断然召回允禔，因为这

---

[1] 《清圣祖实录》第148卷，第3页。
[2] 《清圣祖实录》第149卷，第19页。
[3] 《清圣祖实录》第149卷，第18页。
[4] 《清圣祖实录》第148卷，第6—7页。

样做有损他本人的声誉。这也表明,从玄烨得知兄、子矛盾之始,就确定了以长幼尊卑为准绳的处理方针。

果然,当胤禔"以议政王大臣等取供时,应如何具供"向皇父请示时,玄烨回答:"裕亲王系汝伯父,议政王大臣等取供时,汝若与裕亲王稍有异同,朕必置汝于法,断不姑容。"被阻留在朝阳门外听勘的福全,"初亦录皇子允禔军中过恶,欲于取供时告白"[1],表明他本已作好被侄儿讼告而受皇上责斥的准备。因为在他看来,父子、兄弟之情,毕竟难以相埒,何况他与玄烨又非一母所生。胤禔是玄烨的长子,一向为父器重,在他与胤禔的争执中,玄烨偏袒亲子乃人之常理。加之他又贻误战机,遭到重斥事所必然。

可是,当福全与侄儿一起接受议政王大臣取供时,胤禔先说了一句:"我与伯父裕亲王供同",此后便一言不发了。这使福全大为震惊。胤禔突然转变对立态度,显然是因玄烨事前已做嘱咐。面对玄烨的宽容与保全,福全百感交集,不能成言,更加惭愧与内疚。他"俯首良久,流涕曰,我复何言"[2],遂即一人全部承担了罪责。

未几,玄烨对福全等人的问题做出论定:"噶尔丹于乌兰布通为我军击败遁走,而领兵诸王、大臣,不复追杀,反信济隆胡图克图议好之诳词,遣人语内大臣苏尔达等,令盛京、乌喇诸路兵,勿与之战……如使苏尔达等邀击之,则噶尔丹可以就擒矣。伊等不战,乃大误也。福全等俱应依议治罪。但此举已击败厄鲁特兵,噶尔丹远遁。诸王、大臣概从宽免革,福全、常宁罢议政,与雅布俱罚俸三年,福全撤去三佐领……"[3] 评价公允,处理宽大,显示出一位政治家的胸怀与用人策略。

福全等人的失误不仅产生严重后果,而且令玄烨深感难堪。

乌兰布通之役,是玄烨即位后清廷第二次大规模出征。平定三藩之乱中,清廷调兵遣将,投入大量人力、物力,前后共派出六名大将军,他们分别为亲王、郡王或贝勒。对此,玄烨曾明白解释:"所以遣王等者,非

---

1 《清圣祖实录》第149卷,第18页。
2 《清圣祖实录》第149卷,第19页。
3 《清圣祖实录》第149卷,第20页。

谓诸将才能不足，念诸王、贝勒皆朕懿亲，指挥调遣，无可牵掣，守御征剿，足增威重。"[1]与玄烨的期望恰相背驰，这些皇亲宗室在前线并不实心效力，而是彼此观望，拥兵自重，多次贻误战机。此次乌兰布通之役，玄烨特地让两个兄弟担任大将军，皇长子佐之，个别宗室亲王，只是作为并非主力清军的副统帅。这种安排表明，对于结束已近十年的平叛战争中宗室们的不佳表现，玄烨依旧耿耿于怀，因而想通过亲兄弟的成功事例，为之做出榜样，并借以教育宗室子弟。但两位兄弟不争气，竟出此严重过失，使他在诸王大臣前大失颜面，内心自然恼火。更可虑的是，错此全歼良机，为清朝留下隐患，这成为玄烨的一大心病。尽管当时他从各种因素考虑，对上述忧虑未多流露，但数年后仍不得不承认："前厄鲁特噶尔丹之役，官兵不能悉体朕意，即行剿灭，致失机会，罔奏肤功，朕心为之不怿。""……六年以来，乌兰布通之役，时厪朕怀。"[2]

乌兰布通之战成此结局，也有一定偶然因素。如果玄烨身体无恙，亲临指挥，必定穷追对手，不予姑息，噶尔丹军就可能全部被歼灭。如此，则无须数年后玄烨三次亲征，康熙朝中期的部分历史，也需要相应改写了。就福全来说，出现这一失误，不仅因他既无统兵作战经验，又乏军事才能，还同他本人的性格、作风有一定关系。

乌兰布通战役后，玄烨再未重用福全和常宁，但清廷有重要政务，仍让他俩参与其中，给予效力机会。如康熙三十年（1691）五月玄烨主持多伦会盟，三十五年二月，玄烨第一次亲征噶尔丹，福全，常宁都在扈从之列。

康熙三十六年二月初六日，玄烨第三次亲征噶尔丹，率师离京。十一日，他写信告知皇太子胤礽："嗣后凡有谕令看阅之文，亦著裕（亲）王阅之。"[3]胤礽立即照办，于当月十五日奏称，已将所录谕旨等，"奏报太后祖母，宫内遍令传阅。裕王、三阿哥（胤祉）及大臣等，俱已阅看。"[4]三

1　《清圣祖实录》第48卷，第13页。
2　《清圣祖实录》第161卷，第14-15页；第183卷，第31页。
3　台北故宫博物院：《宫中档康熙朝奏折》第8辑（满文谕折等1辑），第643页。
4　台北故宫博物院：《宫中档康熙朝奏折》第8辑（满文谕折第1辑），第646-647页。

月二十五日，胤礽又在奏报中写道，已将皇父送回之折件，"送皇太后并宫内一览，裕王、大臣等一并看阅"[1]。由于玄烨的特殊关照，留在家中的福全得以及时了解清军出征后的情况；而在胤礽的奏疏内，福全被列于皇子、大臣之前，仅次于皇太后。这些情况都体现出玄烨对皇兄的看法，表明乌兰布通之役并没有在两人之间留下裂痕。

玄烨对皇兄信赖如初，情义醇厚，在福全去世前的数年间，表现得更为突出。

康熙三十八年（1699）二月，玄烨第三次南巡，福全没有同往。五月玄烨返归，临近京城时，福全按约前去接驾。已先期抵达，等候长兄的玄烨赋诗一首，题为《候兄裕亲王》："花萼楼前别，已经春夏余。平明挂锦缆，日暮傍樵渔。吴越当年景，江湖各自知。留心民事重，隔日信音疏。"[2] 当年秋，玄烨"尝命画工写御容与（福全）并坐桐阴，示同老意也"[3]。不久，又赋《咏桐老图赐裕亲王》："丹桂秋香飘碧虚，青桐迎露叶扶疏。愿将花萼楼前老，帝子王孙永结庐。"[4] 此时玄烨46岁，福全47岁，都已向老年迈进。玄烨特在桐阴之下与兄并坐，让宫廷画师写真，是取兄弟二人同老同心，永远同在之意。

玄烨对福全的友爱、尊重和信任，还体现在下述事实上，即福全与皇子们的不同亲疏，一定程度上影响到玄烨对诸子的看法。

福全的皇侄众多。他去世前，十三阿哥胤祥以上皇子，都已在18岁以上。福全看着这些侄儿长大，熟知他们每个人的禀性、气质、能力与为人。皇子们在伯父面前，无须像在皇父前那样谨言慎行，毕恭毕敬，而他们的优点和短处，都得以充分表现。从某种角度说，福全对侄儿们的认识，是比较客观、全面的。

由于种种原因，福全与侄儿们的关系，存在较大差异。诸皇子中，他最喜爱八阿哥胤禩。一废太子期间，玄烨谈到胤禩时说："……乃若八阿

1　台北故宫博物院:《宫中档康熙朝奏折》第8辑（满文谕折第1辑），第792页。
2　《圣祖御制文二集》第50卷，第14页。
3　《清史稿》第219卷，第9056页。
4　《圣祖御制文二集》第50卷，第17页。

哥之为人，诸臣奏称其贤，裕亲王存日亦曾奏言八阿哥心性好，不务矜夸。"[1] 有的学者指出，福全去世前，曾向玄烨揭发皇太子胤礽的种种劣迹，同时赞扬胤禩聪明能干，品行端正，建议玄烨立胤禩为储君。这次谈话后不久，胤礽的主要支持者索额图即被拘禁，看来玄烨曾考虑皇兄的建言，认为胤禩"是可以代替胤礽做皇太子的人选之一"[2]。福全能够向玄烨坦陈对皇子们的看法，说明他虽然畏远权势，以宁静淡泊为本，但也并非不问政事，而是有着自己的是非观点和爱憎。

皇八子胤禩生于康熙二十年（1681），福全去世时已23岁。一废太子前，他颇受皇父器重，曾随扈亲征噶尔丹，后又受封多罗贝勒，是享有封爵的皇子中最年轻的一位。他还多次受皇父指派，与皇三子胤祉一起办理政务。不应否认，福全对于胤禩的赞赏，会促使玄烨对胤禩更加倚重；玄烨一向重视长兄的意见，况且当时两人对胤禩的看法，是基本一致的。受福全的影响，福全的儿子们也与胤禩要好，彼此关系相当密切。福全的早逝，使胤禩在储位之争中失去一位有力的支持者。如果福全健在，一废太子事件的态势发展与结果，以及胤禩本人的命运，或许都会有所不同。

康熙四十二年（1703）正月十五日，福全的庶福晋纳喇氏生下他的第七个女儿，也是他最后一个孩子。[3] 51岁的福全老来得女，又逢佳节良辰，可谓喜上加喜。然而，王府中的欢乐气氛没有持续多久，即因福全突然病倒而荡然无存。三月二十六日，玄烨亲至府中探望；五月初八日、十五日，他从畅春园返宫间隙（当时皇太后住在畅春园，玄烨常往陪伴），又先后两次亲视福全疾。五月底，玄烨率领六位皇子巡视塞外，表明福全的病虽然不轻，但尚无大碍。

是年六月是一冷酷无情的月份，在不到20天内，玄烨先后失去最后两位同辈至亲。

六月初七日，常宁在京病逝。玄烨接到奏报，"命（在京）诸皇子经理其丧，并谕诸皇子每日齐集丧次，至发引后乃止。又给银一万两，命内

---

1 《清圣祖实录》第235卷，第25页。
2 Silas H. L. Wu：*Passage to power*，Harvard University Press, 1979. p.127.
3 满文玉牒，第290号。

务府郎中皂保，监修坟茔立碑"[1]。他绝未想到，更大的不幸接踵而来。

当月二十六日，福全的病情突然恶化。二十七日深夜，玄烨在驻跸之地喀喇和屯得闻皇兄病笃，当即命全体随扈皇子星夜兼程，先赴京师，并不顾诸大臣劝阻，准备随即回銮。玄烨此刻还不知道，福全已于二十六日晚病逝。二十八日，噩耗传至，怀着悲痛的心情，玄烨立即踏上归途。因值盛夏（阳历八月），酷暑难堪，第二三两日他都在午夜子时启程，赶赴京师[2]。

七月初一日，玄烨冒雨前行，至东直门，"望城而哭，未入宫"，率皇太子胤礽直接赴福全府邸临丧。他摘除冠缨，"哭至柩前，奠毕，仍恸不已"。"既登辇，哭不绝声……"。玄烨尚未抵达前，皇太后已先临王第举哀。对孝惠来说，福全虽非亲生，但作为母子，相处几达50年，彼此也有较深感情。玄烨见到嫡母，惟有相对唏嘘。他劝皇太后先行返宫，随即又命皇太子、众皇子及扈从诸臣，前往常宁殡所奠酒。回宫后，他不入日常所居的乾清宫，而是来到作为便殿的景仁宫暂居。[3]

当日，大臣们齐集景仁宫门前，奏请玄烨仍回乾清宫休息。玄烨没有同意，传谕说："朕但恐皇太后过哀，朕心不安耳。俟王殡后，朕再起程。至于居便殿者，非自朕始，乃太祖、太宗之旧典也。尔等不必恳奏。"接着他又以"裕亲王之丧，皇子等理应穿孝"一事，令宗人府议奏。宗人府议称只让与裕亲王"同旗（镶白旗）之皇子"穿孝，玄烨不以为然："裕亲王，朕之亲兄，岂可止令同旗皇子穿孝。"随命皇长子胤禔（镶蓝旗）、皇三子胤祉（镶蓝旗）、皇四子胤禛（镶白旗）、皇五子胤祺（镶白旗）、皇七子胤祐（镶白旗）、皇八子胤禩（正蓝旗）"俱穿孝"。[4] 除皇太子以外全体年长皇子为死者服孝，是仅次于太皇太后、皇太后和皇后去世后的服孝规格，反映了玄烨对福全去世的哀悼程度。

玄烨在景仁宫住了四天，不理政事。其间，他数次亲临福全的灵堂祭

---

[1]《清圣祖实录》第212卷，第19页。
[2]《清圣祖实录》第212卷，第20–21页。
[3]《清圣祖实录》第212卷，第21-22页；王士禛：《香祖笔记》，第4卷，第76页。
[4]《清圣祖实录》第212卷，第22页。按，玄烨诸子所在旗份，见玉牒第181号。

奠，并赏赐福全家人大批财物、马驼。七月初五日出殡前，玄烨奉皇太后来到福全府邸"恸哭"，看视灵柩发引。初六日，他才继续被中断的塞外之行。

不久，玄烨写下《兄裕亲王挽诗二律》。其一曰："花萼空虚萝，悲歌暮景伤。泪同秋雨湿，声逐碧天长。清颂连香桂，心慈厌帝乡。徽章纵有秩，寂寂叹时光。"其二曰："少小同居处，义深读孝经。赋诗明务本，携手问慈宁。乐善从无息，神襟物外停。繁忧题旧日，血泪染疏櫺。"[1]这首诗盛赞福全不争名利，心慈乐善的品格，他对皇兄的感情与痛失皇兄的哀苦，流露在字里行间。

康熙四十三年（1704）六月初，玄烨携太子胤礽、皇长子胤禔、皇八子胤禩等七个儿子巡幸塞外。七月初一日，留在京城的胤祉等八个皇子连名上奏："本月初九日裕王周年之期已满，拟在家祭奠。届时臣等谁去，谁不去，为此请旨。"玄烨朱批："朕正想为此事降旨，折子到了。你们（主动）请旨，甚好。尔等本人连同福晋等，都去才是。只是住在紫禁城内阿哥之福晋们不要去。"[2]据《星源集庆》等史籍记载，福全逝于四十二年六月二十六日，周年之期当为四十三年六月二十六日，但上折所述却为四十三年七月初九日，二者日期不符，其原因待考。皇子们在伯父去世周年之期未到前，就为祭奠事主动请旨，表明他们很清楚皇父对伯父的深情。玄烨让在京全体年长皇子偕同福晋，都去裕亲王府参加周年祭奠，再次显示出福全身后所受荣宠。至于玄烨不让住在紫禁城的皇子福晋前去，大概有宫内忌讳之意。

康熙四十四年（1705）十一月下旬，玄烨离京往谒暂安奉殿、孝陵，皇七子胤祐、皇十三子胤祥随驾。此行还有亲视安葬福全的目的。十二月十一日，玄烨祭毕暂安奉殿、孝陵，"以和硕裕亲王福全榇至黄花山，遣诸皇子、大臣、侍卫等往迎奠酒"[3]。按照当时的风俗，福全灵柩一直暂留京城（很可能是被放在其府中花园，即目耕园内），俟墓地建好后，才从

---

1 《圣祖御制文三集》第47卷，第9页。
2 满文朱批奏折，胤祉等奏，康熙四十三年七月初一日。
3 《清圣祖实录》第223卷，第10—11页。

京城运至。翌日，福全被安葬，玄烨亲临奠酒举哀。十二月十三日，他再次遣诸皇子、大臣、侍卫等祭福全之墓。比起24年前安葬隆禧时的情景，福全葬礼的规格，大大高出一等。

长达四百余字的御制碑文，对福全的品格、为人予以高度评价。如说他"持身谦牧""视国如家""四十余年，曾无失德""惟王克忠克孝之节，允树为臣为子之型"。碑文最后写道："（王之）嗣子保泰，命绍旧封，式缵王绪……王之后嗣，朕佑庇之……"[1]

玄烨与福全感情笃深，其原因是多方面的。

清朝入关前，并无严格的皇位（汗位）继承制度。天命七年（1622），努尔哈赤创立由八旗和硕贝勒（八王）共同推举新汗的汗位推选制，[2] 四年后，（天命十一年九月），皇太极在众贝勒推举下，继承汗位。然而，皇太极与其子福临生前，均未建立皇权传承制度。康熙十四年，玄烨采用汉族王朝立嫡立长的做法，实施嫡长子皇位继承制，将嫡子胤礽立为皇太子，表明他在选择储君时，是以汉族正统观念为标准。然而，他本人的即位，却恰恰偏离了这一准则。福临无嫡子，庶子中福全居长，继承皇位当为福全，而非排行第二的玄烨。尽管这一结果是由多种因素造成，玄烨的即位也名正言顺，但在玄烨的内心深处，始终对福全抱有歉意，这是由其很深的汉化程度与比较仁厚的禀性所决定的。虽然玄烨不可能承认这一点，但这却是贯穿在他与福全关系的全过程，并对这一关系起有重要作用的一条隐线。福全未能成为福临的继承人，除去本书第一章中所述各种原因外，人们还有其它说法。一则说福全"向以损一目不得立"。[3] 一目失明，是严重的生理缺陷，与玄烨相较，当然处于劣势。一则是说福临临终前，"曾将长子召来，问他是否愿意执政？长子谦逊，自感年幼，不愿接受……于是顺治又把康熙叫来，向他提出同样的问题。康熙较有教养，爽快地回答：他愿意遵照父命，承担社稷重任。这一回答博得了皇帝的欢心，遂即

1　鄂尔泰等修：《八旗通志初集》第6册，第133卷，第3597－3598页。
2　《满文老档》上册，第345－346页。
3　萧奭：《永宪录》第3卷，第205页。

将皇位传给了他。"[1]根据福临染患天花后病势危重等情况,后一说法难以成立,不过它却反映出福全、玄烨兄弟两人不同的个性气质:福全拘谨、胆小,玄烨果决而有魄力。这也正是他俩成年后,各自伴随一生的性格特点,"由小看老"的古老民谚,是很有道理的。福全性格特征的形成,与其自身的生理缺陷有一定内在联系。有残疾的孩子容易产生自卑感,何况同父异母弟玄烨自幼精力充沛,聪颖过人,这使福全从小就有自愧不如的潜在意识。

其次,玄烨是按照儒家的伦理道德标准,确定与家人的远近亲疏,严上下长幼尊卑之分。福全不仅是他唯一的兄长,而且是唯一比他年长(尽管仅大数月)的男性至亲。仅此一点,足以使玄烨对福全的手足之情,比对常宁、隆禧更重。

再者,玄烨、福全的关系,还取决于福全本人。

福全生性恬静,较少权欲之念,而且善于自保。这是他始终保持与玄烨较好的兄弟关系,得以善终的一个前提,既为其所处客观环境所迫,也与其从小形成的性格、气质很有关系。他的存在,不仅没有对玄烨的权力构成任何威胁或不利因素,相反,却可以被玄烨用来作为宣扬封建伦常思想、标榜手足和睦的一面旗帜,用以提高他本人在全体臣民,特别是汉族士大夫阶层中的声誉。这是福全身后,被玄烨树立为臣民榜样的本质所在。康熙朝诗坛盟主王士禛认为,康熙帝对皇兄福全"素笃手足之爱,朝论以为不愧汉之间平云"[2]。这种看法很有代表性。

从某种角度看,玄烨、福全这对君臣弟兄,好比两位相得益彰的和谐搭配。本应即位的兄长,对弟弟并无妒嫉,唯谨唯慎,处处谦让,恭顺有加;并非长子的即位者,对皇兄极尽厚待与优宠。相互理解与体贴,不仅使双方从中获益,客观上还增加了对方的美德懿行,而两人的关系也因此越来越好,感情逐步加深。

---

1 [英]约·弗·巴德利:《俄国·蒙古·中国》下卷第2册,吴持哲、吴有刚译,第1493页。
2 王士禛:《香祖笔记》第4卷,第76页。

四、皇弟常宁与隆禧

比起福全,常宁和隆禧的事迹,流传下来的更少。

常宁15岁受封亲王后,康熙十四年(1675),与隆禧同时分给佐领。他的府邸在今北京张自忠路偏东路北。康熙二十二年五月十一日,常宁府邸失火,玄烨亲临指挥,将火扑灭。

常宁幼时及青年时期,玄烨将他与其他兄弟同等看待,关系比较正常。康熙二十九年(1690)秋,常宁与福全同时被任命为大将军,率师出征噶尔丹,说明他不是庸碌之辈,而且也颇得玄烨信任。乌兰布通战役后,玄烨与常宁的关系发生较大变化,日益疏远。虽然有关材料很少,但常宁去世后玄烨对他的态度,已明白无误地显示出来。

康熙四十二年(1703)六月,常宁与福全先后病逝。玄烨在巡视塞外途中闻知常宁去世后,只是令在京皇子料理其丧,给银修墓,本人没有任何感情流露或其他表示,这与他在福全去世后的态度,有天壤之别。

玄烨数次亲临福全府邸祭奠,并摘除帽缨,移居偏殿,亲视灵柩发引。对于常宁之丧,玄烨除返京前遣官致祭一次外,返京当日,仅命皇太子、诸皇子及扈从大臣至殡所奠酒,他本人并未亲临。福全逝后,玄烨命"如郑亲王(济尔哈朗)例,于常祭二次外加祭一次"。隆禧去世后,"于常祭外加祭一次"[1]。然而常宁死后,却没有享受"加祭"的殊荣。

福全、隆禧都有谥号,福全曰"宪",隆禧曰"靖",这是玄烨根据死者生前懿行而定,以示褒奖。常宁故后,未得谥号。

福全、隆禧去世后,他们的儿子都破例袭封亲王(按定例应降一级袭封)。常宁死后,其子却连郡王也未能承袭,而是连降两级,当了贝勒。

福全、隆禧都被葬于孝陵近旁的黄花山,安葬时,玄烨亲临奠酒举哀,亲派皇子致祭。常宁的葬地不详,也无皇帝亲临或皇子致祭的记载。

玄烨为常宁撰写的碑文不足二百字,文中没有述及亡者的懿行美德,也无褒扬之辞,缺少真情与哀思,多了些虚饰与套语。[2]

---

1 鄂尔泰等修:《八旗通志初集》第6册,第133卷,第3597、3598页。
2 鄂尔泰等修:《八旗通志初集》第6册,第133卷,第3598页。

常宁身后的情况也与福全、隆禧相差悬殊，表明玄烨对他颇有不满，并以间接方式表露出来。

常宁虽然在亲王之位，但无实权，对玄烨无从构成威胁，不存在扰乱或危害朝政问题。最大可能还是他在为人处事方面缺乏自律，玄烨劝诫无效，认为这位不争气的皇弟损害了自己的颜面。雍正帝胤禛即位后，透露出有关情况："朕叔恭亲王常宁，昔年受皇考友爱深恩，不知感激报效，因循懒惰，悠忽终身，此中外所知者。"[1] 玄烨对常宁的不满虽未明言，但朝内外早已知晓，这对君臣兄弟的关系，实际上已搞得很僵。除上述胤禛讲的原因外，常宁肯定还有其他令玄烨大为恼火，因而始终难以原谅处。否则，向以兄弟亲睦作为统率臣民重要准则的玄烨，绝不会对介弟有如此举措。至于乌兰布通战役后常宁到底犯有哪些过失，因史料不足，难以揣测。

玄烨的兄弟中，隆禧和他的年龄相差最大（6岁），相处时间却最短。孝庄太皇太后在世时，定会格外疼爱这个出生数月便失去阿玛的小孙子，所以，玄烨与隆禧的感情，受到祖母较大影响。这是一种三位一体的亲情关系，两个嫡孙都与祖母很亲，祖母又促进了两个孙儿间的感情。福全和常宁也是孝庄的亲孙，孝庄对他俩与玄烨的关系，也起到积极作用，但他们与玄烨相处的最后十余年中，孝庄已经离世，因而与隆禧的情况还有不同。

同隆禧的相处中，玄烨始终是位和蔼可亲的兄长，对幼弟十分照顾，这也体现了孝庄的宗旨和期望。

隆禧有些少年老成，慎言行而不多事。他的府邸所在地不详。从福全、常宁的府邸所在位置看，估计隆禧的王府也在皇城之内，距紫禁城不远。

康熙十八年（1679）七月十五日恰值中元节。是日，隆禧病故，年仅20岁。他病笃时，玄烨曾两次亲赴府中探视，急召御医调治，并将皇弟的病情奏闻祖母。有关情况显示，隆禧是患急症暴亡，玄烨、孝庄都始料未

---

[1] 《清世宗实录》第107卷，第5页。

及。面对这突如其来的不幸，他俩互相关怀、劝慰，十五日晚，玄烨执意留在慈宁宫陪伴祖母，一起度过失去隆禧后的第一个难眠之夜。[1]

玄烨为追悼隆禧，辍朝三日。七月十七日，他亲赴王第举哀，并发内帑修建坟墓。

隆禧只有一位嫡福晋，即和硕额驸尚之隆之女尚佳氏。他没有像兄长们那样再娶侧福晋或纳妾，除去年龄尚轻外，也表明与尚佳氏感情甚深。已如前述，孝庄为最小的孙子指婚时选中尚佳氏，意在安抚尚佳氏的祖父，三藩之一尚可喜。当然，孝庄为亲孙遴选孙媳，除去从巩固皇权统治考虑，对于未来孙媳本人的各方面条件，也不会忽略。她看到隆禧婚后与尚佳氏情投意合，肯定深感欣慰。这桩婚事将政治效果与孙儿的个人感情相兼顾，可谓两全其美。

康熙十八年（1679）十一月二十八日，尚佳氏生下遗腹子富尔祜伦，这是她同隆禧唯一的孩子，此时距丈夫去世已四月余。十九年三月，玄烨破例让出生仅数月的侄儿袭封亲王。或许这位小王爷在母腹中已饱尝失去阿玛的痛苦，过早地分担了额娘的哀思，以致先天不足，竟于十九年十一月二十六日夭折，其人生历程还不足一年。富尔祜伦死后，玄烨同样辍朝三日，以示痛悼。

康熙二十年（1681）三月，玄烨奉祖母前往遵化州汤泉，同时于孝陵近旁安葬隆禧。孝庄这次去遵化，赴汤泉沐浴只是目的之一，实际上与安葬隆禧也很有关系。尽管她没有亲视下葬，但起码身临葬地不远处，这反映出她对亡孙的眷恋之情。

是年四月初二日，隆禧入葬。玄烨亲临墓地，奠酒举哀。他对随扈大臣们说："纯亲王榇，于今日酉时安窆。朕欲亲视，因恭亲王常宁等奏言，王妃榇在旁，恐属不便，请于未葬前，往视即回。故朕先行，尔内大臣、侍卫等，俟视安葬事毕，乃还。"[2]此行福全未往，否则上述奏请当由他讲出。他的缺席或因临时抱病，或许是留在汤泉陪侍祖母。

玄烨所言王妃，即指尚佳氏。她的去世年月不详，很可能是在康熙

---

1 《清圣祖实录》第82卷，第7—8页。
2 《清圣祖实录》第95卷，第13页。

十九年十一月其遗腹子殇逝之后。尚佳氏是十分不幸的,突然失去恩爱情深的丈夫后,唯一亲子的降生本为她带来新的希望,不料儿子又迅即亡故。她徒有王妃之名,奢华生活与高贵地位,都不能消除其内心的凄苦,进而很快也在忧伤中早逝。

玄烨为隆禧撰写的碑文中,赞扬幼弟"质成聪敏,性秉温恭,孝友克彰,谦仁通懋……虽尔实凛君臣之分,而朕无间昆弟之情"[1]。碑文反映出隆禧谦和、谨慎的气质与作风,这同他自小的生活环境和身份有关。皇父福临去世时,他才出生数月,是在继承帝位的皇兄身边长大,这使他不敢稍有放肆,养成勤勉、好学、谦恭的处世风格;如果皇父在世,他是一个名副其实的皇子,其性格发展轨迹,也许会有较大不同。隆禧的情况,容易使人想起玄烨第二十四子胤祕。玄烨去世时,胤祕只有7岁,是在皇兄雍正帝胤禛即位后长成,同样好学聪颖,性情平和,受到皇兄的赞赏。隆禧、胤祕叔侄未曾谋面,彼此却有相似之处。

雍正九年(1731),雍正帝胤禛对宗人府官员谕及为常宁之子满都护立嗣的打算时说:"朕意欲照皇考时,以朕弟淳亲王过继纯亲王为嗣之例,于朕幼弟中,选择一人,封为郡王,以继恭亲王之后。"[2]淳亲王胤祐是玄烨第七子,生于康熙十九年(1680)七月。是年十一月隆禧的独子富尔祜伦殇逝后,玄烨曾想将出生数月的胤祐过继给早卒的幼弟,这种可能性是存在的。况且同年二月,德嫔乌雅氏生下皇六子胤祚(7岁卒),玄烨一年之内新添两子,将其中一个过继幼弟为嗣,也合乎情理。可是,清人所撰隆禧或胤祐的传记中,均未提及此事。而《爱新觉罗宗谱》中,却有富尔祜伦"无子""无袭"的记载。[3]康熙四十八年(1709)胤祐被封为淳亲王,与叔父隆禧的纯亲王名号音同而字异(满文中"淳"与"纯"亦非同一字)。玄烨是否曾将胤祐过继给隆禧,尚待进一步考察。

---

1 鄂尔泰等修:《八旗通志初集》第6册,第133卷,第3599页。
2 《清世宗实录》第107卷,第7页。
3 《爱新觉罗宗谱》甲册,第1509-1510页。

五、侄儿侄孙

在重视伦常亲情的中国古代社会，父系亲属居家庭戚属关系之首，兄弟子侄宛如一家。满洲也是如此。在满洲家庭中，阿玛将侄儿与亲子同等看待，可以随意支使训责，侄儿则将伯（叔）父视同阿玛，俯首孝敬。玄烨有诸多侄儿，他与这些侄儿的关系，如同一面镜子，折射出他同两兄弟福全与常宁的亲疏。

玄烨对福全的后代极尽呵护，厚待之至。这是他对福全所怀深情的体现和延续。

福全有一位嫡福晋，一位侧福晋，六位庶福晋，总共生有六子，其中只有第三子保泰，第五子保寿（绶）活到成年，余者都在7岁前殇逝。保泰、保寿是同胞兄弟，生母为侧福晋瓜尔佳氏。雍正帝即位后，谈到裕亲王爵位的承袭问题时说，"保泰又非嫡室福晋所出，保泰、保寿原属一体，俱系朕伯父婢女所生……"[1]，即指这一情况。

保泰生于康熙二十一年（1682）四月初七日。福全的长子昌全（嫡福晋西鲁克氏生）、次子詹升分别卒于康熙十六年、康熙十九年，所以，保泰实际上是福全的长子。保泰之名为玄烨所起。玄烨的长子胤禔乳名保清，皇太子（二阿哥）胤礽乳名保成。他为这个新出生的侄子命名保泰，取永保天下泰安之意，既是其内心的愿望，也反映出清朝平定三藩之乱后的形势特点。将侄子的名字与皇子名字相排，表明玄烨与皇兄的亲情，不仅他俩是亲兄弟，他们的下一代也是一家人。值得注意的是，福全的头两个儿子并未按此排行取名，而保泰的弟弟们，即福全第四、五、六子，被分别命名为保安、保寿，宝（保）永，这是玄烨与福全的感情在两人即将步入中年时进一步加深的反映。

保泰从小就被叔父养在宫中，在玄烨身边长大。幼年时，玄烨让比他年长4岁的皇四子胤禛"教其经书算法，率领指示行走"[2]。玄烨指定年长皇子教授侄儿，可见对皇兄长子的培养和教育，很费了一番心思。他有众

---

1 《雍正朝起居注册》第1册，第388页。
2 《上谕内阁》，雍正二年十月二十六日；《清世宗实录》第25卷，第17页。

多皇子，又日理万机，能够对侄儿这样负有责任感，实属不易。可以看出，玄烨是参照他培养皇子的方针，将保泰视同亲子，精心培育。玄烨所有的侄子中，只有保泰有此殊遇。

康熙四十一年（1702）四月初五日，再过两天就满20周岁的保泰被封为世子。这是对亲王长子的封爵，但恭亲王常宁的长子满都护却无此晋封。一年后，福全病逝，保泰袭封亲王爵位。

其后岁月中，玄烨以行动实现他在皇兄碑文中写下的承诺："王之后嗣，朕佑庇之。"[1]对保泰自无庸言，他无微不至地关怀福全次子保寿，也是一个佐证。

保寿生于康熙二十三年（1684）七月十七日，自幼孱弱多病。福全去世后，因经不住痛失慈父的打击，他的体质进一步下降，病势加重。玄烨很为侄儿的身体状况担忧，数年期间，每当他离京外出，总要在给皇子的信中问及保寿的病情，并交付留京皇子延医照看，随时向他奏报。

康熙四十四年（1705）五月二十四日，玄烨巡视塞外。行前，他特地嘱咐留在京城的皇三子胤祉和皇八子胤禩："（朕走后）尔等（经常）去看保寿阿哥，请大夫医治。"五月二十七日，胤祉、胤禩第一次奏报皇父，内容只有两项，除去皇父离京后京城的雨水情况外，便是保寿的病情："臣等已遵旨探望保寿阿哥。观其颜面，虽然消瘦，但言语、行动均无大妨。经问询，他说这一二天腹部、胸部又好些了，再过几日，想去凉水河花园住。臣等又增派大夫刘声芳去为保寿阿哥医治，故将刘声芳奏折一并谨奏。嗣后病势如何，再陆续奏闻。"[2]

六月初，玄烨在胤祉、胤禩奏报保寿治疗情形的折件上朱批："虽然（保寿）病势未曾加重，朕心依然不安。朕兄只有这两个较年长之子（当时福全六子中尚有三子在世，除保泰、保寿外，还有第六子宝永，他卒于四十四年八月，即当年八月，4周岁），你们应当一起尽心竭力，将他治好，使朕得到快慰。"[3]这是玄烨的肺腑之言。在他看来，如果治不好保

1　鄂尔泰等修：《八旗通志初集》第133卷，第3598页。
2　满文朱批奏折，胤祉、胤禩奏，康熙四十四年五月二十七日。
3　满文朱批奏折，胤祉、胤禩奏，康熙四十四年六月初六日。

寿的病，就要愧对早逝的皇兄，没有实现自己"佑庇"兄之"后嗣"的承诺。

八月下旬，玄烨巡视漠南蒙古各部后，踏上归程。二十八日，胤祉、胤禛奏称："（八月）二十七日保寿亲自前来，告知臣等：'我的身体今已大好，将同王兄（保泰）一道，前去迎接皇父。'"玄烨得知，立刻劝阻，在折子上朱批道："迎接则太远，不要来。"[1] 短短两句话，体现出玄烨关心体贴侄儿，对侄儿照顾备至的细腻情感。保寿大病初愈，还不适于外出活动，玄烨的意见是完全正确的。

康熙四十五年（1706）五月底，玄烨再次出巡塞外，除六位皇子随驾外，保寿也跟随前往。

八月初八日，玄烨一行来到八公主府邸驻跸。初十日起行时，保寿身体不适，这可能与在公主府连日欢宴，饮食失节，以及酗酒有关。玄烨得知，立即派随同前来的御医及蒙古喇嘛等为他医治，此后"病情稍有缓解，只是比较虚弱"。保寿没有听从叔父让他提前返京的劝说，执意继续随叔父行进，这样一直拖到八月底，病势仍不见好。九月初二日，按原定方案，玄烨准备前往乌喇岱地方。他对侄儿的病情极为担忧，感到再不采取紧急措施，后果将不堪设想。是日黎明起行前，他再次苦口婆心地对固执的侄儿进行劝说，最后强迫侄儿在御医们的护送下，即刻返京。情同父子的叔侄二人在茫茫草原挥手告别，谁也不会料到，这竟是他们的永诀。九月初八日下午，保寿在途中病故，年仅23岁。[2]

保寿去世后，玄烨以墨笔降谕在京诸皇子：保寿阿哥的遗体已运往京城，"尔等差人往迎之。抵达之日，尔等亲自迎接。将抵达日期预先告知（保寿）福晋，并奏告皇太后"[3]。

九月中旬，玄烨又在胤祉等皇子的奏报上朱批："保寿一事，给王之母

---

1 满文朱批奏折，胤祉、胤禛奏，康熙四十四年八月二十八日。保寿是玄烨之侄，却不称玄烨为叔父，而是同皇子们一样呼之为皇父，这是清朝初年，侄辈称伯父或叔父为父（阿玛）这种满洲习俗的又一个实例。
2 满文墨笔谕旨，康熙四十六年九月；《爱新觉罗宗谱》甲册，第1301页。
3 满文墨笔谕旨，康熙四十六年九月。

福晋送去内库银二千两,由五阿哥(胤祺)送去。"[1] 玄烨所指,可能是保泰与保寿的生母,即福全的侧福晋瓜尔佳氏。

九月二十四日,玄烨结束塞外之行,返抵畅春园,二十八日,"予故辅国公品级保寿祭二次,建坟立碑"[2]。玄烨没有去为侄儿送殡,但保寿的后事,是他亲自指挥,由皇子们一手料理。这其中既有对早逝侄儿的深深惋惜,也包含着他对皇兄的怀念,与隐约的内疚之情。

保寿死后,福全六子中只剩保泰一人,玄烨对皇兄这唯一在世的儿子更加珍爱。保泰未曾担任过实职,这表明他的办事能力可能不强,但他一直享有亲王爵位,受到玄烨的宠信。

康熙五十五年(1716)八月,玄烨正在热河避暑,保泰留京没有随往。玄烨给保泰的朱批中,谈到为某位额驸在京城寻找斋房一事,并让侄儿"将此从速交付京城的内务府总管"。内务府总管遵照保泰的交付,很快在炒米胡同找到斋房128间,奏闻后受到玄烨首肯。[3] 为公主、额驸在京寻觅住宅,因属皇帝的家事,玄烨向多委托留京皇子交付内务府总管办理。上述奏折中,没有写明这位额驸的排行,无从判断其人,但肯定是玄烨的某位女婿。保泰奉旨督办此事,表明在玄烨眼中,侄儿是自己家中的一员,因而和皇子们一样,可被授权对皇室的管家——内务府总管发号施令。

康熙五十九年(1720)九月初五日,保泰的母妃病逝。玄烨正在塞外行围,委托在京皇子及亲信大臣等,为已故兄嫂隆重治丧:"遣皇十二子固山贝子允祹、领侍卫内大臣公鄂伦岱、侍卫关保,经理丧事,照例致祭外,又加祭一次。"[4] 乾隆帝即位后,也曾谈及此事:"览内廷尊藏皇考在皇祖时所奏一折,乃知裕亲王太福晋薨逝时,皇祖驾幸围场,犹令在宫诸太妃往吊,而皇考及诸皇叔,亦俱奏请成服。由此观之,彼时古道犹存也。"[5] 玄烨让妃子们亲临兄嫂之丧,所有在京皇子都为婶母服丧,这说明

---

1 满文朱批奏折,胤祉等奏,康熙四十五年九月十五日。
2 《清圣祖实录》第226卷,第16页。
3 满文朱批奏折,董殿邦奏,康熙五十五年八月十六日。
4 《清圣祖实录》第289卷,第2页。
5 《清高宗实录》第7卷,第37-38页。

第七章　兄弟子侄

他对于已故去多年的皇兄福全，依然怀有很深的感情。

玄烨对待福全的第三代，即自己的侄孙，也关怀备至，注重培养。

福全共有28个孙子，其中保泰之子25人，保寿之子3人。一次，玄烨不在京城，皇三子胤祉等向皇父奏报："裕王之母福晋，派人来请大夫，为裕王之三子、四子及王弟之子种痘，臣等已派大夫曹明远、卫元勋前去。"[1] 这件奏折大约写于康熙四十六年（1707），当时保泰第三子广华4岁，第四子广贵3岁；保泰之弟保寿的三个儿子，广富、广灵和广禄，都生于四十五年六月之前。[2] 痘疹是当时满洲贵族最惧怕的疾患之一。康熙年间开始为幼儿种痘，但这种预防措施尚未普及，仅限于皇亲国戚、蒙古王公之内，视玄烨的荣宠程度而定可否。玄烨离京期间，保泰之母径自向留京皇子提出派御医为孙儿种痘的请求，皇子们未经请旨而即照办，表明玄烨事前早有交代，或此前已有先例。这也说明福全去世后，其家人仍然与玄烨一家来往频繁，关系亲密。

康熙五十七年（1718），皇十四子胤祯被任命为抚远大将军，率师西征，一批年轻的满洲贵族子弟随同前往，其中包括玄烨的三个孙子弘曙、弘晊、弘禧，以及侄孙广善。广善是保泰的嫡长子，生于三十六年八月，生母为保泰的嫡福晋孟佳氏。清军出发前，玄烨明确指示胤祯：这些后生"正值效力之际，要让他们（多多）学习，务必将他们带往用兵之地！"[3] 玄烨将皇兄之孙与亲孙一视同仁，希望他们能在爱子胤祯率领下，通过征战环境的磨炼，尽快成长起来。

同是叔伯子侄，玄烨对待皇弟常宁的儿孙们如何？

常宁共有六子，长子永绶生于康熙十年（1671）十一月，生母是继福晋马佳氏，当时常宁刚满14周岁。由于福全和玄烨的头几个儿子年幼时

---

1. 满文朱批奏折，胤祉等奏。按，这件满文奏折上没有具奏日期，奏折封套上有"康熙四十六年四月初一日"等字。据笔者考察，奏折上未书具奏日期而所装封套上写有日期的满文奏折，奏折内容与封套所书日期有的大致相符（如此件），有的明显相悖。后一情况或是人们整理满文档案时，将奏折与其原封套相分离或错装封套所致。类似情况在本书引用的满文奏折中还有，不再一一指出。
2. 《爱新觉罗宗谱》甲册，第1193、1195、1300–1322页。
3. 满文朱批奏折，胤祯奏，康熙五十九年二月初九日。

相继夭折，永绶实际上是太皇太后最年长的嫡孙，他比保泰大11岁，比皇长子胤禔大1岁。二十四年正月，永绶被封为三等辅国将军，翌年卒，年仅16岁。常宁最小的儿子文殊保生于康熙二十六年正月，去世时22岁。玄烨去世前，常宁六子中除亡故者（长子永绶、第五子辅国将军卓泰、第六子文殊保）外，还剩三人，即第二子满都护，第三子海善和第四子对清额，而三子内为伯父所简用者，唯有满都护与海善。

满都护生于康熙十三年（1674）九月二十六日，生母为常宁庶福晋舒舒觉罗氏。永绶死后，满都护成为恭亲王常宁的长子。但四十二年六月常宁病故后，玄烨却将本应袭承父爵的满都护搁置一边，而让其弟海善袭封贝勒。雍正帝胤禛即位后，对乃父此举做了以下解释："皇考因满都护赋性庸愚，不便将伊承袭。"[1]然而事实证明，满都护40岁以后，玄烨对他的看法发生了较大变化，他在朝中的地位逐步上升。

康熙五十一年（1712）十月，海善坐事革退贝勒，39岁的满都护袭替弟爵。当年十二月，满都护的生母庶福晋西西觉罗氏故去，玄烨赠与贝勒夫人品级，遣官致祭。五十八年十二月，满都护任领侍卫内大臣，五十九年五月，又接替因年老解退的固山贝子苏努，担任宗人府左宗正。左宗正是宗人府衙门第二等官职，仅在宗令之下。同年夏至，玄烨选派满都护"祭地于方泽"。六十一年正月"祈谷于上帝"，他再次遣满都护行礼。[2]康熙朝晚期，满都护也卷入诸皇子争夺储位的旋涡，胤禛即位后多次指责他"惟恋于阿其那（即皇八子胤禩）、苏努、保泰等党与，甘为犬马"。因其"庸鄙卑污，所以皇考圣祖仁皇帝不令承袭贝勒，而用伊弟海山（善）。其后（因）海山获罪禁锢，无应袭之人，不得已方令伊承袭。"但胤禛也不得不承认，满都护后来"屡蒙皇考圣祖仁皇帝厚恩，官至议政大臣，领侍卫内大臣，管理正白旗三旗都统事务"[3]。

胤禛还曾说过："海山（善）任贝勒时，满都护任伊凌辱，隐忍不露，

---

1 《清世宗实录》第107卷，第5页。
2 《清圣祖实录》第288卷，第5页；第296卷，第2页。
3 《清世宗实录》第57卷，第7页；第43卷，第15页。

而暗将海山深陷中伤，纠伊党与，极力排挤，其奸诈处，朕知之最悉。"[1] 撇开满都护与其弟海善的矛盾不论，从中可看出满都护是一很有心计之人。至于与胤禩、苏努等关系密切，说明他比较善于结交，在八旗贵胄中有较好的人缘。所以，玄烨在世最后十年对他的态度发生较大转变，不是偶然的。尽管玄烨原来对他印象不好，但毕竟是自己的亲侄，一当发现他的能力与长处，便委以重职，十分信任。

海善比满都护小2岁，生于康熙十五年（1676）四月，生母为常宁庶福晋陈氏。海善的外公陈福滋很可能是汉人，海善当有汉族血统。三十四年四月，20岁的海善被封为奉恩将军。常宁去世后，玄烨让海善袭封多罗贝勒，"令在内廷行走，教诲施恩，望其成立，以继恭亲王之后"[2]。海善的处世风格与其兄截然相反，他"性情暴戾，行止乖张"，说话随意，不拘小节。代替其兄作为乃父继承人的优越地位，更加助长了他狂妄自大的作风，终于在五十一年十月第二次废太子事件中受到牵连，被革去贝勒，禁锢于家，但不久蒙恩获释，成为闲散宗室。

康熙五十七年（1718）十二月，海善奉旨随堂弟胤禎西征，这是玄烨给侄儿的一次建功赎过机会。

海善出征后不久，其第二子伦木布被擢为一等侍卫。与此同时，玄烨又将海善的外甥女"召入大内抚养"，享有"格格"的待遇。[3] 五十八年夏，玄烨为伦木布指婚，儿媳是江南提督赵珀之女。他以伯祖身份，为侄孙操办婚事，特赏银一千两，还代为置办嫁妆等物。海善在西北前线得知这一切，"欢忭至极，不知所措。"他对抚远大将军胤禎说："圣主施与无边洪恩，将我儿用为侍卫，于哈哈珠子之列行走，又将格格所生之女为我儿指婚。见今迎娶时，赏与衣物银两等物。我除去感戴叩谢外，不知以何言回奏，只想向主子叩恩……"[4]

上述事实说明，海善于康熙五十一年十月被革去贝勒后，玄烨并未与

---

1 《清世宗实录》第57卷，第8页。
2 《清世宗实录》第107卷，第5页。
3 满文朱批奏折，胤禎奏，康熙五十八年四月十六日。
4 满文朱批奏折两件，胤禎奏，康熙五十八年七月初九日，康熙五十八年八月二十九日。

他断绝叔侄之情，不仅对其本人宽大厚待，还惦念关怀着他的儿女，以各种方式示以优宠。

常宁第四子对清额生于康熙二十年（1681）正月，生母是常宁的庶福晋萨克达氏。对清额在伯父玄烨生前只是受封为辅国将军，未被任用。雍正五年（1727）五月，胤禛指责对清额"庸劣无耻，在（乾清门）侍卫班中饮酒沉醉，竟在中和殿阶上溲溺，满都护隐匿不参，及朕闻知，止于革退，亦未将伊究治也。"[1]对清额做侍卫，是胤禛即位后的事，但他于中和殿阶上溲溺的恣肆之举，表现出放纵不拘的贵胄习气，当是玄烨多年优容下所养成。

常宁第五子辅国将军卓泰逝于康熙四十四年（1705）五月，卒年32岁。他死后，玄烨唯命祭葬立碑如例，别无其他表示。四十五年九月，保寿病逝，丧葬规格已如前述。常宁、福全死后两三年内，各有一子去世，如果玄烨追怀手足之情，对两位侄儿的早逝，都会深感痛惜。况且卓泰与保寿年龄相仿，封爵也相差无几。可是，玄烨的反应却很不相同。

不可否认，常宁的儿孙们在康熙朝的境遇，同福全的后代比较，有一定差距。他们同是玄烨的亲侄，但所受倚信程度有别，地位也有高下之分。但总的看来，玄烨虽然对常宁很有看法，但对他的儿子们仍然尽可能给予关怀照顾，量才使用，其中确有一定才干者（如满都护），也很受他的宠信。他与常宁诸子之间，还是保持着很深的伯侄情义。

玄烨在与兄弟子侄相处过程中，兼有政治家的胸怀，不念旧嫌，善以待之，比较宽厚，但另一方面，他又始终是以有利于巩固统治，一切服从统治需要，作为处理亲情关系的首要原则。

* * *

玄烨还有六位同父异母姐妹，其中五位早卒（平均年龄不足6岁），只有比他年长数月的皇姐，顺治帝第二女和硕恭悫公主长大成人。恭悫公主生于顺治十年（1653）十二月，生母是福临的庶妃杨氏。康熙六年（1667），她15岁时下嫁鳌拜的胞弟、内大臣巴哈之子讷尔杜。玄烨清除鳌拜集团的过程中，恭悫公主的丈夫、公公都受到牵连，革职为民。尽管

---

1 《清世宗实录》第57卷，第8页。

讷尔杜后又重新被起用，但这次"家难"想必对恭愨公主打击甚重。康熙二十四年（1685），她正值华年便告别人世，尚不足32周岁。玄烨的童年与少年时期，和这位一起在宫中长大的皇姐会有不少接触，彼此关系大约比较一般。

此外，顺治年间，有三位宗室之女自幼被养育宫中，即承泽亲王硕塞第二女、简亲王济度第二女和安郡王岳乐第二女。她们都比玄烨年长数岁，长大后相继受封公主位号，下嫁完婚。福临的三个养女内，情况颇为特殊的，是前文曾提到的和硕端敏公主（雍正元年二月晋封固伦端敏公主），她仅比玄烨年长1岁。福临另外两个养女和硕和顺公主与和硕柔嘉公主，在13岁和12岁时，分别下嫁平南王尚可喜之子尚之隆及靖南王耿精忠之弟耿聚忠。与她们不同的是，和硕端敏公主在宫中长到18岁才下嫁，而且是嫁回其母家——清朝前期最受优遇的蒙古贵戚家族。其夫婿乃孝庄弟满珠习礼之孙班第。这表明，和硕端敏公主虽然不是顺治帝亲生，可是，由于其生母与孝惠皇太后是亲姐妹，而且同为孝庄太皇太后侄孙女，所以，她一直比较得宠，尤为孝庄所厚待。依恃母家、婆家的特殊地位以及孝庄的偏护，和硕端敏公主自幼养成骄横作风，也就毫不奇怪了。

由于上述种种原因，玄烨同皇姐和硕端敏公主的关系，比其他皇姐要密切得多。因同为孝庄所宠，玄烨儿时，与这位年龄相差无几的皇姐，会常在一起玩耍，所以深知其禀性。和硕端敏公主的额驸班第也很受玄烨倚信，康熙十年（1671）三月袭封科尔沁和硕达尔汉亲王。康熙四十九年（1710）五月班第去世。正在巡视塞外的玄烨特传旨"京城内务府总管大臣"，著禀报值守京城的皇三子胤祉，"差派管领二人，管领之妻二人，出喜峰口，从速前往公主府会见公主。妇人不可骑马，准其坐车，俱乘驿而往"。胤祉立即照办，"照例由部支取驿站车马"，差出人员"于（是月）初七日起程"。[1] 足见玄烨对班第去世一事很重视，并给予特殊关照。由于始终受到玄烨的优容厚待，和硕端敏公主生活顺遂，享年77岁，是玄烨所有九位姐妹中最长寿的一位。

1　满文朱批奏折，胤祉奏，康熙四十九年六月初七日。

第八章

外 戚

外戚中,佟国纲、佟国维、鄂伦岱、法海和隆科多与康熙帝关系最为亲密。

第八章 外戚

玄烨常去行围的永定门外南苑，在他的行宫附近，建有两座庙宇。"宫门西为永慕寺"，是玄烨为祖母孝庄文皇后祝釐（祈求福佑）而建；"东为永佑庙"，是他为生母孝康章皇后祝釐而建。[1] 永慕寺建于康熙三十年（1691），永佑庙建于康熙十七年（1677）。[2] 玄烨特地将两座庙宇建在行宫附近，使之左右对峙，东西相望，意味着在他心目中，祖母和生母是两位最亲的长辈，对于她们，他始终怀有深深的依恋、感激之情。

康熙二年（1663）二月佟佳氏去世时，玄烨尚不满9周岁。其后半个世纪以上的岁月里，他将自己对生母的怀念，凝聚在给予母家亲属始终如一的关怀厚爱中。

有必要先来回顾一下玄烨母家的历史。

玄烨的外祖父佟图赖（初名佟盛年）是辽东人，祖先为满洲，后归附玄烨的曾祖努尔哈赤，隶属于正蓝旗汉军旗。明清战争中，佟图赖追随满洲统治者征战南北，军功卓著，顺治八年（1651）被授与礼部侍郎，晋爵三等子，世袭罔替。顺治十三年，佟图赖以年迈体衰请求致仕，福临批准了岳父的请求，并"笃念前劳"，命加太子太保。顺治十五年，佟图赖去世，终年53岁。福临震悼辍朝，赠少保兼太子太师，给谥"襄勤"。

佟图赖有两子一女，即长子佟国纲，次子佟国维，女儿佟佳氏。顺治十一年（1654），佟佳氏生下玄烨。49岁的佟图赖初得外孙，而且是皇子，不仅他本人深感欣慰，位于北京城内灯市口的佟府遍传喜信。虽然人们不能预料，这个佟家的外孙其后将继承大统，君临天下62年，但仅仅与小皇子的至亲关系，即足以使他们普沾恩惠，光耀一世。

玄烨幼年时期，同外公、外婆及两位舅舅的接触不多，外公去世时，他只有5岁。康熙十六年，玄烨追赠已故去19年的外公佟图赖一等公爵，

---

[1] 光绪《清会典》第97卷，第878页。
[2] 《钦定日下旧闻考》第74卷，第1246、1247、1251、1252页，北京：北京古籍出版社，1983年。

由舅舅佟国纲承袭。

康熙二十一年（1682）十一月九日，玄烨结束谒陵返抵京师。他回宫去向祖母、嫡母请安后，立即率领内大臣、侍卫等直趋灯市口佟府，亲临刚刚过世的外婆佟夫人觉罗氏丧次，奠酒举哀；回宫后，又派人送去银子一万两，绸缎百匹，鞍马十匹。[1]

玄烨此次往谒孝陵，十月十九日离京，十一月初四日驻跸汤泉。初七日行过拜谒礼的当天，即踏上归途，两天后抵京。看来他是突然得知外婆病剧的消息，提前结束谒陵活动而匆忙赶回。或许他还抱着在外婆临终前再见一面的期望，但未能实现。

康熙二十一年十二月，礼部遵旨对佟夫人"从优追邮，遣堂官四次致祭，照一等公例，给葬银立碑"[2]。其丧事办理规格之高，折射出外孙玄烨的厚意。

玄烨的两个舅舅，是其外家亲属中最重要的两位。从他们同玄烨的关系中，可清楚地看出玄烨对待外戚的基本方针。

一、佟国纲

康熙帝玄烨的生母孝康章皇后，生于崇德五年（1640），佟国纲大约比她年长几岁，是其兄长。佟国纲在顺治朝曾任一等侍卫，玄烨即位后，他与弟佟国维并称国舅。康熙三年（1604），擢正蓝旗汉军都统。康熙八年降旨："舅舅佟国纲、佟国维及图赖之原管勋旧佐领，一并由正蓝旗抬入镶黄旗。"[3] 抬旗之举，是玄烨提高母家地位与权势的一个具体措施。清朝后妃家族抬旗自此始。康熙二十年（1681），国纲被授为镶黄旗汉军都统，翌年兼任教习鸟枪兵丁总管。二十七年四月，玄烨批允国纲奏请，将其本

---

[1] 《清圣祖实录》第106卷，第3页。

[2] 《清圣祖实录》第106卷，第19–20页。按，写于康熙二十二年（1683）十月的御制碑文称："……忆从蚤岁，遽隔慈颜，每念恩勤，常余哀慕……特诏所司，优以异数，土田旧锡，赗赠有加，赐葬如一等公礼……"参见盛昱：《雪屐寻碑录》第7卷，第16页，辽海丛书本。

[3] 镶黄旗汉军谱册，30号。

支改入满洲。[1]

佟国纲是位个性鲜明之人。与弟弟佟国维相比,关外生活留下的痕迹较重,加之受到满洲入关初期重武轻文风尚影响,因而更具有军人气质。

(一)跋扈国舅

佟国纲改称满洲不久,即奉命与领侍卫内大臣索额图等人一起,赴色楞额地方同俄罗斯使臣会谈边界事宜。行前,玄烨当面托附佟国纲,让他照料担任使团翻译的传教士徐日升与张诚,与两人一同吃、住。[2]中途,因遇噶尔丹侵扰喀尔喀部,使团受阻返回,二十八年四月再次前往,签署了尼布楚条约。张诚在此次旅途日记[3]中,谈到有关佟国纲的情况。

为清朝使团举行的辞行宴会上,玄烨让张诚等传教士"陪同他的舅父佟老爷,在他桌上进餐"。虽然在使团成员的排列顺序上,"领侍卫内大臣、议政大臣索额图"名列首位,"内大臣、一等公、都统、舅舅佟国纲"位居第二,但使团人员及沿途所遇蒙古王公的态度无不表明,佟国纲的地位实际上比"索三老爷"高。索额图是皇太子胤礽的叔姥爷,权倾朝野,令人敬畏,然而他对国舅却很谦恭,佟国纲也当仁不让,俨然更尊一等的

---

1 《清圣祖实录》第135卷,第2页。按,据乾隆年间钱大昕撰《内大臣一等公谥忠勇佟公传》(钱大昕:《潜研堂文集》下,第569—570页,上海:商务印书馆,1936年),康熙二十七年佟国纲上疏,"请赐改隶满洲,而同时正白旗汉军内大臣和硕额驸华善亦疏言:'……臣家世系满洲。'事申下户部,户部议将国纲、华善及族人改归满洲,仍留于汉军旗下。佟氏、石氏二族,文武官俱留见任,其编审册内,改称满洲。诏从之。其后敕修三朝国史,圣祖仁皇帝亲定满洲功臣百一十五人,国纲父图赖及石廷柱并于焉。"按,华善是石廷柱第三子,豫亲王多铎第三女之婿,皇太子妃瓜尔佳氏祖父。经笔者查阅,大约成文于乾隆年间的八旗世袭谱档(11号)以及光绪三十二年所造镶黄旗汉军谱册(30号)均可证实,康熙二十七年后,佟国纲、佟国维及其后代、族人等,仍隶属于镶黄旗汉军旗,与前引钱大昕撰文所言"仍留于汉军旗下",大致相符,但上述档册内,未见"改称满洲"之语。《清圣祖实录》(第135卷,第2页)称"将舅舅佟国纲等,改入满洲册籍",似与档案所载有出入。佟国纲、华善及族人"改归满洲,仍留于汉军旗下",这一奇特现象有其复杂的历史背景。参见侯寿昌:《辽东佟氏族属旗籍考辨》,载《明清档案与历史研究》上册,第362—372页,北京:中华书局,1988年;杨珍:《史实在清代传记中的变异——佟国纲、华善奏请改隶满洲考辨》,载《清史论丛》2013年号,北京:中国广播电视出版社,2013年。

2 约瑟夫·塞比斯:《耶稣会士徐日升关于中俄尼布楚谈判的日记》,王立人译,第160页,北京:商务印书馆,1973年。

3 《张诚日记》,张宝剑等译,杨品泉等校,载《清史资料》第5辑,第80—164页。

派头。途中，喀尔喀蒙古王公、喇嘛纷纷前来拜见国舅，献上礼品，因为在他们眼中，佟国纲并非只是一般的钦差大臣。所以，根据佟国纲的言行举止，张诚形象地称其为"神态傲慢的国舅"[1]。

雍正帝胤禛即位后曾经回忆："舅舅佟国纲，素性乖谬，昔为都统时，每荐举人员，无论其人之优劣，必强求圣祖仁皇帝擢用。如不俞允，即有怫然之意。圣祖仁皇帝将绿头签掷之于地，伊犹然无恐惧之色，且奏云，宁将我都统革去，臣所荐无私，断不可不用。如此冒渎无礼，圣祖每曲赐包容，未尝加之以罪，仍置之大臣之列以保全之。"[2]

玄烨统治时期，皇权不断加强，皇帝乾纲独断，所有臣民必须唯命是从。大臣举荐官员时，将所荐人名书于绿头牌上，进呈皇帝裁断，他们本人无权予以干涉。即使权臣明珠把持朝政之日，他对自己所荐人员，也只有在玄烨面前极力美言，以此打动玄烨，使玄烨同意任用，此外别无他法。佟国纲则不然，强使玄烨批允他的举荐，大有逼驾之势。他明知玄烨恼怒，却无惧怯，坚持己见，甚至以甘愿让玄烨革职相威胁。玄烨的皇帝尊严在这里黯然失色，几千年来不可逾越的君臣界线被混淆，其他文武重臣视为死罪，做梦也不敢想的犯上之举，竟由这位国舅轻而易举地做出，又居然被玄烨所保全。

胤禛的回忆还说明，佟国纲这样做并非首次或偶尔为之，而是屡见不鲜，玄烨则"曲赐包容，未尝加之以罪"，在场大臣们也习以为常，见怪不怪。如果换成别的大臣，绝不会对皇帝如此骄横；一旦为之，玄烨必予重惩。但是，对待自己亲舅的冒渎行为，玄烨虽然气恼，又不忍惩处，只有听之任之。佟国纲完全了解这一点，他正是抓住了玄烨的这种心理，才有恃无恐，在某些场合下，并不将玄烨视为"天子"，而是采取了长辈对于晚辈的居高临下态度。

---

1 按，时隔两载，张诚在日记中述及佟国纲的葬礼时，称死者生前"性情慈祥，以宽厚著誉，并备受尊敬"。参见［法］张诚：《张诚日记》（1689年6月13日—1690年5月7日），陈霞飞译，陈泽宪校，第85页。所述佟国纲的性情似有不一致处，恰能反映出人的多面性。
2 《上谕内阁》，雍正四年十二月十九日。

（二）血染沙场

康熙二十九年（1690）八月乌兰布通之战，佟国纲与弟弟佟国维一并随抚远大将军福全前往，参赞军务。与噶尔丹军交锋中，佟国纲率领火器营，督兵奋战，重创敌人后，被滑膛枪击中。[1]有的史料记载说："……临阵时国纲勒马指麾，忽飞炮去其颊，以致身亡。"[2]看来是头部重伤，即刻陨命。今内蒙古克什克腾旗乌兰布通附近，有一湖泊，名叫泡子河，当地俗称将军泡子。相传乌兰布通战役中，佟国纲阵亡于此，鲜血染红泡子水，将军泡子因此得名。[3]时光已过去300年，"将军泡子"至今不改其名，连同国舅的动人事迹，代代流传下来，可见乌兰布通战役中佟国纲捐躯一事，在朝野上下震动之大。物在人亡，"将军泡子"的传说，展现出当年佟国纲面对隔岸噶尔丹军坚实的"驼城"，跃马冲杀，不幸中弹倒下，鲜血浸染战袍，染红泡子水的悲壮一幕。

关于佟国纲之死，雍正帝胤禛有如下描述与解释：舅舅（佟国纲实际上是他的舅爷）佟国纲"不特不感圣祖高厚之恩，而且时怀觖望。后往乌兰布通出兵时，圣祖知其谬劣，不可大任，一切紧要事务，俱不令干预，但令管辖火器营，伊心生怨怼。及临阵时，伊独穿出色甲胄，单骑驰出鹿角之外，以致中枪身死。盖其平日蓄志忿戾，故特有意轻生，以辱国体。然圣祖念其既已阵亡，仍优加邮典。"[4]

因佟国纲之子鄂伦岱等人是雍正帝主要政敌胤禩党成员，雍正对佟国纲父子怀有怨恨与偏见，他的上述话语不可全信，但也透露了一些重要情况。

玄烨、国纲甥舅之间存在矛盾。玄烨深知大舅的秉性与能力，虽然包容厚待，但并不任以大舅所期望的更高职位，只是量才使用而已。佟国纲对此有所不满，"时怀觖望"。乌兰布通战役前，玄烨委任自己的两位兄弟，分别担任大将军，而作为国舅的佟国纲没有成为副帅，唯以内大臣身

---

1 约瑟夫·塞比斯：《耶稣会士徐日升关于中俄尼布楚谈判的日记》，王立人译，第215页。
2 萧奭：《永宪录》，第337页。
3 中国文物小丛书：《木兰围场》，第30页，北京：文物出版社，1985年。
4 《上谕内阁》，雍正四年十二月十九日。

份参赞军务，因而"心生怨怼"，露于言表，众人无不知之，以致当时只有13岁的雍正帝胤禛也有耳闻。

佟国纲"中枪身死"，除去恶战中难以避免的因素外，还与他一惯的勇猛作风与急躁性格有关，所以才会忽视阵队顺序而独自冒进，"单骑驰出鹿角之外"。他因此次出征未能担当副帅而心有不甘，加之急于取胜，拼死猛冲，招致阵亡。至于雍正帝说他是"有意轻生，以辱国体"，显然并非事实。佟国纲即使对玄烨有所不满，也不会视生命如儿戏，轻易寻死，况且他也深知玄烨对自己的优宠。

佟国纲在战役中的勇敢表现，还说明他身为皇亲国戚，与清朝的命运休戚相关，尽管对玄烨有不满处，但关键时刻依然忠心耿耿，甘蹈艰危。他离京前曾与弟国维相互激励："吾家世受国恩深重，今噶尔丹既能深入内地，且迫近边疆，深为可虞。若吾兄弟非捐躯破敌，实无以仰报国恩而谢戚畹也。"[1]这种心态，也是造成他不慎中弹阵亡的因素之一。

九月初，佟国纲的灵柩运抵京城前，玄烨先是派遣和硕额驸尚之隆、内大臣公坡尔盆及侍卫等往迎，并赐与抚郇银五千两，随后又派皇长子胤禔、皇四子胤禛前去迎接。佟国纲的灵柩到京之日，玄烨令领侍卫内大臣公福善及侍卫等，携茶酒往奠。玄烨当时正在患病，病人往祭死者，是一大忌，所以在群臣阻拦下，他未能亲临祭奠。后来，他又两次准备亲临，也被佟国维等大臣所劝阻。佟国纲出殡前夕，玄烨发出谕旨："诸皇子及上三旗大臣、侍卫、部院大臣，俱令往送。"[2]他是以倾朝出动，为大舅隆重送葬的方式，弥补其本人未能亲往的缺憾。

佟国纲死后，被加祭三次，玄烨给谥曰"忠勇"。部臣遵旨议郇时，"以国纲身任一等公，无可加赠"上奏。玄烨特旨，"仍别给世职"。命加给佟国纲"拜他喇布勒哈番（骑都尉，四品世职）"，又一"拖沙喇哈番"（云骑尉，五品世职），由其子（第三子夸岱）承袭。著为例。[3]在大舅身后的官职封赏问题上，玄烨采取了与对一般大臣所不同的作法。

1　历朝八旗杂档，第58号。
2　《清圣祖实录》第149卷，第9页。
3　鄂尔泰等修：《八旗通志初集》第6册，第3729页；《清圣祖实录》第152卷，第13页。

（三）祭文风波

玄烨向以待臣下宽仁著称于世，但在为大舅撰写祭文一事上，却显得极为严苛。

康熙二十九年十月底，玄烨审阅翰林院编修杨瑄撰写的佟国纲墓祭文后，斥责大学士说："凡拟撰文章，系翰林官职掌，理当加意详慎，文中辞义，务期克肖其人，岂可意为轻重。今览杨瑄所撰内大臣、都统、公、舅舅佟国纲祭文，引用王彦章事迹，极其悖谬。且见所撰祭文，每于旗下官员，多隐藏不美之言，于汉人则多铺张粉饰，是何意见？尔等瞻徇情面，不行改削，朕岂容姑释耶？"大学士王熙等立即俯首认错，玄烨依然不依不饶："此等撰文之人，若不削籍流窜，何以惩戒将来，尔等可即题参。并传（礼部尚书）张英及撰文者，以从前姚文然、魏象枢、叶方蔼祭文，与此祭文较看。"[1]姚、魏、叶三人，都是曾在清廷内阁任职的已故汉官。玄烨认为大舅的祭文措辞不当，不该与王彦章的事迹相提并论，全文不仅没有足够的褒奖之语，不能体现出他的意图，而且其总体格调，甚至不如已故汉臣的祭文，这使他无法容忍。经玄烨允准，杨瑄被革职，流放奉天，入旗当差；一惯处事谨慎的阁臣张英，也被革去礼部尚书，仍管翰林院、詹事府事。

这件事影响很大，康熙三十六年（1697），传教士白晋给法王路易十四的秘密报告中，对此也有述及。[2]

杨瑄用以比喻佟国纲的王彦章（863—923），是五代后梁时期寿张（今并入山东阳谷、河南范县）人。他少年从军，随朱温转战各地，以骁勇强悍闻名，官至澶州刺史、郑州防御使等，封开国侯。与后唐军作战中被俘，不屈而死。后人评价他："其于忠义，盖天性也。"[3]

王彦章是一勇猛武夫。他对君上忠贞不二，保持了晚节，但也有过于鲁莽，谋略不足的一面。杨瑄在佟国纲的祭文中将他与王彦章相比拟，并

---

1 《清圣祖实录》第149卷，第11-12页。
2 ［法］白晋：《康熙帝传》，马绪祥译，载《清史资料》第1辑，第218-219页。
3 欧阳修撰：《新五代史》第32卷，《二十四史》第13册，第95页，北京：中华书局，1997年。

为大学士等所认可,说明他们一致认为,佟国纲与王彦章属于同一类型,有不少相似处。事实也是如此,在性格、气质、经历、作风等方面,佟国纲与王彦章较相像,杨瑄等这样写,是比较客观的,并无借此贬低国舅之意。

玄烨对大舅各方面情形了如指掌,但却不允许朝臣们做出符合事实的评述。因为在他看来,以有勇少谋的王彦章与大舅相比拟,实际上是贬损大舅,为后世永远留下一位"勇士"兼"武夫"的国舅形象,这对他本人的声誉,也有间接的不利影响。

与此形成鲜明对比的是,立于墓道的御制碑文,对佟国纲褒扬备至。关于他在乌兰布通战役中阵亡一事,对其不慎处只是略加提及,主要颂扬他的忠勇无畏气概,评价之高,或有过之。[1]

另需一提的是,杨瑄后被赦归,任内阁学士,并于康熙四十五年充经筵讲官,四十八年一废太子风波中以原品休致。[2]玄烨终能纠正自己因感情用事而做出的不当处置,体现了一位历史名君的胸襟。

二、佟国维

玄烨的二舅佟国维在性格、气质、素养、作风等各方面,都与其兄国纲很不一样。玄烨同他的关系,也相对比较曲折。

佟国维是玄烨生母孝康皇后的幼弟,关于他的生年,尚未见到明确的史料记载。大约康熙四十一年前后,玄烨以二舅60岁生日赐诗一首。若以此推断,佟国维当生于崇德八年(1643),即清朝入关前一年,比姐姐孝康皇后小2岁,比外甥玄烨年长11岁。

(一)能文能武

佟国维"性嗜学,通经术,尤精于《易》。著有《公易》行世"[3],"暇

1　鄂尔泰等修:《八旗通志初集》第6册,第143卷,第3729-3730页。
2　《清圣祖实录》第225卷,第11页,第236卷,第13-14页。
3　鄂尔泰等修:《八旗通志初集》第7册,第185卷,第4398页。

时唯延学士讲文艺以为乐"[1]。虽然佟国维也生长在八旗骁将之家，但清朝入关时，他才两三岁，是在汉族文化气氛浓厚的北京城内长大，受到汉文化很深的浸染；另一方面，父辈们数十年驰骋疆场的经历，对他也有潜移默化的影响。他11岁时，姐姐佟佳氏被选入宫，13岁又成为皇子之舅，这使他同满洲最高层统治者之间，有着极为密切的亲缘关系。可以说，佟国维是在满汉两种文化的熏陶下成长起来，身上带有两种不同文化的烙印。国纲、国维两兄弟性格作风迥异，其重要原因亦在此。

顺治十七年（1660），佟国维担任一等侍卫；玄烨即位后，刚满20岁的佟国维与兄国纲一起，成为举朝敬重的国舅。

康熙十二年（1673）正月，玄烨在南苑举行大阅，他首先亲发五矢，皆中的。命内大臣佟国维与护军统领等一起较射，为在场的"中外藩王"表演技艺。说明国维的骑射武功，也很出色。

康熙十三年春，京城吴三桂党羽"以红帽为号"，谋为不轨。佟国维家人卢自成曾入其谋，前来自首，国维迅即奏闻。遂奉命率侍卫30人，至大佛寺将准备起事者一网打尽。事平议叙，他却以镶黄旗监生郎廷枢家人告变在先，执意将世袭阿达哈哈番（轻车都尉，三品世职）让与郎姓。

佟国维是性情之人。康熙二十九年（1690）乌兰布通之役，他与国纲一起参赞军务。当他亲眼看到兄长中弹而亡时，悲愤至极，立即率家人数名，身冒矢石，策马进阵，欲以死相拼，为兄报仇。若非被清军其他将帅强掖回营，其后果难料。[2]旋师后，因敌兵既败，不行追击，佟国维亦受参劾，被罢免议政，降四级留任。

康熙三十五年、三十六年，佟国维先后两次扈从玄烨亲征噶尔丹。三十六年三月，噶尔丹兵败身亡。佟国维随驾凯旋，叙功复原级。不久，以疾乞休，奉旨以原官致仕。

（二）照料西方传教士

康熙年间，供职清廷的西方传教士很为玄烨器重，处处受到礼待。玄

1　昭梿：《啸亭杂录》第7卷，第223页，《佟国舅讲左传》。
2　历朝八旗杂档，第58号。

烨特委托两位舅舅，特别是二舅佟国维，负责照管他们的日常生活事宜。佟国维成为玄烨与传教士之间的联系人，几十年间始终如此。

康熙二十一年（1682）玄烨东巡，比利时籍传教士南怀仁也在扈从之列。他著有《鞑靼旅行记》一文，记载沿途经历。文中谈道："康熙把我托付给他的舅父，又是岳父。此人无论从哪方面来说，都是国内贵戚中的最高者，在这次长途旅行中，全赖他给了我无微不至的照顾。皇舅邀我留住在他的帐幕里，同桌共食，确是十分殷切。"在谈到行围情形时，南怀仁说："我也奉皇帝之命，置身于这世间不寻常的狩猎的行列之中。他对我特别恩宠，把我交给了他的岳父。在猎虎或其他凶兽时，为了我的安全，他的岳父给了我很大的照应。我身无一件武器，在百官之中，得以同皇帝一道登高山，涉深谷。"[1]

康熙二十六年底（1688），南怀仁在北京逝世，终年65周岁。玄烨为死者举行了隆重葬礼，并选派佟国维为首的亲信大臣作为自己的代表参加。法国籍传教士洪若翰目睹葬礼盛况后，在寄回国内的信中说："南怀仁神父的灵柩由中国皇帝为悼念这位著名传教士而派出的钦差官员护送。他们个个都骑高头大马，走在最前面的就是当朝皇帝的国丈，第二位是皇帝御林军中的首席指挥官，第三位是文人贵族，其余人的级别稍次。整个大队依次前进，庄严肃穆，由五十名骑兵断后。"[2]"国丈"即指皇贵妃佟佳氏之父佟国维。

马国贤在回忆录中也多次提到，他与扎托神甫、德里格神甫等人，无论是去京郊畅春园，或扈从皇帝去热河，都曾被安排在紧邻行宫的佟国舅宅邸居住，由佟国舅为他们提供给养。[3]

佟国维被玄烨授此重托，与他自身的情况有较大关系。

当时，随着西方传教士在京供职之人逐渐增多，他们的影响日渐扩大。不仅一些满洲贵族子弟或宗室成员（如贝子苏努诸子及其家人）先后

1　杜文凯编：《清代西人见闻录》，第71、75页，北京：中国人民大学出版社，1985年。
2　《耶稣会士书简集中国书简选》（选译），耿昇译，载《清史资料》第6辑，第154页。
3　Matteo Ripa: *Memoirs of Father Ripa*, selected and translated by Fortunato Prandi, John Murray, London, 1855, pp.60、63；方豪：《中国天主教史人物传》中册，第354页，北京：中华书局，1988年。

入教，成为虔诚的天主教徒，连对此不予置信的玄烨，也虚心向传教士学习天文、数理等科学技术，甚至请他们为自己治病，接受过切除唇瘤的手术治疗。这种形势下，佟国维与兄国纲经过多年与传教士密切接触，耳濡目染，对天主教从一无所知到有所信服，也在情理之中。国舅府恰好邻近顺治年间敕建的天主教东堂。兄弟二人大约并未正式受洗，但家中各有一座"小圣堂"，圣母像前烛光熠熠，累年不辍。[1]值得注意的是，这些情况并未引起玄烨的反感，他对于佟国维等与西方传教士长期交往中的言行举措，显然是满意的，否则早已选换他人代行其事。从另一方面看，玄烨选中佟国维与西方传教士打交道，十分合适。佟国维国舅兼国丈的地位，使之成为玄烨的当然代表，对供职的西方人具有一种无形的慑服力，而佟国维平易近人，蔼然可亲的气质、作风，又使他能与这些人友好相处，少生摩擦。玄烨颇有眼力，知人善任，在此充分体现出来。

（三）岳丈兼亲家

在玄烨众多亲属中，佟国维一家与他的亲戚关系最为多样化。对玄烨来说，二舅一人即兼有三种亲戚身份。

康熙二十年（1681），佟国维的长女佟佳氏被晋封为皇贵妃，摄六宫事，居玄烨后宫之首，国舅佟国维成为国丈。佟佳氏日渐受到玄烨的宠爱，佟国维在朝中的地位也不断上升。同年七月，玄烨召群臣至瀛台赐宴，是命佟国维等传谕。翌年二月，佟国维开始担任领侍卫内大臣。与大舅相比，玄烨对二舅的倚重又胜一筹。

康熙二十八年七月，皇贵妃佟佳氏只做了一天皇后即亡故。玄烨极其悲伤，为追怀亡后，决定对"勋旧懿亲，忠贞世笃"的岳丈兼国舅佟国维特赐殊恩，封为一等公，世袭罔替。由于国维长女早逝，玄烨对于佟国维更加照顾，荣宠有加，这其中也包含着他对亡后佟佳氏的几分疚意。

康熙三十一年秋，玄烨正在塞外行围。随行的传教士张诚在是年九月八日、十日（1692年10月17、19日）的日记中写道："已故皇后的一个

---

[1] 方豪：《中国天主教史人物传》中册，第52、54页。

兄弟在离我们驻地一百里的一个村庄里害了恶性热病。中医诊断为不治之症。皇帝与家族有极其深厚的情感，应年轻王公的父亲——他是皇帝自己的舅父——的请求派了两名耶稣会士和前面提到的那位医生（指自澳门抵京、跟随皇九子胤禟前来参加行围的传教士卢依道）去给他看病，并且给他们提供了西药。"两天后，"皇上获悉了他内弟去世的消息。看来他对这事十分关心，马上派前来禀报此消息的两位使者带回他给舅父的慰藉的话；同时又派另一个内兄和两个衙役去北京料理丧事。"[1]这位死者，即佟国维长子、五额驸舜安颜之父、銮仪卫掌卫事内大臣叶克书。

康熙三十九年（1700），佟国维的幼女佟佳氏被封为贵妃。在皇后、皇贵妃都空位的前提下，唯一的贵妃佟佳氏成为后宫之首。几乎与此同时，佟国维的长孙舜安颜娶皇四子胤禛的胞妹五公主。国舅、国丈与皇帝的亲家兼于一身，佟国维的地位在原有基础之上，又大大提高一步。

大约在康熙四十一年（1702），佟国维迎来六十寿辰。玄烨赐书"仁善谨恪"匾额，并赋诗《国舅佟国维六十寿，诗以赐之》书赠："领袖高门称退让，英华雅望冠椒房。谦和不恃勋臣贵，谨恪能承宠眷长。鹤算天增筹国老，松年仙授养生方。齐眉共享团圆庆，特赐流霞捧寿觞。"[2]诗中"领袖高门"一语，评价极高。顺治、康熙年间的重臣中，只有佟国维承此褒扬，因为只有佟家，在顺治、康熙两朝出了两位皇后、一位贵妃，"英华雅望冠椒房"。玄烨道出二舅最突出的特点与长处，即"谦和"与"谨恪"，"虽屡膺重任，不以揽权为要"。[3]这是包括玄烨在内世人对他的一致看法，也是他承宠不衰的重要原因。

佟国维的处世风格，与玄烨之兄福全有些相象。他俩身为皇亲国戚，但都比较谨慎谦虚，淡泊名利，喜欢结交名流学者，推崇汉文化。由于这些共同的特点，玄烨很看重、欣赏他们，他们与玄烨的感情，要超过其他近戚。不过，两人也有明显差别。佟国维比福全更有才学，在大臣中更有威望，福全则相对拘谨，能力稍差。因此，佟国维受玄烨委托，多次办理

---

1 《张诚日记》，张宝剑等译，杨品泉等校，载《清史资料》第5辑，第215–216页。
2 《圣祖御制文三集》第45卷，第2页。
3 昭梿：《啸亭杂录》第7卷，第223页，《佟国舅讲左传》。

实际事务，而福全虽被封为王爵，除去荣膺清军统帅，指挥乌兰布通之战外，一生大部分时间并未担任实职。

佟国维60岁寿诞，玄烨赋诗祝贺，这是他俩关系的最好时期。不料几年后的一废太子事件，使两人之间出现隔阂。

（四）与玄烨关系的逆转

康熙四十七年（1708）九月玄烨废黜太子胤礽后，让群臣保举诸皇子中可为皇太子者，并声称，"众议谁属，朕即从之"[1]。与会领侍卫内大臣阿灵阿、佟国纲之子领侍卫内大臣鄂伦岱、内阁学士揆叙、王鸿绪等，倡言保举皇八子胤禩，得到众人一致赞同。玄烨却推翻自己原先的承诺，对此推举结果不予承认。佟国维已致仕，没有参加此次会议。但是，他与鄂伦岱等观点一致，故被玄烨视为倡言者之一。特别是他力劝玄烨，不要复立胤礽。所以，当玄烨追查保举事件时，佟国维首当其冲，受到玄烨的责难。

康熙四十八年（1709）正月二十一日，玄烨召佟国维至众大臣前，传旨诘问："前因有人为皇太子条奏，朕降朱笔谕旨示诸大臣时，尔曾奏称：'皇上办事精明，天下人无不知晓，断无错误之处。此事于圣躬关系甚大，若日后皇上易于措处，祈速赐睿断，或日后难于措处，亦祈速赐睿断。总之，将原定主意，熟虑施行为善。'尔系解任之人，此事于尔无涉，今乃身先众人，如此启奏，是何心哉。"在玄烨的责问下，佟国维并未显得惊慌，只是婉转解释道："臣虽以庸愚解任，蒙皇恩命为舅舅，仰见圣体违和，冀望速愈，故奏请速定其事，臣有何辞可对。"玄烨传谕："将来诚如尔言，朕有难于措处之处，自不必言，众人亦将谓舅舅所奏果是矣。若朕无难于措处之处，彼时将如之何？日月甚长，且试待之，到彼时自知之耳。人岂可怀私仇而妄言乎？"[2]玄烨所谓"前因有人为皇太子条奏"，是指四十七年十一月初，当大臣们觉察到玄烨对废黜胤礽已生悔意后，有人揣摸他的心愿，为废太子保奏，而佟国维则希望玄烨在废黜太子一事上不

---

1 《清圣祖实录》第235卷，第19页。
2 《清圣祖实录》第236卷，第7-8页。

要改变"原定主意。"

康熙四十八年（1709）二月底，玄烨复立胤礽为皇太子前夕，对二舅又进行了更为严厉的斥责。

皇储问题是朝中首要大事，解决妥否，直接关系到朝纲的稳固。佟国维已近古稀之年，体弱多病，早已解退，但他仍旧密切关注朝政，关心清朝的命运，并在力所能及之下，发挥自己的作用。皇太子胤礽暴戾恣睢，失尽人心，与皇父的矛盾已非一朝一夕，对此举朝尽知，他的被废黜是人心所向，而皇八子胤禩，也被大多数王公大臣认为是皇子中的最贤者。所以，佟国维坚决主张废去胤礽，以胤禩取而代之。他敢于在此关键时刻，挺身而出，大胆倡言，显示出其正义感与胆魄，是值得称道的。特别是当人们已明显看出玄烨对废黜之举产生悔意后，佟国维仍敢于坚持己见，"冒死陈奏"，劝说玄烨不要改变初衷，这种明知将会触怒天颜招致重惩或死罪，却义无反顾，直言相劝的做法，很难让人相信是出于利己动机。尤其是考虑到玄烨已年过半百，一旦去世，被复立的胤礽即位，佟国维断难保住性命。他能够不顾个人安危，恰恰表明是从清朝的全局利益出发，真心实意为清朝的未来着想，由此可见他对玄烨的忠诚。

佟国维冒死直陈后，在朝内外赢得"盛赞"。人们说他不愧是"国舅大臣，不惧死亡，敢行陈奏"[1]，这反映了广大臣工的心态，以及对此事的真实看法。

玄烨不守承诺，拒绝众臣所荐者而复立胤礽为太子的最重要原因，是不能允许胤禩在朝臣中这样有威信，有势力。他对此也直言不讳："八阿哥到处妄博虚名，凡朕所宽宥及所施恩泽处，俱归功于己，人皆称之，朕何为之，是又出一皇太子矣。"[2] 在玄烨看来，胤禩尚未当上皇太子，即已如此广得人心，如果成为名副其实的皇储，其威望将对他构成威胁，使他难以控制。一旦出现这种局面，比胤礽当皇太子更为难办。因此，有丰富统治经验的玄烨当然要摒斥胤禩而复立胤礽，这是无奈下的一种不得已选择。

---

1 《清圣祖实录》第236卷，第27页。
2 《清圣祖实录》第234卷，第23页。

第八章　外戚

佟国维担心玄烨"日后难于措处"，尽管这句话最使玄烨恼火，但事实证实了这一预料，四年后，胤礽再次被废黜。就此而言，不能不说佟国维比玄烨看得深和透。玄烨虽然是位杰出的政治家，却在皇储问题上显得束手无策，不愿正视现实，表现出一种"当局者迷"的缺憾。

由于上述分歧，康熙四十七年（1708）后，玄烨与二舅的感情出现裂痕，彼此的关系骤然冷淡下来，降到他俩半个多世纪交往中的最低点。直到十年后佟国维去世，其间虽然有所改善，却始终未能恢复如初。在这十年里，老迈多病的佟国维仍随驾外出，或同去热河避暑。玄烨除去在五十五年九月胤祺病重时，指派佟国维与几位大臣一起前去探视并延医调治外，再未交付他做过其他事。

孝惠皇太后去世数月后，康熙五十七年三月，玄烨曾伤感地对诸王大臣们说："又思当此时，止有孝敬朕之人，并无爱恤朕之人，尊长辈皆已凋谢，此等处，每以无可与言为伤。"[1]尽管玄烨这样说，事实却非如此，因这时他的二舅及舅母还都健在。五十六年十二月初六日孝惠去世，是月二十七日，玄烨在嫡母的梓宫前行过大祭礼，当着诸皇子与众大臣之面，"国舅佟国维进前，（为玄烨）释孝衣帽带"[2]。可见无论玄烨本人还是举朝文武，依然是将佟国维视为"尊长辈"，只有他才有资格，亲手为玄烨脱去孝服。

康熙五十八年（1719）正月初九日，玄烨令太监魏珠等传旨总管内务府衙门："舅舅病重，著准备后事。钦此。"署内务府总管事郎中海章、董殿邦二人遂于十一日上奏："查得，康熙二十九年九月初一日奉旨，大舅阵亡，著送去银子五千两，治备物什。钦此。""……今为舅舅准备后事，俟皇上指示后备办。为此谨奏请旨。"玄烨朱批："照大舅之例办理。"[3]

玄烨得到二舅病笃的消息后，特意通过近侍向内务府做此交代，以避免二舅突然出事，措手不及。他让内务府"照大舅之例"办理后事，对于感情较为疏远的二舅，还是给予了最后的关怀与照顾。不久，佟国维去

1　《清圣祖实录》第278卷，第9页。
2　《康熙起居注》第3册，第2477页。
3　满文朱批奏折，海章、董殿邦等奏，康熙五十八年正月十一日。

世,"祭葬如例"[1]。可是,玄烨未给谥号(雍正元年赐谥"端纯"),佟国维生前奏请由子孙承袭公爵一事,也未得到玄烨允准。

康熙五十九年(1720)四月,佟国维的嫡妻赫舍里氏病故。她是皇后佟佳氏姐妹的生母,也是玄烨的舅母兼岳母,享年当也接近八旬。玄烨闻信,命妃、皇子、公主等往吊,遣大臣、侍卫等奠酒。灵柩发引时,又命皇子、公主、福金及大臣、侍卫等往送。玄烨让妃嫔、皇子、公主等全体出动往吊舅母,几乎是阖家为舅母送葬。这表明,尽管对舅父还抱有成见,但对舅母的敬爱之情并未因此减退。

玄烨与国舅佟国维的关系,具有不同于一般皇亲关系的独特处。

佟国维和玄烨之间有着三层亲戚关系,他既是玄烨的舅父,又是玄烨的岳丈,还是玄烨的亲家。此为研究中国封建社会晚期清代婚姻伦理关系的一个难得实例,也是当时满洲统治者既保留入关前氏族婚姻习俗的残余,又吸收了汉族婚姻伦理观念,将亲情与政治相结合,从而更有利于皇权统治的一个特殊产物。

康熙四十七年(1708)一废太子事件,是玄烨与佟国维之间感情变化的转折点,以此为标志,两人的关系可分为前后两个不同时期,重用、褒扬与闲置、疏远,形成强烈对比。

玄烨与二舅之间出现芥蒂,主要责任在他本人。他未能处理好和与他相处时间最长、亲缘情分最多的长辈之间的关系,这一深埋于心的遗憾,恐怕会伴随到其生命的终结。

三、鄂伦岱

康熙帝玄烨对于母家的亲情,还充分体现在他与表弟们的关系上。

佟国纲有三子,即长子鄂伦岱、次子法海、幼子夸岱。鄂伦岱生年不详。康熙五十九年(1720),他奉命出边管理蒙古驿站,说明这时他并不年迈。从玄烨宠待母家的一惯方针看,如果鄂伦岱比他年长(是年玄烨67

---

[1] 《清圣祖实录》第283卷,第17页。

岁），绝不会将此边任交付给他。雍正二年（1724），鄂伦岱任钦差大臣，赴楚库柏兴，拟与俄国使者议定中俄中段边界及逃人、盗案诸事（后因俄方原因，此行未能会议边界事宜）。能够承此重任，当非垂垂老者。这也表明他是玄烨的表弟，并非表兄。

（一）有其父必有其子

鄂伦岱青少年时期，即在玄烨身边担任一等侍卫。雍正帝曾述及鄂伦岱的"劣迹"："昔日佟国纲因鄂伦岱不孝，奏请诛之。我圣祖皇考思念皇祖妣孝康章皇后，特从宽宥，使离京师，授为广东驻防副都统。"[1]说明佟国纲父子不和，矛盾一度相当尖锐。造成这种情况的具体原因已无从查考，但从鄂伦岱后来的言行看，他的禀性、作风颇像其父，爽直、果敢、不拘小节。由于父子俩都很固执，互不忍让，因日常小事而引起冲突，也就难以避免。佟国纲自请诛子，玄烨知道这是气话，不可当真。为了平息大舅与表弟的冲突，玄烨特将表弟放到外任，以冷处理的方式，尽力调和这对父子的关系。

佟国纲阵亡后，鄂伦岱的仕途发生很大变化。如果说玄烨将不能再给大舅的荣宠与对大舅的怀念，一并化为殊恩，给了大舅的后代，其长子鄂伦岱则是首要膺受者。

玄烨得闻大舅的噩耗，立即将表弟从广东副都统任上召返京师。康熙二十九年（1690）十月，鄂伦岱升任镶黄旗汉军都统，十二月袭封一等公爵位，并接替父职，管领火器营。三十五年玄烨亲征噶尔丹时，他率领汉军两旗火器营随征，表现出色，翌年二月升任领侍卫内大臣，五月兼管镶黄旗汉军都统事。三十九年正月至四十年七月，鄂伦岱先后三次奉旨，祭太庙行礼。这些情况都表明，康熙朝中后期，鄂伦岱的地位逐步上升，成为深受玄烨宠信的大臣之一。

在此期间，鄂伦岱曾因行事不慎，出现纰漏，但为玄烨所包容。如康熙四十一年（1702）九月，由于失察家人在古北口禁地放鸟枪，被革去

---

1 《清世宗实录》第44卷，第16页。

议政大臣、领侍卫内大臣及都统等职务,在一等侍卫行走。五年后(康熙四十六年),重新授为领侍卫内大臣,其议政大臣及都统等职,估计也随之复得。

(二)坚持己见,顶撞皇帝

康熙朝后期,诸皇子激烈争夺储位,鄂伦岱也被深深卷入。一废太子期间,他是倡言举荐皇八子胤禩的大臣之一。鄂伦岱的率直性格与果敢作风,使他不可能像叔父佟国维那样,婉转进言,把握分寸,一经驳回便保持缄默。相反,他不顾玄烨的强烈反感与斥责,固执地坚持自己的观点,我行我素,毫无顾忌,终康熙之世,不曾改变。

胤禩的竞争对手雍正帝胤禛即位后,多次述及鄂伦岱的种种"恶劣"表现:鄂伦岱"与阿灵阿、苏努等结为党羽,保举阿其那(即胤禩,胤禛即位后令改此名,具有贬意),欲图大位,扰乱国家,前者审讯阿其那之太监时,供出阿灵阿、鄂伦岱为党羽之首,显干灭族之罪,举国皆知,皇考复加宽宥,伊仍不知感激,不思致身为国,以赎前愆。乃己丑年(康熙四十八年)皇考自霸州回銮时,面数鄂伦岱结党之罪,伊毫无畏惧。皇考如此高年,而伊一路触犯,行至六十余里,其倨傲凶狠之状,朕与扈从人等旁观,无不痛恨。及在热河,皇考圣体违和,并未请安一次,其意颇以为快,在宫门前每日较射欢笑。其后皇考于行围地方向鄂伦岱云,尔甚无恩情,尔所作之罪,不可胜数,实为可杀之人。伊承旨之下,毫无畏惧,倨傲如故,亲随侍卫等,不胜愤恨,人人发指,因此皇考愤懑终日。伊平生于皇考前,敢于触犯,种种过恶,其小者不可枚举。"[1]雍正帝还指出:"鄂伦岱悖恶多端,每事干犯圣怒。皇考行围哨鹿时,悉数其罪,令侍卫五哥鞭责之。又,一年元旦清晨,在乾清门院内掀衣便溺,朕见之骇异,知其行同畜类。至于每事干犯圣怒,以致天心郁闷不宁者,不可枚举。"[2]

据《清圣祖实录》记载,康熙四十八年二月,玄烨巡幸畿甸。这是一废太子后他第一次出巡,太子胤礽(是年三月被复立为皇太子)、皇四子

---

[1] 《清世宗实录》第44卷,第16-17页。
[2] 《上谕内阁》,雍正三年二月二十九日。

胤禛、皇八子胤禩等八个皇子随行。当时玄烨大病初愈，精神上的创伤远未恢复，散心与休养，是此行主要目的。雍正帝所谈玄烨霸州之行，即指此次。关于鄂伦岱与玄烨在途中抵牾，他是目睹者之一。由于一废太子后鄂伦岱带头保荐胤禩为皇太子，玄烨对他很是不满，然而此行仍然将他带在身边，之后玄烨去热河避暑及行围，鄂伦岱始终随扈左右。仅此一点，即说明玄烨对于大表弟的宽容。

为子如父，鄂伦岱恰承此言。与佟国纲无视玄烨的尊严，硬要玄烨同意他所举荐之人的所谓冒犯行为一样，不管玄烨怎样责骂，甚至以"可杀"相威胁，鄂伦岱一概置若罔闻，"不知畏惧"，"倨傲如故"。玄烨对此毫无办法，又不忍予以重惩，只有数落一番，以出怒气。

鄂伦岱"触犯天颜"的事，看来已有多次，"不可枚举"，而且并不顾及地点、场合，也不避讳在场皇子与其他大臣。令人玩味的是，当胤禛等看到这一切，不是去劝阻鄂伦岱，或对其群起而攻之（他们本应这样做），而只是一再劝玄烨息怒。这说明他们很了解鄂伦岱，知道鄂伦岱对他们的话根本听不进去。换言之，作为玄烨的大表弟，鄂伦岱在朝中的实际地位大大超过一般王公重臣，在某些场合下，甚至可与皇子相抗衡。

玄烨在热河养病期间，大臣们无不争先恐后，以各种方式向玄烨请安问候，而随同玄烨在热河的鄂伦岱却若无其事，整天带着玄烨的侍卫们比武嬉戏，以尽其兴。这种不臣不敬之举，也只有出现在鄂伦岱身上，如果换成他人，不仅必为玄烨所不容，且其本人也无此胆量。这表明鄂伦岱对于玄烨，很多时候只是将他作为自己的表兄，并非至高无上的皇帝，所以时时显现出家人亲属之间的随便与亲昵，而玄烨对此并不怪罪，可见也是默认的。

如同前述常宁之子对清额之"劣迹"，鄂伦岱在乾清门掀衣便溺事，也发生在康熙年间。他既然敢于对玄烨本人当面顶撞，乾清门等正宫近地，对于他更无神圣之感，何况常来常往，自然没有拘束。

孟森先生在《清世宗入承大统考实》一文中，谈到鄂伦岱的上述情况时认为："圣祖昵于外戚，待外戚之子弟宽于诸皇子，可以鄂伦岱事见之。""……所胪罪恶，皆琐屑之事，决非谕斥时有所附会增饰。则其顽劣骄纵之态，岂鄂伦岱偶犯之事？正缘圣祖宽待太过，习以为常，责之不惧，鞭之不改，乾清门院内至掀衣便溺。是日方在元旦清晨，世宗必以行礼而至，突然遇见，其无礼之态，必非一时一事所为。由此可知鄂伦岱之游戏狎渎于大内正寝（原注：康熙、雍正间，离宫别馆未盛，乾清宫为正寝），有过于诸皇子之亲昵远矣。"[1] 孟森先生的分析是正确的。作为君臣，玄烨与鄂伦岱之间泾渭分明，不可逾越，特别是在封建社会晚期皇权高度集中与强化之时，尤为如此；而鄂伦岱这种表现，只能是玄烨"昵于外戚""宽待太过"的政策下所出现的罕见现象。

尽管玄烨对鄂伦岱大为气恼，斥之为当杀之人，但事过境迁后，对他仍旧予以任用。

康熙五十年（1711）正月，玄烨以"延庆州地方藏匿盗贼逃人甚多，常行劫掳，扰害居民、庄头，未获安处"，特命鄂伦岱率领前锋护军以放鹰做为掩护，前往缉捕。不久，鄂伦岱捕得盗贼等百余人，出色完成任务。五十六年十二月，鄂伦岱再次代表玄烨祭太庙行礼；翌年八月，他奉命会同九卿查审一起内务府官员偷盗库银案；五十九年，奉派出边管理蒙古驿站，同时继续担任领侍卫内大臣。

玄烨暮年，在其庇佑下，鄂伦岱无改天性，桀骜不驯如初。

康熙五十五年（1716）七月，玄烨正在热河避暑山庄，鄂伦岱是随扈大臣之一。一天，玄烨发觉有关官员迟误御轿，玩忽职守，立即下令予以惩处。在场的鄂伦岱对这一做法不以为然，并形之于色。玄烨从鄂伦岱的神情中看出了他的不满，于是对领侍卫内大臣们说："……该管官于御用之物，怠忽从事，情属可恶，朕令将伊等拿问。观鄂伦岱之意，大不以为然。朕洞察其情，必欲惩治以彰国法，特谕尔等知之。"[2] 历代封建王朝，皇帝的意志代表一切，决断一切，不容他人稍有质疑，否则即为僭越，必受重惩。鄂伦岱竟敢于与玄烨相左，可见对于这位皇帝的大表弟而言，"国法"往往是不存在的。

---

[1] 孟森：《明清史论著集刊》下册，第546-547页，北京：中华书局，1959年。
[2] 《清圣祖实录》第269卷，第8页。

四、法海

佟国纲的三个儿子中，幼子夸岱事迹不多，第二子法海与鄂伦岱一样，是康熙年间显赫一时的人物。雍正帝胤禛谈及大舅爷一家的情况时说，佟国纲"诸子刚愎无礼，大与其父相同"[1]，其中也包括法海。

法海字渊若，号悔翁，生于康熙十年（1671），比玄烨小17岁。他与鄂伦岱同父异母，身世比较特殊。雍正帝说他"乃佟国纲微贱侍婢所生，自幼父不以为子，兄不以为弟……法海之生母没后，鄂伦岱不容其葬入祖墓，彼此遂成仇敌。"[2]《永宪录》则指出他"生于戚里"[3]。法海的母家大约是汉人，为佟府的一门远亲，其生母徐氏原是佟府的丫鬟。从鄂伦岱不让其母没后入葬佟家祖坟的情况看，佟国纲生前很可能未将法海生母正式纳为妻妾，如果有此名分，鄂伦岱断不敢这样做。生母的不幸处境，使法海从小受到父兄的歧视，这对他的成长及气质、性格、作风，都产生了一定影响。

（一）勤奋苦学，为皇子师

尽管母家地位较低，但法海毕竟长在国舅府中，自幼与长兄、幼弟一样，受到良好教育。母家的不利条件，促使他更加发奋苦读。康熙三十三年（1694），24岁的法海考中进士，开始了长达四十余年的官宦生涯。他先是被授为庶吉士，入值南书房。"上时巡齐、鲁、秦、晋、吴、越，朝夕扈从。"[4]玄烨将刚刚中第的年轻表弟选置身边，充做词臣，显然对他相当欣赏。

法海能文善诗，有《悔翁集》存世。曾做《懋勤殿恭纪三首》。其一曰："天阶玉烛有光辉，五夜披星对紫微。自谓侍臣趋直早，不知深殿已宵衣。"其二曰："昼漏稀闻出玉墀，春风暖阁日迟迟。乾清宫里图书满，尽

---

1 萧奭：《永宪录》，第336页；另参见《上谕内阁》，雍正四年十二月十九日。
2 《上谕内阁》，雍正四年十二月十九日。
3 萧奭：《永宪录》，第336页。
4 方苞：《兵部尚书法公墓表》，载《方望溪全集》第12卷，第175页，北京：中国书店，1991年。

是君王御笔批。"[1]虽是对玄烨的颂扬之辞，也能看出他初登仕途，未历险阻，对前程满怀憧憬。

康熙三十七年（1698），玄烨选派他做皇子的师傅，"授检讨，上书房行走"[2]。其具体职责，是辅导皇十三子胤祥、皇十四子胤祯读书。这时，法海28岁，胤祥13岁，胤祯11岁。玄烨为皇子择师是异常严格的，其他皇子的老师如张英、顾八代、徐元梦等，都是饱学之士，也比法海年长得多。法海未及而立之年，中进士只有四载，即膺此重任，位备宿儒名流之列。他大概不仅为康熙年间，而且是整个清朝最年轻的一位皇子之师。

法海"侍皇子讲诵十年，直词正色，蒙圣祖嘉与，谓独能不欺"[3]。皇十三子胤祥、十四子胤祯后来都才学俱佳，受皇父器重（一废太子后胤祥与皇父关系另当别论），特别是胤祯，在玄烨晚年被暗定为皇储。两位皇子均能成才，不是偶然的，与他们的启蒙老师——表舅法海的执教有很大关系。

康熙三十九年（1700），法海充任日讲起居注官，同表兄的接触进一步增多。法海是玄烨诸多讲官中相当年轻的一位，也是其中同玄烨有亲属关系的唯一一位。四十四年五月，法海迁侍读学士。与比其资深、年长的其他皇子之师相较，法海升迁之快，令人刮目，被时人称为"荷圣祖仁皇帝特达之知"[4]。这除去他能够勤谨效力，施教得法外，不能不说与玄烨优宠母家亲属的一惯方针，有较大关系。

据《永宪录》记载，康熙四十七年（1708）九月，皇十三子胤祥"因废东宫事波及，削爵。（法）海降检讨"[5]。法海的同僚徐元梦后来也说他"以侍皇子得过"[6]。康熙四十八年之前，皇九子以下皇子都无封号，所谓胤祥被"削爵"，与事实有出入。但胤祥与一废太子事件有牵连，并因此受到皇父的非议与厌恶，这从康熙朝满文档案中可得到证实。法海如果只是

1　铁保辑：《熙朝雅颂集》，第554页，沈阳：辽宁大学出版社，1992年。
2　《清史列传》第4册，第13卷，第958页。
3　方苞：《兵部尚书法公墓表》，载《方望溪全集》第12卷，第175页。
4　方苞：《兵部尚书法公墓表》，载《方望溪全集》第12卷，第174页。
5　萧奭：《永宪录》，第338页。
6　方苞：《兵部尚书法公墓表》，载《方望溪全集》第12卷，第174页。

胤祥的师傅而未曾参与其事，不会受到降级惩处。

与玄烨同辈的亲属中，法海是因废太子事件受到降职惩处的唯一一人，可见陷入较深。他或许曾与胤祥私下议论皇太子胤礽，甚至曾为胤祥出谋划策，从他一惯直言不讳的性格特点看，这种可能性较大。法海贬职一事，官书概未记载，这是由于此事与雍正帝胤禛的亲信胤祥直接相连，有关材料可能已为胤禛销毁。

康熙五十四年（1715）夏，45岁的法海恢复原职，继续担任皇子之师，同时还和徐元梦、方苞等人一起，在皇三子胤祉率领下，于蒙养斋从事乐律历算等书的编纂。这时，胤祥、胤禛早已成年，法海督教的学生，当是皇十五子胤禑以下的小阿哥。法海得以官复原职，可能与徐、方等人（通过皇三子胤祉或其他人）在玄烨跟前做了疏通有一定关系，但这还不是决定性因素。即使没有这些人的帮助，玄烨也不会让表弟受贬时间过长，必欲重新任用，以示抚慰。

（二）外任巡抚，因事落职

康熙五十五年（1716）十月，法海擢升广东巡抚，在任两年，颇有政绩。

与那些不学无术、庸碌无为的纨绔之辈相较，法海博学多才，不合俗流。但另一方面，国舅之家的优越背景，也为之打上深深的烙印，使之不可避免地带有贵戚们颐指气使的通病。在为人处事上，法海与乃父佟国纲、乃兄鄂伦岱相似，不拘小节，高傲自负。尽管他的仕宦之途多有坎坷，这种禀性却伴随一生。

雍正帝曾这样评价青年时期的法海："及（法海）读书长成，凭藉外戚之势，滥得科名，遂益肆狂纵，不知检束。"[1] "滥得科名"是雍正帝有意贬低之言，不足置信。法海是凭真才实学考中进士，并长期教授皇子，充任玄烨的词臣与讲官，绝无可能滥竽充数。至于雍正帝说他"狂纵""不知检束"，反映了他为人清高、耿直，不会左右逢源的书生气。

---

[1] 《上谕内阁》，雍正四年十二月十九日。

与法海一同共事蒙养斋的方苞，在为法海撰写的墓表中披露："时中贵人有气焰者，朝夕传旨，非命事专及于余（方苞），不敢交一言，而公则视之蔑如，辞色间无几微假借。"[1]所谓"中贵人"，很可能是指玄烨所宠信的太监魏珠。他曾是玄烨的"哈哈珠子"（满语男孩儿们，指从小跟随主人的侍童），自幼服侍玄烨，因聪明伶俐，颇得玄烨的欢心。康熙朝后期，玄烨的另一宠信太监梁九功获罪禁锢后，魏珠的地位逐步上升，常常代玄烨向大臣传旨，并代大臣回奏。当时玄烨已年迈多病，与臣工的直接接触受到一定限制，而魏珠口含天宪，经常作为天子与大臣之间的联系人，其作用可想而知。因此，不仅大臣们对他极为敬畏，连皇子们为博取皇父好感，并更多地了解皇父那里的消息和动向，也竭力讨好魏珠。如皇九子胤禟，竟让自己的儿子弘晟呼魏珠为伯叔。一个嫡皇孙对皇祖的太监如此称谓，真是天下奇闻。可是，法海对待这位特殊人物的态度，却与大多数人相左，无奴颜婢膝之态，堂堂正气，"视之蔑如"。这无疑需要胆识。

法海刚直不讳的作风，在其担任巡抚期间，也充分表现出来，加之疏忽不谨，所以，尽管他在巡抚任上功绩显著，享有声誉，但终于为其忌恨者抓到把柄，从而达到离间玄烨与其关系的目的。

康熙五十六年（1717）十一月，玄烨对大学士们说："法海有似疯狂，与将军口角，又题参总督，各自立异，所属亦不知何所遵行。如此，必致生事。著问九卿具奏。"九卿们一时摸不准玄烨的意图，所奏含糊，模棱两可："法海好任性气，皇上或教训留任，或别调用。"玄烨降旨："著驿递发去，令法海看。"[2]

法海题参的总督，即两广总督杨琳，隶属于正黄旗汉军旗。康熙十八年，杨琳曾参加对吴三桂之子吴世璠的征伐，说明比法海年长得多，资历更深。他本来担任广东巡抚，当法海接替这一职务后，遂擢升两广总督。根据法海的禀性，他显然不会以下级、晚辈的姿态，礼待杨琳，而是不自觉地流露出皇亲贵戚的优越感，彼此互不相让，产生矛盾。

玄烨此时由于老病，精力不济，但求维持现状，法海此举只能增加他

---

1 方苞：《兵部尚书法公墓表》，载《方望溪全集》第12卷，第174页。
2 《清圣祖实录》第275卷，第17页。

的烦恼，引起他的厌恶。玄烨将谕旨及九卿所议发给法海看，表明他虽然已对表弟很不满，仍留有余地，不准备真的予以惩处。然而这一警告并未引起法海的重视。

康熙五十七年（1718）八月，玄烨向大学士们重提法海的问题："览广东巡抚法海请安奏折，语意异常，似病疯颠。去岁皇太后升遐，并不折奏请安，岂彼时未闻朕欠安耶？又闻伊病噎膈，总不出见一人。九卿众大臣以为何如？著问明议奏。"[1]三个月后，九卿遵旨会议："广东巡抚法海，病患噎膈，不胜封疆重寄，应将法海革任。"奏入，从之。[2]

康熙五十六年十二月皇太后去世后，玄烨的病情一度加重。法海身为封疆大吏，却没有像其他督抚那样，向皇帝折奏请安，这与玄烨在热河养病时，随扈的鄂伦岱不去请安的做法如出一辙。玄烨只是说法海的奏折"语意异常，似病疯颠，"而不直言他缺乏君臣之礼，仍有大事化了，予以包容之意。

关于法海此次被罢官的原因，雍正帝胤禛是这样讲的："法海本属无能之人，圣祖因伊系舅舅之子，且念伊父阵亡，故由翰林荐擢广东巡远。其在广东，操守虽好，然行事乖张，于地方吏治盗案，全然不能办理，且进呈奏折，俱系敝纸恶墨。圣祖怒其不敬，曾将其进折家人，痛加责治，而法海毫无畏惧，狂悖自如。圣祖恐其贻误封疆，将法海革职，令在（允禵）军前效力。"[3]《国朝先正事略》则明确指出，他的"落职"是"为忌者所中"。[4]看来两方面原因都有，而后者是更主要的。

所谓"噎膈"，指食道阻滞，下咽困难等症。当时法海48岁，正值盛年，其后又跟随胤禛西征，表明他的"噎膈"病不重，无关大碍。玄烨以此病将他革职，只是一个借口。在法海舛误不断，警而无效，所为过甚的情形下，玄烨一方面采纳了其对立面的部分主张，同时又不绝表亲之情，以患病不能胜任作为理由，将表弟去职。

---

1 《清圣祖实录》第280卷，第9-10页。
2 《清圣祖实录》第282卷，第2页。
3 《上谕内阁》，雍正四年十二月十九日。
4 李元度：《国朝先正事略》上册，第2卷，第47页。

（三）辅佐胤禵西征

法海被罢官时，清廷正在紧张准备西征之役。康熙五十七年（1718）十月，皇十四子胤禵被任命为抚远大将军，十二月率师出征，法海奉旨赴西宁军营效力。不妨分析一下玄烨将表弟遣往西部前线的真实意图。

据从西征军中返回的人讲，法海在西陲，"偃卧土室，枯寂如老僧，而见王公大帅，时以大义相责，皆人所不敢言"[1]。西征军中有大批宗室成员及高官显贵，其中除抚远大将军王胤禵、平郡王讷尔苏外，还有四个亲王、一个郡王以及废太子胤礽的儿子，所谓"王公大帅"，即指这些人。在他们面前，落职的法海反而更尊一等，俨然一威严长者，每每直言无忌，就重大事宜阐明己见。雍正帝曾谈到法海在西宁与胤禵的关系：法海"至西宁，遂与允禵私相交结。允禵为大将军时，种种贪纵不法之事，法海并不劝阻。及朕即位后，令允禵来京，法海乃军前效力废员，未奉朕旨，即潜至京师"[2]。说明法海在军中与胤禵相处融洽。大将军王对他如此敬重，军中其余人更无足论。

西征之役关系到清朝的统一与政权的稳固，玄烨在诸子中反复比较后，选中胤禵作为统兵之帅，对他寄予莫大期望。然而，胤禵当时毕竟刚过而立之年，未曾经历战事，这一重任是对他的很大锻炼与考验。玄烨派法海随爱子出征，具有深意。法海本为胤禵的师傅，师生相知甚深，加上表舅与表甥间的亲情，关系自然非同一般。玄烨对法海的禀性、才能了如指掌，他认为不拘小节、"类似疯颠"的表弟，刚直敏锐，很有见识，如果位备胤禵的参谋与顾问，则能够在胤禵出现疏漏，遇到困难时，直言相劝，予以提醒，起到匡辅作用。法海在军前能够动辄训诫"王公大帅"，敢言他人不敢言之语，除去他的皇亲身份以及曾为皇子师的经历外，还反映出西征之军出发前，玄烨曾将自己对法海的看法，法海在军中的职责以及胤禵应对表舅采取的态度等，均向胤禵做过明确交代。

事实证明，法海未负表兄之望，以其特有的方式，履行了自己的职

1　方苞：《兵部尚书法公墓表》，载《方望溪全集》第12卷，第175页。
2　《上谕内阁》，雍正四年十二月十九日。

责,在西征军中起到他人所不能起的作用。胤祯指挥有方,调度周详,出征第三年(康熙五十九年)取得收复西藏的重大胜利,其中也有这位"枯寂""老僧"的辛劳与功绩。

总之,法海落职后的从军效力,与一般受贬人员发往军前效力赎罪有所不同。可以推断,如果不是因玄烨猝死,致使以胤祯为统帅的西征之役突然中断,根据法海的年龄,他在军前的表现以及与胤祯的亲密关系,西征之役结束后,玄烨会对他重新重用,授以高位。

雍正帝即位后,法海历任提督江南学政、浙江巡抚、左都御史、兵部尚书等职。雍正四年(1726),以交结允禵(胤祯)等罪名被革退,翌年再次发往西陲,在水利处效力九年后召还。乾隆二年卒,终年67岁。

玄烨的至亲中,法海是位很特别的人物,其风格特点与其他人有较大不同。康熙朝晚期,徐元梦曾这样评议法海:"同官及勋戚中,志在君国而气足以举之,学足以济之者,首推法公渊若……上为诸王择傅,吾对法某,虽以侍皇子得过,而臣愚心,窃谓舍某无堪此者。"[1]有的史籍中说法海"于群从中最贤",但"居津要者,多畏公伉直,深心嫉之"[2]。这些都反映出当时满汉官员及士大夫的看法,对他充满钦佩之意。

法海晚年的生活方式也很独特:"寓古寺,终岁不还私室。""疏布羊裘,从者老仆一人,翛然若有以自得者。"[3]这同他的身世、经历有一定关系。玄烨的晚辈至亲里不乏高爵显位,但或比较平庸(如保泰),或稍逊文采(如鄂伦岱、隆科多),像法海这样学富五车,"孤介傲物"[4]的文人才子,还不多见。法海自幼在家中的不幸处境,激励他刻苦自强,学而有成;其生母地位卑下与生父显赫至极的巨大反差,促使他成熟较早;仕途几经起落,又使他逐步看破红尘,"历任显秩,两袖清风。老而无子,亦不作家人计"。正如其暮年所作《雨不止》诗云:"心经患难初知敛,身阅

---

1 方苞:《兵部尚书法公墓表》,载《方望溪全集》第12卷,第174页。
2 李元度:《国朝先正事略》上册,第2卷,第47页;方苞:《兵部尚书法公墓表》,载《方望溪全集》第12卷,第174页。
3 方苞:《兵部尚书法公墓表》,载《方望溪全集》第12卷,第174页。
4 萧奭:《永宪录》,第338页。

功名老渐轻。"[1]

相对而言，佟国纲、鄂伦岱、法海父子三人，是玄烨的至亲中，也是所有大臣中，在玄烨面前最无拘束，甚至可以随意行事者。他们之所以如此，其性格因素还是次要的。佟国纲主要是倚恃大舅的长者身份，无所顾忌，而鄂伦岱和法海除去与玄烨的表亲关系，还由于他们的阿玛为国捐躯，因而受到玄烨的特殊照顾。

五、隆科多

佟国维一生多育，共有11个儿子，至少有2个女儿，隆科多是其第三子。玄烨与隆科多的关系，可以说是他同二舅诸子关系的集中体现。

隆科多生年不详。他在"周岁上下就被主子养育"，[2]康熙二十七年（1688）任一等侍卫。佟国维于顺治十七年（1660）担任一等侍卫，时年约18岁，所以，隆科多很可能也是18岁任一等侍卫。据此推断，他大约生于康熙九年或十年，比玄烨年少十六七岁。

康熙三十二年（1693），隆科多由一等侍卫擢任銮仪卫銮仪使。在此之前，他已接替故去的长兄叶克书，担任犬房头领。后来隆科多曾奏称："奴才自幼只是牵狗，跟随主子行走"，[3]即指此言。三十四年，兼镶白旗汉军副都统，四十三年调任正蓝旗蒙古副都统。四十四年底，因带领属下人妄行，并不实心办事，遭到谕旨切责，革去副都统、銮仪使、犬房头领等职，在一等侍卫行走。[4]五十年（1711）秋，署步军统领事，不久实授步军统领。他在康熙朝担任这一重要的职务，前后达11年之久。五十九年十一月，隆科多兼任理藩院尚书。

同一家庭（或家族）的成员，个人禀性与气质会很不一样，这在隆科多及其家人身上，表现得很明显。隆科多的父亲佟国维和其堂兄弟鄂伦

1　铁保辑：《熙朝雅颂集》，第553页。
2　满文朱批奏折，隆科多奏，无年月。
3　满文朱批奏折，隆科多奏，无年月。
4　《清圣祖实录》第223卷，第13页。

岱、法海等人，无论外圆内方（如佟国维）也好，锋芒外露（如鄂伦岱）也罢，在重大事情上，大都敢于坚持己见，坦率直言，显示出国舅勋戚所惯有的处世风格。隆科多则不然，这是他与亲属们颇不相同处，也是他在康熙五十年后日益受器重的重要原因之一。

（一）见风使舵

康熙四十七年一废太子事件中，佟国维、隆科多及其堂兄鄂伦岱、侄儿舜安颜，都是皇八子胤禩的支持者。四十八年（1709）二月，玄烨为此斥责佟国维时指出："鄂伦岱、隆科多、顺（舜）安颜，与大阿哥（胤禔）相善，人皆知之。尔等又欲立八阿哥（胤禩）为皇太子，将置朕躬及皇太子、诸阿哥于何地耶？"[1] 这说明，隆科多同其父兄等一样，深深卷入储位之争漩涡。不过，这一"佟氏阵营"很快发生分化，隆科多的擢升即是证明。

皇太子复立后，皇帝与储君的矛盾并未缓和，玄烨不得不在康熙五十一年（1712）十月再废太子，将胤礽终生囚禁。可是，树欲静而风不止。胤礽为太子近四十年，党羽很多，尽管已被废黜，但本人仍怀有复立之心，屡有大臣请求复立他为皇太子。因此，废太子谋求复立问题，依然是皇权所面临的首要威胁，也是玄烨最为忧虑与警惕之事。这种情形下，官阶从一品，相当于京师卫戍司令的步军统领，在保卫玄烨安全、巩固皇权统治方面所起的重要作用，可想而知。

隆科多之前的步军统领托合齐是胤礽的亲信，康熙五十一年十月二废太子前，已罢职、圈禁。翌年二月，托合齐死于狱中，被挫骨扬灰，足见"罪愆"之重。所以，新的步军统领，必须忠诚可靠，是玄烨完全信赖之人。经过全面考虑、比较，玄烨选中曾责以"与大阿哥（胤禔）相善"的隆科多，不免有些出人意料。隆科多如何使玄烨较快地改变对自己的看法，取得了他的信任？下述事实间接透露出原因。

康熙五十五年（1716）九月，胤裪染患伤寒，病势危笃。玄烨特谕：

---

1 《清圣祖实录》第236卷，第25页。

"固山贝子苏努、舅舅佟国维、大学士马齐、领侍卫内大臣阿灵阿、鄂伦岱、侯巴浑德,同往看视允禵病,同四阿哥(胤禛)多方延医,竭力调治。"[1]这些被指定的大臣,除去巴浑德外,其他人都是胤禵的拥护者,甚至连避之唯恐不及的胤禛,也受到玄烨的怀疑,说他"亦似党庇允禵,允禵医药之事,即著四阿哥料理。"[2]

值得注意的是,奉旨看视胤禵的人中,包括四十八年二月被玄烨痛责的佟国维等,唯独没有同受责斥的隆科多(舜安颜仍于佟府接受管束,另当别论)。这说明,玄烨已将隆科多从胤禵党中排除在外了。正因玄烨认为隆科多既非太子党,也不是胤禵党,清白无咎,所以才能在第二次废黜皇太子的紧要关头,将拱卫京师,保护其人身安全的重任,托付予他。何况隆科多与玄烨有着双重亲属关系,较之其他大臣,在感情上与玄烨更易亲近。

隆科多得以在两年半(康熙四十八年二月至五十年九月)中,扭转玄烨将他视为胤禵党羽的看法,除去以实际行动同昔日朋友划清界线,从而证明自己的转变外,别无他法。可见,他很善于审时度势,康熙四十八年二月一经被玄烨点名,随即改弦更张,以新的面目,出现在朝野上下。隆科多仕宦生涯中的显赫阶段,应当说是以此为开端。

(二)亲近殊常

隆科多担任步军统领的职任后,玄烨对他严格要求,关怀备至。

康熙五十年(1711)秋,隆科多接到署理步军统领的任命,惊喜交集,上折奏称:"奴才自幼只是牵狗,跟随主子行走,不谙办事款项。今奉旨署理九门提督事,不敢不尽心效力","伏乞主子仁爱训导"。玄烨朱批:"九门提督责任重大。第一,所有看管地方,务须防守严固;第二,唯应厚待兵丁,兼洁自身,不生二心,舍身报效。倘能如此,何愁下属官兵不倾心悦服。若仍有顾虑,有何必要?"[3]玄烨亲自为隆科多订立两项准

---

[1] 《清圣祖实录》第269卷,第22页。
[2] 《清圣祖实录》第269卷,第20页。
[3] 满文朱批奏折,隆科多奏,无年月。

则,体现出他的殷切期望;他也知道此职对于年纪尚轻,资历相对较浅的隆科多有些过高,但却鼓励表弟消除顾虑,全力以赴,不负重托。后来的情况证实,隆科多确实做到了这一点。

不久,玄烨又通过朱批,语重心长地告诫隆科多:"你只须行为端正,勤谨为之。此任得到好名声难,得坏名声易。(你的)兄弟子侄及家人之言,断不可取。这些人初次靠办一两件好事,换取(你的)信任,之后必定对你欺诈哄骗。先前(步军统领)费扬古、凯音布、托合齐等,都曾为此所累,玷辱声名。须时刻防范。慎之!勉之!"[1]玄烨特别举出前任官员之例加以提醒,使表弟免蹈覆辙,言语中透出深深的爱护之意。

与玄烨的兄弟子侄及其他母家亲属比较,隆科多不仅是最受器重的一位,而且除个别时期外,他与玄烨的个人感情一直较好,愈到玄烨晚年,愈为突出。

隆科多与玄烨有着双重亲戚关系,既是其表弟,又是内弟。比起其他大臣,隆科多同皇帝的接触更具备便利条件。他担任步军统领后,随着玄烨对他的宠信日益加深,他同玄烨之间也进一步亲近起来。玄烨离京外出期间,通过奏折,彼此不乏家常式的叙谈。

玄烨去热河时,隆科多经常上折请安,玄烨则在朱批中不厌其烦地讲述自己的身体状况及其他情形:"在家时(朕)身子不甚好,勉强出来了,心里依旧不松快。坐了三次热汤,看来又不适宜。因(朕)身子甚弱,已非一日,须长期怡养,方能奏效。见今才略微好些。颜面大为消瘦,恢复必定也得很久。"[2] "原不曾指望朕躬可以行走,(从热河)出来后行了二三十里路,身子逐渐强健了些,已可骑马而行,颜面像是也丰腴些了。胃口仍同过去,饭量如常。"[3] "朕已于围场照常行猎。从热河出来之际,身子甚属瘦弱,丝毫未曾料到会是这个样子。上路后,身子又渐渐好些。吃、喝、行、走,俱已恢复正常,颜面也开始丰润了。"[4]

---

1 满文朱批奏折,隆科多奏,七月廿八日上,(八月)初三日下。
2 满文朱批奏折,隆科多奏,五月廿八日上,六月初三日下。
3 满文朱批奏折,隆科多奏,八月初八日上,十七日下。
4 满文朱批奏折,隆科多奏,九月初一日上,十一日下。

除去留守京城的皇子们，玄烨很少在给大臣的朱批上，如此详尽地告知自己的身体及饮食起居情况。大臣们所上请安折上，他通常只批写"朕安"二字，即使再有述及，大都比较简略，使人感到他在有意识地保持与臣工的距离，以维护君主的至高无上尊严。可是，玄烨对隆科多却是例外，体现了超出一般君臣间的亲密关系。

一次，玄烨赐给隆科多题诗御扇，并于一张夹片上写道："近几年朕很少写字，来至口外，身子好了，气色也恢复了，是以试着多少写了些，看来虽比不上从前写的，但好坏仍有过去的样子。因想让你知道，故将朕写的诗题在扇面上，送回赏给。"[1] 隆科多接到后，立即缮折谢恩："奴才只是一卑微小儿，并不懂事，周岁上下就被主子养育，使之成人，加以任用。奴才唯恐辜负主子隆恩，日夜悚惧不已……"[2]

通观隆科多写给玄烨的请安折，口吻虽然也很谦恭，但细细品味其中的措辞，体察他缮折时的心态，不难发现与其他臣工的微妙差异。一次，他写道："……京城太平无事，外边虽有些许事情，靠主子英明区处，未几必能厘定。奴才们唯盼主子于万机之暇，放宽圣怀。主子只要心情愉悦，笑口常开，圣体自可康健矣。奴才乃区区无知小儿，靠主子养育成人……不胜想念主子，望阙伏地谨奏。"[3] 分析一下隆科多这个奏折，第一，如果是其他大臣，不会写有让玄烨保持良好心境，身体自然安康这样带有开导语气的话。古往今来，唯有皇帝训导臣下，岂可反向为之？第二，若没有同玄烨的双重亲属关系及其本人自幼的特殊经历，作为已年近半百之人，隆科多不会每每自称"无知小儿"，宛如家人长幼之间，于粉饰套语中，露出亲昵与真情，而这后一点，正是玄烨内心企望得到的。

玄烨之所以这样看重隆科多，关键还在于隆科多本人，在于他和其他国戚的不同处。

隆科多不仅具备很强的办事能力，还有让玄烨称道的军事才干。抚远大将军胤禵于康熙五十八年一月的一份密奏中说，皇父曾言"隆科多乃应

---

[1] 满文朱谕，无年月。
[2] 满文朱批奏折，隆科多奏，无年月。
[3] 满文朱批奏折，隆科多奏，六月初五日上，初八日下。

成为将军之人"。臣先前未曾与之交往,"不知伊之才能",俟出兵之旨下达后,有了接触,不禁"叹服"皇父的眼力。[1]表明一向重才、爱才的玄烨,对隆科多的才能十分欣赏。

隆科多有着较稳定的心理素质和较强的自我约束力,这突出反映在他越来越受到玄烨的倚信,在朝中的地位不断上升后,仍能保持比较清醒的头脑,对玄烨交办之事尽心尽力,毫无懈怠。

在与玄烨的接触中,隆科多善于把握分寸,投其所好。

玄烨幼年失去生母,作为一种心理补偿,即位后始终对母家亲属关怀备至。对此,隆科多一清二楚。但是,他却不像佟国纲、鄂伦岱那样,在玄烨面前率尔出言,缺乏臣子之礼。相反,他担任步军统领后,对玄烨恭顺有加,同时又尽可能地缩短与玄烨在感情上的距离,使玄烨感受到亲人间的温情。这是隆科多比佟国纲、鄂伦岱等人高明之处。另一方面,隆科多善于揣摸玄烨的好恶,及时调整自己与他人的关系。在处事灵活、工于心计等方面,隆科多与雍正帝胤禛有着某些相似处。

(三)身膺重任

康熙朝晚期的政治舞台上,隆科多扮演了重要角色,他所起的作用,大大超过其父兄子侄。玄烨全部亲属成员中,只有他既为皇帝主要心腹,又是得力助手,忠实耳目。[2]

步军统领的职掌范围,包括京城防守、稽查、门禁、缉捕、编查保甲等项。但玄烨对步军统领的要求,又超乎其外,使之具有探取,密报京城内外有关情况之责。现存满文档案显示,托合齐、隆科多相继担任是职,莫不如此为之。

康熙五十七年(1718)秋,当玄烨在热河得知被遣往西藏的清军在藏北陷入准噶尔军重围,全军覆没的消息后,首先密谕留守京城的隆科多,让他加强警备,以防万一。隆科多按照玄烨的意图,采取各种具体措施,为玄烨返京后顺利进行驱准保藏的全盘部署,提供了保障。

---

1 满文朱批奏折,胤禛奏,康熙五十八年正月十九日。
2 杨珍:《康熙朝隆科多事迹初探》,载1994年《清史论丛》。

平日，玄烨很重视京城的舆论动向，他常常在给隆科多的朱批中问询："此际京师有否胡言乱语之事？"[1]"京城有否随意传讲之闲话？"[2] 对此，隆科多大都能够迅速、准确地加以了解并及时奏闻，令玄烨满意。

康熙五十二年（1713）后，玄烨每次离京，最为牵挂事情之一，是对废太子胤礽和在一废太子期间被圈禁的皇长子胤禔的看守事宜。他专门委派隆科多秘密从旁监视，随时密奏一切有关信息。

隆科多还曾奉旨秘密查访宗室王公、部院重臣、封疆大吏等人各方面的事情，其中包括安郡王岳乐子孙因纠纷相互讼告案，明珠之子揆叙的管家钱二携物出逃一事，两江总督长鼐在任上的表现及江南士人对他的反映，宫内太监参与赌博情形，等等。在调查、处理这些纷繁复杂的事务时，隆科多得心应手，面面俱到，既细致严谨，又颇有决断，为日趋衰迈的玄烨节省了宝贵的时间和精力，不断受到玄烨的嘉赞。

隆科多秘密查访钱二一案过程中，玄烨曾下密旨："揆叙家钱二一案大为可疑。阿哥们也有知道此事的。""此事不可交付其他人，你万分机密地取信儿密奏，即使你的阿玛、额娘，也不可使闻。密之！密之！"[3]

玄烨严嘱隆科多将此事对其父母保密，是因揆叙曾与佟国维等一起，共同保举胤禩为皇太子。由于立场一致，双方可能过从甚密，关系较好。玄烨对二舅、二舅母有所提防的同时，却对二舅之子如此信任，这进一步说明，在他看来，隆科多无交结之嫌，更为忠诚可靠。

一次，玄烨阅罢隆科多的奏折，写了如下朱批："此折是谁（执笔）写的？依朕观之，此事甚属机密。下次再奏，须写于薄纸上，钤盖火漆印信，贴在你的奏本背面送来。特此书之，使你尽早知道。"[4] 又一次，玄烨在隆科多奏闻两淮巡盐张应诏等人情况的密折上朱批："你折子中此类机密事宜，断勿让人代书，须自己缮写为妥。字写得不好，又有何妨！"[5] 隆科多尽管精明干练，但满文书法不佳，因担心给重视翰墨的玄烨留下不好印

---

[1] 满文朱批奏折，隆科多奏，无年月。
[2] 满文朱批奏折，隆科多奏，无年月。
[3] 满文朱批奏折，隆科多奏，五月十四日上，十六日下。
[4] 满文朱批奏折，隆科多奏，无年月。
[5] 满文朱批奏折，隆科多奏，七月廿八日上，八月初三日下。

象，曾屡次让人代书奏折。玄烨反复提醒、劝慰，终于打消他的顾虑。此后凡是密奏，他都亲自执笔。六十年八月，他特地在一件密折的结尾加了一句："又，封奏之折，俱为奴才之亲笔。"[1] 由此亦见，他很善于恰如其分地表现自己。

不可否认，玄烨去世前两三年内，他与隆科多的关系中也存在阴影，起因即佟国维爵位承袭问题。

康熙五十八年（1719）二月佟国维去世后，所司以其子承袭一等公爵请旨，被玄烨留中。此后直至玄烨猝死的将近四年中，袭爵事始终拖而未决。一废太子事件后，玄烨与佟国维的关系大不如前，但他还不致于因此不让其子袭爵，何况佟国维之女、贵妃佟佳氏依然健在，而且是后宫位号最高者。按理说，玄烨应将佟国维的爵位令隆科多承袭，然而他却没有这样做，其原因令人费解。

对于未能承袭父爵，隆科多必会耿耿于怀。玄烨晚年，皇十四子胤禵的地位在诸皇子中最为突出，被人们认为是玄烨心目中的接班人。隆科多与玄烨关系密切，接触较多，对玄烨属意于十四阿哥，不会无所觉察。可是，玄烨猝死后，他却违背其意愿，凭借所掌握的京师重兵，帮助皇四子胤禛乘机即位。[2] 他之所以这样做，有诸多原因，其中未能袭爵而怀不满，伺机报复的心理，也应考虑在内。

对于隆科多来讲，个人升迁高于一切。当亲情与利益发生冲突时，亲情便显得微不足道，必须让位于后者。他与既是表兄又为姐夫的玄烨之间的感情，及其上述种种表现，无不说明了这一点。

* * *

处理好与外戚的关系，是保证王朝政局稳定的必要环节之一。玄烨与舅父及表兄弟虽然十分亲近，对其中某些人的非礼言行予以包容、迁就，但在大的方面却把握有度，决不纵容。同时，对他们量材使用，不令干政，从而最终予以保全。这是玄烨处理与母家亲属关系时的特点，也是其煞费苦心之处。

1　满文朱批奏折，隆科多奏，（康熙）六十年八月初八日上，十二日下。
2　杨珍：《清代全史》第四卷第一章第一节《雍正即位》，沈阳：辽宁人民出版社，1991年。

第九章

苏麻喇姑

苏麻喇姑，亲历清太祖、太宗、世祖、圣祖四朝，是康熙帝家庭中的特殊成员。

第九章　苏麻喇姑

康熙帝玄烨的大家庭里，还有一位与众不同的人。她与玄烨既无血缘关系，也无名分嫡庶之亲，但却受到玄烨的敬重和皇子、公主们的爱戴。这位名不见正史，而在民间有着不少传说的人物，便是苏麻喇姑。

一、身世与早年经历

苏麻喇姑是蒙古族人，出生在漠南蒙古科尔沁草原的贫苦牧民之家。她本来的名字叫苏墨儿（尔），直到顺治九年（1652），还依然使用这个名字。"苏墨儿（尔）（sumal）"为蒙古语，意为毛制长口袋，这是蒙古牧民们装带东西时的常用之物。当苏墨儿降临人世，含辛茹苦的父母以随身携带的口袋名称为女儿起名时，无论如何也不会想到，这个嗷嗷待哺的女婴，其后会在九五之尊的皇宫里，度过她那富有传奇色彩的一生。

康熙四十四年（1705）苏麻喇姑去世时，她的名字已成为"苏麻喇"，而不是"苏墨儿（尔）"了。"苏麻喇"（sumala）是满语，与蒙古语"苏墨儿（尔）"意思相近，即"半大口袋"。因长期生活在满洲上层人物身边，她的名字在保留原意的前提下，被改为满语，后来，又被人们称为"苏麻喇姑"。

苏麻喇姑的生年已无考。崇德元年（1636）她曾参与制定清朝冠服，这时她至少当有十八九岁，否则不会膺此重任。所以，苏麻喇姑大约生于清太祖努尔哈赤建立后金汗国，建元天命的1616年前后，与太皇太后孝庄（生于1613年，明万历四十一年）的生年相近。康熙帝玄烨生于顺治十一年（1654），比苏麻喇姑小40岁左右，是她的孙辈。

天命十年（1625），科尔沁贝勒斋桑之女，年仅13岁的孝庄嫁到后金,将年纪更小的苏麻喇姑作为随身侍女,带至盛京。这时,满洲社会正在急速由奴隶制向封建制转化。新鲜陌生的环境,大大开阔了小苏麻喇姑的眼界,她以一个幼童特有的好奇目光,探究着周围的一切,不知不觉中,增长了见识。

天命十一年(1626)八月,努尔哈赤去世,皇太极继承汗位,改元天聪,十年后(1636)正式称帝,改国号为大清,年号崇德。孝庄已由侧福晋封为西永福宫庄妃,其才华逐步为皇太极赏识,开始参与某些国政,成为丈夫的得力助手。有其主必有其仆。孝庄的陪嫁侍女不止苏麻喇一人,但她却是其中最突出的一个。这从下述事例中充分体现出来。

满洲原无文字。1599年(明万历二十七年),清太祖努尔哈赤命额尔德尼、噶盖在蒙古文字母的基础上,创建了满文,其后还推广汉族文化。后金贵族子弟,尤其是年轻的阿哥及其福晋们,都被要求学习满、汉文化,而国语(满语)摆在优先位置。苏麻喇姑正是在陪伴孝庄学习的过程中,凭着她的良好悟性,出色地掌握了满语,并写得一手漂亮的满文。几十年后,孝庄选中她为爱孙玄烨"手教国书",表明她具有扎实的满语文功底。

据《啸亭续录》记载,"国初衣冠饰样",皆苏麻喇姑"手制"。[1] 另据《清史稿》载:"清自崇德初元,已厘定上下冠服诸制。"[2] 苏麻喇姑参与的,即是这项事情。

清朝冠服制度继承了包括辽、金、元在内历代衣冠服饰的传统,又充分展现出满洲服装特点。其款式复杂,内容丰富,既是对中国古代冠服制度的发展,也是中华民族弥足珍贵的文化遗产。清皇室及各级官员的朝服,是清代满洲服装的重要组成部分。它自崇德元年厘定后,直至清末,无大的变化,延续了几乎三个世纪。今天,直接从满洲服装演变而来的旗袍,作为中华民族优秀传统服装之一,依然得到广大妇女青睐。当人们穿上典雅大方的旗袍,或欣赏舞台上展现满洲服饰的服装表演时,不应忘记300年前,一位年轻的侍女为之倾注的心血,做出的贡献。

---

[1] 昭梿:《啸亭续录》第4卷,第476页,《苏麻喇姑》。
[2] 《清史稿》第103卷,第3034页。

苏麻喇姑能够胜任清朝开国初年衣冠饰样的制定，不仅说明她心灵手巧，擅长女红，还反映出她具备一定文化素养和创造力，对满、蒙古、汉服饰都有所钻研。她在孝庄身边经过数年耳濡目染，加之自身的努力，已逐步成长起来。

崇德八年（1643）八月皇太极暴卒，此后直至康熙二十六年（1687）十二月孝庄去世，前后达44年。这一时期，正处于清军入关（1644）到清朝统一台湾（1683），即清朝在全国建立并巩固其统治的重要历史阶段。在此期间，孝庄先后抚育、保护、培养了清朝开国的两位幼龄皇帝，并在他们长大后，继续发挥作用，充分显示出她作为女政治家的智慧、胆略和才能，而苏麻喇姑则自始至终协助主人，尽心竭力。

顺治元年清朝定鼎北京时，福临年仅7岁，由叔父睿亲王多尔衮摄政。福临曾回忆当时的情形说："睿王摄政时，皇太后与朕分宫而居，每经累月，方得一见，以致皇太后萦怀弥切。"[1]在此情形下，孝庄只有委派自己最信任的人经常代她去看望儿子，而这一差使非苏麻喇姑莫属。她是孝庄母子处于最困难时期的联系人。

顺治八年（1651）福临第一次大婚前，未来的皇后，孝庄的侄女博尔济吉特氏一度患病，孝庄十分焦急。她派出"三位满族妇女"，隐瞒了未来皇后的身份，去向在京的传教士汤若望求医。博尔济吉特氏很快痊愈了。为表示酬谢，孝庄除去让"三位满族妇女"，带给汤若望大批钱财和金线绣花的丝织品外，过了数日，又派遣"一蒙妇携带一使女"，送去厚礼。"这位蒙妇为人很诚实"，她告诉汤若望，"她的女主人，就是皇帝的母亲，那位患病而被汤若望治好了的郡主，就是皇帝的未婚妻。"她又说，"皇太后将来要以父执敬礼汤若望……她愿意汤若望以女儿看待她。"汤若望表示谢意，"并且就籍蒙妇传达一个劝告给她"，即"不要再保护那些僧徒们了。"[2]这位在孝庄与汤若望之间转达重要信息的蒙古妇人，很可能就是苏麻喇姑。

是年八月福临大婚后，孝庄依据惯例，指派内大臣席纳布库之妻入侍

---

1 《清世祖实录》第143卷，第17页。
2 ［德］魏特：《汤若望传》，杨丙辰译，第264-265页。

皇后，席纳布库不愿。"适皇太后遣苏墨尔（即苏麻喇姑）赴公主府，席纳布库路遇之，诘云：'我妻因何拨侍皇后，此皆尔之逸言所致也。'遂将苏墨尔捶楚几死，赖皇太后仁慈宽宥，托言苏墨尔坠马，令医调治，三日始愈"。[1] 这表明早在顺治朝中期，京廷官员们已知道苏麻喇姑是孝庄的亲信，她的话很受孝庄重视，对于孝庄决定某些人事问题，具有一定影响。这一事例还说明，苏麻喇姑常常骑马外出，为孝庄办事。在大草原上长大的人，无不擅长骑马，苏麻喇姑的马上功夫，肯定是不低的。

二、启蒙老师

《啸亭续录》中《苏麻喇姑》一条记载说，玄烨幼时，"赖其训迪，手教国书"[2]。短短八字，意味深长，它所反映的情况，与当时玄烨所处客观环境，有着密切联系。

清初，痘疹在中原北部地区流行，北京尤甚。玄烨生于顺治十一年（1654）三月。史载："乙未（顺治十二年）冬十一月，中宫出疹，上（顺治帝福临）避南海子（南苑）。惜薪司日运炭以往。十二月，命惜薪司环公署五十丈，居人凡面光者，无论男女大小，俱逐出。"[3] 中宫即福临第二位皇后孝惠章皇后。由于痘疹肆虐京城，避痘南苑的福临心有余悸，竟下令将惜薪司（今北京西安门惜薪司胡同内）附近地方凡未出痘的居民，全部赶走，以免他们染上痘疹，传给运炭南苑之人，进而威胁自身。在谈痘色变的氛围中，皇室成员纷纷外出避痘，不满2周岁的玄烨，当在此时被迁往紫禁城外北长街路东一所宅第（雍正年间改为福佑寺）；其长兄牛钮前已夭折，次兄福全被寄养在大臣家中。偌大的紫禁城，一时已非安全居所。

玄烨晚年曾很伤感地回忆道："世祖章皇帝因朕幼年时，未经出痘，令

1　《清世祖实录》第63卷，第21页。
2　昭梿：《啸亭续录》第4卷，第476页。
3　谈迁：《北游录》（不分卷），《纪闻下·避疹》，第413页。

第九章 苏麻喇姑

保姆护视于紫禁城外,父母膝下,未得一日承欢,此朕六十年来抱歉之处。"[1]可见他从小外出避痘,直至福临病逝前不久,即他六七岁出痘痊愈后,才重返皇宫。

尚在襁褓中的皇子,独居紫禁城外,故照料之人责任重大。玄烨儿时的身边服待人员,最主要有两位,一是孝庄亲自挑选的乳母瓜尔佳氏,一是保姆朴氏。朴氏原是福临的乳母,因敬慎有加,深为孝庄满意,玄烨降生后,孝庄又命她来照料孙儿。瓜尔佳氏与朴氏都是善良、温厚的女性,她们对玄烨"殚心调护,夙夜殷勤",抚视周详,提携备至。[2]玄烨在她们的乳抱中长大,成为一代英主。

按理说,孝庄也可以让苏麻喇姑担当同朴氏一样的职任。孝庄嫁与皇太极后,天聪三年(1629)至崇德三年(1638)期间,先后生下皇四女固伦雍穆长公主雅图、皇五女固伦淑慧长公主阿图、皇七女固伦端宪长公主(名未祥)和皇九子福临。对于孝庄这四个儿女的照管,苏麻喇姑肯定是出过力的。她既有照料幼儿的丰富经验,又聪慧干练。可是,孝庄却没有这样做,原因何在?玄烨曾回忆说:"朕自幼龄学步能言时,即奉圣祖母慈训,凡饮食、动履、言语皆有矩度……"[3]

孩子"学步能言",大体在两三岁时。玄烨既然不足2岁就离开皇宫避痘,孝庄怎能在他身边言传身教,随时纠正其"越轶"之处?在此期间,幼龄玄烨并未进入紫禁城,孝庄也难以每天驾幸孙儿避痘之所。既要对爱孙施行严格教育,又受到客观条件限制,所以,孝庄唯有派遣一位她最信赖,且有能力之人,每日前往玄烨居处,代替她对孙儿施教,而苏麻喇姑恰堪此任。

孝庄没有让苏麻喇姑像朴氏等人那样,只在生活起居上照料玄烨,而是托付给她一副更重的担子,即充当小玄烨的启蒙老师。为此,年已四旬开外的苏麻喇姑,每天骑马奔波于慈宁宫与玄烨避痘所之间,春夏秋冬,风雨无阻。北长街上,无数次留下她的辛劳身影。

---

1 《清圣祖实录》第290卷,第12-13页。
2 鄂尔泰等修:《八旗通志初集》第8册,第290卷,第5376页。
3 《圣祖御制文二集》第40卷,第2页。

苏麻喇姑辅导玄烨学习满文，手把手地教他书写。康熙一朝，谕旨奏报，多书以满文。玄烨的满文字体舒展流畅，雍容大度，这是在苏麻喇姑的精心教诲下，从小习练的结果。尽管苏麻喇姑本人的文墨字迹早已无存，但可以肯定，她的满文写得相当漂亮，玄烨的满文书法，受到她的较大影响。

依据上引玄烨的回忆可以看出，苏麻喇姑还禀照孝庄的意图，对小玄烨进行培养教育，这使他受益终身。玄烨的良好习惯、作风，大部分是在少儿时期养成。例如他曾说："朕自五龄，即知读书。"[1]表明正是在避痘期间，由于苏麻喇姑的循循善诱，他产生了喜读书，爱钻研的志趣。可以说，在玄烨的幼年、童年时期，孝庄对他的启蒙教育，最初是通过苏麻喇姑而进行，孝庄将玄烨培育为杰出帝王的漫长历程，开端于苏麻喇姑的数年教诲。

训迪玄烨，手教国书，是苏麻喇姑在此时期的首要职责。此外，关于玄烨的日常起居，饮食调理等方面，苏麻喇姑也会加以关照，随时将有关情况奏报孝庄，并将孝庄的旨意带给朴氏、瓜尔佳氏等人。苏麻喇姑对玄烨生活上的照料可能并不很多，但却处于一个相对更高的位置，即代表孝庄对朴氏等人进行督促指导，并就照料事宜，同内务府等处人员联系、磋商。少儿玄烨身心发育良好，为其后60余年的治国生涯打下坚实基础，这和他避痘期间，苏麻喇姑、朴氏、瓜尔佳氏等人鞠育佑护密不可分，同时也说明孝庄独具慧眼，知人善任。

碍于苏麻喇姑的身份，正史中对于上述情况从未提及，但是她曾辅导幼年玄烨学习满文一事，却被传为佳话，直至嘉道时期，仍为人们所津津乐道。礼亲王昭梿将此事书于《啸亭续录》中，为我们留下珍贵的文字记载。

---

[1] 《清圣祖实录》第87卷，第6页。

三、额涅格格与额涅妈妈

一份康熙年间内务府官员奏报宫内食用猪肉数额的清单上写道："……苏麻喇额涅格格、爱新之妈妈（妈妈即汉语中奶奶，爱新的身份不详），猪肉各三斤……"[1]清单没有缮写时间，但所述人员里，包括皇十七子胤礼和玄烨的乳母瓜尔佳氏。胤礼生于康熙三十六年（1697）三月，瓜尔佳氏逝于康熙三十八年（1699）七月。据此推断，清单是写于三十六年三月至三十八年七月之间。

康熙三十四年（1695）十月初二日，议政大臣、领侍卫内大臣兼内务府总管马思喀等，就宫内外各项人员的口粮数额，向玄烨奏报，其中也述及苏麻喇姑："……苏麻喇额涅妈妈、格格等八人，萨满一人"，"每人每日用稻米"若干。[2]

康熙四十年（1701）三月二十四日、十月二十六日，马思喀等关于节减宫内菜蔬用项的两次奏报中，又先后五次提到"苏麻喇额涅妈妈"。如在奏折中说："苏麻喇额涅妈妈自十月十六日至来年二月三十日过冬之各样鲜菜二百一十斤，红萝卜十六斤，水萝卜八斤，胡萝卜八斤，王瓜四十只，茄子四十只，盐四斤。自三月初一至十月十五日，每日食用鲜菜三斤六两。此外，五月内每日用水萝卜六只；六月至八月，每日用王瓜六只，茄子六只；九月至十月十五日，每日用红萝卜三只，水萝卜六只，胡萝卜六只。欲将此内过冬鲜菜二百一十斤减去十斤，余二百斤；红萝卜十六斤内减去一斤，余十五斤；王瓜四十只内减去五只，余三十五只。其它各项菜蔬仍旧。"[3]

苏麻喇姑的上述不同称谓，为进一步考察她在宫中的情况，提供了重要线索。

"额涅格格"（eniye gege）、"额涅妈妈"（eniye mama）都是满语。"额涅"，即额娘、母亲；"格格"，本意为"姐姐"，是对女子的尊称，亦

---

1 台北故宫博物院：《宫中档康熙朝奏折》第9辑（满文谕折第2辑），第865-877页。
2 满文朱批奏折，马思喀等奏，康熙三十四年十月初二日。
3 满文朱批奏折，内务府奏，康熙四十年十月二十六日。

用于皇室女儿的称号，对于苏麻喇姑所取之意，当是前者；"妈妈"，即奶奶、祖母，也可用来泛称年长的妇人。苏麻喇姑的这几种称谓，体现出她同孝庄、玄烨及其儿女们之间的关系，即孝庄称其为"格格"，玄烨称其为"额涅"，皇子、公主们则称其为"妈妈"。因为只有"主子们"对苏麻喇姑如此称呼，宫内才能仿而效之，并见诸内务府大臣的奏折。

孝庄称苏麻喇姑为"格格"，主要有两方面原因。

第一，是对忠诚老仆的回报。在孝庄培育、保护福临、玄烨两位幼龄皇帝的艰难历程中，曾得到苏麻喇姑多方面的帮助。苏麻喇姑以自己独特的方式，对清皇室，亦即对清朝建国初期的巩固和发展，做出重要贡献。孝庄对这位跟随自己几乎一生的女子，怀有深深的感激之情。

第二，是由孝庄同苏麻喇姑的特殊关系所决定。她俩之间，实际上早已超过一般的主仆。苏麻喇姑与孝庄自小相伴。皇太极去世时，孝庄刚刚三十出头，在其后长达四十四年的寡居生活中，她虽然身为国母，位极至尊，但作为正常人，特别是女性，不能没有一位能够倾诉衷肠之人，而聪颖伶俐、善解人意的苏麻喇姑，则无可替代地胜任这一角色，不仅为女主人办理大小事情，是她的得力助手，并以一颗在情感上同样欠缺的心灵伴慰着她，是她可以无话不谈的知己。如果说前一原因体现出一定的政治色彩，后一原因则更多地包含着孝庄本人对苏麻喇姑的深情。

"额涅"，当是玄烨幼龄、少年乃至青年时期，对苏麻喇姑的称谓。他这样呼之，其来有自。

玄烨是个很重感情的人。他幼年很少得到亲生父母爱抚，即位后，对待儿时曾照顾过自己的人，如乳母、保姆等，格外亲近。朴氏和瓜尔佳氏，分别被封为"奉圣夫人"与"保圣夫人"，她们去世后，玄烨都亲临吊唁，多次遣官致祭。瓜尔佳氏的"初次祭文"中写道："尔为阿母，堪作表仪。方谓克享遐龄，永绥多福；岂期大耋未届，一病沉绵。抚视再三，临丧哀悼……"[1]表明瓜尔佳氏病重时，玄烨曾几次亲临探望，后又亲至丧次。他不称逝者为"乳母"（满语为嬷嬷额涅，meme eniye），而谓"阿

---

[1] 鄂尔泰等修：《八旗通志初集》第8册，第239卷，第5377页。

母"（满语为额涅，即母亲），反映出他对瓜尔佳氏的真挚感情。可见，清帝对在自己儿时予以照料的妇人，可以直呼为"额涅"（阿母）。苏麻喇姑同瓜尔佳氏就是其中的两位，而且可能是康熙年间享此殊荣的仅有二人。

苏麻喇姑毕竟不是玄烨的乳母，孝庄允许爱孙称其为额涅（额娘），体现出她的通情达理，也表明她对苏麻喇姑与孙儿之间的情义，持赞许态度。她在处理家庭成员及后宫人员之间的关系时，能够从大局出发，照顾到各方面的因素，从而促进了皇室内部及后宫的和谐。这一明智方针，后被玄烨所仿效。

对于玄烨的这种称呼，苏麻喇姑倍觉欣慰，也感慨万端。她的年龄与孝庄接近，但孝庄是玄烨的亲祖母，苏麻喇姑既为侍女，自然要屈居下辈。玄烨呼之为额涅，恰如其分，无僭越之嫌。再者，苏麻喇姑没有子女，她对自己辅导、照料多年的玄烨怀有母爱，乃人之常情。她内心深处，十分希望玄烨称其为额娘，因为从这一称呼中，她可获得更多的慰藉与满足。

"妈妈（即汉语奶奶）"是玄烨的儿女们平时对苏麻喇姑的称呼。康熙四十四年（1705）皇子们奏报苏麻喇姑病情的折子中，都称她为"苏麻喇妈妈"，而玄烨的朱批，也随着皇子们，称其为妈妈（见下文）。这说明苏麻喇姑步入高龄，特别是玄烨的下一代长大后，人们对她的称呼也有所变化，"格格""额涅"等渐渐弃而不用，"妈妈"成为当时宫内对她的通称。概括而言，"额涅格格""额涅妈妈"和"妈妈"，是苏麻喇姑在世时，宫中不同时期对她的称谓，这实际上是仿照孝庄、玄烨及其儿女们的叫法。尽管有时也兼而并用，但总的趋势是后者逐步代替前者，最终以"妈妈"相统一。至于"苏麻喇姑"的称呼，看来是她去世后才出现，并逐渐取代"妈妈"，成为后人们对她的通称。

还需指出的是，"额涅格格"与"额涅妈妈"均为两种称谓的混合体，同指一人。这是当时人们称谓中的一种习惯用法。满文档案及其他有关史料中，类似的例子很多，而且有不少是出现在皇室人员之间。如玄烨称祖母孝庄为"太皇太后圣祖母"；皇子们称嫡祖母孝惠为"太后祖母"，称生母或庶母为"妃母"（妃额涅）"，对王公之母呼为"母福晋（额涅福晋）"，等等。有时名号在前，家庭称谓在后，有时反之，约定俗成，并无一定。

写于康熙三十六年（1697）至三十八年的宫中用肉数额清单，其人员排列顺序，透露出苏麻喇姑在宫内的微妙地位。

清单上人员顺序依次为皇太后、皇上、妃、嫔、贵人、常在、公主、乾清宫宫女、乳母、祭祀萨满、皇太子、大阿哥……（皇子以长幼序，直到）十七阿哥。其后为翊坤宫公主、永和宫公主、长春宫小格格……皇室成员（包括各自的服侍人员，如宫女、嬷嬷等）后，紧接着便是"苏麻喇额涅格格、爱新之妈妈"。再往下，则全部是非皇室成员，即在宫中服役者，如妈妈、太监、侍卫、工匠、剃头人、译书人，等等。苏麻喇姑的名字恰恰是被放在皇室成员与非皇室人员之间，即皇室成员之末，非皇室成员之首。

清单反映的人们每日所用猪肉数额，也很说明问题。

皇太后所用最多，共计60斤猪一只，鹅一只，鸡二只；皇上为次，猪肉25斤（玄烨朱改为20斤），鹅一只，鸡三只。以下递减，如皇太子，猪肉24斤八两；一般成年皇子，猪肉八斤12两（玄烨朱改为八斤）。所有嬷嬷、妈妈、宫女等，猪肉或为一斤八两，或更少；太监、工匠等人，又等而下之。苏麻喇姑为猪肉三斤，比皇室成员少，但居非皇室人员之首。

苏麻喇姑在宫内的这种特殊境况，在前述康熙四十年马思喀的两件奏折内，进一步得到证实。

马思喀等首先将宫内外菜蔬消费机构及人员分为两类，即皇室成员的饭房、膳房，及皇室外人员。

第一类：宁寿宫之饭房、膳房，妃、福晋之饭房，皇上之饭房、膳房，毓庆宫饭房、膳房，咸安宫饭房、膳房，多罗四贝勒（胤禛）、多罗五贝勒（胤祺）、多罗八贝勒（胤禩）、九阿哥（胤禟）之饭房，等等。

第二类：苏麻喇额涅妈妈、四位格格们、宫女等，三宫（乾清宫、毓庆宫、咸安宫）宫女、太监喇嘛、太监和尚、修书人、制药人、刻书工匠、烧玻璃人、茶上人、饭上人、做果子人、译书人、侍卫、拜唐阿（听差人）、太监们、阿哥之师傅、奶公、哈哈珠子、拜唐阿、太监，等等。苏麻喇额涅妈妈仍然居皇室外人员之首，其次是四位格格，她们当是由宫中抚养的宗室之女。

马思喀等随后又奏报节约菜蔬的详细方案，引人瞩目的是，苏麻喇姑和四位格格竟被置于皇室成员之列。其所述人员，顺序如下：

第一类：太后，端顺妃、淑惠妃，色木根母福晋，苏麻喇额涅妈妈、格格等4人，皇上（包括各主位、公主），皇太子，贝勒，阿哥，福晋。

第二类：各宫及贝勒、阿哥之宫女、妈妈，苏麻喇额涅妈妈、格格们之宫女，宁寿宫之妈妈，宁寿宫之宫女，端顺妃、淑惠妃之宫女，色木根母福晋之宫女，贝勒、公主之嬷嬷、妈妈，贝勒、阿哥之哈哈珠子，等等。

皇宫内等级森严，名分事关重大，上下尊卑之间，不容有丝毫混淆。马思喀先将苏麻喇姑置于皇室外人员之中，后又归入皇室成员内，而玄烨并不以为忤，这种特殊现象当如何解释？

苏麻喇姑并非清皇室成员，但由于前述各种主客观原因，实际上，她已不属于一般服侍皇室之人。她与皇室之间，特别是与孝庄和玄烨之间，有着极密切的关系。这使得她的名分较为特殊，即游离于皇室人员与非皇室人员之间，可以根据具体情况需要，将她置于前者或后者。马思喀正是这样做的。作为内务府总管，他悉知苏麻喇姑的情况，所以在有关事宜上，处理得较为灵活。

四、抚养皇子

康熙二十六年（1687）十二月，孝庄去世，享年75岁。突然失去相伴60余年的女主人，苏麻喇姑的哀伤不言而喻，若非她事前已接受一项新的重托，很可能经不住这一打击。这个"任务"即抚养孝庄的曾孙、玄烨第十二子胤祹。

胤祹生于康熙二十四年（1685）十二月，生母是当时尚未晋封主位的万琉哈氏。多年后，胤裪曾深情地谈到苏麻喇姑将他"自幼养大"[1]，可见他出生不久，当孝庄还在世时，他就被托付给苏麻喇姑抚养。孝庄做此安排，是为了尽可能减轻已近古稀的苏麻喇姑的孤独感，这也是她对忠实女仆的最后回报。

苏麻喇姑能够接受抚养皇子的重托，也表明她虽然已至暮年，但身体状况良好，精力也还充沛。其后她又活了20余载，年至九旬方辞别人世，并不是偶然的。

另外，苏麻喇姑与孝惠皇太后同为漠南蒙古科尔沁人，又都是幼年离家进入宫中，而且都同孝庄有着极深的情义。所以，尽管她俩的地位、名分有着很大差别，年龄也相差20几岁，但在宫内漫长的岁月中，两人当有较多接触，彼此关系较好，特别是在孝庄去世后。

似乎令人难解的是，胤裪称苏麻喇姑为"阿扎姑（aja gu）"[2]。"阿扎"，满语，与额涅即额娘、母亲同义。"姑"，满语，与汉语中的"姑"同义。"阿扎姑"似可译为"母姑"。胤裪一反其他皇子对苏麻喇姑的叫法，不称"妈妈（奶奶）"，而呼为"阿扎姑（母姑）"，当有多种因素。

苏麻喇姑与胤裪相差约70岁，而胤裪的称呼却表明，她是以母辈身份抚养胤裪。以母子相称相待，更加亲近自然，体现出苏麻喇姑强烈的母爱本能。孝庄与玄烨，观察入微，感情细腻，完全懂得她内心的渴望，所以对这种与辈分不符的抚养关系和称谓，予以默许，足见他们对苏麻喇姑的理解和体贴。

另一方面，满洲的异辈婚习俗改革，到康熙年间才基本完成，而当时的现实生活中，还存在不少与封建伦常观念不相符合的现象。胤裪对苏麻喇姑的称谓，即是一例。对此，其同时代人司空见惯，不会产生疑问，更不会予以非议。不过，胤裪对苏麻喇姑的称呼毕竟不同于汉俗，提供了清朝入关初年，满洲伦常关系方面发展演变的生动实例，值得我们从民族学、民俗学等多种角度，进行研究。

---

1 满文朱批奏折，胤祉等奏，康熙四十四年九月初九日。
2 满文朱批奏折，胤祉等奏，康熙四十四年九月初九日。

第九章 苏麻喇姑

现存满文档案中,胤裪谈及苏麻喇姑,称为"我的阿扎姑"[1],表明此称呼为他所独有,但这有可能是"苏麻喇姑"这一称谓的开端。苏麻喇姑去世后,人们参照胤裪的叫法并加以改进,称其为"苏麻喇姑",简便上口,不再包含诸多特定关系(如"额涅""格格""妈妈"等),又有尊崇之意,宫内外均可呼之。如雍正帝即位后,就已称她为"苏妈里姑"[2]。

胤裪在苏麻喇姑身边生活了将近20年,受益匪浅。

苏麻喇姑是位能干的女性,办事麻利,外柔内刚,在处理人际关系方面,尤为得心应手。这既是孝庄长期培养的结果,是她丰富的人生阅历所致,也是其天性使然。后人说她"性巧黠"[3],当是符合事实的评价。在苏麻喇姑的影响与言传身教下,胤裪长大后,颇有办事之才,在玄烨诸子,特别是十阿哥(胤䄉)以下年轻的皇子中,是比较突出的一个,曾多次奉旨办理各项政务。玄烨晚年,诸皇子拉党结派,十四阿哥(胤祯)以上完全没有介入者很少,而胤裪就是其中之一。因此,在为人处事中允不倚,善于搞好与大多数皇子的关系等方面,胤裪身上,隐约可见其"阿扎姑"的遗风。为玄烨抚养出一位比较干练的皇子,是苏麻喇姑对清皇室所做的最后贡献。

将近二十载朝夕相处,老妈妈与小皇子之间感情笃深,苏麻喇姑去世前后胤裪的言行举止,足以证明。

康熙四十四年(1705)八月末,苏麻喇姑突患重病,胤裪焦急万分,"恭请皇父训谕"。玄烨降旨:"著十二阿哥日夜看护。"[4]胤裪未等接到朱批,早已如此而行。正如皇三子胤祉、皇八子胤禩奏称:"自妈妈生病之日起,十二阿哥日夜守在妈妈身边,阿哥福晋也昼夜在旁看护,"[5]直至苏麻喇姑去世。

安放苏麻喇姑遗体时,胤裪悲痛欲绝,久久不忍离去。胤祉等反复劝说无用,最后不得不摆出长兄姿态,"亲自将他领回家中"。可是,胤裪依

---

[1] 满文朱批奏折,胤祉、胤禩奏,康熙四十五年二月十三日。
[2] 鄂尔泰、张廷玉等编纂:《国朝宫史》上册,第3卷,第27页。
[3] 昭梿:《啸亭续录》第4卷,第476页,《苏麻喇姑》。
[4] 满文朱批奏折,胤祉等奏,康熙四十四年。
[5] 满文朱批奏折,胤祉、胤禩奏,康熙四十四年。

然感到哀思未尽，他对胤祉等人说："阿扎姑自小把我养大，我未能回报，就出了此事，我请求能住守数日，百天之内供献饭食，三七念经。"胤祉等立即向皇父奏报："据查，内务府总管所奏案内，并无供献饭食及念经之例。今（十二）阿哥请求念经、供食，并亲身住守数日，如何处理，谨请父旨。"虽然没有先例，但玄烨也为儿子的真情所动，特予批允："十二阿哥之言甚是，依其所请为之。"胤裪为苏麻喇姑守灵，日夜不辍，胤祉等皇子则每人一天，"前去伴慰十二阿哥"[1]。

岁月流逝，并未冲淡年轻皇子的思念。康熙四十五年（1706）二月，清明未至，胤裪就对皇兄胤祉和胤祺说："我的阿扎姑故后，周年之期未满，本月二十二日我想得以前去，以清明之礼祭奠，请阿哥等具奏。"然而玄烨没有同意："知道了，让他不要去吧。"[2] 玄烨阻止胤裪前去祭奠，主要原因还是心疼儿子，担心他因此悲伤过度，有伤身体。苏麻喇姑去世周年之际，胤裪是否前往致祭，不得而知，但他有此愿望，却是可以肯定的。

胤裪对苏麻喇姑如此怀念，从一个侧面反映出苏麻喇姑的为人。她未曾做过真正的母亲，可是却把一副慈母柔肠，奉献给玄烨、胤裪父子，特别是胤裪，自幼将其带大，一起生活近20载，彼此有着不是母子，胜似母子的挚爱亲情。

五、备受敬重

苏麻喇姑晚年的深宫生活，舒适而恬淡。胤裪一天天长大后，她将余下的精力，更多地用于佛事活动。同大多数蒙古族人一样，苏麻喇姑笃信喇嘛教，"性好佛法，暮年持素"[3]。与别人不同的是，她将自己的宗教信仰与对清皇室的感情合而为一，正如她本人所言，"蒙主子厚恩，每日只是

1　满文朱批奏折，胤祉、胤祺奏，康熙四十四年九月十三日。
2　满文朱批奏折，胤祉、胤祺奏，康熙四十五年二月十三日。
3　昭梿：《啸亭续录》第4卷，第476页，《苏麻喇姑》。

第九章　苏麻喇姑

在佛像前尽力为主子祈祷，祝愿主子万万岁"；她"愿意多活几年，为主子叩头祈祷，以尽奴才的一点心意"；奴才存活于世，"只是为了主子念佛祈福罢了"[1]。"主子"是指玄烨，她已把自己往日对女主人的赤诚，全部倾注到玄烨身上。

康熙四十四年（1705）九月初七日，苏麻喇姑以九旬高龄，走完了她那不平凡的人生之路。[2]

是年八月末，玄烨正在塞外巡视。八月三十日，胤祉、胤禩向皇父奏报，八月二十九日，苏麻喇妈妈将他俩叫去说："今我痢血下泻，腹疼难忍。你们若是奏报主子，主子必会送来治病的好法子。你们赶快为我将这些话上奏。"（此句是满语命令式）胤祉等遂询问胤祹和服待太监，据他们说，苏麻喇姑"（八月）二十七日之前仍同以往"。自二十七日患病后，"腹疼痢血，食不下咽"，几至虚脱。胤祉等"请苏麻喇妈妈让大夫看看，苏麻喇妈妈执意不允"，他们只有取来宫内存储的止血石，为苏麻喇姑带在身上；同时又召来大夫、喇嘛，代之口述病情后，大夫们讲："因是上了年纪之人，如此痢血腹痛，虚弱至极，内火旺盛，病似重大。"[3]

玄烨看过奏报，极为焦虑，决定用一切可能的方法，挽救苏麻喇姑的生命。他的朱批写道："妈妈的病重大，恐怕你们将她移至养病之所，就（让妈妈）在平日住的地方养吧。万一已经移住了，将此谕告知（妈妈）后，务必还搬回去住。"他让胤祉、胤禩"用心问问大夫们，如若可用西伯噶古纳（一种药名，满文音译，下同），就对妈妈说，这是主子送来的一种草根，让妈妈用白煮鸡汤掺在一起喝下"。如果大夫说不适宜用，就不要用了。此外，再"问问西洋大夫们，山葫芦是否可以用，如果能用，即从赫什亨那里取来用"。虽然他知道苏麻喇姑此病凶多吉少，但仍旧抱着一线希望："朕返抵（京城）前，想是尚无大妨吧。著墨尔根绰尔济念

1　满文朱批奏折三件，胤祉等奏，康熙四十四年八月三十日、康熙四十四年九月初七日、康熙四十四年九月。

2　满文朱批奏折，胤祉、胤禩奏，康熙四十四年九月初九日。昭梿《啸亭续录》第4卷第476页记载，苏麻喇姑"至康熙壬午年（康熙四十一年，1702）始逝"，有误。

3　满文朱批奏折，胤祉等奏，康熙四十四年八月三十日。

经。"[1]

八月三十日胤祉、胤禛将奏报发出后,为密切观察苏麻喇妈妈的病情,他们一日数次前往探视。承受病痛折磨的老人不断向他俩打听,"折子何时能发回"。九月初三日申时,胤祉等终于接到朱批奏折,立即带给苏麻喇姑。这时,苏麻喇姑已无力亲眼阅看朱批,尽管这些由她手把手教出的字迹,对她来讲是那样熟悉、亲切,比自己的生命还要珍贵。她让皇子们把折子放在枕边,"双手合十,将朱批屡屡贴在嘴上亲吻",并对皇子们说:"因见到主子的手书谕旨,我心里高兴不尽,就连这个院子,都有了光耀。立即遵旨,叫墨尔根绰尔济在我院子里念经吧!我只是为主子念佛祈祷罢了。"极度兴奋与激动之下,她一连说了数遍。[2]

胤祉等遂于初四日向皇父奏报上述情形,并告诉皇父,"因臣等先前未曾奉旨,故未敢(将妈妈)移往养病之所"。"妈妈病势渐有加重","有时一日下泻十余次,夜间五六次","不思茶饭,只能勉强喂进,或依其所思,饮些糜粥、炒米水"。关于选用药品事,经问询西洋大夫、御医、喇嘛等,俱称西伯噶古纳虽专治腹泻,但和山葫芦一样,都有下火药性,故"不合妈妈病状",年老体弱者"不宜使用"。"是以臣等请稍行等候,再与大夫等商议定夺"。这个折子使玄烨在担忧之外,又增添了失望:"西伯噶古纳不可用,想必是看着给耽误了。无论怎样,既然尔等在家,须敬谨为之!"[3]

九月初四日胤祉、胤禛的奏折发出不久,苏麻喇姑的病情进一步恶化。皇子们心急如焚,觉得不能坐等朱批,眼看妈妈病至垂危,于是不顾大夫的忠告,劝请妈妈服用西伯噶古纳。胤祉、胤禛和胤祹一起,按照皇父的旨意,在苏麻喇姑耳边轻轻说道:"这是主子送来的一种草根,已与白煮鸡汤掺在一起,请妈妈喝下。"然而,苏麻喇姑拒绝服用,态度果决。她说:"如今我的病已经如此,主子想让奴才活下去,特地从远方送回草根,让我服用,如此殊恩,奴才断难承受。只是奴才从小不吃任何药,主

---

[1] 满文朱批奏折,胤祉等奏,康熙四十四年八月三十日。
[2] 满文朱批奏折,胤祉等奏,康熙四十四年九月。
[3] 满文朱批奏折,胤祉等奏,康熙四十四年九月。

子原本是知道的。虽说这是草根，但也算是药呀！我的病已至尽头，即使服药，也无益处了。"皇子们很了解妈妈的脾气，听罢没有灰心，依然恳求她服用。起初，苏麻喇姑婉言相拒，后来终于有些不耐烦了，以命令口吻说："阿哥们照我所言具奏，主子会懂得我的意思。"言罢紧闭双目，不再理睬身边的皇子们。[1]

九月初七日凌晨，胤祉等收到朱批，立即再次缮折，奏报苏麻喇姑的病情。他们无奈地写道："臣等稽知皇父（对妈妈之）仁爱至意，只是妈妈不肯服药，臣等也无办法。"玄烨见此，知道已经无望，便叮嘱皇子们："妈妈如果出事，过七日后再洗身穿衣。暂于何处停放事，尔等与内务府总管从速议定。"[2]

胤祉、胤禛的折子发出当天，苏麻喇姑与世长辞。九月初九日，他俩向皇父奏报了当时的情况：事情一出来，在京的年长皇子，立即全部赶至现场。安放遗体时，"因太后祖母身边无人（陪伴），我俩商议后，特将五阿哥（胤祺）、十阿哥（胤䄉）留下，又因十四阿哥（胤祯）原本住在宫内，也让他留在紫禁城里照看。除他们三人外，全体阿哥都去送了"。玄烨朱批："先曾降旨，将妈妈（遗体）存放七日后，再洗身穿衣。因朕（本月）十五日才能抵京，故再存放七日，俟朕到家后再定夺。"[3]这表明他不仅想亲见苏麻喇额涅的遗容，还要就死者后事的等级、规格，做出最后决定。

从病状看，苏麻喇姑得的是急性菌痢。受当时医疗条件限制，这种病对一位九旬老人来讲，异常危险，何况她又拒绝服药。苏麻喇姑说"主子原本知道"她"从小不吃任何药"，而玄烨事先已虑及此情，想以"树根"和"鸡汤"冒充顶替，促使苏麻喇姑服用，虽然未能奏效，其用心可谓良苦！可见他对额涅的生活习惯、禀性及其好恶，全都一清二楚，若非自幼受其"训迪"，多年密切相处，断难如此。此外，《啸亭续录》中说苏麻喇

---

1 满文朱批奏折，胤祉等奏，康熙四十四年九月初七日。
2 满文朱批奏折，胤祉等奏，康熙四十四年九月初七日。
3 满文朱批奏折，胤祉等奏，康熙四十四年九月初九日。

姑"终岁不沐浴，惟除夕日量为洗濯，将其秽水自饮，以为忏悔云"。[1]尽管所言有些夸大，但此做法与其不信医药的观念，都和她出身贫苦牧民有关。这是她度过童年的草原水源不足，贫苦牧民缺医少药，生病后只有向神佛祷告的历史，在她身上留下的痕迹。宫中悠悠岁月，并未改变她儿时养成的习惯。另据史载，康熙四十六年六月，玄烨曾对大学士们说："先年满洲老人，多不服药，而皆强壮，朕亦从不服药。"看来，清入关前，满洲老人同样有不服药的传统，连玄烨本人也受此影响，因而他能够理解苏麻喇姑拒不服药的心理。[2]

苏麻喇姑患病期间的情况，对我们进一步了解她晚年与玄烨及皇子们的关系，很有帮助。

苏麻喇姑患病后，正在塞外巡视的玄烨，令留守京城值班的皇三子胤祉、皇八子胤禩找医送药，实际上是组成一个以皇子挂帅的医护班子。如果玄烨本人在京，他会亲自指挥对苏麻喇姑的救护事宜。苏麻喇姑的病惊动了清廷最高层人员，皇帝、皇子无不想方设法，竭力予以抢救，不要说宫内服役者，即使一般妃嫔，概难有此殊遇。

玄烨得知苏麻喇姑的病情后，首先嘱咐皇子们，让病人仍旧留在原住处疗养，不要按照以往惯例，挪往养病之所。而皇子们因深知皇父对苏麻喇妈妈的敬重，奉旨前已如是行之，未曾迁移。宫内服役人员及下层妃嫔等，凡患重病，一律移住固定处所，以免宫中受到病邪侵染。今北京景山东街的吉祥所，就是当年宫人们养病的地方之一。玄烨父子竟不谋而合，为苏麻喇姑打破宫内定规，足见这位老妇人在他们心中的特殊地位。

平日，玄烨对儿子们爱护备至，尽量使他们避免接触一切不洁事物，以防有伤身体。可是在苏麻喇姑面前，这一最大忌讳已荡然无存。在他的授意下，十余日内不仅胤祹及其福晋昼夜守护病榻，胤祉、胤禩也不时趋至妈妈身边，"敬谨"侍奉。苏麻喇姑去世后，除有特殊原因的个别皇子外，在京成年皇子全体出动，亲送遗体，这种情形实为罕见。

苏麻喇姑本人对待玄烨和皇子们的态度，与众人很不相同。她将玄烨

---

[1] 昭梿：《啸亭续录》第4卷，第476页，《苏麻喇姑》。
[2] 《清圣祖实录》第230卷，第7页。

视为最了解自己的人,当她染患恶疾时,深信只有"主子"有办法拯救自己。可是,当玄烨的旨意有违她多年习惯时,她又坚守初衷,拒服玄烨"专门送来"的药品。这种公然不从"圣旨"的做法,即使是后妃、皇子,莫敢为之。苏麻喇姑对于皇子们,更是有权支使,很少顾忌。前引满文档案中,她几次用命令的口吻同皇子们讲话,所言不容置疑。看来她平时对待皇子就是如此,而皇子们也早就习以为常了。

六、葬以嫔礼

据《啸亭续录》记载,苏麻喇姑去世后,"葬以嫔礼,瘗于昭西陵侧,以示宠也"[1]。此言基本属实。

苏麻喇姑去世后,内务府总管等遵旨议奏丧仪等事项。奏入,玄烨认为所议等级偏低,令增议。于是,内务府总管偕皇十二子胤祹会议后复奏。经玄烨批允,死者的丧仪提高为嫔的等级。玄烨还以苏麻喇姑曾抚养十二阿哥为由,认为不应将其灵柩奉移曹八里屯。命于齐化门(朝阳门)外稍近处,择一洁静之地,将灵柩暂放于此;送殡官员、拜唐阿等摘缨。[2]

---

[1] 昭梿:《啸亭续录》第4卷,第476页,《苏麻喇姑》。
[2] 军机处录副奏片,03—0170—0116—011。据这件乾隆十六年满文朱批奏片,苏麻喇原为慈宁宫"服二十疋缎之格格"。康熙四十四年内务府总管等初议:苏麻喇妈妈丧仪依照服二十三疋缎以下、十六疋缎以上格格之例办理;复议:遵旨于旧档查得服二十疋缎之色格(seke)额涅妈妈例,服三十疋缎之麻尔黑(malhi)妈妈例,拟将苏麻喇妈妈格格依照服三十疋缎之格格例办理。乾隆十六年内务府总管等奏称:"经查核,服三十疋缎乃嫔之等级。"苏麻喇妈妈格格"所有行致祭礼、陵寝衙门等项,均已依照服三十疋缎之等级办理"。
该奏片还显示,雍正二年,内务府总管董殿邦等面奏呈览苏麻喇妈妈坟茔建造样式。奉面谕:"朕曾奉准,将一位格格带至我家养育。日前已封贵人。日后事出,也入此坟茔。均造石墓池(wehei c'yse)。将此降旨尔等内务府总管。密之,记之。"(按,这位格格被四阿哥胤禛由玄烨宫中带到雍亲王府后,长期照料康熙五十年出生的胤禛第五子弘昼,不曾进御。雍正初年受封贵人,称"老贵人"【sakda gui žin】。她死后,遵雍正二年旨,葬入苏麻喇姑园寝。)乾隆十六年十二月,弘历命将"苏麻喇妈妈园寝"改称"老贵人园寝"。
另据内务府奏销档193—124号,乾隆元年四月二十六日老贵人去世,丧仪照贵人例办理。关于清朝宫中女子服缎疋数与其等级的对应关系,以及色格额涅妈妈、麻尔黑妈妈之身世,待考。

据《陵寝事宜易知》载，苏麻喇姑于"康熙四十四年十月十三日随昭西陵暂安，雍正三年八月初七日奉安"[1]。所谓随昭西陵暂安，是因孝庄的灵柩在康熙年间始终没有正式下葬，而是暂时停厝在孝陵附近，被称为"暂安奉殿"。这一情况表明，严格遵循封建礼法的玄烨，对于是否按照祖母的遗愿，不归葬昭陵（清太宗皇太极墓），而安葬在孝陵附近，一直犹豫不决。雍正帝即位后，才在暂安奉殿所在地兴建陵寝，定名为昭西陵，于雍正三年（1725）十二月正式安葬了孝庄文皇后。[2] 苏麻喇姑身后仍追随主人，经历了一个由"暂安"到"奉安"的过程。

清朝后妃制度，共分皇后、皇贵妃、贵妃、妃、嫔、贵人、常在、答应等八个等级。皇后"居中宫，主内治"；皇贵妃（一位）、贵妃（一位）、妃（四位）、嫔（六位）"分居十二宫，佐内治"；贵人（无定位）、常在（无定位）"随妃嫔等位，分居十二宫，勤修内职"[3]。在妃嫔中，嫔的待遇与妃相近而远远超过贵人。一个未曾与皇帝有过夫妻关系的侍女，身后竟被以嫔礼相待，这应当是按特例办理。

使人疑惑的是，苏麻喇姑的年龄和孝庄相仿，清太宗皇太极也深知她的聪颖伶俐，让她参与制定"国初衣冠饰样"，但她却未能成为这位开国之君的妃嫔。这是一个难解之谜。

需要指出，苏麻喇姑在宫内的境况及身后丧仪，与嫔的等级并不完全吻合，有的方面等同，有的方面不及，有的方面则大为过之。

清制，嫔丧礼，康熙年间定："嫔薨逝，皇帝辍朝二日。大内以下，宗室以上，二日内咸素服，不祭神。嫔所生暨抚养皇子、皇子福晋，截发辫剪发，摘冠缨，去首饰成服，二十七日除服，百日剃头。"[4]

清朝后妃中嫔以上主位（包括嫔），均可抚养皇子，贵人以下（包括贵人），大约无此资格。苏麻喇姑抚养皇十二子胤祹当是以嫔的身份行事。可是，从现存满文档案看，苏麻喇姑死后，胤祹并未截发辫、摘冠缨成

---

1 《陵寝事宜易知》，亦称《陵寝易知》，为清东陵文管处旧藏手钞本。于善浦先生提供。
2 《清世宗实录》第39卷，第5—6页。
3 《名号》，载《钦定宫中现行则例》第2卷。
4 光绪《清会典事例》第6册，第495卷，第726页。

服。苏麻喇姑病重时，胤祹曾奏请父旨，其中很可能即有一旦事出，自己应否截发辫成服，而向皇父请示之意。玄烨没有指示胤祹这样做，说明并未完全按照嫔丧礼中有关规定，处理苏麻喇姑的后事。

清制，妃嫔率贵人、常在等，分居十二宫；嫔下设官女子六人，太监八人。[1]苏麻喇姑病中见到玄烨的朱批，曾对两位皇子说："立即遵旨，叫墨尔根绰尔济在我院子里念经吧！"可见她是独居在皇宫的一所院落内，直至离世未曾迁移。前引宫中用肉数额清单披露，"苏麻喇额涅格格"及"爱新之妈妈"处，有体面宫女四人，一般宫女十二人。康熙四十年（1701）马思喀等奏称："苏麻喇额涅妈妈、（四位）格格等跟前，有宫女二十二人。"[2]苏麻喇姑患病后，胤祉、胤禩曾向胤祹及太监李今朝等问询病由。这些情况都表明，苏麻喇姑身边，始终有宫女、太监服侍，其具体人数，当与嫔下所应设者，相差无几。

在食物供给方面，苏麻喇姑和嫔之间有较大差距。前引宫内用肉数额清单中，妃嫔部分共列有妃、嫔、贵人、常在等四个等级。妃，猪肉各12斤（玄烨朱改为各八斤），鹅各一只，鸡各二只；嫔，猪肉各八斤（玄烨朱改为各六斤），鹅各半只，鸡各一只半；贵人，猪肉各六斤八两（玄烨朱改为各五斤），鹅各半只，鸡各一只；常在，猪肉各五斤（玄烨朱改为各四斤），鸡各一只。公主，猪肉各五斤（玄烨朱改为各四斤）。而"苏麻喇额涅格格"与"爱新之妈妈"猪肉各三斤，无家禽，不仅远不及嫔，比常在、公主也少很多。

苏麻喇姑与孝庄、玄烨及皇子们的感情及相互关系，则是一般妃嫔们不能比的，前已论及，此不复言。需要补充的是，尽管尚未发现有关苏麻喇姑同玄烨的女儿——公主们相处的档案记载，但可断定，她与公主们的接触，不会少于诸皇子，而彼此关系，也只有更为亲密。

不妨再将玄烨的保姆朴氏、乳母瓜尔佳氏的有关情况，与苏麻喇姑作一比较。

康熙十六年（1677）七月，曾是福临乳母、玄烨保姆的朴氏，被封为

---

1 《钦定宫中现行则例》第3卷，《宫规》第4卷，《太监》。
2 满文朱批奏折，内务府奏，康熙四十年十月二十六日。

奉圣夫人，顶帽服色，照公夫人品级。二十年（1681）六月，朴氏去世，玄烨"特赐孝陵近地（今清东陵风水墙外），葬如公夫人礼"[1]。康熙三十八年（1699）七月瓜尔佳氏去世，赠保圣夫人。十六年七月朴氏被封为奉圣夫人时，很可能已染重病，将不久于人世，玄烨因而加封，以示关怀。不意朴氏转危为安，四年后故去。朴氏按公夫人品级安葬，瓜尔佳氏则没有，是因朴氏曾照料过两代皇帝。雍正元年（1723）雍正帝谕祭瓜尔佳氏的祭文中写道："尔保圣夫人瓜尔佳氏……奉我皇考圣祖仁皇帝，翼翼小心，保抱无怠夙夜，循循供事，经营不及私家。殷勤并逮于朕躬，劳勚弥思夫往日……"[2]说明瓜尔佳氏还曾照顾玄烨的子女，但并非象朴氏那样，专门看护某位皇子，而主要是对小阿哥、小公主的嬷嬷等予以指导，有时也参与一些具体照料事宜。雍正帝当为受到瓜尔佳氏照顾的皇子之一。皇帝成年后，其乳母（保姆）并不离去，在年龄、身体等条件许可时，继续为照料下一代小皇子、小公主们出力，即一生尽职于皇室两代人。朴氏、瓜尔佳氏莫不如此。瓜尔佳氏去世后，被葬在朴氏附近。朴氏、瓜尔佳氏的园寝中，还分别葬有各自的丈夫，即顺治帝的乳父喀（哈）喇和玄烨的乳父图克善。

从入葬等级看，苏麻喇姑大大高出朴氏及瓜尔佳氏，但她们生前在宫中的境况，又非完全如此。

宫内用肉数额清单里，乾清宫人员内乳母的猪肉数额是五斤（玄烨朱改为四斤），比苏麻喇姑的猪肉数额（三斤）多出不少。该乳母未书其姓氏，可能是瓜尔佳氏。这透露出同被玄烨呼为额娘的两位妇人，生前待遇有一定差异。

可见，苏麻喇姑在宫中的名分，并不算高，远在嫔之下，介于"主子"同服役人员之间。她正是按此名分，领取宫内一应物品，其数额甚至不及玄烨的乳母。可是，苏麻喇姑在宫里的实际地位，在包括玄烨在内所有皇室成员心目中的位置，却相当高。这一名不符实、互为矛盾的现象，

---

1 《清圣祖实录》第68卷，第10-11页；鄂尔泰等修：《八旗通志初集》第8册，第239卷，第5376页。按，该页称"康熙十六年，夫人病故"，有误。

2 鄂尔泰等修：《八旗通志初集》第8册，第239卷，第5377页。

出现在苏麻喇姑身上,恰恰显示出她与众不同的独特处,是可以理解的。

玄烨对瓜尔佳氏和苏麻喇姑,都怀有深情,但两相比较,他与瓜尔佳氏更亲近些,对苏麻喇姑则更为敬重,因为前者是其乳母,而后者曾是他的启蒙老师。

苏麻喇姑在宫内的实际地位,同她和孝庄的关系密不可分。玄烨对她的爱戴和敬重,无不发自内心,同时也是出于对"圣祖母"的感情,故以祖母之心为心,爱祖母之所爱,亦步亦趋,奉行无误。孝庄去世后,玄烨曾多次追忆祖母对他的培养之恩,其中也包含着对苏麻喇姑的感激之情,而苏麻喇姑离世后,玄烨对她的缅怀,也会渐渐地、不自觉地融入对于祖母的终生思念之中。

苏麻喇姑的一生,与清初皇室结下不解之缘。她是孝庄的侍女,但对于孝庄的儿子(福临)、孙子(玄烨)和曾孙(胤裪),或曾照料,或予训迪,或曾抚养。换言之,她先后侍奉过清太宗之妻孝庄文皇后、清世祖顺治帝福临、清圣祖康熙帝玄烨及玄烨第十二子履亲王胤裪等四代,曾与顺治、康熙、雍正三帝(雍正帝是在苏麻喇姑去世17年后即位)同住宫中,亲眼看着他们先后长大成人。

苏麻喇姑没有自己的家庭和儿女,她的青春年华与毕生精力,已全部奉献给清皇室。她将孝庄、玄烨、胤裪等视为至亲,而孝庄等也与她感情深厚,称其为格格、额娘、母姑,宛如家人。事实上,苏麻喇姑早已同清初皇室融为一体,后者已经成为她的全部精神寄托。她作为清皇室的一位特殊成员,名副其实,当之无愧。

从清朝入关前直至康熙朝中后期(天命十年至康熙四十四年,1625—1705)约80年的清宫史上,几乎每一页,都留有苏麻喇姑的足迹。她历经清太祖、太宗、世祖、圣祖四个朝代,是其间重大历史事件的见证人,部分事件中,她曾亲身参与,为主人效力。这位出身贫寒的陪嫁侍女,堪称清初一位独特的功臣。

苏麻喇姑被葬在清东陵风水墙外东南方向的新城,其园寝规格,应是依照嫔的等级标准。孝庄的昭西陵,则坐落于孝陵以南五公里的东陵风水墙外。两座园寝邻近,但之间还有一段距离,以示苏麻喇姑园寝非属昭陵系统。

　　苏麻喇姑墓早年已被盗掘，唯宝顶仍存。它历经300年风雨沧桑，依旧在无声地向世人倾诉这不寻常的一切。

第十章

结束语

康熙皇帝一家，是中国封建社会晚期善于运用权力、具有成熟风度的帝王之家，是清初满汉文化相互冲撞、交融过程中的帝王之家，是对其后200年清帝家庭具有重要影响的帝王之家，是对中国封建社会皇帝家庭具有总其成意义的帝王之家。

第十章 结束语

康熙帝玄烨，是中国古代为数无几的一位历史名君，在世界古代杰出帝王内，也位居前列。他八龄即位，在62年的统治中，将国内外形势异常复杂、因连年战争而残破不堪的中国，治理得蒸蒸日上，开创了康乾盛世，使中国封建社会的经济与文化，发展到前所未有的高度。他维护了国家的统一，对于统一多民族封建国家的最后形成，对于我们伟大祖国辽阔版图的最终奠定，都做出了重大贡献。

清代处于中国封建社会晚期，生产力与生产关系的矛盾日益尖锐，统治阶级的腐朽性暴露无遗，各种社会问题堆积如山，积重难返，无法根治。不过，当时经济、文化高度发展的事实，表明中国封建社会在其晚期，也还具有成熟的一面。清朝皇帝作为这一时期的最高统治者，与以往历代帝王相比较，其统治经验更为丰富，从总体上看也更为成熟，而康熙帝在这方面尤为突出。

康熙帝治国过程中，他所拟定的各项方针、政策，制定的各种制度，既与满汉两种文化相适应，也吸取了以往统治者的经验，又基本符合当时的实际需要。他的为政风格务实、稳妥而不失进取精神。他在中国历史上向以宽厚之君著称，他的政治胸怀，与大多数中国古代帝王相比，也是比较宽阔的。他崇尚节俭，不喜浮夸，而且终生勤学不辍，学识渊博，如果称其为一位学者型的皇帝，亦当之无愧。

在治国的同时，康熙帝的治家也相当出色。治家过程中，他善于以理智驾驭感情，并将政治性与世俗性相结合，原则性与灵活性相结合，严肃性与人情味相结合，从而使这个特殊家庭的职能，得到较充分的发挥。这不仅有利于他本人的身心健康，更重要的是使他能够全力以赴、专心致志地治理国政。

在50多年的漫长岁月中，康熙帝的家庭角色感始终很强，自觉性也很高。本书论述的大量史实说明，他不仅是一位尽职尽责的丈夫，一位严厉而又慈爱的父亲，同时还是一位笃尽孝义的皇孙、皇儿，是一位体贴、照顾儿媳、女婿的公公和岳父，是一位疼爱孙辈的祖父（外祖父），是一位极重手足之情的弟弟和兄长，是一位优宠、厚待侄儿、侄孙的伯（叔）父、伯（叔）祖，是一位将舅父视为至亲，以寄托对生母深情的外甥，是一位对表弟"大不敬罪"不忍惩处，一再加以宽恕的表兄，是对家中特殊成员苏麻喇姑处处敬重、关心之至的一位敦厚的晚辈……

康熙帝家庭（这里姑且从他本人大婚后算起）存在的全过程，都发生在清朝入关初期的几十年内，他的家庭成员中，有少数人（如祖母孝庄和苏麻喇姑）曾长期生活在关外。所以，虽然这个家庭从诞生时起，就处于汉族文化占主导地位的总体环境中，时时处处受到汉文化的浸染，但不少方面，如衣食住行，志趣喜好，生活习俗，乃至语言文字等，依旧保留着浓郁的满洲特色。例如，康熙帝的家庭成员之间，平时都是讲满语，彼此的书信，也一律是用满文书写。康熙帝酷爱行围，其儿孙们也乐此不疲，而且大都精于骑射。此外，康熙帝曾在围猎地带领儿子、女婿亲手烤制兽肉，并多次将猎获的美味按满洲传统做法腌制后，派人驰送京师，给后宫人员品尝。这些事例，无不带有满洲文化的鲜明气息，也体现出康熙帝在家庭内部适当地沿用满洲习俗，以期子孙后代不忘"国本"的良苦用心。这个当时处于清代权力顶峰的"第一家庭"，以身作则坚持国语骑射，为满洲统治者做出了表率。

然而，康熙帝在家庭中又并非一味地推行满洲习俗，继承"祖制"，相反，在确立治家方针以及处理同家庭成员的关系这些关键问题上，他主要还是遵循儒家的修齐治平之说，以中国封建社会奉行数千年的儒家伦理规范为准则，评判是非，并指导自己的言行。中国古代帝王中，康熙帝堪称修身齐家的典范。

正像康熙帝在治国时，遵循并发展乃父顺治帝所施行的政策，成功地处理满汉关系问题，从而得以更广泛地团结汉族士绅，取得巩固统治的良好效果一样，他在家庭中，对于满汉两种文化与习俗的关系，处理得也比较好。他没有将满汉两个民族不同的文化习俗相分隔，相对立，而是将两者统一在一起,借鉴吸收,为己所用。同时,他还能够记取以往历代帝王治理家庭的成败得失,从中获益。所以,康熙帝治家不仅兼具满汉两个民族的不同文化特色,更具有对中国古代帝王治家经验进行总结的意义。

康熙帝治家的成功之举,包含着中华民族数千年传统文化的丰厚底蕴,体现了我们这一东方古国的悠久文明与聪明睿智。康熙帝本人及其家庭成员的表现,给当时供职清廷的西方传教士留下良好印象,并由他们播传海外。因而即使是当时,康熙皇帝一家也已在部分西方人士中享有一定声誉。这无愧于中华民族璀璨的文明史,与当时清朝作为一个统一多民族泱泱大国的历史地位,恰相符合。

尤为难能可贵的是,康熙帝既十分重视加强皇权,同时也很懂得权力的意义。无论治国与治家,他都能够比较理智地运用自己手中庞大无比的权力,终其一生,未曾出现大的偏差。这是他在政治上臻于成熟的最重要标志。

尽管康熙帝也犯过这样或那样的错误,甚至是严重错误,如建储等问题,但他终究不失为一位杰出帝王。我认为,他的一生及其治国治家的本质和特色,可以用成熟风度这四个字加以概括。中国古代封建帝王中,秦始皇、汉武帝(尤其是前者)的开创精神,唐太宗的恢宏气魄以及康熙帝的成熟风度,分别体现出中国封建社会早期、中期和晚期的特点与时代面貌。这四位雄才大略之君,在中国历史上各自处于他人无法替代之位。时势造英雄,康熙帝是中国封建社会已进入晚期,适应这一时代需要而产生的一位成熟的帝王。这是由他本人的素质、素养所决定,是他总结历史经验,学习汲取儒家学说的结果,更是其所处时代使然。

能够对康熙皇帝一家进行研究,是由于有大量原始资料即满文档案留存于世。这些康熙帝的亲笔谕旨、朱批、书信以及皇子、大臣们的奏折,涉及内容十分广泛,时间跨度也很大,使我们得以通过一桩桩生动、具体的事例,了解康熙帝与其家庭成员的关系,以及他的精神与感情世界。众所周知,清代以前历代帝王之家的第一手材料,均未传之于世,即使是经史官之手修撰的正史记载中,关于皇帝家庭的史料也很有限。清朝12位皇帝内,清太祖努尔哈赤家庭和清太宗皇太极家庭的有关史料,都极为简略。清世祖福临早逝，有关他的家庭的第一手材料，流传下来的也很少。从雍正帝胤禛开始，随着皇权的不断强化，皇帝对于自己家庭成员的控制愈加严密，以封建礼教规范皇室成员言行的程度也日益加深，而皇子则首当其冲。自此以降，皇子受皇父委派参政、理政的机会，愈来愈少，绝大部分皇子几乎与朝政隔绝。出现这种情况，也同雍正帝吸取康熙诸子从政，加剧储位之争的经验教训有关。由于未曾参与政事，诸皇子给皇父的请安折及奏折中所涉及的内容，远不及康熙时期那样丰富多彩，与研究康熙帝的家庭比较，第一手资料相对匮乏。所以，从雍正帝开始，人们得以了解、观察清帝家庭情况的窗口，日益缩小了。

在中国历史大舞台上，康熙皇帝一家曾经独领风骚，备受世人瞩目，它对于康熙帝治国，对于当时清朝社会的稳固以及经济、文化的发展，都有着直接或间接的影响，在中国数千年的帝王家庭史中，也占有不可或缺的一席之地。括而言之，康熙皇帝一家，是中国古代为数不多的一位历史名君之家，是中国封建社会晚期一位善于运用权力、具有成熟风度的帝王之家，是清初满汉两种文化相互撞击、交融过程中的帝王之家，是对其后200年清帝家庭（后宫）起有重要影响的帝王之家，是对中国封建社会皇帝家庭具有总其成意义的帝王之家。它距离今天已有300余年，仿佛十分遥远，但它的所在地，昔日的紫禁城皇宫，以及北京城内依稀可辨的多处王府遗迹，又使我们感到它并不陌生，甚至和我们靠得很近。通过剖析这一帝王之家，可以更加全面、准确、深入地了解清朝历史，而康熙帝治家的成功与失败之处，对于人们也不无借鉴作用。

附 录

附表一：康熙帝后妃

姓 氏	位号及册封时间	民族	旗籍	生育次数	生育时间及子女	卒年	寿命
赫舍里氏	皇后（孝诚）。康熙四年九月。	满	正黄旗满	2	康熙八年十二月十三日承祜。十三年五月初三日皇二子皇太子胤礽。	康熙十三年五月初三日	22岁
钮祜禄氏	皇后（孝昭）。康熙十六年八月。	满	镶黄旗满	0		康熙十七年二月二十六日	25岁？
佟佳氏	皇后（孝懿）。康熙二十八年七月（十六年册贵妃，二十年晋皇贵妃）。	满	镶黄旗满	1	康熙二十二年六月十九日皇八女。	康熙二十八年七月初九日	36岁？
钮祜禄氏	贵妃（温僖）。康熙二十年十二月。	满	镶黄旗满	2	康熙二十二年十月十一日皇十子敦郡王胤䄉。二十四年九月二十七日皇十一女。	康熙三十三年十一月初三日	
佟佳氏	贵妃。康熙三十九年十二月。	满	镶黄旗满	0		乾隆八年四月初一日	76岁
博尔济吉特氏	慧妃。康熙九年五月追封。	蒙古	蒙古科尔沁部	0		康熙九年四月十二日	20岁以下
纳喇氏	惠妃。康熙二十年十二月（十六年八月册惠嫔）。	满	正黄旗满	2	康熙九年闰二月初一日承庆。十一年二月十四日皇长子直郡王胤禔。	雍正十年四月初七日	70岁以上

371

续表

姓氏	位号及册封时间	民族	旗籍	生育次数	生育时间及子女	卒年	寿命
郭络罗氏	宜妃。康熙二十年十二月（十六年八月册宜嫔）。	满	镶黄旗满	3	康熙十八年十二月初四日皇五子恒亲王胤祺。二十二年八月二十七日皇九子胤禟。二十四年五月初七日皇十一子胤禌。	雍正十一年八月二十五日	70岁以上
马佳氏	荣妃。康熙二十年十二月（十六年八月册荣嫔）。	满	?	6	康熙六年九月二十日承瑞。十年五月三女固伦荣宪公主。十三年四月初六日皇长华。十四年六月二十日皇三子诚亲王胤祉。十二十五日赛音察浑。十二月二十一日长生。	雍正五年闰三月初六日	70岁以上
乌雅氏	德妃。康熙二十年十二月（十八年十月册德嫔）。	满	正黄旗满	6	康熙十七年十月三十日皇四子雍亲王胤禛（雍正帝）。十九年二月初一日皇六子胤祚。二十一年九月二十二日皇七女。二十五年闰四月二十四日皇十二女。二十七年正月初九日皇十四子贝子允禵（允禵）。	雍正元年五月二十三日	64岁
赫舍里氏	平妃。康熙三十五年六月追封。	满	正黄旗满	1	康熙三十年正月二十六日胤禨。	康熙三十五年六月二十日	?
章佳氏	敏妃。康熙三十八年闰七月给谥敏妃。	满	镶黄旗满	3	康熙二十五年十月初一日皇十三子胤祥。二十六年十一月二十七日皇十三女和硕温恪公主。三十年正月初六日皇十五女和硕敦恪公主。	康熙三十八年七月二十五日	?

续表

姓 氏	位号及册封时间	民族	旗籍	生育次数	生育时间及子女	卒年	寿命
卫氏	良妃。康熙四十年（三十九年十二月册良嫔）。	满	正黄旗满（包衣）	1	康熙二十年二月初十日皇八子贝勒允禩。	康熙五十年十一月二十日	40岁以上
博尔济吉特氏	宣妃。康熙五十七年十二月。	蒙古	蒙古科尔沁部	0		乾隆元年八月初八日	?
戴佳氏	成妃。康熙五十七年十二月。	满	镶黄旗满	1	康熙十九年七月二十五日皇七子淳亲王允祐。	乾隆五年十月三十日	70岁以上
瓜尔佳氏	和妃。康熙五十七年十二月（三十九年十二月册和嫔）。	满	?	1	康熙四十年十月十八日皇十八女。	乾隆三十三年三月十四日	86岁
李氏	安嫔。康熙十六年八月。	满	正蓝旗汉军	0		估为雍正年间	60岁以上
王佳氏	敬嫔。康熙十六年八月。	满	?	0		估为雍正年间	60岁以上
董氏	端嫔。康熙十六年八月。	满	正黄旗满（包衣）?	1	康熙十年三月初九日皇二女。	估为雍正年间	60岁以上

373

续表

姓氏	位号及册封时间	民族	旗籍	生育次数	生育时间及子女	卒年	寿命
赫舍里氏	僖嫔。康熙十六年八月。	满	?	0		康熙四十一年九月	40岁以上
万琉哈氏	定嫔。康熙五十七年十二月。	满	正黄旗满（包衣）	1	康熙二十四年十二月二十四日皇十二子胤裪。	乾隆二十二年四月初七日	97岁
王氏	密嫔。康熙五十七年十二月。	汉		3	康熙三十二年十一月二十八日皇十五子胤禑。三十四年六月十八日皇十六子胤禄。四十年八月初八日皇十八子胤祄。	乾隆九年四月十八日	70余岁
陈氏	勤嫔。康熙五十七年十二月。	满	镶黄旗满（包衣）	1	康熙三十六年三月初二日皇十七子胤礼。	乾隆十八年十二月二十日	60岁以上
高氏		汉		3	康熙四十一年九月初五日皇十九子胤䄔。四十二年二月十四日（?）皇十女。四十五年七月二十五日皇二十子胤祎。	乾隆十一年六月二十八日	50岁以上
色赫图氏		满	?	1	康熙五十年十二月初三日皇二十二子胤祜。	乾隆四年三月十六日	40岁以上
石氏		汉		1	康熙五十二年十一月二十八日皇二十三子胤祁。	乾隆二十三年六月初六日	60岁以上
陈氏		汉		1	康熙五十年正月十一日皇二十一子胤禧。	乾隆二年正月初二日。	40岁以上

续表

姓氏	位号及册封时间	民族	旗籍	生育次数	生育时间及子女	卒年	寿命
陈氏	贵人	汉	?	1	康熙五十五年五月十六日皇二十四子胤祕。	雍正十一年	30余岁
纳喇氏（监生常素保女）	贵人	满	?	1	康熙二十四年二月十六日皇十女和硕纯悫公主。	乾隆九年六月二十三日	80岁以上
兆佳氏	贵人	满	?	1	康熙十三年五月初六日皇五女和硕端静公主。	康熙五十六年正月十一日	60岁以上
郭络罗氏	贵人	满	镶黄旗满	2	康熙十八年五月二十七日皇六女和硕恪靖公主。二十二年七月二十三日胤禟。	?	?
袁氏	贵人	汉	?	1	康熙二十八年十二月初七日皇十四女和硕悫靖公主。	康熙五十八年八月十二日	40岁以上
纳喇氏（骁骑校昭格女）	贵人	满	?	2	康熙十四年十月初八日万黼。十八年二月三十日胤禶。	?	?
陈氏	贵人	汉	?	1	康熙五十七年二月初一日胤禐。	?	?
纳喇氏（那丹朱女）	贵人	满	?	0		?	?
易氏	贵人	满?	?	0		雍正六年四月	70余岁
钮祜禄氏		满	?	1	康熙四十七年十一月初九日皇二十女。	?	?

续表

姓氏	位号及册封时间	民族	旗籍	生育次数	生育时间及子女	卒年	寿命
张氏		汉		2	康熙七年十一月二十六日皇长女。十三年二月初十日皇四女。	?	?
王氏		汉		1	康熙三十四年十月二十一日皇十六女。	?	?
刘氏		汉		1	康熙三十七年十二月十二日皇十七女。	?	?

注：表内为康熙帝部分后妃；其位号及皇子、公主封号，均为康熙帝生前册封。

附表二：康熙帝子女出生概况

时间	玄烨年龄	出生子女数目	性别	生母
顺治十八年	8	0		
康熙元年	9	0		
二年	10	0		
三年	11	0		
四年	12	0		
五年	13	0		
六年	14	1	男	马佳氏
七年	15	1	女	张氏
八年	16	1	男	皇后赫舍里氏
九年	17	1	男	纳喇氏
十年	18	2	女1 男1	董氏 马佳氏
十一年	19	1	男	纳喇氏
十二年	20	1	女	马佳氏
十三年	21	4	女2 男2	张氏、皇后赫舍里氏 兆佳氏、马佳氏
十四年	22	2	男2	马佳氏、纳喇氏
十五年	23	0		
十六年	24	1	男	马佳氏
十七年	25	1	男	乌雅氏
十八年	26	3	男2 女1	纳喇氏、郭络罗氏 宜嫔郭络罗氏
十九年	27	2	男2	乌雅氏、戴佳氏
二十年	28	1	男	卫氏
二十一年	29	1	女	乌雅氏
二十二年	30	5	女2 男3	皇贵妃佟佳氏、郭络罗氏 乌雅氏、贵妃钮祜禄氏、宜妃郭络罗氏

续表

时间	玄烨年龄	出生子女数目	性别	生母
二十三年	31	0		
二十四年	32	4	女2 男2	纳喇氏、宜妃郭络罗氏 贵妃钮祜禄氏、万琉哈氏
二十五年	33	2	女1 男1	乌雅氏 章佳氏
二十六年	34	1	女	章佳氏
二十七年	35	1	男	乌雅氏
二十八年	36	1	女	袁氏
二十九年	37	0		
三十年	38	2	女1 男1	章佳氏 赫舍里氏
三十一年	39	0		
三十二年	40	1	男	王氏
三十三年	41	0		
三十四年	42	2	男1 女1	王氏 王氏
三十五年	43	0		
三十六年	44	1	男	陈氏
三十七年	45	1	女	刘氏
三十八年	46	0		
三十九年	47	0		
四十年	48	2	男1 女1	王氏 瓜尔佳氏
四十一年	49	1	男	高氏
四十二年	50	1	女	高氏
四十三年	51	0		
四十四年	52	0		
四十五年	53	1	男	高氏
四十六年	54	0		

续表

时间	玄烨年龄	出生子女数目	性别	生母
四十七年	55	1	女	钮祜禄氏
四十八年	56	0		
四十九年	57	0		
五十年	58	2	男2	陈氏、色赫图氏
五十一年	59	0		
五十二年	60	1	男	石氏
五十三年	61	0		
五十四年	62	0		
五十五年	63	1	男	陈氏
五十六年	64	0		
五十七年	65	1	男	陈氏
五十八年	66	0		
五十九年	67	0		
六十年	68	0		
六十一年	69	0		
总计		55	男35 女20	

附表三：康熙帝诸子

齿序	名字	生年	生母	封号	卒年	寿命
皇长子	胤禔	康熙十一年二月十四日	惠妃纳喇氏	康熙三十七年三月封多罗直郡王，四十七年十一月革爵。	雍正十二年十一月初一日	63岁
皇二子	胤礽	康熙十三年五月初三日	孝诚仁皇后赫舍里氏	康熙十四年六月立为皇太子，四十七年九月废，四十八年三月复立，五十一年十月复废。卒后追封和硕理亲王，谥"密"。	雍正二年十二月十四日	51岁
皇三子	胤祉	康熙十六年二月二十日	荣妃马佳氏	康熙三十七年三月封多罗诚郡王，三十八年九月降为多罗贝勒，四十八年三月晋封和硕诚亲王。雍正八年五月革爵，二年十二月追谥"隐"。	雍正十年闰五月十九日	56岁
皇四子	胤禛	康熙十七年十月三十日	德妃乌雅氏	康熙三十七年三月封多罗贝勒，四十八年三月晋封和硕雍亲王，六十一年十一月二十日即皇帝位，年号雍正。	雍正十三年八月二十三日	58岁
皇五子	胤祺	康熙十八年十二月初四日	宜妃郭络罗氏	康熙三十七年三月封多罗贝勒，四十八年三月晋封和硕恒亲王。谥"温"。	雍正十年闰五月十九日	54岁
皇六子	胤祚	康熙十九年二月初五日	德妃乌雅氏	无封。	康熙二十四年五月十四日	6岁

续表

齿序	名字	生年	生母	封号	卒年	寿命
皇七子	胤祐	康熙十九年七月二十五日	成妃戴佳氏	康熙三十七年三月封多罗贝勒，四十八年三月晋封多罗淳郡王，雍正元年四月封和硕淳亲王。谥"度"。	雍正八年四月初二日	51岁
皇八子	胤禩	康熙二十年二月初十日	良妃卫氏	康熙三十七年三月封多罗贝勒，六十一年十二月晋封廉亲王，雍正四年二月革爵，黜宗室。	雍正四年九月初三日	46岁
皇九子	胤禟	康熙二十二年八月二十七日	宜妃郭络罗氏	康熙四十八年三月封固山贝子，雍正三年六月革爵，四年正月黜宗室。	雍正四年八月二十日	44岁
皇十子	胤䄉	康熙二十二年十月十一日	温僖贵妃钮祜禄氏	康熙四十八年三月封多罗敦郡王，雍正二年四月革爵，乾隆二年八月授奉恩辅国公品级。	乾隆六年九月初九日	59岁
皇十一子	胤禌	康熙二十四年五月初七日	宜妃郭络罗氏	无封。	康熙三十五年七月二十五日	12岁
皇十二子	胤祹	康熙二十四年十二月二十四日	定嫔万琉哈氏	康熙四十八年三月封固山贝子，六十一年十二月晋封为镇国公，雍正元年六月复封多罗履郡王，雍正八年五月降多罗履郡王，雍正十三年十一月晋封和硕履亲王，谥"懿"。	乾隆二十八年七月二十四日	79岁

续表

齿序	名字	生年	生母	封号	卒年	寿命
皇十三子	胤祥	康熙二十五年十月初一日	敏妃章佳氏	康熙六十一年十一月封和硕怡亲王。谥"贤"。	雍正八年五月初四日	45岁
皇十四子	胤祯（允禵）	康熙二十七年正月初九日	德妃乌雅氏	康熙四十八年三月封固山贝子，雍正元年五月晋封多罗郡王，三年十二月降为固山贝子，四年四月革爵。乾隆二年三月晋封奉恩辅国公，十二年六月晋封多罗贝勒，十三年正月晋封多罗恂郡王。谥"勤"。	乾隆二十年正月初六日	68岁
皇十五子	胤禑	康熙三十二年十一月二十八日	密嫔王氏	雍正四年五月封多罗贝勒，八年二月晋封多罗愉郡王。谥"恪"。	雍正九年二月初一日	39岁
皇十六子	胤禄	康熙三十四年六月十八日	密嫔王氏	雍正元年二月奉旨过继与和硕庄靖亲王博果铎为嗣，袭封庄亲王。谥"恪"。	乾隆三十二年二月二十一日	73岁
皇十七子	胤礼	康熙三十六年三月初二日	勤嫔陈氏	雍正元年四月封多罗果郡王，六年二月晋封和硕果亲王。谥"毅"。	乾隆三年二月初二日	42岁
皇十八子	胤衸	康熙四十年八月初八日	密嫔王氏	无封。	康熙四十七年九月初四日	8岁
皇十九子	胤禝	康熙四十一年九月初五日	（襄嫔）高氏	无封。	康熙四十三年二月二十三日	3岁

续表

齿序	名字	生年	生母	封号	卒年	寿命
皇二十子	胤祎	康熙四十五年七月二十五日	（襄嫔）高氏	雍正四年五月封多罗贝勒，八年二月晋封为辅国公，十二年八月复封多罗贝勒，十三年九月多罗贝勒，谥"简靖"。	乾隆二十年正月初九日	50岁
皇二十一子	胤禧	康熙五十年正月十一日	（熙嫔）陈氏	雍正八年二月封多罗贝勒，五月晋封多罗慎郡王，谥"靖"。	乾隆二十三年五月二十一日	48岁
皇二十二子	胤祜	康熙五十年十二月初三日	（谨嫔）色赫图氏	雍正二年八月封固山贝子，十二年二月晋封多罗贝勒，谥"恭勤"。	乾隆八年十二月二十九日	33岁
皇二十三子	胤祁	康熙五十二年十一月二十八日	（静嫔）石氏	雍正八年二月封奉恩镇国公，十三年十月晋封多罗贝勒，乾隆二十三年十一月降为镇国公，四十二年三月降为固山贝子，四十五年九月复封固山贝子，四十七年十一月晋封多罗贝勒，四十九年十一月赏加郡王品级，谥"诚"。	乾隆五十年七月二十七日	73岁
皇二十四子	胤祕	康熙五十五年五月十六日	（穆嫔）陈氏	雍正十一年正月封和硕诚亲王，谥"恪"。	乾隆三十八年十月二十日	58岁

注：括号内皇子生母位号为乾隆帝所尊封或追封。

未序齿皇子

名字	生年	生母	卒年	寿命
承瑞	康熙六年九月二十日	荣妃马佳氏	康熙九年五月二十四日	4岁
承祐	康熙八年十二月十三日	孝诚仁皇后赫舍里氏	康熙十一年二月初五日	4岁
承庆	康熙九年闰二月初一日	惠妃纳喇氏	康熙十年四月十八日	2岁
赛音察浑	康熙十年十二月二十五日	荣妃马佳氏	康熙十三年正月十九日	4岁
长华	康熙十三年四月初六日	荣妃马佳氏	出生之日卒	
长生	康熙十四年六月二十一日	荣妃马佳氏	康熙十六年三月二十六日	3岁
万黼	康熙十四年十月初八日	贵人纳喇氏	康熙十八年正月二十日	5岁
胤禶	康熙十八年二月二十日	贵人纳喇氏	康熙十九年四月四日初二日	2岁
胤禌	康熙二十二年七月二十三日	贵人郭络罗氏	康熙二十三年六月初六日	2岁
胤䄔	康熙三十年正月二十六日	平妃赫舍里氏	康熙三十年三月初一日	不足两个月
胤禝	康熙五十七年二月初一日	贵人陈氏	出生之日卒	

附表四：康熙帝诸女

齿序	生年	生母	封号	下嫁时间、年龄与额驸	卒年	寿命
皇长女	康熙七年十一月二十六日	张氏	无封。		康熙十年十一月	4岁
皇二女	康熙十年三月初九日	端嫔董氏	无封。		康熙十二年二月	3岁
抚常宁第一女（大公主）	康熙十年十一月二十八日	常宁庶福晋晋氏	康熙二十九年三月封和硕纯禧公主。	康熙二十九年三月，20岁，下嫁科尔沁台吉班第。	乾隆六年十二月初七日	71岁
皇三女（二公主）	康熙十二年五月初六日	荣妃马佳氏	康熙三十年六月封和硕荣宪公主，四十八年三月晋固伦荣宪公主。	康熙三十年六月，19岁，下嫁巴林色布腾之孙乌尔衮。	雍正六年四月二十一日	56岁
皇四女	康熙十三年二月初十日	张氏	无封。		康熙十七年十二月	5岁
皇五女（三公主）	康熙十三年五月初六日	贵人兆佳氏	康熙三十一年十月封和硕端静公主。	康熙三十一年十月，19岁，下嫁喀喇沁杜棱郡王扎什之子噶尔臧。	康熙四十九年三月	37岁
皇六女（四公主）	康熙十八年五月二十七日	贵人郭络罗氏	康熙三十六年十一月封和硕公主，四十五年加封和硕格靖公主。	康熙三十六年十一月，19岁，下嫁喀尔喀郡王敦多布多尔济。	雍正十三年三月	57岁

续表

齿序	生年	生母	封号	下嫁时间、年龄与额驸	卒年	寿命
皇七女	康熙二十一年六月初一日	德妃乌雅氏	无封。		康熙二十一年八月	两个月
皇八女	康熙二十二年六月十九日	孝懿仁皇后佟佳氏	无封。		康熙二十二年闰六月	一个月
皇九女（五公主）	康熙二十二年九月二十二日	德妃乌雅氏	康熙三十九年九月封和硕温宪公主。	康熙三十九年九月，18岁，下嫁佟国维长孙舜安颜。	康熙四十一年七月	20岁
皇十女（六公主）	康熙二十四年二月十六日	（通嫔）纳喇氏	康熙四十五年十二月封和硕纯悫公主。	康熙四十五年五月，22岁，下嫁喀尔喀台吉策凌。	康熙四十九年三月二十四日	26岁
皇十一女	康熙二十四年九月二十七日	温僖贵妃钮祜禄氏	无封。		康熙二十五年五月	2岁
皇十二女（七公主）	康熙二十五年闰四月二十四日	德妃乌雅氏	无封。		康熙三十六年三月	12岁
皇十三女（八公主）	康熙二十六年十一月二十七日	敏妃章佳氏	康熙四十五年七月封和硕温恪公主。	康熙四十五年七月，20岁，下嫁翁牛特杜楞郡王仓津。	康熙四十八年六月	23岁

续表

齿序	生年	生母	封号	下嫁时间、年龄与额驸	卒年	寿命
皇十四女（九公主）	康熙二十八年十二月初七日	贵人袁氏	康熙四十五年封和硕悫靖公主	康熙四十五年五月，18岁，下嫁散秩大臣、一等男孙承运。	乾隆元年十一月	48岁
皇十五女（十公主）	康熙三十年正月初六日	敏妃章佳氏	康熙四十七年封和硕敦恪公主	康熙四十七年十二月，18岁，下嫁科尔沁台吉多尔济。	康熙四十八年十二月初三日	19岁
皇十六女（十一公主）	康熙三十四年十月二十一日	王氏	无封		康熙四十六年四月	13岁
皇十七女	康熙三十七年十二月十三日	刘氏	无封		康熙三十九年十一月	3岁
皇十八女	康熙四十年十月十八日	和嫔瓜尔佳氏	无封		出生之日卒	
皇十九女	康熙四十二年二月十四日	（襄嫔）高氏	无封		康熙四十四年二月	3岁
皇二十女	康熙四十七年十一月初九日	钮祜禄氏	无封		康熙四十七年十二月	一个月

注：括号内皇女生母位号为雍正、乾隆二帝所尊封。